Objectif CRPE 2023

Annales

Français

Élise Hennion-Brung
Professeure des écoles maître formatrice
Académie de Créteil

Pascale Lopez
Professeure des écoles maître formatrice
Académie de Créteil

Maths

Erik Kermorvant
Professeur agrégé de mathématiques
Formateur à l'INSPE de Bretagne,
Master MEEF 1er et 2nd degrés

Joseph Sansonetti
Professeur agrégé de mathématiques
Formateur à l'INSPE de Corse,
Master MEEF 1er et 2nd degrés

Jean-Christophe Tomasi
Professeur agrégé de mathématiques
Docteur en mathématiques pures
Formateur à l'INSPE de Corse,
Master MEEF 1er et 2nd degrés

Histoire-Géo-EMC

Laurent Bonnet
Professeur agrégé d'histoire-géographie
Formateur académique dans
l'académie d'Aix-Marseille et à l'ISFEC de Marseille

Julien Cuminetto
Professeur agrégé d'histoire-géographie
Formateur à l'INSPE d'Aix-Marseille dans la mention
1er degré du MEEF et co-responsable
de la mention Histoire-Géographie

Sciences et technologie

Soria Hamdani-Bennour
Professeure certifiée
en Sciences de la Vie et de la Terre
Formatrice universitaire à l'INSPE de Versailles

Yvonne Orsini
Professeure agrégée
en Sciences de la Vie et de la Terre

Philippe Savina
Professeur certifié de classe exceptionnelle,
échelon spécial, en Sciences Physiques
Formateur universitaire à l'INSPE
de Saint-Germain-en-Laye

hachette
ÉDUCATION

Conception graphique
Couverture : Stéphanie Benoit
Intérieur : Médiamax

Réalisation
Couverture : Stéphanie Benoit
Intérieur : Ma petite Fab – Laurent Grolleau
Édition : S.M.

I.S.B.N. 978-2-01-719431-6

www.parascolaire.hachette-education.com

Achevé d'imprimer en Juillet 2022 en Pologne par Dimograf

Dépôt légal : Juillet 2022 - Édition 01

28/0791/7

Sommaire

Organisation des épreuves du concours externe ... 6

FRANÇAIS

Descriptif de l'épreuve et conseils de méthode ... 8

SUJET 1 France métropolitaine, 2022 ... 10
Corrigé ... 13

SUJET 2 Antilles, 2022 ... 20
Corrigé ... 22

SUJET 3 Polynésie, 2022 ... 29
Corrigé ... 31

SUJET 4 Créteil-Versailles, 2022 ... 38
Corrigé ... 40

SUJET 5 Sujet type ... 46
Corrigé ... 48

MATHS

Descriptif de l'épreuve et conseils de méthode ... 54

SUJET 1 France métropolitaine, 2022 ... 56
Corrigé ... 61

SUJET 2 Antilles, 2022 ... 73
Corrigé ... 78

SUJET 3 Polynésie, 2022 ... 86
Corrigé ... 91

SUJET 4 Créteil-Versailles, 2022 ... 102
Corrigé ... 108

SUJET 5 Sujet type ... 116
Corrigé ... 122

HISTOIRE-GÉOGRAPHIE-EMC

Descriptif de l'épreuve et conseils de méthode 134

SUJET 1 France métropolitaine, 2022 136
Corrigé 145

SUJET 2 Antilles, 2022 154
Corrigé 161

SUJET 3 Créteil-Versailles, 2022 168
Corrigé 179

SUJET 4 Sujet type 187
Corrigé 196

SUJET 5 Sujet type 203
Corrigé 213

SCIENCES ET TECHNOLOGIE

Descriptif de l'épreuve et conseils de méthode 224

SUJET 1 France métropolitaine, 2022 226
Corrigé 238

SUJET 2 Antilles, 2022 247
Corrigé 258

SUJET 3 Polynésie, 2022 265
Corrigé 279

SUJET 4 Créteil-Versailles, 2022 287
Corrigé 297

SUJET 5 Sujet type 304
Corrigé 313

Organisation des épreuves du concours externe

▶ Les épreuves des concours de recrutement de professeurs des écoles sont précisées en annexes de l'arrêté du 25 janvier 2021 fixant les modalités d'organisation du concours externe, du concours externe spécial, du second concours interne, du second concours interne spécial et du troisième concours de recrutement de professeurs des écoles.

Les épreuves écrites d'admissibilité

▶ **3 épreuves d'admissibilité** sont organisées **à l'écrit** :
– une épreuve écrite de **français** (voir pp. 8-9) ;
– une épreuve écrite de **mathématiques** (voir pp. 54-55) ;
– une épreuve écrite d'**application**.

▶ L'épreuve d'application est à choisir parmi 3 domaines :
– **Histoire, Géographie, Enseignement moral et civique** (voir pp. 134-135) ;
– **Arts** ;
– **Sciences et Technologie** (voir pp. 224-225).

▶ En Histoire/Géographie/EMC et en Arts, 2 composantes seront au programme (par exemple, Histoire/EMC pour le domaine de l'Histoire, Géographie, EMC et Histoire des arts/Éducation musicale pour le domaine des Arts), comme l'évoque le BO : « *Au titre d'une session, la commission nationale compétente* [...] *détermine deux composantes parmi les trois enseignements.* »

Épreuves d'admissibilité	Durée	Note
Français	3 h	sur 20 (coeff. 1)
Mathématiques	3 h	sur 20 (coeff. 1)
Application	3 h	sur 20 (coeff. 1)

▶ Les copies des épreuves écrites d'admissibilité des candidats sont rendues anonymes avant d'être soumises à une double correction. À l'issue de celle-ci, le jury fixe, après délibération, la **liste des candidats admis à subir les épreuves d'admission**. En cas d'échec, vous pouvez vous rapprocher du rectorat pour demander vos copies, afin d'en analyser les erreurs.

Les épreuves orales d'admission

▶ **2 épreuves d'admission** sont organisées à **l'oral** :
– **une épreuve de leçon :** elle porte, successivement, sur le français et les mathématiques. Elle a pour objet la conception et l'animation d'une séance d'enseignement à l'école primaire, dans chacune de ces matières, à partir d'un dossier, fourni par le jury, comportant au plus 4 documents

de nature variée (supports pédagogiques, extraits de manuels scolaires, traces écrites d'élèves, extraits des programmes…). Elle vise à apprécier votre maîtrise disciplinaire et vos compétences pédagogiques ;

– **une épreuve d'entretien :** une 1re partie est consacrée à l'éducation physique et sportive, intégrant la connaissance scientifique du développement et la psychologie de l'enfant (à partir d'un sujet fourni par le jury, proposant un contexte d'enseignement et un objectif d'acquisition pour la séance, vous devez proposer une situation d'apprentissage) ; et une 2de partie porte sur votre motivation et votre aptitude à vous projeter dans le métier de professeur au sein du service public de l'Éducation.

Épreuves d'admission	Temps de préparation	Temps d'examen
Épreuve de leçon (coeff. 4)	2 h	• Français (noté sur 10) : 30 min
		• Mathématiques (noté sur 10) : 30 min (exposé : 10-15 min / entretien : 15-20 min)
Épreuve d'entretien (coeff. 2)	30 min	• 1re partie (noté sur 10) : 30 min (exposé : 15 min au maximum / entretien : 15 min au minimum)
		• 2de partie (noté sur 10) : 35 min

▶ Les 5 épreuves sont notées sur 20. Toute note inférieure ou égale à 5 sur 20 est éliminatoire. La note 0 obtenue à l'une des 2 parties de l'épreuve d'admission est éliminatoire.

▶ Les candidats admissibles qui en ont fait la demande au moment de leur inscription peuvent subir une **épreuve facultative de langue vivante étrangère** : allemand, anglais, espagnol ou italien. L'épreuve est notée sur 20. Seuls les points obtenus au-dessus de 10 sont pris en compte pour l'admission des candidats à l'issue des épreuves.

▶ Dans le concours externe spécial de recrutement de professeurs des écoles chargés d'un enseignement de et en langue régionale, les épreuves écrites et orales sont les mêmes. Le (La) candidat(e) aura, en plus, une épreuve écrite en langue régionale, ainsi qu'une épreuve orale de langue régionale.

▶ À l'issue des épreuves d'admission et après délibération, le jury, en fonction du nombre total de points que les candidats ont obtenus à l'ensemble des 2 séries d'épreuves et dans la limite des places mises au concours, fixe, par ordre de mérite, **la liste des candidats sur la liste principale** et établit, dans le même ordre, **une liste complémentaire**.

À SAVOIR

Pour les candidats admissibles, les points capitalisés à l'écrit ne peuvent suffire à obtenir le CRPE. La différence se fait à l'oral, et notamment sur les compétences pédagogiques du (de la) candidat(e).

Français

Descriptif de l'épreuve et conseils de méthode 8

SUJET 1 **France métropolitaine, 2022** 10
Corrigé 13

SUJET 2 **Antilles, 2022** 20
Corrigé 22

SUJET 3 **Polynésie, 2022** 29
Corrigé 31

SUJET 4 **Créteil-Versailles, 2022** 38
Corrigé 40

SUJET 5 **Sujet type** 46
Corrigé 48

Descriptif de l'épreuve et conseils de méthode

Descriptif de l'épreuve

▶ L'épreuve prend appui sur un **texte** (un extrait de roman, de nouvelle, de littérature d'idées, d'essai, etc.) d'environ 400 à 600 mots.
Elle comporte **trois parties** :
– une partie consacrée à l'**étude de la langue**, permettant de vérifier les connaissances syntaxiques, grammaticales et orthographiques du candidat ;
– une partie consacrée au **lexique** et à la **compréhension lexicale** ;
– une partie consacrée à une **réflexion** suscitée par le texte à partir d'une question posée sur celui-ci et dont la réponse prend la forme d'un **développement** présentant un raisonnement rédigé et structuré.
▶ L'épreuve est notée sur 20. Une note globale égale ou inférieure à 5 est éliminatoire.
▶ Durée : trois heures ; coefficient 1.

Programme de l'épreuve

▶ Il est attendu du candidat qu'il maîtrise finement et avec du recul l'ensemble des connaissances, compétences et démarches intellectuelles du **socle commun de connaissances, compétences et culture, et les programmes des cycles 1 à 4**.
▶ Plus spécifiquement, l'épreuve écrite de français prend appui sur :
– le programme en vigueur de français du cycle 4 ;
– la partie « L'étude de la langue au lycée » des programmes de français de Seconde générale et technologique et de Première des voies générales et technologiques.

Se préparer au concours tout au long de l'année

▶ **Établir un planning de révision**
Il ne faut pas négliger cette étape qui est une composante essentielle de votre préparation. En établissant un planning réfléchi et personnalisé, vous gagnerez en **confiance**, en **temps** et en **efficacité**. Vous serez plus productif pendant vos révisions et moins stressé à l'approche de l'épreuve !
▶ **Définir vos priorités**
C'est en listant vos **forces** et vos **faiblesses** que vous organiserez votre propre planning de révision. Une idée majeure : toujours commencer par ce qui pose le plus de difficulté et terminer par ce qui est déjà connu et acquis.
▶ **Adapter votre planning à vos conditions de préparation**
Le compte à rebours est enclenché ! Le premier élément à prendre en compte est le temps qui vous reste avant l'épreuve. Avez-vous six mois de préparation devant vous ? Trois mois ? Un mois ? Il vous faudra adapter votre planning en fonction de ce temps.
Plus vous démarrerez tôt votre préparation, plus vous pourrez **revoir** ce qui vous pose des difficultés dans le programme.

Un autre élément est le **temps journalier** que vous pouvez accorder à votre préparation. Sur ce point, mieux vaut être raisonnable et se donner des objectifs réalisables pour éviter d'entamer sa motivation.

Quelles que soient vos conditions de préparation, le maître-mot d'un bon planning est la **RÉGULARITÉ**. Mieux vaut une heure de révision quotidienne plutôt que quatre heures toutes les deux semaines, car il s'agit de construire des **automatismes** qui vous permettront de **répondre rapidement** et **efficacement** le jour de l'épreuve.

▶ **Quelques conseils pratiques**

Affichez votre planning en grand : faites figurer les jours de la semaine, puis les dates et les heures consacrées à vos révisions. Ceci est votre feuille de route.

Surlignez, au fur et à mesure, les notions qui ont fait l'objet d'un temps de révision. Cela augmentera votre motivation !

Alternez les matières (vous n'avez pas que le français à réviser) afin d'éviter la saturation et la fatigue intellectuelle.

Accordez-vous du temps libre et maintenez une bonne hygiène de vie.

Être efficace pendant l'épreuve

▶ **Bien gérer son temps**

Il faut vous imposer un temps maximal pour chacune des parties de l'épreuve. S'il paraît difficile de consacrer moins d'1 h 30 à la troisième partie (réflexion et développement), il faut essayer de traiter le plus rapidement possible les deux premières parties (étude de la langue et compréhension lexicale).

Ne restez pas bloqué sur une question qui vous résiste : passez à la suivante. Il vous sera possible d'y revenir plus tard.

▶ **Une attention portée aux consignes**

Prenez le temps de **lire toutes les questions avant de commencer à répondre**. Il n'est pas attendu que vous y répondiez dans l'ordre, **mais n'en oubliez aucune**.

Veillez à **répondre strictement à la consigne**, et évitez tout ajout susceptible d'entraîner des erreurs et une perte de temps.*(**Ex.** : L'analyse demandée d'un groupe de mots ou d'une proposition ne nécessite pas l'identification de chaque élément constituant ce groupe.)*

▶ **Une attention portée à la précision de vos réponses**

Il est indispensable d'être précis et rigoureux dans le maniement de la terminologie et des notions grammaticales. Vous devez :

– maîtriser les notions de **fonction** et **nature grammaticales** ;
– faire la différence entre **temps** et **mode** lors de l'analyse des verbes ;
– être capable d'**analyser une phrase**, c'est-à-dire en donner les **caractéristiques** (type, forme) et analyser les **effets stylistiques** ;
– connaître les différents procédés de **formation des mots** et faire la différence entre **champ sémantique** et **champ lexical**.

Soyez vigilant quant aux confusions souvent provoquées par le stress. *(**Ex.** : Confondre proposition et préposition.)*

▶ **Une attention portée à la présentation de vos réponses**

Une **écriture lisible**, une **présentation aérée** et une **rigueur orthographique** sont des points essentiels. Toutes les réponses ne nécessitent pas d'être rédigées. La présentation sous forme de tableau, pour les questions de type nature et fonction, permet de gagner en clarté et en temps.

SUJET 1

France métropolitaine, 2022

3 heures

→ Corrigés p. 13

Texte **Victor HUGO, « Georges et Jeanne », *L'Art d'être grand-père*, 1877**

Après la mort de son épouse puis de l'un de ses fils, Victor Hugo prend en charge l'éducation de ses deux petits-enfants, Georges[1] *et Jeanne.*

Moi qu'un petit enfant rend tout à fait stupide,
J'en ai deux ; George et Jeanne ; et je prends l'un pour guide
Et l'autre pour lumière, et j'accours à leur voix,
Vu que George a deux ans et que Jeanne a dix mois.
Leurs essais d'exister sont divinement gauches ;
On croit, dans leur parole où tremblent des ébauches,
Voir un reste de ciel qui se dissipe et fuit ;
Et moi qui suis le soir, et moi qui suis la nuit,
Moi dont le destin pâle et froid se décolore,
J'ai l'attendrissement de dire : ils sont l'aurore.
Leur dialogue obscur m'ouvre des horizons ;
Ils s'entendent entr'eux, se donnent leurs raisons.
Jugez comme cela disperse mes pensées.
En moi, désirs, projets, les choses insensées,
Les choses sages, tout, à leur tendre lueur,
Tombe, et je ne suis plus qu'un bonhomme rêveur.
Je ne sens plus la trouble et secrète secousse
Du mal qui nous attire et du sort qui nous pousse.
Les enfants chancelants sont nos meilleurs appuis.
Je les regarde, et puis je les écoute, et puis
Je suis bon, et mon cœur s'apaise en leur présence ;
J'accepte les conseils sacrés de l'innocence,
Je fus toute ma vie ainsi ; je n'ai jamais
Rien connu, dans les deuils comme sur les sommets,
De plus doux que l'oubli qui nous envahit l'âme
Devant les êtres purs d'où monte une humble flamme ;
Je contemple, en nos temps souvent noirs et ternis,
Ce point du jour qui sort des berceaux et des nids.

Le soir je vais les voir dormir. Sur leurs fronts calmes,
Je distingue ébloui l'ombre que font les palmes
Et comme une clarté d'étoile à son lever,
Et je me dis : À quoi peuvent-ils donc rêver ?
Georges songe aux gâteaux, aux beaux jouets étranges,

Au chien, au coq, au chat ; et Jeanne pense aux anges.
Puis, au réveil, leurs yeux s'ouvrent, pleins de rayons.

Ils arrivent, hélas ! à l'heure où nous fuyons.

Ils jasent. Parlent-ils ? Oui, comme la fleur parle
À la source des bois ; comme leur père Charle,
Enfant, parlait jadis à leur tante Dédé ;
Comme je vous parlais, de soleil inondé,
Ô mes frères, au temps où mon père, jeune homme,
Nous regardait jouer dans la caserne, à Rome,
À cheval sur sa grande épée, et tout petits.

Jeanne qui dans les yeux a le myosotis,
Et qui, pour saisir l'ombre entr'ouvrant ses doigts frêles,
N'a presque pas de bras ayant encor des ailes,
Jeanne harangue, avec des chants où flotte un mot,
Georges beau comme un dieu qui serait un marmot. [...]
Ces mots mystérieux que Jeanne dit à George,
C'est l'idylle du cygne avec le rouge-gorge,
Ce sont les questions que les abeilles font,
Et que le lys naïf pose au moineau profond ;
C'est ce dessous divin de la vaste harmonie,
Le chuchotement, l'ombre ineffable et bénie
Jasant, balbutiant des bruits de vision,
Et peut-être donnant une explication ;
Car les petits enfants étaient hier encore
Dans le ciel, et savaient ce que la terre ignore.
Ô Jeanne ! Georges ! voix dont j'ai le cœur saisi !
Si les astres chantaient, ils bégaieraient ainsi.
Leur front tourné vers nous nous éclaire et nous dore.
Oh ! d'où venez-vous donc, inconnus qu'on adore ?
Jeanne a l'air étonné : George a les yeux hardis.
Ils trébuchent, encore ivres du paradis.

1. Le prénom « Georges » est orthographié dans le poème « Georges » ou « George » par Victor Hugo en fonction de sa place dans le vers.

PARTIE I – Étude de la langue (7 points)

1 Justifiez la terminaison des mots soulignés dans les extraits suivants.

- Jugez comme cela disperse mes pensées. (v. 13)
- En moi, désirs, projets, les choses insensées, … (v. 14)
- Et je me dis : À quoi peuvent-ils donc rêver ? (v. 32)
- Devant les êtres purs d'où monte une humble flamme ; (v. 26)

2 **a)** Relevez les pronoms employés dans les extraits suivants et indiquez leur fonction grammaticale.
b) Précisez ce qu'ils désignent en vous appuyant sur ces extraits et sur le texte.

- Jugez comme cela disperse mes pensées. (v. 13)
- Je distingue ébloui l'ombre que font les palmes (v. 30)

3 Délimitez les propositions et indiquez comment elles sont reliées.

Leur dialogue obscur m'ouvre des horizons ;
Ils s'entendent entr'eux, se donnent leurs raisons. (v. 11-12)

Je les regarde, et puis je les écoute, et puis
Je suis bon, et mon cœur s'apaise en leur présence ; (v. 20-21)

Je contemple, en nos temps souvent noirs et ternis,
Ce point du jour qui sort des berceaux et des nids. (v. 27-28)

4 Indiquez le temps et le mode de chacun des verbes suivants et commentez leur emploi.

Je fus toute ma vie ainsi ; je n'ai jamais
Rien connu, dans les deuils comme sur les sommets,
De plus doux que l'oubli qui nous envahit l'âme
Devant les êtres purs d'où monte une humble flamme ; (v. 23-26)

Si les astres chantaient, ils bégaieraient ainsi. (v. 60)

5 Remplacez les formes soulignées par des propositions subordonnées, sans vous préoccuper de la longueur du vers :

Les enfants chancelants sont nos meilleurs appuis. (v. 19)

Jeanne qui dans les yeux a le myosotis,
Et qui, pour saisir l'ombre entr'ouvrant des doigts frêles,
N'a presque pas de bras ayant encore des ailes, (v. 44-46)

6 a) Quel est l'usage du double point dans le vers ?
b) Réécrivez ce vers en supprimant le double point et en faisant les modifications nécessaires sans vous préoccuper de la longueur du vers.

Et je me dis : à quoi peuvent-ils donc rêver ? (v. 32)

PARTIE II – Lexique et compréhension lexicale (4 points)

1 Analysez la formation de l'adjectif « insensées » (v. 14).

2 Expliquez en contexte le sens du mot « chancelants » :

Les enfants chancelants sont nos meilleurs appuis. (v. 19)

3 Le mot « enfant » vient du latin *infans*, « qui ne parle pas ». Comment le lexique employé dans le poème confirme-t-il et invalide-t-il tout à la fois le sens donné par l'étymologie de ce mot ?

PARTIE III – Réflexion et développement (9 points)

Après avoir mis en lumière la nature de la relation intergénérationnelle dans ce poème, vous vous interrogerez sur les liens que peuvent entretenir les personnes âgées et les enfants.
Votre réflexion, structurée et argumentée, s'appuiera sur le poème de Victor Hugo ainsi que sur l'ensemble de vos connaissances et de vos lectures.

CORRIGÉ DU SUJET 1

PARTIE I – Étude de la langue

1 • Jug**ez** : verbe *juger* (verbe du 1er groupe) conjugué au présent de l'impératif à la 2e personne du pluriel. Ici l'auteur s'adresse aux lecteurs (vous).
• Insensé**es** : adjectif qualificatif épithète. Il s'accorde en genre (*-e*) et en nombre (*-s*) avec le nom auquel il se rapporte, *choses*, nom féminin pluriel.
• Rêv**er** : verbe du 1er groupe à l'infinitif présent qui suit le verbe *pouvoir* conjugué au présent de l'indicatif. Le verbe *pouvoir* est employé comme un semi-auxiliaire (périphrase verbale) et est donc suivi d'un verbe à l'infinitif.
• Mont**e** : verbe *monter* (verbe du 1er groupe) conjugué à la 3e personne du singulier du présent de l'indicatif ; il a pour sujet inversé *une humble flamme* (pouvant être remplacé par le pronom personnel *elle*) avec lequel il s'accorde.

RAPPEL

La terminaison *-ez* est la marque de la 2e personne du pluriel que l'on retrouve dans tous les temps et tous les modes à l'exclusion des verbes *faire* et *dire*, verbes dits irréguliers, au présent et au passé simple de l'indicatif ainsi qu'à l'impératif présent : *vous faites, vous fîtes, faites, vous dites, vous dîtes, dites.*

2 a)

Jugez comme cela disperse mes pensées. (v. 13)
Je distingue ébloui l'ombre que font les palmes (v. 30)

Pronom	Fonction grammaticale
cela : pronom démonstratif	Sujet du verbe *disperse*
Je : pronom personnel sujet, à la 1re personne	Sujet du verbe *distingue*
que : pronom relatif	COD du verbe *faire*

ATTENTION

Ne pas confondre la fonction du pronom relatif et la fonction de la subordonnée relative.

b)

Pronom	Désigne
cela	Pronom neutre qui sert à désigner le dialogue enfantin « *obscur* » entre Georges et Jeanne.
Je	Victor Hugo, à la fois auteur et narrateur, fait part de son expérience personnelle (ici sa relation avec ses petits-enfants).
que	Renvoie au nom « *ombre* », appelé antécédent, qu'il remplace dans la proposition subordonnée relative « *que font les palmes* ».

3 Leur dialogue obscur m'ouvre des horizons ;
Ils s'entendent entr'eux, se donnent leurs raisons. (v. 11-12)

Trois propositions indépendantes juxtaposées :
– *Leur dialogue obscur m'ouvre des horizons ;* → la première proposition est juxtaposée par l'emploi d'un point-virgule ;
– *Ils s'entendent entr'eux,/se donnent leurs raisons.* → les propositions 2 et 3 sont juxtaposées par l'emploi d'une virgule. Le sujet *ils* est en ellipse dans la dernière proposition afin d'exprimer une idée d'actions successives.

Je les regarde, et puis je les écoute, et puis
Je suis bon, et mon cœur s'apaise en leur présence ; (v. 20-21)

Quatre propositions indépendantes coordonnées à l'aide de la conjonction de coordination *et* ainsi que de l'adverbe de liaison *puis* : *Je les regarde,/et puis je les écoute,/et puis je suis bon,/et mon cœur s'apaise en leur présence ;*

Je contemple, en nos temps souvent noirs et ternis,
Ce point du jour qui sort des berceaux et des nids. (v. 27-28)

Phrase complexe qui comporte une proposition principale et une proposition subordonnée relative adjective introduite par le pronom relatif *qui* :
– *Je contemple, en nos temps souvent noirs et ternis, ce point du jour* → proposition principale ;
– *qui sort des berceaux et des nids.* → proposition subordonnée relative adjective.

RAPPEL

Plusieurs propositions subordonnées compléments d'une même proposition principale peuvent être coordonnées entre elles : *Elle m'a assuré qu'elle avait bien cherché* ***mais*** *qu'elle n'avait rien trouvé.*

4

Verbes	Temps	Modes	Emplois
fus	Verbe *être* au passé simple	Indicatif	Exprime un état passé, de premier plan dans le récit.
ai connu	Verbe *connaître* au passé composé	Indicatif	Exprime une action passée accomplie (ou encore marque l'antériorité par rapport au présent de narration).
envahit	Verbe *envahir* au présent	Indicatif	Présent de vérité générale, valeur accentuée par l'emploi du pronom *nous* lui donnant une valeur universelle.
monte	Verbe *monter* au présent	Indicatif	Présent de vérité générale, qui traduit un fait durable lié à l'effet produit par la pureté de l'enfance.
chantaient	Verbe *chanter* à l'imparfait	Indicatif	Employé dans une proposition subordonnée circonstancielle de condition introduite par *si.*
bégaieraient	Verbe *bégayer* au conditionnel présent	Indicatif	Employé dans la proposition principale pour exprimer une hypothèse (conditionnel à valeur modale) soumise à une condition.

5 *Les enfants chancelants* → les enfants **qui chancellent** : proposition subordonnée relative. *N'a presque pas de bras ayant encore des ailes,* → N'a presque pas de bras **puisqu'elle a encore des ailes** : proposition subordonnée conjonctive circonstancielle.

6 a) Le double point, signe de ponctuation employé au sein de la phrase, permet ici d'introduire du discours direct (*à quoi peuvent-ils donc rêver ?*) et plus précisément la question que se pose Victor Hugo lorsqu'il observe ses petits-enfants.

b) Et je me **demande** à quoi **ils peuvent** bien rêver**.** (Discours indirect)

PARTIE II – Lexique et compréhension lexicale

1 **Insensées** : adjectif formé par dérivation. Construit à partir du radical *sens* : ce qui relève de la raison, de la capacité à juger ; auquel on ajoute le suffixe adjectival *-é* qui signifie « pourvu de » (donc « pourvu de sens ») modifié par l'ajout du préfixe privatif *in-*. *Insensé* signifie donc « qui est dépourvu de sens ».
La terminaison *-es* correspond au morphème grammatical *-e* (marque de genre) et au morphème grammatical *-s* (marque de nombre), puisque *insensées* qualifie le nom féminin pluriel *choses*.

2 **Chancelants** : se rapporte au nom *enfants*. Il est employé à la fois au sens propre : les petits enfants vacillent car ils ne sont pas encore stables et risquent de tomber ; et au sens figuré pour exprimer la fragilité de ceux-ci.
Victor Hugo exprime une opposition, ou antithèse : malgré leur fragilité, les petits enfants sont nos meilleurs appuis, nos meilleurs repères.

3 Le lexique qui confirme que l'enfant est celui « qui ne parle pas » :
– *tremblent des ébauches* (v. 6) ;
– *obscur* (v. 11) ;
– *mystérieux* (v. 49) ;
– *jasant, balbutiant* (v. 55) ;
– *bégaieraient* (v. 60).

RAPPEL

Un texte peut contenir plusieurs champs lexicaux qui peuvent se succéder, s'associer, s'opposer.

Le lexique qui infirme que l'enfant est celui « qui ne parle pas » :
– *voix* (v. 3) ; *parole* (v. 6) ; *dialogue* (v. 11) ;
– *entendre* (v. 12) ; *jaser* (v. 37) ; *haranguer* (v. 47) ; *parler* (v. 37, v. 39, v. 40) ;
– *mots* (v. 49) ; *chuchotement* (v. 54) ; *voix* (v. 59).

Ces deux champs lexicaux sont, dans le poème, employés ensemble, ce qui renforce l'idée que la parole de l'enfant est en construction et que le langage entre Jeanne et Georges est un langage de connivence qu'eux seuls entendent (v. 12, *Ils s'entendent entre eux*) :
– *parole où tremblent des ébauches* (v. 6) ;
– *dialogue obscur* (v. 11) ;
– *mots mystérieux* (v. 49).
Dans le vers 37 (*Parlent-ils ? Oui, comme la fleur parle*) et du vers 50 au vers 56, Victor Hugo utilise une comparaison avec le langage animal et végétal qui confère aux mots échangés entre Jeanne et Georges un caractère quasi divin que l'on retrouve dans l'emploi des termes *dieu*, *divin*, *harmonie*, *bénie*, *ciel*.

PARTIE III – Réflexion et développement

ANALYSER LE SUJET

L'énoncé du sujet nous guide fortement dans l'**élaboration du plan**. Inutile donc de proposer un autre plan, au risque de perdre en temps et en efficacité.

La première partie sera ainsi consacrée à l'étude de la relation intergénérationnelle présentée dans le poème de Victor Hugo. La seconde partie questionnera les liens que peuvent entretenir les personnes âgées et les enfants.

• **Deux termes forts se dégagent de ce sujet :** les termes de ***relation*** et de ***liens***.

Quelle nuance peut-on trouver entre ces deux termes ?

Relation est ici associée au terme de *nature*. On peut définir la relation comme étant le rapport existant entre deux choses, deux êtres, deux phénomènes. Et ainsi envisager que la nature des relations s'impose aux êtres. Il est même possible d'y voir un rapport de dépendance, d'interdépendance et d'influence réciproque entre deux personnes.

Nous verrons quelles dimensions Victor Hugo donne à cette relation entre un grand-père et ses petits-enfants.

Le terme de *liens* est, quant à lui, associé au verbe *entretenir* qui sous-tend l'idée d'agir pour faire durer, maintenir, ne pas rompre les liens entre deux générations. Entretenir implique aussi l'idée de renouveler, voire d'inventer de nouveaux liens intergénérationnels, sans doute plus solides.

• **Deux autres termes sont à dégager du sujet :** *personnes âgées* et *enfants*. Il s'agit donc d'élargir la réflexion au-delà de la relation filiale (grand-parent/petit-enfant).

On pourra aussi se questionner sur la définition du mot *enfant* : quand s'arrête l'enfance ? La Convention internationale des droits de l'enfant des Nations unies définit l'enfance comme la période allant de la naissance à 18 ans.

• Une fois ces termes analysés, il s'agit de **dégager la problématique** qui sera annoncée dans l'introduction.

Exemples de problématiques :
– Quels sont, de nos jours, les enjeux des liens générationnels entre les personnes âgées et les enfants ?
– En quoi est-il important, de nos jours, d'entretenir les liens entre les personnes âgées et les enfants ?

MÉTHODE

• L'**analyse des mots-clés** du sujet est une étape essentielle afin d'éviter le hors sujet. Celle-ci vous aidera à trouver une problématique.

• Une **problématique** est la formulation (le plus souvent sous la forme d'une question) d'un problème que l'analyse du sujet a fait émerger et auquel la copie doit apporter une réponse. Une question courte a plus de chance d'être claire et pertinente. Limitez votre problématique à un seul verbe conjugué.

[Corrigé plan détaillé]

ATTENTION

- Vous trouverez ci-dessous une proposition de plan détaillé. L'important est de proposer un écrit structuré, c'est-à-dire organisé en parties, elles-mêmes déclinées en sous-parties, illustrées par des exemples concrets.
- Dans la proposition de corrigé qui suit, différents éléments sont repérés en **bleu**. Ils apparaissent pour vous permettre d'avoir une vue d'ensemble sur l'organisation de la réponse. Mais ces indications ne doivent pas figurer sur votre copie !

[Introduction]

[Phrases d'accroche sur la thématique du sujet] Les personnes âgées et les enfants appartiennent à des époques et à des temps sociaux différents. Les progrès dans le domaine des sciences et des nouvelles technologies, les nouveaux modes de communication, l'évolution des mœurs sociales et culturelles peuvent accentuer le fossé entre ces générations. *A contrario*, les personnes âgées sont, de nos jours, en meilleure santé qu'auparavant et peuvent ainsi s'investir autrement, voire davantage, dans la vie de leurs petits-enfants.

[Présentation de l'auteur et de la thématique centrale du texte] Dans son recueil de poèmes, *L'Art d'être grand-père*, publié en 1877, Victor Hugo évoque l'amour qu'il porte à ses petits-enfants, Georges et Jeanne, dont il a pris en charge l'éducation à la suite de la mort de son épouse, puis de l'un de ses fils. Victor Hugo est un étonnant grand-père, pour son époque, s'opposant à l'image du patriarche froid et sévère. Il revendique, par le titre même de son recueil, un rôle affectif dans sa relation à ses petits-enfants.

[Annonce de la problématique] Aujourd'hui, qu'en est-il des liens que peuvent entretenir les personnes âgées et les enfants ? Quels en sont les enjeux ?

[Annonce du plan] Dans une première partie, nous évoquerons la nature de la relation intergénérationnelle mise en lumière dans le poème de Victor Hugo. Puis, dans une seconde partie, nous nous questionnerons sur les liens que peuvent entretenir, de nos jours, les personnes âgées et les enfants.

[Partie 1]

1. La nature de la relation intergénérationnelle dans le poème de Victor Hugo

1.a. Une relation d'égale proximité à l'au-delà

La personne âgée et l'enfant se croisent dans l'existence. C'est l'idée centrale du poème exprimée dans le vers détaché « *Ils arrivent, hélas ! à l'heure où nous fuyons.* » (v. 36).

La personne âgée est au crépuscule de son existence (« *Et moi qui suis le noir, et moi qui suis la nuit,/Moi dont le destin pâle et froid se décolore* », v. 8-9) alors que le petit enfant est à l'aube de la sienne (« *Leurs essais d'exister* […] », v. 5 ; « […] *leur parole où tremblent des ébauches* », v. 6 ; « […] *Ils sont l'aurore.* », v. 10).

Hugo confère à ses petits-enfants des vertus divines. Il les voit comme des êtres détenant les mystères de la vie, leur attribuant une connaissance sacrée ; la figure de l'ange appuie cette idée :

« *Voir un reste de ciel qui se dissipe et fuit ;* » (v. 7)

« *Devant les êtres purs d'où monte une humble flamme ;* » (v. 26)

« […] *et Jeanne pense aux anges.* » (v. 34)

« *N'a presque pas de bras ayant encor des ailes,* » (v. 46)

« *Georges beau comme un dieu qui serait un marmot.* » (v. 48)

« Car les petits enfants étaient hier encore/Dans le ciel, et savaient ce que la terre ignore. » (v. 57-58)
[Ce dernier vers permet de faire la transition avec la sous-partie suivante.]

1.b. Une relation qui inverse les rôles

Hugo voit en ses petits-enfants des guides, des lumières qu'il faut suivre : « [...] *et je prends l'un pour guide/Et l'autre pour lumière, et j'accours à leur voix,* » (v. 2-3). Il apprend de ses petits-enfants.
Hugo ne se place, à aucun moment, en position de supériorité, lui qui, pourtant, détient l'expérience et la connaissance : « *Car les petits enfants étaient hier encore/Dans le ciel, et savaient ce que la terre ignore.* » (v. 57-58) ; « *Leur dialogue obscur m'ouvre des horizons ;* » (v. 11) ; « *J'accepte les conseils sacrés de l'innocence,* » (v. 22)
Il prend appui sur ses petits-enfants, créant ainsi une contradiction : « *Les enfants chancelants sont nos meilleurs appuis.* » (v. 19).
[Ce dernier vers permet de faire la transition avec la sous-partie suivante.]

1.c. Une relation apaisante

La proximité avec le petit enfant, guide et lumière (quasi divine), apporte à Hugo une quiétude, un apaisement au crépuscule de sa vie : « *Jugez comme cela disperse mes pensées.* » (v. 13) ; « *Je ne sens plus la trouble et secrète secousse* » (v. 17) ; « *Je suis bon, et mon cœur s'apaise en leur présence ;* » (v. 21) ; « *De plus doux que l'oubli qui nous envahit l'âme* » (v. 25).
[Transition] Si Victor Hugo, dans son poème, dépeint une relation très forte, presque d'adoration à ses petits-enfants, qu'en est-il, de nos jours, des liens entre les personnes âgées et les enfants ?

[Partie 2]

2. Quels sont les liens que peuvent entretenir les personnes âgées et les enfants ?

2.a. Des liens fragiles, et le risque de rupture générationnelle

Le conflit générationnel est une réalité de nos sociétés. Il traduit des incompréhensions réciproques pouvant mener à une rupture totale.
La distance temporelle et la distance culturelle amènent à préjuger que l'autre ne peut me comprendre : trop vieux/trop jeune pour comprendre. On emploie souvent l'image du fossé.
L'éloignement géographique dû à une plus grande mobilité professionnelle, ou à de nouvelles formes familiales, rarifie les rencontres familiales et complique la création de lien entre anciens et nouveaux membres. Certains enfants n'ont aucun contact avec des personnes âgées, dont ils peuvent finir par avoir peur.
Le contexte sanitaire lié à la crise du covid a accentué cette méfiance réciproque, mettant dos à dos des aînés isolés et une jeune génération qui a pu se sentir « sacrifiée ».
[Transition] Pourtant personnes âgées et enfants ont à apprendre les uns des autres.

2.b. Des liens construits sur le partage réciproque

Il y a des points et des intérêts communs entre le petit enfant et la personne âgée : quand le premier doit construire son autonomie, le second doit la conserver.
Ex. : les ateliers partagés au sein des écoles ou au sein des EHPAD.
Les personnes âgées partagent leur savoir et transmettent des valeurs issues de leur expérience par le récit de leur histoire.
Ex. : les personnes âgées invitées dans les classes pour évoquer leurs souvenirs d'école, leur quotidien d'enfant.

Les enfants, par leur pureté, leur naïveté, leur besoin de jouer et leur gaieté apportent, comme le souligne Hugo dans son poème, *« l'oubli »* (v. 25) de sa propre vieillesse. Leur seule présence peut venir adoucir le quotidien de la personne âgée, sa solitude, comme une bouffée d'oxygène. Cela crée une stimulation pour les personnes âgées.
Ex. : les crèches intergénérationnelles ; créations de crèches au sein des EHPAD.
[Transition] C'est pourquoi il est important de créer de nouveaux liens entre la jeune génération et la sagesse des aînés.

2.c. De nouveaux liens qui construisent la solidarité

De nombreuses initiatives voient le jour : la série documentaire *Une vie d'écart* suit, sur six semaines, des enfants de maternelle qui se sont rendus quotidiennement dans un EHPAD pour aller à la rencontre des personnes âgées.
L'Éducation nationale s'est emparée de cette question sociétale en mettant en place dès 2022 un plan d'action pour favoriser les solidarités intergénérationnelles : permettre aux élèves de s'engager dans des initiatives en faveur des personnes âgées, c'est aussi leur permettre de construire leur citoyenneté. De plus en plus d'écoles engagent une correspondance avec l'EHPAD de leur ville.
Enfin, nous pouvons élargir la réflexion au-delà des petits enfants et évoquer la colocation intergénérationnelle, basée sur la solidarité : la personne âgée bénéficie d'une présence rassurante et de petits services, l'étudiant bénéficie d'un loyer modeste.

[Conclusion rédigée]

Victor Hugo nous offre dans son poème *Georges et Jeanne*, tiré de son recueil *L'Art d'être grand père*, sa vision intime de la grand-parentalité. Il voue à ses petits-enfants, dont il a en charge l'éducation, un véritable amour et une grande admiration.
La crise du covid a pu mettre en lumière la fragilité du lien entre personnes âgées et enfants. Un rapport de l'association *Les petits frères des pauvres* a révélé un risque de fracture entre les générations, les personnes âgées pouvant se montrer méfiantes vis-à-vis de la jeunesse, quand celle-ci se dit sacrifiée au nom des aînés. Pourtant personnes âgées et enfants ont à apprendre les uns des autres. L'entretien des liens intergénérationnels est par conséquent un enjeu sociétal fort, puisqu'ils sont le ciment de la cohésion sociale. Ces liens se construisent dès le plus jeune âge et dépassent la seule relation filiale grand-parent/petit-enfant. L'école a, alors, un rôle fort à jouer et on voit émerger de nombreuses initiatives qui s'appuient sur des valeurs de partage et de solidarité.

Lectures pouvant être mobilisées :
– *Heidi*, Johanna Spyri, 1880-1881, Hachette Jeunesse
– *La Vie devant soi*, Romain Gary, 1975, Folio
– *La Petite Fille de Monsieur Linh*, Philippe Claudel, 2005, Le Livre de Poche
– *Momo, petit prince des Bleuets*, Yaël Hassan, 2012, Éditions Syros

Films évoquant le lien entre une personne âgée et un enfant :
– *Là-haut*, Pete Docter et Bob Peterson, 2009
– *Le Petit Lord Fauntleroy*, Jack Gold, 1981

SUJET 2

Antilles, 2022

3 heures

→ Corrigés p. 22

Texte **Dima ABDALLAH, *Mauvaises herbes*, 2020**

L'année de ses douze ans, la narratrice a quitté le Liban en proie à la guerre civile et s'est exilée en France avec sa famille mais sans son père. Trente ans plus tard, alors qu'elle s'installe dans un nouvel appartement, elle cherche encore à se reconstruire.

Je ne m'en sors pas si mal, je n'ai qu'à déverser le contenu des cartons où bon me semble, le plus important, c'est que les plantes aient déjà trouvé leur juste place sur la petite terrasse. C'est bien la preuve de mon ancrage. Je ne me débrouille pas si mal pour ce qui est d'être sédentaire. Planter, c'est la raison même de la sédentarité. Planter, c'est s'installer. Mon balcon ressemble de plus en plus à celui des petits vieux. Ceux qui sont on ne peut plus installés. Ceux qui ont des souvenirs qui débordent de partout sur les balcons. Ceux dont la mémoire est si riche et si pauvre à la fois que de véritables petites jungles en pots fleurissent sur leurs balcons. Ceux qui oublient sans le savoir parce que ça fait trop de choses à se rappeler. Ils savent qu'ils ne vont probablement plus bouger, que ce sont là leurs derniers souvenirs. Ils fleurissent leur dernier balcon dans leur dernier appartement. Ils maintiennent en vie de plus en plus de plantes au fur et à mesure que la vie et la mémoire les quittent. Mon balcon ressemble de plus en plus à celui des petits vieux qui ne déménageront plus jamais. Je suis bien installée. J'ai l'habitude, je vais bien trouver le moyen de tout ranger et de respirer. Je ne suis peut-être plus nomade. J'ai un balcon de petite vieille, une étagère à épices et des montagnes de jouets. J'ai des dizaines de gros cartons à vider dans mon salon. Je n'ai plus besoin que tout tienne dans un sac à dos, ni de changer de ville tous les deux ou trois jours. Ça fait des mois que je n'ai pas eu de crise, que je n'ai pas été aux urgences et que je n'ai rien jeté.

J'aimerais bien tout jeter et réussir à respirer. Je ne rêve pas d'une maison. Je n'en ai jamais rêvé. Je ne veux pas d'une jolie maison avec jardin, peut-être un jardin sans maison. Une cabane tout au plus. Le support d'un mur pour y faire grimper la glycine et une vigne vierge qui deviendrait écarlate en automne. Un ou deux arbres. Des arbres qui grandiraient si bien que dans leur sève couleraient les souvenirs du monde entier. Il y aurait un prunier qui donnerait en été des milliers de prunes vertes parce que les prunes vertes, c'est le meilleur fruit au monde. Peut-être qu'il y aurait un cerisier du Japon, comme celui du Jardin des plantes[1], en dessous duquel on mettrait un banc. Un mur ou deux où mes lierres et mes jasmins grimperaient si bien qu'ils recouvriraient tout, de manière à ce qu'on ne puisse plus deviner le mur en dessous. Les romarins pousseraient tant qu'ils deviendraient de vrais petits arbustes. Le thym et la marjolaine fleuriraient au printemps et lâcheraient de nouvelles graines en été, si bien que tout le lopin de terre serait colonisé et qu'on sentirait les effluves des plantes aromatiques sans même devoir frotter la paume de la main sur leurs sommités. Il y aurait un buis et un olivier qui se feraient une course à la lenteur pour savoir qui des deux arriverait à pousser le plus lentement, qui des deux arriverait le mieux à prendre son temps. Un bout de terre pour que les racines de l'eucalyptus, de la verveine et de la lavande s'étendent à leur guise.

Une terre pour y planter les souvenirs qui supportent mal les jardinières. La terre serait si fertile que ma mémoire serait d'une efficacité redoutable. Elle saurait si bien oublier et quoi faire pousser que tous mes tics disparaîtraient.

1. Le Jardin des plantes est le nom d'un grand parc parisien.

PARTIE I – Étude de la langue (6 points)

1 Indiquez la nature des mots ou groupes de mots soulignés dans les extraits suivants.

- Ceux qui ont des souvenirs qui débordent de partout sur les balcons. (l. 6-7)
- … au fur et à mesure que la vie et la mémoire les quittent. (l. 11-12)
- J'ai un balcon de petite vieille, une étagère à épices… (l. 15)
- … je n'ai rien jeté. (l. 18)

2 Dans le passage suivant, relevez et classez selon leur catégorie grammaticale les termes portant la marque de la première personne.

Je ne m'en sors pas si mal, je n'ai qu'à déverser le contenu des cartons où bon me semble, le plus important, c'est que les plantes aient déjà trouvé leur juste place sur la petite terrasse. C'est bien la preuve de mon ancrage. (l. 1 à 3)

3 Dans le passage suivant, remplacez « des petits vieux » par « d'une petite vieille » et faites toutes les transformations nécessaires.

Mon balcon ressemble de plus en plus à celui des petits vieux. Ceux qui sont on ne peut plus installés. Ceux qui ont des souvenirs qui débordent de partout sur les balcons. Ceux dont la mémoire est si riche et si pauvre à la fois que de véritables petites jungles en pots fleurissent sur leurs balcons. Ceux qui oublient sans le savoir parce que ça fait trop de choses à se rappeler. Ils savent qu'ils ne vont probablement plus bouger, que ce sont là leurs derniers souvenirs. (l. 5 à 10)

4 Dans le passage suivant :

Un mur ou deux où mes lierres et mes jasmins grimperaient si bien qu'ils recouvriraient tout, de manière à ce qu'on ne puisse plus deviner le mur en dessous. (l. 26-28)

a) Précisez la nature et la fonction de chacune des propositions introduites par les termes soulignés.
b) Remplacez les termes soulignés par d'autres de même sens.

5 Identifiez les deux temps de l'extrait ci-dessous puis précisez l'emploi de chaque occurrence.

Je ne veux pas d'une jolie maison avec jardin, peut-être un jardin sans maison. Une cabane tout au plus. Le support d'un mur pour y faire grimper la glycine et une vigne vierge qui deviendrait écarlate en automne. Un ou deux arbres. Des arbres qui grandiraient si bien que dans leur sève couleraient les souvenirs du monde entier. Il y aurait un prunier qui donnerait en été des milliers de prunes vertes parce que les prunes vertes, c'est le meilleur fruit au monde. (l. 20 à 25)

PARTIE II – Lexique et compréhension lexicale (4 points)

1 Pour chacun des deux mots suivants, « ancrage » (l. 3) ; « jungles » (l. 8) :
a) Donnez le sens premier.
b) Expliquez le sens en contexte.

2 Expliquez ce que la narratrice désigne par l'image « les souvenirs qui supportent mal les jardinières » à la ligne 36.

PARTIE III – Réflexion et développement (10 points)

À la lumière du texte de Dima Abdallah, de vos lectures et de vos réflexions personnelles, vous interrogerez le sentiment « d'ancrage ». Vous présenterez votre propos de façon structurée et argumentée.

CORRIGÉ DU SUJET 2

PARTIE I – Étude de la langue

1 • **Qui :** pronom relatif, qui a pour antécédent le pronom démonstratif *ceux*.
• **Les :** pronom personnel complément (3e personne du pluriel), substitut du GN *des petits vieux* (l. 5).
• **À épices :** groupe nominal prépositionnel introduit par la préposition *à*.
• **Rien :** pronom indéfini indiquant une quantité nulle, utilisé dans la locution adverbiale *ne… rien*.

2

Je ne m'en sors pas si mal, je n'ai qu'à déverser le contenu des cartons où bon me semble, le plus important, c'est que les plantes aient déjà trouvé leur juste place sur la petite terrasse. C'est bien la preuve de mon ancrage.

Pronom	Terminaison verbale	Déterminant
Je : pronom personnel sujet de la locution verbale *s'en sortir* **je :** pronom personnel sujet du verbe *avoir*	**-s :** morphème grammatical, marque de la 1re personne du singulier au présent de l'indicatif pour les verbes du 3e groupe	**mon :** déterminant possessif associé au nom *ancrage* (masculin singulier)
m' : pronom personnel COD intégré à la locution verbale *s'en sortir*	**ai :** verbe *avoir* conjugué à la 1re personne du singulier au présent de l'indicatif	
me : pronom personnel COI du verbe *sembler*		

ATTENTION

Les marques de personne apparaissent à travers les déterminants, les pronoms, les terminaisons verbales et les adjectifs (il n'y pas d'adjectif dans cet extrait).

3

MÉTHODE

Vérifier toute la chaîne d'accords lors de ce genre d'exercice : au sein du GN, sujet/verbe, des pronoms substituts des GN.

Mon balcon ressemble de plus en plus à celui d'**une petite vieille**. **Celle** qui **est** on ne peut plus **installée**. **Celle** qui **a** des souvenirs qui débordent de partout sur **le balcon/les balcons**. **Celle** dont la mémoire est si riche et si pauvre à la fois que de véritables petites jungles en pots fleurissent sur **son balcon/ses balcons**. **Celle** qui **oublie** sans le savoir parce que ça fait trop de choses à se rappeler. **Elle sait** qu'**elle** ne **va** probablement plus bouger, que ce sont là **ses** derniers souvenirs.

ATTENTION

Il est possible d'écrire le mot *balcon* au pluriel comme au singulier, selon que l'on considère que « la petite vieille » possède un ou plusieurs balcons. La cohérence de l'extrait invite cependant à utiliser le singulier car la narratrice commence par dire *mon balcon*.

4 a) • *où mes lierres et mes jasmins grimperaient :* proposition subordonnée relative introduite par le pronom relatif *où* et complément de l'antécédent *mur*.

• *si bien qu'ils recouvriraient tout :* proposition subordonnée circonstancielle introduite par la locution conjonctive *si bien que*, complément circonstanciel de conséquence.

• *de manière à ce qu'on ne puisse plus deviner le mur en dessous :* proposition subordonnée circonstancielle introduite par la locution conjonctive *de manière à ce que*, complément circonstanciel de but.

b) Un mur ou deux **sur lesquels** mes lierres et mes jasmins grimperaient **de sorte qu'**ils recouvriraient tout, **afin qu'**on ne puisse plus deviner le mur en dessous.

5

Forme verbale	Temps	Emploi
veux	Présent de l'indicatif	Présent d'énonciation
est		Présent de vérité générale
deviendrait	Présent du conditionnel	Action hypothétique dans le futur
grandiraient		
couleraient		
aurait		
donnerait		

ATTENTION

La locution verbale *faire grimper* étant à l'infinitif, elle n'a pas été relevée.

PARTIE II – Lexique et compréhension lexicale

1 a) • **Ancrage :** vocabulaire lié au domaine de la navigation ; action de jeter l'ancre pour immobiliser un bateau.

• **Jungles :** forêts à la végétation dense qui se développent sous un climat chaud et humide.

b) • **Ancrage :** ici, l'action de s'ancrer signifie s'installer dans un nouveau logement. Elle est symbolisée selon l'autrice par l'installation de ses plantes sur sa terrasse.

• **Jungles :** ici, les *jungles en pots* évoquent des plantes qui s'épanouissent de façon presque extravagante sur les balcons des petits vieux, à l'image de leurs souvenirs qui *débordent de partout*.

RAPPEL

La connotation est l'ensemble des valeurs subjectives que l'on accorde à un mot. Elle peut être péjorative ou méliorative.

Ex. : Range ta chambre, on se croirait dans la jungle. ⟶ connotation péjorative

2 Lorsque la narratrice évoque les *souvenirs qui supportent mal les jardinières*, elle fait une analogie entre le jardinage et la mémoire, entre l'entretien des plantes et celui des souvenirs. Certaines plantes ont besoin de s'enraciner profondément, mais l'étroitesse de la jardinière les contraint et ne leur permet pas de s'épanouir pleinement. De la même façon, les souvenirs sont parfois ancrés au plus profond de notre mémoire, ou ont besoin d'espace pour s'étendre à loisir. La narratrice rêve d'un jardin, d'une terre réparatrice, *si fertile que [sa] mémoire serait d'une efficacité redoutable*. Elle voudrait que ce jardin, en y faisant pousser des essences aromatiques enivrantes, des plantes grimpantes aux couleurs changeantes et des arbres, lui permette d'oublier ses souffrances.

PARTIE III – Réflexion et développement

MÉTHODE

• Il est important de **lire le sujet en entier** avant de commencer l'épreuve. En effet, la partie II permet généralement une première réflexion approfondie sur le sens du texte. Ici, la rédaction de la définition du mot *ancrage* en et hors contexte sera au service, dans la partie III, de l'analyse des mots-clés et de l'élaboration de la problématique.

• L'**analyse des mots-clés** du sujet est une étape essentielle afin d'éviter le hors sujet et vous aidera à trouver une problématique.

• Une fois les termes du sujet analysés, il s'agit de **dégager la problématique** qui sera annoncée dans l'introduction. Une problématique est la formulation (le plus souvent sous la forme d'une question) d'un problème que l'analyse du sujet a fait émerger et auquel la copie doit apporter une réponse. Une question courte a plus de chance d'être claire et pertinente. Limitez votre problématique à un seul verbe conjugué. Celle-ci doit faire apparaître la contradiction sous-entendue dans le sujet.

Exemples de problématiques :

– En quoi le sentiment d'ancrage est-il propre à chaque individu, selon sa culture et son histoire personnelles ?

– Dans quelle mesure le sentiment d'ancrage est-il lié à la culture et au vécu d'un individu ?

ANALYSER LE SUJET

Le sujet nous invite à interroger le sentiment d'ancrage dans le texte proposé, en prenant appui sur des lectures et des réflexions personnelles.

La première question de la partie II (Lexique et compréhension lexicale) a permis de définir la notion d'ancrage.

Deux éléments se dégagent de ce sujet : le **sentiment d'ancrage** et la **nécessité de s'interroger sur ce sentiment**. Cela suppose que la vision de Dima Abdallah (sentiment d'ancrage perçu comme la sédentarité, en opposition au nomadisme) doit être analysée et développée, mais qu'il faudra également envisager et défendre une autre perception : le nomadisme n'est pas toujours lié à une fuite ni source de souffrances, et l'homme peut « s'ancrer » de différentes manières. On notera que le mot *sentiment* nous invite à percevoir la vision personnelle de la narratrice en lien avec son vécu.

Nous pouvons mettre en parallèle (ou en opposition) des éléments du texte de Dima Abdallah afin de mieux analyser sa perception de l'ancrage :

« Ancrage » dans un appartement (l. 3), ce qui implique une stabilité (immobilité ?)	Exil, fuite de son pays natal (voir l'introduction du texte) qui évoque le déplacement
Sédentarité *(« sédentaire »*, l. 4)	Nomadisme *(« je ne suis peut-être plus nomade »*, l. 14)
« Les plantes [ont] déjà trouvé leur juste place » (l. 2) ; *« gros cartons à vider »* (l. 16)	*« Sac à dos »* où toutes les affaires tiennent (l. 17)
Planter des essences dans un *« jardin sans maison »* (l. 20) ; avoir *« un bout de terre pour que les racines [...] s'étendent à leur guise »* (l. 34-35)	*« Changer de ville tous les deux ou trois jours »* (l. 17)

La première partie sera ainsi consacrée à l'étude des notions d'ancrage et de sédentarité, en opposition avec le mode de vie nomade associé à l'exil, présentées dans le texte de Dima Abdallah. La seconde partie questionnera ce point de vue en évoquant le nomadisme comme mode de vie, ancestral ou contemporain, et permettra ainsi d'évoquer un autre type d'ancrage.

Quelques pistes de réflexion sur les différents types de nomadisme :

Nomadisme ancestral (période préhistorique)	Nomadisme actuel (concerne une très petite part de la population mondiale, dans des régions généralement hostiles)	
Mode de vie des chasseurs-cueilleurs (avant l'invention de l'agriculture et de l'élevage). Déplacements liés à la quête de nourriture. Évolution au néolithique vers un semi-nomadisme : déplacements limités à deux ou trois territoires par an.	Peuples de chasseurs-cueilleurs (« collecteurs »). Ils suivent les migrations des troupeaux d'animaux et prélèvent dans la nature (faune et flore) ce dont ils ont besoin.	Sociétés pastorales qui élèvent leurs troupeaux dans des zones où on trouve peu de terres arables. Ces sociétés d'éleveurs se déplacent en fonction des besoins de leur troupeau (eau et nourriture).

On sera également en droit de se demander si certaines professions contemporaines ne génèrent pas une forme de vie nomade : ambassadeurs, artistes, emplois saisonniers, gendarmes mobiles, expatriés qui changent régulièrement de pays en fonction de leurs missions professionnelles, etc. Ces personnes savent qu'elles seront amenées à déménager de manière très régulière. Pour elles, c'est un choix et non une contrainte ou une fuite comme celle liée à la guerre ou à la famine.

Enfin, on pourra associer la notion d'ancrage à la mort. En effet, Dima Abdallah se compare, en devenant sédentaire, aux petits vieux qui *« fleurissent leur dernier balcon dans leur dernier appartement »* (l. 10-11) et qui *« maintiennent en vie de plus en plus de plantes au fur et à mesure que la vie et la mémoire les quittent »* (l. 11-12).

[Corrigé plan détaillé]

ATTENTION

- Vous trouverez ci-dessous une proposition de plan détaillé. L'important est de proposer un écrit structuré, c'est-à-dire organisé en parties, elles-mêmes déclinées en sous-parties, illustrées par des exemples concrets.
- Dans la proposition de corrigé qui suit, différents éléments sont repérés en **bleu**. Ils apparaissent pour vous permettre d'avoir une vue d'ensemble sur l'organisation de la réponse. Mais ces indications ne doivent pas figurer sur votre copie !

[Introduction]

[Phrase d'accroche sur la thématique du sujet] Dima Abdallah, écrivaine française d'origine libanaise, évoque dans cet extrait son sentiment d'ancrage dans son nouvel appartement qu'elle associe à l'installation de ses plantes sur sa terrasse.

[Présentation de l'auteur et de la thématique centrale du texte] Elle établit un parallèle entre la plantation de fleurs et la sédentarité, en opposition avec sa vie nomade suite à son départ du Liban et son exil.

[Annonce de la problématique] En quoi le sentiment d'ancrage est-il propre à chaque individu, selon sa culture et son histoire personnelles ?

[Annonce du plan] La première partie sera ainsi consacrée à l'étude des notions d'ancrage et de sédentarité, en opposition avec le mode de vie nomade associé à l'exil, présentées dans le texte de Dima Abdallah. La seconde partie questionnera ce point de vue en évoquant le nomadisme comme mode de vie, ancestral ou contemporain, et permettra d'évoquer un autre type d'ancrage.

[Partie 1]

1. L'ancrage perçu comme mode de vie sédentaire en opposition au nomadisme associé à l'exil

1.a. La présence des plantes comme symbole de la sédentarité

Dans l'extrait proposé, Dima Abdallah estime qu'elle ne se *« débrouille pas si mal pour ce qui est d'être sédentaire »* (l. 3 et 4) et trouve *« la preuve de [son] ancrage »* (l. 3) dans le fait d'avoir *« déjà »* (l. 2) installé ses plantes sur sa terrasse. La narratrice voit cela comme le symbole de son installation dans son appartement. Pour elle, *« planter, c'est la raison même de la sédentarité. Planter c'est s'installer »* (l. 4-5). Cette installation, cette sédentarisation semblent récentes pour elle, même si elle doute de leur caractère définitif : *« Je ne suis peut-être plus nomade »* (l. 14). Son exil forcé, dû à la guerre civile dans son pays natal trente ans auparavant, a laissé des traces. La narratrice se rassure en constatant que cela fait *« des mois »* qu'elle n'a pas *« eu de crise »* et qu'elle n'a pas été *« aux urgences »* (l. 17-18). Ce statut de sédentaire ne semble cependant pas la rasséréner totalement : elle *« aimerai[t] bien tout jeter et réussir à respirer »* (l. 19). Elle rêve de posséder non pas une maison mais un jardin plein de senteurs : *« je ne veux pas d'une jolie maison avec jardin, peut-être un jardin sans maison »* (l. 20-21).

1.b. La métaphore de la végétation pour évoquer la mémoire

Tout au long du texte, la narratrice fait un parallèle entre les plantes et la mémoire. Dans le premier paragraphe, elle compare son balcon à celui des *« petits vieux »* (l. 5) et utilise une métaphore filée pour associer leurs balcons luxuriants à leur mémoire et leurs souvenirs. Selon elle, *« ils maintiennent en vie de plus en plus de plantes au fur et à mesure que la vie et la mémoire les quittent »* (l. 11 et 12). Elle constate qu'elle a *« un balcon de petite vieille »* (l. 15), preuve de sa sédentarité et peut-être également de la place qu'elle accorde à ses souvenirs. Dans le second paragraphe, elle se projette dans l'avenir et s'imagine dans un jardin où elle installerait des essences variées et parfumées. Elle rêve d'une terre fertile pour y *« planter les souvenirs »* (l. 36) et pour que *« les racines […] s'étendent à leur guise »* (l. 35). Elle imagine le pouvoir de la fertilité de cette terre, tellement puissante que sa *« mémoire serait d'une efficacité redoutable »* (l. 37).

1.c. L'ancrage dans la terre en quête de racines

Les racines des plantes que la narratrice voudrait voir s'étendre peuvent symboliser les racines qu'elle a quittées : le Liban, son père, sa culture, son enfance… L'exil forcé représente une blessure, une perte de repères, un arrachement. Nous l'avons vu à travers les visages dévastés et les récits poignants du peuple ukrainien qui fuit la guerre, comme de tout peuple qui se trouve contraint de partir et quitter sa terre et ses racines. Le voyage qui s'ensuit est source d'angoisse, de peur, de dangers et génère bien souvent des traumatismes lourds à porter ensuite. Dima Abdallah exprime son besoin de pouvoir s'installer sur *« une terre pour y planter des souvenirs qui supportent mal les jardinières »* (l. 36), et ainsi retrouver des racines profondément ancrées. Cela est lié à son histoire personnelle.

[Transition] Cependant, le mode de vie nomade n'est pas nécessairement associé à l'exil et à la souffrance ni à l'absence de racines.

[Partie 2]

2. Le nomadisme comme mode de vie

2.a. Un mode de vie ancestral

Ainsi, durant une très longue période de la préhistoire, au cours du paléolithique, nos ancêtres ont été des « chasseurs-cueilleurs ». Ils se déplaçaient en fonction de leurs besoins de nourriture, suivaient les troupeaux pour pouvoir subvenir à leurs besoins en chassant, mais également en pêchant, et en prélevant dans la nature des plantes, des baies, des champignons et des légumes-racines. Se déplacer et changer sans cesse de territoire ne signifiait pas perdre ses repères mais garantissait de manger à sa faim. Ce mode de vie a peu à peu disparu au profit du mode de vie sédentaire avec l'invention de l'agriculture puis de l'élevage au néolithique.

2.b. Le nomadisme comme choix de vie

Cependant, certains peuples, certaines tribus ont conservé ce mode de vie nomade, ou semi-nomade. Ils vivent généralement dans des parties du globe reculées et au climat hostile, où il est impossible de cultiver la terre. Ces peuples, le plus souvent des sociétés pastorales, se déplacent en quête d'eau et de nourriture pour leurs troupeaux. On les trouve par exemple dans la steppe en Mongolie, dans les déserts comme le Sahara. Pour ces hommes également, se déplacer est indispensable et défaire un campement pour l'installer ailleurs n'est pas synonyme de déchirement. Il s'agit de leur mode de vie, de leur culture, et leurs racines s'ancrent autrement : ils ont l'art de s'adapter et de survivre dans des conditions extrêmes et se transmettent ce précieux savoir de génération en génération. Pour eux, rester au même endroit et s'ancrer, devenir sédentaire, impliquerait de manquer d'eau et de nourriture pour le bétail et par conséquent la mort.

2.c. L'ancrage comme métaphore de la mort ?

Cette idée de mort liée à l'ancrage se retrouve dans le texte de Dima Abdallah. En effet, lorsqu'elle établit un lien entre le fait d'installer ses plantes sur sa terrasse et les balcons fleuris des petits vieux *« qui ne déménageront plus jamais »* (l. 13), qui *« fleurissent leur dernier balcon dans leur dernier appartement »* (l. 10-11), le parallèle est morbide. Devenir sédentaire et s'installer rapprocherait-il la narratrice de la mort ? Serait-ce funeste ? Cela semble contredit dans le second paragraphe où elle évoque le jardin de ses rêves, source de vie végétale exubérante, apaisante et odorante.

[Conclusion rédigée]

Ainsi, nous nous sommes demandé en quoi le sentiment d'ancrage est propre à chaque individu, selon sa culture et son histoire personnelles. Dima Abdallah a sa propre vision de l'ancrage, en opposition avec le mode de vie nomade lié à son exil et ses traumatismes. D'autres perceptions sont possibles, notamment lorsque le nomadisme est un mode de vie comme dans les sociétés pastorales. C'est également le cas dans notre société contemporaine pour certaines catégories professionnelles qui voyagent souvent ou qui s'installent pour des durées définies dans un autre pays. L'actualité nous invite à réfléchir sur l'accueil à réserver aux enfants ukrainiens dans les écoles françaises (ou à tout enfant arrivant dans notre pays) : comment les aider à trouver des repères, les rassurer, leur permettre d'être apaisés pour pouvoir s'ancrer dans un nouvel environnement ?

Lectures pouvant être mobilisées :
– *Ma vie sur la route*, Gloria Steinem, 2019, Harpercollins
– « Ce que c'est que l'exil », in *Actes et paroles*, Victor Hugo, 1875
Film :
– *Into the Wild*, Sean Penn, 2007
Émission télévisée :
– *Rendez-vous en terre inconnue avec Vianney en pays Afar* (en Éthiopie), 2021

SUJET 3

Polynésie, 2022

3 heures

→ Corrigés p. 31

Texte Jean-Paul SARTRE, *Les Mots*, 1963

L'autobiographie de Jean-Paul Sartre, Les Mots, *est composée de deux parties : « Lire » et « Écrire ». Cet extrait provient de la première partie.*

Je fus alors jaloux de ma mère[1] et je résolus de lui prendre son rôle. Je m'emparai d'un ouvrage intitulé *Tribulations d'un Chinois en Chine* et je l'emportai dans un cabinet de débarras ; là, perché sur un lit-cage, je fis semblant de lire : je suivais des yeux les lignes noires sans en sauter une seule et je me racontais une histoire à voix haute, en prenant soin de prononcer toutes les syllabes. On me surprit – ou je me fis surprendre –, on se récria, on décida qu'il était temps de m'enseigner l'alphabet. Je fus zélé comme un catéchumène[2] ; j'allais jusqu'à me donner des leçons particulières : je grimpais sur mon lit-cage avec *Sans famille* d'Hector Malot, que je connaissais par cœur et, moitié récitant, moitié déchiffrant, j'en parcourus toutes les pages l'une après l'autre : quand la dernière fut tournée, je savais lire.

J'étais fou de joie : à moi ces voix séchées dans leurs petits herbiers, ces voix que mon grand-père ranimait de son regard, qu'il entendait, que je n'entendais pas ! Je les écouterais, je m'emplirais de discours cérémonieux, je saurais tout. On me laissa vagabonder dans la bibliothèque et je donnai l'assaut à la sagesse humaine. C'est ce qui m'a fait. [...] Les souvenirs touffus et la douce déraison des enfances paysannes, en vain les chercherais-je en moi. Je n'ai jamais gratté la terre ni quêté des nids, je n'ai pas herborisé ni lancé des pierres aux oiseaux. Mais les livres ont été mes oiseaux et mes nids, mes bêtes domestiques, mon étable et ma campagne ; la bibliothèque, c'était le monde pris dans un miroir ; elle en avait l'épaisseur infinie, la variété, l'imprévisibilité. Je me lançai dans d'incroyables aventures : il fallait grimper sur les chaises, sur les tables, au risque de provoquer des avalanches qui m'eussent enseveli. Les ouvrages du rayon supérieur restèrent longtemps hors de ma portée ; d'autres, à peine je les avais découverts, me furent ôtés des mains, d'autres, encore, se cachaient : je les avais pris, j'en avais commencé la lecture, je croyais les avoir remis en place, il fallait une semaine pour les retrouver. Je fis d'horribles rencontres : j'ouvrais un album, je tombais sur une planche en couleurs, des insectes hideux grouillaient sous ma vue. Couché sur le tapis, j'entrepris d'arides voyages à travers Fontenelle, Aristophane, Rabelais : les phrases me résistaient à la manière des choses ; il fallait les observer, en faire le tour, feindre de m'éloigner et revenir brusquement sur elles pour les surprendre hors de leur garde : la plupart du temps, elles gardaient leur secret. J'étais La Pérouse, Magellan, Vasco de Gama [...].

1. Dans les pages précédentes, Jean-Paul Sartre évoque les histoires lues à haute voix par sa mère.
2. Catéchumène : personne qui reçoit une instruction religieuse en vue du baptême.

PARTIE I – Étude de la langue (6 points)

1 Indiquez la nature et la fonction des mots ou des groupes de mots soulignés dans les extraits suivants :

- … ces voix que mon grand-père ranimait de son regard, qu'il entendait… (l. 11-12)
- … les livres ont été mes oiseaux et mes nids, mes bêtes domestiques, mon étable et ma campagne… (l. 17-18)
- … je tombais sur une planche en couleurs… (l. 25-26)
- … il fallait les observer, en faire le tour, feindre de m'éloigner et revenir brusquement sur elles… (l. 28-29)

2 Dans l'extrait copié ci-dessous, relevez et classez les pronoms en fonction de leur nature :

Les ouvrages du rayon supérieur restèrent longtemps hors de ma portée ; […] d'autres, encore, se cachaient : je les avais pris, j'en avais commencé la lecture… (l. 21-24)

3 Expliquez, dans les occurrences suivantes, les règles qui régissent l'accord du participe passé :

- … quand la dernière fut tournée… (l. 9-10)
- … là, perché sur un lit-cage, je fis semblant de lire… (l. 3)
- … je les avais découverts… (l. 22)

4 a) Relevez et classez tous les verbes conjugués de l'extrait suivant en fonction de leur forme (mode et temps).

b) Justifiez l'emploi des temps des formes soulignées.

J'étais fou de joie : à moi ces voix séchées dans leurs petits herbiers, ces voix que mon grand-père ranimait de son regard, qu'il entendait, que je n'entendais pas ! Je les écouterais, je m'emplirais de discours cérémonieux, je saurais tout. […] C'est ce qui m'a fait. (l. 11-14)

5 Relevez les différentes propositions constituant cette phrase et identifiez la relation grammaticale qu'elles entretiennent :

Je fis d'horribles rencontres : j'ouvrais un album, je tombais sur une planche en couleurs, des insectes hideux grouillaient sous ma vue. (l. 25-26)

PARTIE II – Lexique et compréhension lexicale (4 points)

1 Analysez la formation du nom « déraison » (l. 15) pour en expliquer le sens. Mentionnez quatre mots de la même famille.

2 Expliquez, en contexte, le sens du verbe « se récria ».

On me surprit – ou je me fis surprendre –, on se récria, on décida qu'il était temps de m'enseigner l'alphabet. (l. 5-6)

3 Montrez, à travers le lexique employé dans le deuxième paragraphe, que le narrateur présente la lecture comme une expérience hors du commun.

PARTIE III – Réflexion et développement (10 points)

Quelles réflexions vous inspire la formule : « la bibliothèque, c'était le monde pris dans un miroir » (l. 18-19) ? Votre réflexion, structurée et argumentée, s'appuiera sur le texte de Jean-Paul Sartre ainsi que sur l'ensemble de vos connaissances et de vos expériences de lecteur.

CORRIGÉ DU SUJET 3

PARTIE I – Étude de la langue

1

	Nature	Fonction
qu'	Pronom relatif (élidé devant le pronom personnel *il*) ayant pour antécédent le groupe nominal *ces voix*	COD du verbe *entendre*
mes oiseaux et mes nids, mes bêtes domestiques, mon étable et ma campagne	Succession de cinq groupes nominaux juxtaposés ou coordonnés à l'aide de la conjonction de coordination *et*, et introduits par des déterminants possessifs	Attributs du sujet *les livres*
en couleurs	Groupe nominal prépositionnel composé d'un nom féminin pluriel (*couleurs*) et d'une préposition (*en*)	Complément du nom *planches*
brusquement	Adverbe de manière	Complément circonstanciel de manière du verbe *revenir*

ATTENTION

Ne pas confondre la fonction du pronom relatif et la fonction de la subordonnée relative.

2 Les ouvrages du rayon supérieur restèrent longtemps hors de ma portée ; [...] d'autres, encore, se cachaient : je les avais pris, j'en avais commencé la lecture...

Pronoms personnels sujets	je, j'
Pronom personnel complément	les
Pronom personnel réfléchi	se
Pronom adverbial	en
Pronom indéfini	d'autres

REMARQUE

Les pronoms ont les mêmes fonctions que les noms. Ils peuvent être sujet, attribut du sujet ou complément.

3 • **Tournée :** verbe du 1er groupe *tourner* à la voix passive, conjugué avec l'auxiliaire *être* au passé simple de l'indicatif ; le participe passé *tournée* s'accorde en genre et en nombre avec le sujet *la dernière*, et prend ainsi la marque du féminin singulier (*-e*).

• **Perché :** participe passé employé comme adjectif ; épithète détachée de *je*, qui se réfère au narrateur avec lequel il s'accorde en genre et en nombre au masculin singulier.

• **Découverts :** porte la marque du pluriel *-s* car il s'accorde avec le pronom *les*, COD antéposé, mis pour *d'autres (ouvrages)*, masculin pluriel.

RAPPEL

À la voix passive, le complément d'agent, auteur de l'action exprimée par le verbe, peut être sous-entendu et non exprimé : *quand la dernière fut tournée (par moi).*

4 a)

Verbes	Temps	Modes
étais ranimait entendait n'entendais pas	Imparfait	Indicatif
écouterais m'emplirais saurais	Conditionnel présent	Indicatif
est	Présent	Indicatif
m'a fait	Passé composé	Indicatif

ATTENTION

Ne pas confondre temps et mode. Il existe quatre modes : le mode impersonnel, le mode indicatif, le mode subjonctif et le mode impératif.
L'infinitif et le participe passé sont dits modes « impersonnels » car ils n'ont pas de valeur temporelle et ils ne distinguent pas les personnes grammaticales.

b) • Je les **écouterais** : le conditionnel est employé pour exprimer un futur dans le passé (valeur temporelle).

• C'est ce qui m'**a fait** : le passé composé vient ici confirmer le futur hypothétique exprimé par le conditionnel et est employé pour exprimer une action accomplie de premier plan.

RAPPEL

Le conditionnel, longtemps considéré comme un mode dans la tradition scolaire, est un temps de l'indicatif qui exprime le futur dans le passé.

5 Cette phrase est constituée de quatre propositions indépendantes juxtaposées :
Je fis d'horribles rencontres :
j'ouvrais un album,
je tombais sur une planche en couleurs,
des insectes hideux grouillaient sous ma vue.
Le double point à la fin de la première proposition annonce une énumération ; les virgules séparent les éléments de cette énumération.

RAPPEL

Une proposition est un groupe de mots organisé autour d'un verbe. Pour repérer les propositions dans la phrase, il faut repérer les verbes (le plus souvent conjugués).

PARTIE II – Lexique et compréhension lexicale

1 • **Déraison :** nom féminin formé par dérivation, construit à partir du radical *raison*, assimilé à la sagesse, à la faculté de jugement auquel on ajoute le préfixe privatif *dé-*. *Déraison* signifie par conséquent le manque de sagesse. Jean-Paul Sartre

MÉTHODE

Pour trouver des mots de la même famille, il faut s'assurer que ceux-ci partagent le même radical, une partie commune qui donne le sens principal.

associe la sagesse humaine au monde des livres qu'il oppose à la douce déraison des enfances paysannes, ignorantes des lettres.

• Quatre mots de la même famille : *raisonnable*, *raisonnement*, *raisonnablement*, *raisonner*.

REMARQUE

Des mots de la même famille peuvent appartenir à des classes grammaticales différentes.
Ex. : raisonnement → nom ; raisonnablement → adverbe.
Autres mots possibles : *raison, déraisonnable, raisonné, (je) raisonne…*

2 **Se récria :** verbe pronominal signifiant s'exclamer de vive voix sous l'effet d'une surprise, d'un étonnement. Il peut avoir une connotation négative.
Or, dans le contexte, l'auteur l'emploie pour traduire l'émotion vive, voire l'admiration ressentie par les parents du jeune Jean-Paul lorsque celui-ci fut surpris en train de lire. Il lui donne une connotation méliorative.

3 La lecture est une expérience hors du commun car elle offre une ouverture sur la connaissance universelle :
– *ces voix* (l. 11) ;
– *je saurais tout* (l. 13) ;
– *sagesse humaine* (l. 14) ;
– *le monde pris dans un miroir* (l. 18-19) ;
– *l'épaisseur infinie, la variété, l'imprévisibilité* (l. 19).

MÉTHODE

Veillez à répondre strictement à la consigne et évitez tout ajout susceptible d'entraîner des erreurs ou une perte de temps. Ici, il s'agit d'étudier uniquement le deuxième paragraphe.

La lecture est une expérience hors du commun car elle offre une expédition vers des contrées inconnues :
– *vagabonder* (l. 13) ;
– *l'assaut* (l. 14) ;
– *incroyables aventures : il fallait grimper* (l. 20) ;
– *provoquer des avalanches* (l. 21) ;
– *hors de ma portée* (l. 22) ;
– *découverts* (l. 22) ;
– *se cachaient* (l. 23) ;
– *d'horribles rencontres* (l. 25) ;
– *d'arides voyages* (l. 27) ;
– *les surprendre hors de leur garde* (l. 29) ;
– *leur secret* (l. 30) ;
– *La Pérouse, Magellan, Vasco de Gama* (l. 30).

PARTIE III – Réflexion et développement

ANALYSER LE SUJET

Le sujet nous invite à réagir à la formule de Jean-Paul Sartre : *« la bibliothèque, c'était le monde pris dans un miroir ».* L'**analyse des termes** est indispensable pour saisir l'ambivalence qui se cache dans cette formule et qui orientera le choix d'un plan en deux parties :

– **la bibliothèque :** terme d'origine grecque, *bibliothèke*, composé de *biblion* (livre) et *tèkê* (armoire, boîte). L'étymologie lie donc le livre avec le meuble de rangement ;

– **le monde :** ensemble de tout ce qui a existé, existe et existera ; dimension infinie ; on parle de vision du monde. Le monde, c'est aussi les autres ;

– **pris :** sens de enfermé, emprisonné, voire coincé. On peut donc y voir un sens négatif. Mais nous pouvons aussi y voir l'idée de capture et par conséquent de domination ;

– **un miroir :** objet produisant des images et ayant une symbolique ambivalente. Symbole de vérité, il nous renvoie à nous-même (le miroir dans *Blanche-Neige*). Mais n'étant qu'un reflet, il peut renvoyer une image imparfaite, atténuant ou exagérant tel trait selon celui qui y regarde.

À l'issue de l'analyse de ces termes, nous pouvons **dégager la problématique** suivante : La bibliothèque, et par extension les livres, sont-ils le reflet fidèle du monde ?

[Corrigé plan détaillé]

ATTENTION

• Vous trouverez ci-dessous une proposition de plan détaillé. L'important est de proposer un écrit structuré, c'est-à-dire organisé en parties, elles-mêmes déclinées en sous-parties, illustrées par des exemples concrets.
• Dans la proposition de corrigé qui suit, différents éléments sont repérés en **bleu**. Ils apparaissent pour vous permettre d'avoir une vue d'ensemble sur l'organisation de la réponse. Mais ces indications ne doivent pas figurer sur votre copie !

[Introduction rédigée]

[Présentation de l'auteur et de la thématique centrale du texte] Dans *Les Mots*, publié en 1963, Jean-Paul Sartre nous relate son enfance jusqu'à l'âge de onze ans. Cette autobiographie est composée de deux parties, successivement « Lire » et « Écrire », témoignant du rôle prédominant que jouèrent les livres durant son enfance. Pour cet enfant solitaire, vivant en milieu clos entre sa mère, sa grand-mère et son grand-père, ceux-ci ont représenté une ouverture sur l'univers et sur l'imaginaire. Pour Sartre, *« la bibliothèque, c'était le monde pris dans un miroir »*.

Or le miroir, objet produisant des images, a une double symbolique : il peut tout à la fois refléter la vérité (*« Miroir, mon beau miroir, dis-moi qui est la plus belle ? »*) et l'illusion, en renvoyant une image déformée, imparfaite de la réalité.

[Annonce de la problématique] La bibliothèque et par extension les livres, sont-ils le reflet fidèle du monde ?

[Annonce du plan] En nous appuyant sur le texte de Jean-Paul Sartre, nous verrons, dans une première partie, en quoi la bibliothèque peut proposer une vision déformée du monde. Puis, dans une seconde partie, nous verrons en quoi les bibliothèques et les livres sont des portes ouvertes sur la connaissance, la culture, les autres. Sur le monde.

[Partie 1]

1. La bibliothèque : vision déformée du monde

1.a. Ouvrir la porte d'une bibliothèque, c'est se perdre comme dans un labyrinthe

Qui n'a jamais fait l'expérience, à l'instar de Jean-Paul Sartre, de se perdre dans sa propre bibliothèque (*« il fallait une semaine pour les retrouver »* l. 24-25) ? Les grandes bibliothèques publiques peuvent apparaître, quant à elles, comme de véritables dédales d'allées et de rayonnages à celui qui ne possèderait pas les clés pour y évoluer. Cette image de la bibliothèque labyrinthe, Jorge

Luis Borges la reprend dans sa nouvelle *La Bibliothèque de Babel*. L'auteur argentin y décrit une bibliothèque univers car infinie (elle contient tous les livres passés, présents et à venir), organisée sous la forme de salles hexagonales toutes identiques. Une bibliothèque dont on ne sort jamais. De la même manière, le dévoreur de livres peut perdre sa propre identité à ne regarder le monde qu'à travers les yeux d'un autre (*« J'étais La Pérouse, Magellan, Vasco de Gama »* l. 30). Don Quichotte, le héros de Cervantès, en est devenu fou, lui qui lisait *« du soir au matin et du matin jusqu'au soir »* au point qu'à force *« de dormir peu et de lire beaucoup, il se dessécha le cerveau »*.

1.b. Ouvrir la porte d'une bibliothèque, c'est donc prendre le risque de se couper des autres, et donc du monde

La bibliothèque est culturellement le lieu où l'on étudie, réfléchit ou médite en silence. L'image de la bibliothèque opposée au plaisir est souvent développée dans les œuvres, comme dans le film de Ron Howard, *Un Homme d'exception*. La bibliothèque universitaire est le lieu de prédilection de John Nash, brillant mathématicien. Il y passe des jours et des nuits jusqu'au moment où un camarade le convainc de quitter les lieux pour sortir faire la fête et rencontrer du monde, le monde. Regarder le monde à travers le miroir que sont les livres, est-ce donc vivre ? Pour Albert Einstein, *« la connaissance s'acquiert par l'expérience, tout le reste n'est que de l'information »*. Or l'expérience du monde est d'abord une expérience sensorielle et physique. Et Sartre n'a *« jamais gratté la terre ni quêté des nids »* (l. 16), il n'a pas *« herborisé ni lancé des pierres aux oiseaux »* (l. 16-17). Sa connaissance n'est que livresque, à l'instar du rat de bibliothèque, expression péjorative pour désigner une personne dont toute l'existence se passe à étudier au milieu des rayonnages.

1.c. Ouvrir la porte d'une bibliothèque, c'est par conséquent avoir une vision infidèle du monde

À la manière d'un miroir déformant, la bibliothèque peut offrir une vision erronée du monde : il persiste un décalage entre le monde décrit dans les livres, aussi réalistes soient-ils, et la réalité. Les horribles rencontres faites par le jeune Sartre ne sont pas réelles et les insectes hideux ne grouillent pas sous sa vue au sens propre (l. 26).

1.d. Enfin, ouvrir la porte d'une bibliothèque, c'est comme ouvrir la porte d'un lieu sacré, d'un temple

Le silence qui y règne, quasi religieux, apaise autant qu'il effraie. Cette sacralisation de la bibliothèque peut éloigner certaines personnes se considérant insuffisamment érudites pour percer les secrets des livres : *« la plupart du temps, elles [les phrases] gardaient leur secret »* (l. 29-30). Cette dimension religieuse se retrouve dans le texte de Jean-Paul Sartre à travers l'emploi de termes tels que *catéchumène*, *récitant*, *ces voix*, *discours cérémonieux*. Chez Sartre, le livre est sacralisé avant même de savoir lire. La lecture est une religion. La bibliothèque d'Umberto Eco dans son roman *Le Nom de la rose*, dont l'accès est interdit à toute personne excepté le bibliothécaire et son assistant, est un bel exemple pour illustrer cette vision sacralisée.
[Transition] Si Jean-Paul Sartre voit dans la bibliothèque de son grand-père un lieu réservé à certains élus, les bibliothèques, et particulièrement les bibliothèques publiques, jouent un rôle essentiel dans l'accès au savoir et aux objets du monde pour le plus grand nombre.

[Partie 2]

2. La bibliothèque : miroir sur le monde

2.a. Ouvrir la porte d'une bibliothèque, c'est entrer dans un lieu ouvert à tous, un lieu de partage, un lieu démocratique

Les bibliothèques de quartier accueillent tous les utilisateurs sans distinction d'âge, de sexe, de statut professionnel ou économique, de degré d'alphabétisation, quelle que soit leur origine culturelle ou ethnique, leur appartenance religieuse ou politique… Véritable lieu démocratique, une bibliothèque permet l'accès de tous à la connaissance. Ouvrir la porte d'une bibliothèque, c'est donc entrer dans un lieu de partage, un lieu démocratique.

Aujourd'hui, on voit fleurir des microbibliothèques participatives (ou « boîtes à lire »), s'intégrant dans le paysage urbain ; parfois des « bibliobus » sillonnent les territoires ruraux pour permettre l'accès aux livres au plus grand nombre. On peut illustrer cette dimension démocratique de la bibliothèque en citant le film d'Éric Rohmer, *L'Arbre, le Maire et la Médiathèque*.

2.b. Ouvrir la porte d'une bibliothèque, c'est entrer dans un lieu de culture, de connaissance, d'universalité

Véritable lieu d'apprentissage, la bibliothèque joue un rôle fort dans l'acquisition de la lecture et dans l'alphabétisation (importance des bibliothèques de classes, fréquentation régulière des médiathèques dès les premières classes en école maternelle, initiatives pour favoriser l'accès à la lecture et la constitution d'une bibliothèque personnelle). Chaque université, en tant qu'espace où l'on étudie, possède d'ailleurs sa bibliothèque.

Ouvrir la porte d'une bibliothèque, c'est aussi aller à la rencontre de grandes figures de l'humanité. C'est conserver la mémoire des anciens. C'est rencontrer l'Histoire et la comprendre : *« je donnais l'assaut à la sagesse humaine »* (l. 14), *« je saurais tout »* (l. 13), *« elle en avait l'épaisseur infinie, la variété, l'imprévisibilité »* (l. 19).

2.c. Ouvrir la porte d'une bibliothèque, c'est explorer le monde en allant à la rencontre de l'autre

C'est un voyage à travers les rayonnages, un voyage parfois sans but où l'on se laisse vagabonder comme Sartre, juste pour le plaisir (*« On me laissa vagabonder »* l. 13). Cela demande du courage, de l'opiniâtreté. Sartre se compare à un alpiniste (*« il fallait grimper […], provoquer des avalanches »* l. 20-21) ou à un grand découvreur (*« J'étais La Pérouse, Magellan, Vasco de Gama… »* l. 30).

C'est lire le monde à travers les yeux d'un autre ; c'est côtoyer *« Fontenelle, Aristophane, Rabelais »* (l. 27). C'est s'ouvrir à d'autres visions du monde que la sienne, à travers la lecture d'auteurs étrangers.

2.d. Ouvrir la porte d'une bibliothèque, c'est enfin ouvrir une porte sur soi-même

C'est Alice traversant le miroir. Le lecteur, en plongeant ses yeux dans celui-ci, et donc dans le monde, plonge dans sa propre intimité ; se découvre, se connaît à travers ses lectures. Des lectures qui font grandir, qui rendent aussi meilleur. Aucune bibliothèque personnelle ne ressemble à une autre.

[Conclusion rédigée]

Les premiers livres que découvrit Jean-Paul Sartre furent ceux de la bibliothèque de son grand-père. Enfant solitaire et timide, celle-ci fut son terrain de jeux, d'exploration ; les livres qu'elle contenait, sa seule porte vers le monde. Utilisant l'image du miroir, l'auteur voit dans la bibliothèque le reflet du monde.

Nous avons vu, dans une première partie, qu'une bibliothèque ne pouvait être le reflet fidèle du monde qui nous entoure, n'étant que le reflet déformé de celui-ci. Pour autant, les bibliothèques et les livres sont de formidables outils d'information et d'ouverture sur le monde. L'image poussiéreuse et sacrée des bibliothèques qui ne seraient réservées qu'à un certain nombre d'élus, est dépassée depuis de nombreuses années. Il s'agit, avant même l'apprentissage de la lecture, de faire entrer la fréquentation de ces lieux de connaissances dans les habitudes de chacun.

En offrant un accès aux nouvelles technologies et à Internet, les bibliothèques, renommées « médiathèques », jouent un rôle fort dans l'intégration sociale et professionnelle. Le numérique et Internet renouvellent d'ailleurs le mythe de la bibliothèque d'Alexandrie, offrant une visée qui se veut universelle.

Lectures pouvant être mobilisées :
– *De l'autre côté du miroir*, Lewis Carroll, 1871
– *L'Étrange Fraternité des lecteurs solitaires*, Patrick Deville, 2019, Le Seuil
– *La Bibliothèque de Babel*, in *Fictions*, Jorge Luis Borges, 1941, Gallimard
– *Don Quichotte*, Miguel de Cervantès, 1605
– *Le Nom de la rose*, Umberto Eco, 1980, Grasset
– *La Grande Bibliothèque*, Edmond Puységur, 1984, Flammarion
Films :
– *Un homme d'exception*, Ron Howard, 2001
– *L'Arbre, le Maire et la Médiathèque*, Éric Rohmer, 1993

SUJET 4

Créteil-Versailles, 2022

3 heures

→ Corrigés p. 40

Texte **Alice ZENITER, *L'Art de perdre*, 2017**

Après avoir fui la guerre d'Algérie (1954-1962) et avoir transité dans deux camps au sud de la France, la famille d'Hamid s'installe en Normandie, à Pont-Féron, où le père vient d'obtenir un emploi. Hamid est scolarisé pour la première fois à l'âge de onze ans.

Le livre de français posé devant Hamid est destiné aux tout-petits, comme le prouvent les dessins de chiots aux grands yeux, de chatons jouant avec des pelotes de laine, les grosses fleurs s'ouvrant au soleil et les mamans gentilles préparant des gâteaux pour des bambins aux joues roses. C'est l'instituteur qui a sorti pour lui de la bibliothèque ce manuel de cours préparatoire.

Hamid tente de mettre de côté sa honte (il a onze ans, il aime les chevaliers, les super-héros, les duels à l'épée, les combats à mains nues contre les lions. Il ne croit plus au monde rose et rond des livres pour petits) et d'attraper le français à bras-le-corps. Ce qu'il appelle « français » et qu'il voit comme un butin qui étincelle et l'attire depuis un mont escarpé ou le fond d'une mer particulièrement infestée de squales, c'est en réalité l'écriture, l'alphabet. Hamid n'a jamais divisé sa langue maternelle en mots, et encore moins en signes – c'est une substance étale et insécable, faite des murmures mêlés de plusieurs générations. Alors cette série de lignes et de ronds, de points et de boucles qui se présente désormais sur la page lui paraît une armée en marche, prête à envahir son cerveau et à faire pénétrer le haut des *t*, la queue des *p* dans la matière molle qu'abrite sa boîte crânienne. Pourtant, malgré la peur, malgré la honte, malgré le mal de tête, il y a aussi de la magie dans le lent apprentissage que fait Hamid. Les premières phrases qu'il parvient à déchiffrer, celles qui s'énoncent lentement et dans lesquelles chaque syllabe pèse son poids d'importance, la beauté du son qui écarte les lèvres comme un objet physique trop gros pour sortir de la bouche, ces phrases-là lui resteront toute la vie.

Tata tape le tapis.

Papi fume la pipe.

Miroir inversé : plus de quarante ans après, Naïma[1] fera la même expérience avec un livre d'arabe, forcée d'étouffer son orgueil qui lui hurle qu'elle a vingt-cinq ans pour mieux répéter lentement :

Yamchi al rajoul. L'homme marche.

Yatir al ousfour. L'oiseau vole.

Jak qar al kitab. Jacques lit le livre.

C'est une adulte qui ânonne avec peine la langue que ne lui a pas donnée son père.

En classe, Hamid est assis au fond avec deux autres gamins du Pont-Féron, là où l'instituteur peut venir leur parler sans déranger les autres. Il observe l'arrière des têtes de ses camarades, la ligne nette de leurs cheveux dans la nuque, parallèle au col de chemisette. Les jours de soleil, il constate que le cartilage des oreilles est translucide. Il y a eu un débat sur son cas au moment de le scolariser : fallait-il le mettre dans une classe qui correspondait à son niveau ou bien à son âge ? La discussion aurait pu être passionnée, ouvrir sur des questions d'éducation au sens large et noble, s'égailler vers des sujets politiques, opposer le directeur à l'instituteur peut-être, mais cela n'a pas été le cas. Hamid ne pouvait pas s'asseoir aux pupitres minuscules des premières classes de primaire, on l'a donc admis en CM2.

1. Naïma : fille d'Hamid.

PARTIE I – Étude de la langue (6 points)

1 Justifiez l'orthographe des terminaisons soulignées dans les extraits suivants.

a) Le livre de français posé devant Hamid…
b) Les premières phrases qu'il parvient à déchiffrer…
c) … la langue que ne lui a pas donnée son père…
d) La discussion aurait pu être passionnée…

2 Relevez et identifiez la nature précise de tous les pronoms employés dans l'extrait recopié ci-dessous.

Le livre de français posé devant Hamid est destiné aux tout-petits, comme le prouvent les dessins de chiots aux grands yeux, de chatons jouant avec des pelotes de laine […]. C'est l'instituteur qui a sorti pour lui de la bibliothèque ce manuel de cours préparatoire.

3 Relevez les propositions de la phrase suivante, précisez leur nature grammaticale et, le cas échéant, la fonction de chacune d'elles.

Il y a eu un débat sur son cas au moment de le scolariser : fallait-il le mettre dans une classe qui correspondait à son niveau ou bien à son âge ?

4 Relevez les verbes conjugués dans les extraits suivants, identifiez leur mode et leur temps, et justifiez leur emploi.

Hamid n'a jamais divisé sa langue maternelle en mots, et encore moins en signes – c'est une substance étale et insécable, faite des murmures mêlés de plusieurs générations.

… ces phrases-là lui resteront toute la vie.

La discussion aurait pu être passionnée, ouvrir sur des questions d'éducation au sens large et noble, s'égailler vers des sujets politiques, opposer le directeur à l'instituteur peut-être, mais cela n'a pas été le cas.

5 Expliquez l'emploi en contexte de chacun des signes de ponctuation suivants présents dans le deuxième paragraphe : parenthèses, tiret et guillemets.

PARTIE II – Lexique et compréhension lexicale (3 points)

1 Dans le deuxième paragraphe, comment le lexique construit-il l'image d'un apprentissage difficile mais exaltant ?

2 Expliquez le sens du verbe « ânonne » en contexte (l. 29).

PARTIE III – Réflexion et développement (11 points)

Selon vous, quelle place les émotions tiennent-elles dans les apprentissages ?
Vous présenterez votre réponse de manière structurée et argumentée en vous appuyant sur le texte d'Alice Zeniter ainsi que sur l'ensemble de vos connaissances personnelles et de vos lectures.

CORRIGÉ DU SUJET 4

PARTIE I – Étude de la langue

1 a) **Posé :** participe passé *(-é)* utilisé comme adjectif épithète. Il s'accorde en genre et en nombre avec le nom auquel il se rapporte *(livre)* au masculin singulier.
b) **Déchiffrer :** verbe du 1er groupe à l'infinitif *(-er)* car il est placé après la préposition *à*.
c) **Donnée :** participe passé du verbe *donner* conjugué au passé composé de l'indicatif *(-é)* ayant pour sujet inversé *son père*. Il s'accorde en genre et en nombre *(-e)* avec le COD placé devant le verbe *que*, pronom relatif ayant pour antécédent *la langue*, nom féminin singulier.
d) **Passionnée :** participe passé *(-é)* à valeur d'adjectif qualificatif, attribut du sujet *la discussion* avec lequel il s'accorde en genre et en nombre au féminin singulier *(-e)*.

RAPPEL

Dans une phrase, lorsqu'un verbe est placé après une préposition, il s'écrit toujours à l'infinitif.

2

Le livre de français posé devant Hamid est destiné aux tout-petits, comme le prouvent les dessins de chiots aux grands yeux, de chatons jouant avec des pelotes de laine […]. C'est l'instituteur qui a sorti pour lui de la bibliothèque ce manuel de cours préparatoire.

- **Le :** pronom personnel complément, substitut de la proposition *le livre de français posé devant Hamid est destiné aux tout-petits*.
- **C' :** pronom démonstratif neutre.
- **Qui :** pronom relatif ayant pour antécédent *l'instituteur*.
- **Lui :** pronom personnel disjoint séparé du verbe *sortir* par la préposition *pour*.

RAPPEL

On appelle « formes disjointes », les pronoms personnels qui sont séparés du verbe soit par une pause, soit par une préposition.

ATTENTION

Ne pas confondre *le* et *la*, pronoms personnels compléments, et *le* et *la*, articles définis placés **devant un nom**.

❸ Cette phrase est composée de trois propositions :
– *Il y a eu un débat sur son cas au moment de le scolariser :* → proposition indépendante ;
– *fallait-il le mettre dans une classe* → proposition principale reliée à la première proposition par juxtaposition par l'emploi du double point (:) ;
– *qui correspondait à son niveau ou bien à son âge ?* → proposition subordonnée relative introduite par le pronom relatif *qui* et ayant pour fonction complément du nom *une classe*.

REMARQUE

Plusieurs propositions subordonnées compléments d'une même proposition principale peuvent être coordonnées entre elles.
Ex. : Elle m'a assuré qu'elle avait bien cherché mais qu'elle n'avait rien trouvé.

❹

Verbes	Temps	Modes	Emplois
n'a jamais divisé	Verbe *diviser* au passé composé	Indicatif	Exprime une action passée accomplie.
(c') est	Verbe *être* au présent	Indicatif	Exprime un état durable / présent de vérité générale.
resteront	Verbe *rester* au futur simple	Indicatif	Exprime un état futur certain de l'ordre de la vérité générale (futur gnomique).
aurait pu	Verbe *pouvoir* au conditionnel passé	Indicatif	Exprime une éventualité.
n'a pas été	Verbe *être* au passé composé	Indicatif	Exprime un état de fait passé et accompli.

RAPPEL

Le conditionnel, longtemps considéré comme un mode dans la tradition scolaire, est un temps de l'indicatif qui exprime le futur dans le passé.

❺ Les parenthèses (l. 6-8) permettent d'isoler un élément utile à la compréhension (pourquoi Hamid ressent de la honte) mais aussi supprimable. Elles créent ici une digression, invitant le lecteur à se mettre à la place de Hamid.
Les guillemets (l. 9) encadrent le nom *français*, langue à laquelle Hamid doit se confronter. Ils introduisent du discours rapporté, en mettant en avant le sens spécial que Hamid attribue à ce mot *(« ce qu'il appelle »)*.
Le tiret (l. 12) crée ici un effet d'insistance sur la nature de la langue maternelle de Hamid et symbolise aussi la séparation, la différence avec la langue écrite française. On peut y voir également une intrusion de l'auteur qui livre sa perception de la langue arabe.

PARTIE II – Lexique et compréhension lexicale

❶ L'apprentissage du français, un apprentissage difficile par l'emploi du champ lexical :
– de la bataille, du combat : *attraper […] à bras le corps* (l. 8), *une armée* (l. 14), *envahir* (l. 14), *pénétrer* (l. 15) ;
– du danger : *mont escarpé* (l. 10), *fond d'une mer* (l. 10), *infestée de squales* (l. 10).

L'apprentissage du français, un apprentissage exaltant par l'emploi du champ lexical :
– du trésor : *un butin qui étincelle* (l. 9), *magie* (l. 17), *pèse son poids d'importance* (l. 19), *la beauté* (l. 19) ;
– des émotions allant jusqu'à l'exaltation physique : *l'attire* (l. 9), *la peur* (l. 16), *la honte* (l. 16), *écarte les lèvres* (l. 19).

2 *Ânonner* signifie parler, lire, réciter avec difficulté, de manière hésitante voire pénible.
Faisant l'expérience de l'apprentissage de la langue arabe, Naïma se retrouve dans une situation similaire à celle de son père quarante ans plus tôt. L'emploi du verbe *ânonner* met en avant l'épreuve que représente la répétition des phrases lues : épreuve à la fois physique tant la prononciation diffère de la langue française, que morale puisque Naïma est forcée *« d'étouffer son orgueil »* (l. 24).

PARTIE III – Réflexion et développement

ANALYSER LE SUJET

L'**analyse des mots-clés du sujet** est une étape essentielle afin d'éviter le hors sujet. Elle doit permettre l'émergence de questions qui problématisent le sujet :

– **place :** position qu'une chose occupe, peut ou doit occuper dans un ensemble. Cette place est inhérente, donnée ou même acquise. Une place peut évoluer selon les époques, les courants de pensée… Aujourd'hui, quelle place donne-t-on aux émotions dans le cadre des apprentissages ? Les émotions jouent-elles un rôle dans le processus d'apprentissage ?

– **les émotions :** vient du latin *emovere* signifiant « mettre en mouvement ». Une émotion est un état affectif, une réaction à une situation. Les émotions motivent nos actions et peuvent déclencher des réactions corporelles. Exemples d'émotions : la peur, la joie, l'angoisse, l'inquiétude, la confiance, la surprise, la colère, la tristesse. Liées aux apprentissages, on emploie souvent les expressions telles que « le plaisir d'apprendre », « la joie d'apprendre » ou, inversement, « la peur d'apprendre », « la peur d'échouer ». Les émotions sont-elles un frein ou un moteur pour les apprentissages ?

– **les apprentissages :** ensemble des connaissances, des savoirs et des savoir-faire acquis. On parle de processus d'apprentissage, processus par lequel un nouveau savoir s'acquiert. Ce processus est l'opposé de l'enseignement, qui consiste à dispenser les savoirs. L'apprentissage se construit sur un triangle appelé « triangle didactique » : l'apprenant, l'enseignant, le savoir. Les émotions interviennent-elles sur chacun des éléments du triangle ? Qu'en est-il des émotions de l'apprenant ? De l'enseignant ? Quel lien trouve-t-on entre le savoir et les émotions ?

[Corrigé]

ATTENTION

• Il est important de proposer un écrit structuré. Le plan en trois parties n'est pas obligatoire : un plan en deux parties, avec plusieurs sous-parties organisées et illustrées d'exemples, vaut mieux qu'un plan en trois parties sans sous-partie, donc sans structure.
• Dans la proposition de corrigé qui suit, différents éléments sont repérés en **bleu**. Ils apparaissent pour vous permettre d'avoir une vue d'ensemble sur l'organisation de la réponse. Mais ces indications ne doivent pas figurer sur votre copie !

[Introduction]

[Phrases d'accroche sur la thématique du sujet] L'être humain exprime quotidiennement un grand nombre d'émotions. Réactions à des situations, des événements qui engagent à la fois le corps et l'esprit, celles-ci sont perceptibles pour autrui à la fois par la parole mais aussi par l'expression du visage, la gestuelle et la posture. La classe, parce qu'elle est dédiée à des activités susceptibles de confronter l'enfant, comme l'adulte, à des apprentissages nouveaux, parfois déroutants, constitue un contexte privilégié de survenue des émotions.

[Présentation de l'auteur et de la thématique centrale du texte] C'est ce que va expérimenter Hamid, jeune Algérien fuyant la guerre d'Algérie avec sa famille. Arrivé en France, il sera scolarisé pour la première fois à onze ans et devra se confronter à l'apprentissage d'une nouvelle langue. Quarante ans plus tard, sa fille Naïma fera la même expérience, mais cette fois avec la langue arabe. Dans le texte tiré de son roman *L'Art de perdre* (2017), Alice Zeniter dépeint les émotions par lesquelles passent ses personnages apprenants : la peur, l'orgueil, la honte mais aussi le plaisir et la fierté des premières réussites.

[Annonce de la problématique] Si on ne peut nier la présence des émotions à l'école et dans la classe, quelle place tiennent-elles dans les apprentissages ?

[Annonce du plan] Une première partie montrera en quoi les émotions sont au cœur du processus d'apprentissage, et leur influence sur nos capacités cognitives. Une seconde partie abordera l'importance de créer un environnement émotionnel propice à l'apprentissage et le rôle fondamental du professeur dans cette tâche. Nous verrons enfin comment les émotions sont devenues des objets de connaissance que l'enfant apprend à connaître et reconnaître.

[Partie 1]

1. Les émotions au cœur du processus d'apprentissage

1.a. Apprendre, c'est être déstabilisé

Apprendre, c'est être déstabilisé. L'apprentissage implique que l'on remette en question ce que l'on sait déjà, en prenant conscience de ce que l'on ne sait pas encore. C'est ce que Piaget appelle le processus d'assimilation et d'accommodation. Cette déstabilisation a des effets sur le plan émotionnel puisque l'apprenant se trouve, de fait, en position de vulnérabilité : c'est Naïma *« forcée d'étouffer son orgueil »* (l. 24) si elle veut apprendre la langue de son père. Aussi nécessaire soit-elle, cette déstabilisation ne doit pas être émotionnellement néfaste au risque de provoquer chez l'apprenant la peur, voire le refus d'apprendre. C'est ici que se joue la difficulté d'enseigner : déstabiliser en toute sécurité émotionnelle.

1.b. L'influence des émotions sur la mémoire

Apprendre, c'est mémoriser. La mémoire est cruciale dans le processus d'apprentissage. Elle permet de stocker la nouvelle information puis de la mobiliser dans des contextes variés. Or, nos émotions, positives comme la joie ou négatives comme le dégoût, ont une influence considérable sur notre mémoire : on se souvient mieux des informations chargées émotionnellement. Qui ne se souvient pas de ce qu'il faisait le 11 septembre 2001 ? Hamid, quant à lui, se souviendra toute sa vie des premières phrases qu'il parvint à déchiffrer car ce lent apprentissage fut chargé émotionnellement *(« malgré la peur, malgré la honte, malgré le mal de tête, il y a aussi de la magie »* l. 16-17). Toutefois, si elles sont trop intenses, les émotions deviennent néfastes à la mémorisation et peuvent ainsi venir troubler le processus d'apprentissage. Certaines difficultés scolaires peuvent trouver une explication dans l'état émotionnel de l'élève, empêché de penser et de mémoriser.

1.c. La subjectivité et les émotions de l'apprenant

Apprendre, c'est être actif, c'est réaliser des tâches d'apprentissage, tantôt inédites, tantôt répétitives. Plusieurs études observent que l'émotion prendrait sa source dans la réalisation de l'activité elle-même. La subjectivité est donc engagée dans le processus d'apprentissage. Agréable pour l'un ou désagréable pour l'autre, la tâche d'apprentissage provoquera chez l'un de la joie quand elle provoquera chez l'autre du dégoût, voire de la colère. C'est Naïma obligée de *« répéter lentement »* (l. 25) comme une enfant, alors que *« son orgueil [...] lui hurle qu'elle a vingt-cinq-ans »* (l. 24). Il y a donc, au sein d'une même classe, une diversité de subjectivités, et de ce fait une diversité d'émotions selon les activités proposées. Certaines matières semblent d'ailleurs engager davantage les émotions. Ne dit-on pas qu'il n'y a pas de mathématiques sans larmes, de tristesse ou de joie ?

1.d. Les effets du stress sur l'apprenant

Apprendre, c'est enfin risquer l'échec. C'est accepter de ne pas tout réussir, tout de suite. Ce risque va provoquer une tension chez l'apprenant, un stress. Bien dosé, celui-ci aura des effets stimulants sur les capacités cognitives et sur les apprentissages. À haute dose, il devient un frein à la pensée, voire au développement cérébral. Les enfants et les adolescents y sont plus sensibles et vulnérables que les adultes. Pour certains, l'école est un tel vecteur de stress que cela peut conduire à la phobie et, à terme, au décrochage scolaire. L'exigence de performance en est une des principales causes. L'évaluation, moment nécessaire dans le processus d'apprentissage, peut être vécue comme un moment de jugement construit sur la peur de décevoir. Cette peur est telle chez certains élèves qu'ils préfèrent ne pas faire plutôt que de se tromper.

[Transition] Les émotions accompagnent donc les élèves au sein de la classe et peuvent interférer avec les apprentissages ou, au contraire, les faciliter. Le défi est de créer les conditions d'un enseignement qui tient compte de cette dimension émotionnelle.

[Partie 2]

2. Créer des conditions d'apprentissage qui donnent leur place aux émotions

2.a. Un enseignant empathique

L'enseignant joue un rôle fondamental, notamment dans sa manière d'accueillir l'élève, qui transporte avec lui son bagage d'émotions. Daniel Pennac, dans son essai *Chagrin d'école*, compare celui-ci, et particulièrement le mauvais élève, à un oignon fait de *« quelques couches de chagrin, de peur, d'inquiétude, de rancœurs, de colère, d'envies inassouvies, de renoncements furieux accumulés sur fond de passé honteux, de présent menaçant, de futur condamné. Le cours ne peut commencer qu'une fois le fardeau posé à terre et l'oignon épluché ». « C'est cela, enseigner »* selon Pennac. L'auteur s'appuie sur son expérience de cancre, sur son parcours scolaire tourmenté pour décrire ce que ressentent les mauvais élèves à l'école.

Car avant d'être un enseignant, tout professeur a été un élève. Chacun peut faire cet effort empathique de se remémorer les émotions par lesquelles il est lui-même passé pendant son parcours scolaire. Un professeur, à l'écoute des émotions en jeu dans la classe, sera plus à même de comprendre ce qui fait obstacle aux apprentissages. Le professeur Keating, dans le film *Le Cercle des poètes disparus*, l'a compris. Ancien élève de la très prestigieuse et stricte académie de Welton, il invite ses élèves à être à l'écoute de leurs émotions et de leurs passions. Il leur offre des espaces d'expression et leur redonne par là même le plaisir d'apprendre. Mais il se heurte finalement au système traditionnel au sein duquel les émotions n'ont pas leur place, et où seule compte la discipline.

2.b. Un enseignant conscient de ses propres émotions

Mais s'il doit être à l'écoute des émotions de ses élèves, un professeur doit l'être tout autant de ses propres émotions. De nombreux aspects interviennent dans l'état émotionnel de l'enseignant, tels que le climat de classe, la réussite des élèves, leurs comportements, la qualité des relations avec les collègues ou les parents. Quand un ou plusieurs de ces aspects sont insatisfaisants, l'enseignant peut ressentir des émotions désagréables, négatives allant de la simple frustration à l'épuisement. La relation pédagogique en sera forcément impactée, au risque de voir apparaître des attitudes de mépris voire de rejet des élèves. Ainsi, s'il ne doit pas nier ses émotions, le professeur est tenu de les réguler et de les contrôler afin de préserver un bon climat d'apprentissage.

2.c. Un enseignant qui fait des émotions un objet d'apprentissage

Identifier les émotions en jeu dans le contexte d'apprentissage de la classe est devenu, par conséquent, une compétence professionnelle. Les derniers programmes de l'école primaire invitent les professeurs à *« accompagner les élèves dans leur capacité à identifier, exprimer verbalement leurs émotions et leurs sentiments »*. Les émotions deviennent un objet d'apprentissage à part entière avec, notamment, la mise en œuvre de séances de vocabulaire pour être en capacité de les nommer. Des temps de parole ritualisés, engageant les enfants à verbaliser leur humeur, fleurissent dans les classes. La littérature de jeunesse foisonne d'albums et de romans autour des émotions. Il s'agit de construire chez les élèves des « compétences émotionnelles » qui permettent une meilleure adaptation aux situations d'apprentissage, particulièrement celles, très nombreuses à l'école, qui se réalisent en interaction. Mieux se connaître pour mieux réguler ses émotions et ainsi mieux apprendre. Il semble par conséquent essentiel de proposer un climat d'apprentissage pleinement favorable au développement de ces compétences émotionnelles. Les programmes de l'école primaire vont dans ce sens en posant le principe d'une école bienveillante. Par bienveillante, il faut entendre une école qui veille bien sur ses élèves, qui les accueille dans leur hétérogénéité, qui est attentive à leurs progrès, qui les sécurise par une évaluation positive valorisant les réussites, qui donne un statut constructif à l'erreur. En offrant un environnement sécurisant, l'enseignant permet à l'élève de construire une confiance en lui. Il lui permet de risquer l'apprentissage en toute sécurité émotionnelle.

[Conclusion]

Les émotions ont longtemps été considérées comme un obstacle à la raison, accusées de parasiter, de polluer le jugement et la pensée. Pourtant, elles sont au cœur de notre aptitude d'adaptation et influent, positivement ou négativement, sur nos capacités cognitives, notamment la mémorisation. Les récentes recherches en neurosciences montrent à quel point émotions et cognition sont liées, inventant le concept d'intelligence émotionnelle.

La place accordée aux émotions dans les apprentissages est affirmée dans les derniers programmes de l'école primaire. Il s'agit de mettre celles-ci au service des apprentissages en développant chez les élèves leurs compétences émotionnelles : savoir reconnaître, nommer et réguler ses émotions pour développer le plaisir d'apprendre, pour apprendre mieux.

Lecture pouvant être mobilisée :
– *Chagrin d'école*, Daniel Pennac, 2007, Gallimard
Albums de littérature de jeunesse :
– *La Couleur des émotions*, Anna Llenas, 2014, Quatre Fleuves
– *Le Loup qui apprivoisait ses émotions*, Oriane Lallemand, 2017, Éditions Auzou
– *Grosse Colère*, Mireille d'Allancé, 2000, L'École des loisirs
Films :
– *Le Cercle des poètes disparus*, Peter Weir, 1989
– *Entre les murs*, Laurent Cantet, 2008

SUJET 5

Sujet type

3 heures

→ Corrigés p. 48

Texte Laurent GAUDÉ, *Le Soleil des Scorta*, 2004

Le Soleil des Scorta, *prix Goncourt 2004, met en scène une famille des Pouilles, région du sud de l'Italie, de 1870 à nos jours. Dans cet extrait, une vieille femme évoque son enfance, au cours de laquelle sa famille a tenté de fuir le pays pour s'installer à New York. Elle s'adresse à un personnage nommé don Salvatore.*

« Don Giorgio nous a menés jusqu'au port et nous avons embarqué sur un de ces paquebots construits pour emmener les crève-la-faim d'un point à un autre du globe, dans de grands soupirs de fioul. Nous avons pris place sur le pont au milieu de nos semblables. Miséreux d'Europe au regard affamé. Familles entières ou gamins esseulés. Comme tous les autres, nous nous sommes tenus par la main pour ne pas nous perdre dans la foule. Comme tous les autres, la première nuit, nous n'avons pu trouver le sommeil, craignant que des mains vicieuses ne nous dérobent la couverture que nous nous partagions. Comme tous les autres, nous avons pleuré lorsque l'immense bateau a quitté la baie de Naples. “La vie commence”, a murmuré Domenico. L'Italie disparaissait à vue d'œil. Comme tous les autres, nous nous sommes tournés vers l'Amérique, attendant le jour où les côtes seraient en vue, espérant, dans des rêves étranges, que tout là-bas soit différent, les couleurs, les odeurs, les lois, les hommes. Tout. Plus grand. Plus doux. Durant la traversée, nous restions agrippés des heures au parapet, rêvant à ce que pouvait bien être ce continent où les crasseux comme nous étaient les bienvenus. Les jours étaient longs, mais cela importait peu, car les rêves que nous faisions avaient besoin d'heures entières pour se développer dans nos esprits. Les jours étaient longs mais nous les avons laissés couler avec bonheur puisque le monde commençait.

Un jour enfin, nous sommes entrés dans la baie de New York. Le paquebot se dirigeait lentement vers la petite île d'Ellis Island. La joie de ce jour, don Salvatore, je ne l'oublierai jamais. Nous dansions et criions. Une agitation frénétique avait pris possession du pont. Tout le monde voulait voir la terre nouvelle. Nous acclamions chaque chalutier de pêcheur que nous dépassions. Tous montraient du doigt les immeubles de Manhattan. Nous dévorions des yeux chaque détail de la côte.

Lorsque enfin le bateau fut à quai, nous descendîmes dans un brouhaha de joie et d'impatience. La foule emplit le grand hall de la petite île. Le monde entier était là. Nous entendions parler des langues que nous prîmes d'abord pour du milanais ou du romain, mais nous dûmes ensuite convenir que ce qui se passait ici était bien plus vaste. Le monde entier nous entourait. Nous aurions pu nous sentir perdus. Nous étions étrangers. Nous ne comprenions rien. Mais un sentiment étrange nous envahit, don Salvatore. Nous avions la conviction que nous étions ici à notre place. »

PARTIE I – Étude de la langue (7 points)

1 Justifiez la terminaison des mots soulignés dans l'extrait suivant.

> Don Giorgio nous a menés jusqu'au port et nous avons embarqué sur un de ces paquebots construits pour emmener les crève-la-faim d'un point à un autre du globe, dans de grands soupirs de fioul. (l. 1 à 3)

2 Dans le passage suivant, relevez et classez tous les verbes conjugués en fonction de leur temps et de leur mode. Commentez leur emploi.

> Un jour enfin, nous sommes entrés dans la baie de New York. Le paquebot se dirigeait lentement vers la petite île d'Ellis Island. La joie de ce jour, don Salvatore, je ne l'oublierai jamais. Nous dansions et criions. (l. 18 à 20)

3 a) Quelle remarque grammaticale pouvez-vous faire sur la construction des deux phrases ci-dessous ?
b) Quel effet produisent-elles ?

> Miséreux d'Europe au regard affamé. Familles entières ou gamins esseulés. (l. 4)

4 Dans la phrase suivante, relevez les différentes propositions et identifiez la relation grammaticale qu'elles entretiennent.

> Les jours étaient longs, mais cela importait peu, car les rêves que nous faisions avaient besoin d'heures entières pour se développer dans nos esprits. (l. 14 à 16)

5 Réécrivez le passage suivant en remplaçant les pronoms de la 1re personne du pluriel par la 3e personne du pluriel (ils).

> Comme tous les autres, nous nous sommes tenus par la main pour ne pas nous perdre dans la foule. Comme tous les autres, la première nuit, nous n'avons pu trouver le sommeil, craignant que des mains vicieuses ne nous dérobent la couverture que nous nous partagions. (l. 4 à 7)

PARTIE II – Lexique et compréhension lexicale (4 points)

1 Expliquez en contexte le sens du mot « crasseux » (l. 14).

2 Analysez la formation du terme « miséreux » (l. 4) et proposez quatre mots de la même famille.

3 Montrez comment, à travers le lexique employé dans le récit de la vieille femme, l'auteur fait partager une expérience collective.

PARTIE III – Réflexion et développement (9 points)

Selon vous, le monde d'aujourd'hui laisse-t-il encore place à un ailleurs qui fasse rêver ?
Vous présenterez votre propos de façon structurée et argumentée en vous appuyant sur le texte de Laurent Gaudé ainsi que sur l'ensemble de vos connaissances personnelles et de vos lectures.

CORRIGÉ DU SUJET 5

PARTIE I – Étude de la langue

1 • **Menés :** participe passé du verbe *mener* conjugué au passé composé de l'indicatif *(-é)*. Il s'accorde avec le COD *(nous)* placé devant le verbe *(-s)*.
• **Embarqué :** participe passé du verbe *embarquer* au passé composé de l'indicatif *(-é)*.
• **Construits :** participe passé du verbe *construire* utilisé comme adjectif. Il s'accorde avec le nom *paquebots* (masculin pluriel) dont il est épithète.
• **Emmener :** verbe du 1er groupe à l'infinitif *(-er)* car il est précédé de la préposition *pour*.
• **Crève-la-faim :** nom composé d'un verbe *(crève)* et d'un nom *(la faim)*. Il ne porte pas la marque du pluriel malgré l'article défini *les* car le verbe reste invariable dans un nom composé.

RAPPEL

Pour former le pluriel d'un mot composé avec un trait d'union, il faut identifier la nature de chacun de ses éléments. Le nom et l'adjectif peuvent être au pluriel alors que le verbe, l'adverbe et la préposition sont toujours invariables.

Ex. : des choux-fleurs, des longues-vues, des pare-chocs.

2

Un jour enfin, nous sommes entrés dans la baie de New York. Le paquebot se dirigeait lentement vers la petite île d'Ellis Island. La joie de ce jour, don Salvatore, je ne l'oublierai jamais. Nous dansions et criions.

Verbes	Temps	Modes	Emplois
sommes entrés	Passé composé	Indicatif	Action du passé accomplie
se dirigeait	Imparfait	Indicatif	Arrière-plan du récit
oublierai	Futur simple	Indicatif	Vérité certaine dans le futur du personnage
dansions	Imparfait	Indicatif	Valeur descriptive (ici, les actions des personnages)
criions	Imparfait	Indicatif	

3 a) Il s'agit de deux phrases atypiques car non verbales.

RAPPEL

Une phrase non verbale ne contient pas de verbe conjugué. Elle est constituée d'un ou plusieurs mots qui peuvent être de différentes natures : nom, adjectif, adverbe, pronom, interjection, verbe à l'infinitif, etc.

b) Le narrateur cherche à provoquer de l'empathie chez le lecteur en évoquant les immigrants et leur détresse à travers l'emploi de termes à forte connotation : *miséreux*, *affamé*, *esseulés*. L'absence de verbe conjugué rappelle le style journalistique qui se veut percutant.

4 Cette phrase est constituée de quatre propositions :
– *Les jours étaient longs* → proposition indépendante ;
– *mais cela importait peu* → proposition indépendante coordonnée par la conjonction de coordination *mais* ;

– *car les rêves [que nous faisions] avaient besoin d'heures entières pour se développer dans nos esprits* → proposition subordonnée circonstancielle de cause ;
– *que nous faisions* → proposition subordonnée relative, complément de l'antécédent *rêves*.

5 Comme tous les autres, **ils se sont** tenus par la main pour ne pas **se** perdre dans la foule. Comme tous les autres, la première nuit, **ils** n'**ont** pu trouver le sommeil, craignant que des mains vicieuses ne **leur** dérobent la couverture qu'**ils se partageaient**.

PARTIE II – Lexique et compréhension lexicale

1 **Crasseux :** cet adjectif utilisé comme un nom vient du nom *crasse*, qui désigne une couche épaisse de saleté. Il a une connotation négative. Il évoque à la fois la saleté des immigrants qui peinent à rester propres dans les conditions extrêmes de leur voyage mais également leur statut social de personnes pauvres fuyant une situation misérable avec l'espoir d'un avenir meilleur sur ce nouveau continent qu'est l'Amérique.

2 • **Miséreux :** nom masculin pluriel formé par dérivation, construit à partir du radical *misère* auquel est ajouté le suffixe *-eux*, qui signifie « plein de ».
• Quatre mots de la même famille : *misère*, *misérable*, *miséricorde*, *misérablement*.

REMARQUE

Des mots de la même famille peuvent appartenir à des classes grammaticales différentes.
Ex. : misère → nom ; *misérablement* → adverbe.
Autres mots possibles : *miséricordieux*, *misérabilisme*, *commisération…*

3 L'auteur fait partager une expérience collective par l'emploi :
– du pronom personnel *nous* (1re personne du pluriel) tout au long du récit ;
– du pronom indéfini *tous* (l. 22) ;
– des pronoms possessifs *nos* et *notre* : *nos semblables* (l. 3), *nos esprits* (l. 16), *notre place* (l. 30) ;
– de la reprise anaphorique *comme tous les autres* répétée quatre fois ;
– d'expressions telles que : *la foule* (deux occurrences), *tout le monde* (l. 21), *le monde entier* (deux occurrences).

PARTIE III – Réflexion et développement

ANALYSER LE SUJET

• Afin de commencer à élaborer une problématique, l'**analyse des mots-clés** du sujet est une étape essentielle :
– **le monde d'aujourd'hui :** fait référence au monde actuel, avec ses caractéristiques et ses problématiques (la mondialisation, Internet, l'information en continu, les conflits et les migrations internationales, le réchauffement climatique…) ;
– **laisser place à :** cela signifie permettre à quelque chose d'exister, laisser le champ libre à autre chose ;
– **un ailleurs :** fait référence à un autre lieu (ville ? région ? pays ?) et par extension à un autre mode de vie. Cela introduit la notion de dépaysement, c'est-à-dire le changement d'habitudes lié à une immersion dans un environnement inconnu, différent de celui d'origine. L'ailleurs se définit en opposition à l'ici et maintenant ;
– **rêver :** se représenter par l'imagination quelque chose que l'on souhaite de manière chimérique ; imaginer, inventer, souhaiter, se projeter. Nul n'a besoin d'autorisation pour rêver.
Il est important de relever l'emploi du terme **encore** qui amène l'idée que le rêve d'un ailleurs synonyme de monde meilleur, autrefois évident, ne l'est peut-être plus de nos jours.

• L'analyse des mots-clés et leur mise en relation permettent de faire surgir différentes questions : reste-t-il des ailleurs qui font rêver ? Comment peut-on encore rêver d'un ailleurs à l'ère d'Internet et de la mondialisation ? Le rêve ne s'est-il pas mué en envie ? À quel ailleurs les *« crasseux »* d'aujourd'hui rêvent-ils ? La réalité est-elle à la hauteur du rêve ?

Cela nous amène à formuler la **problématique** suivante : dans quelle mesure le monde d'aujourd'hui offre-t-il l'opportunité d'accéder à un ailleurs qui fasse rêver ?

[Corrigé]

ATTENTION

Il est important de proposer un écrit structuré, avec plusieurs sous-parties organisées et illustrées d'exemples. Dans la proposition de corrigé qui suit, différents éléments sont repérés en **bleu**. Ils apparaissent pour vous permettre d'avoir une vue d'ensemble sur l'organisation de la réponse. Mais ces indications ne doivent pas figurer sur votre copie !

[Introduction]

[Phrases d'accroche sur la thématique du sujet] Depuis les grandes explorations jusqu'à la conquête de l'espace, l'humanité n'a cessé de chercher un ailleurs qui la fasse rêver. Gage d'une vie future meilleure ou simple instant d'évasion, nous cherchons au loin ce que nous ne pouvons trouver ici et maintenant.

[Présentation de l'auteur ou de la thématique centrale du texte] Laurent Gaudé, dans l'extrait proposé tiré de son roman *Le Soleil des Scorta*, évoque cette thématique à travers le périple d'une famille italienne, pleine d'espoir, qui tente l'aventure du rêve américain. Les longues journées passées sur le paquebot les transportant *« d'un point à un autre du globe »* leur laissent le temps de rêver *« à ce que pouvait bien être ce continent »*, cette *« terre nouvelle »*. Aujourd'hui, ce genre de rêve est-il encore possible ?

[Annonce de la problématique] Nous pouvons nous demander dans quelle mesure le monde actuel offre l'opportunité d'accéder à un ailleurs qui fasse rêver.

[Annonce du plan] Nous verrons tout d'abord qu'il existe des « ailleurs » qui font encore rêver, que ce soit pour nous aider à nous évader ou à vivre au quotidien. Puis, nous évoquerons la désillusion parfois engendrée par la confrontation entre l'ailleurs rêvé et la réalité.

[Partie 1]

1. Il existe encore un ailleurs qui fasse rêver

1.a. Un ailleurs propre à chacun

Nous rêvons, nous avons des envies, des besoins, des espoirs, des désirs. Nos rêves leur correspondent et se définissent selon un « ici » et un « maintenant ». Les rêves d'un enfant vivant en Chine au milieu des rizières seront radicalement différents de ceux d'une personne âgée et citadine en occident. Notre quotidien impacte nos rêves et nos envies. Parfois le rêve d'ailleurs s'impose face à la famine ou la guerre, parfois il permet juste de se projeter et de rêvasser paisiblement à un voyage futur. De plus, le monde actuel, ultra-connecté, nous donne accès à cet ailleurs (photos, vidéos, reportages, informations…). Cela alimente notre imaginaire et le désir de nous déplacer.

1.b. Un ailleurs pour supporter le quotidien

Nos rêves d'ailleurs nous permettent de nous projeter, d'espérer. Beaucoup d'entre nous ont besoin de rêves, de projets, de perspectives positives pour mieux supporter le quotidien et ses contraintes.

Ces rêves d'ailleurs se traduisent par des voyages, plus ou moins loin, et qui durent plus ou moins longtemps. On rêve aux découvertes que l'on va faire : paysages, faune, flore, architecture, culture, gastronomie, art, habitants… Nous vivons mieux la monotonie de notre vie et ses désagréments en imaginant notre périple. Les reportages et les guides touristiques nous permettent de nous projeter, d'anticiper, d'imaginer. Cela réduit la part d'aventure et d'inconnu, mais bien souvent l'expérience vécue s'avère différente de ce qu'on avait imaginé et le charme du voyage et de la découverte d'un ailleurs reste entier. Cet « ailleurs » peut également être de courte durée, à travers un concert ou un spectacle qui nous permettent de nous évader quelques heures, comme une parenthèse dans le temps. Ces moments sont doux et agréables. Hélas, l'envie d'ailleurs est parfois une nécessité vitale, et s'impose face à la guerre, la pauvreté ou la famine.

1.c. Un ailleurs pour changer de vie

Comme Laurent Gaudé l'évoque à travers son récit, les *« crève-la-faim »* s'exilent dans l'espoir d'une vie meilleure et traversent l'Atlantique. Les flux migratoires ont toujours existé, pour des raisons variées. Certains peuples vivent dans des conditions très difficiles, liées à la guerre, la pauvreté, le terrorisme, la privation de libertés, le dérèglement climatique… Ils rêvent d'une vie plus douce, souvent fantasmée, et prennent parfois des risques énormes pour espérer y accéder. Le clivage entre l'hémisphère nord et sa richesse et l'hémisphère sud et ses difficultés économiques est toujours d'actualité. Le monde occidental, à l'image du rêve américain, attire de nombreux immigrés qui espèrent y trouver la possibilité d'étudier, de travailler, de manger à leur faim, d'être soignés, d'avoir de la liberté. En parallèle, et dans une moindre mesure, certains occidentaux qui ont une vie confortable aspirent à découvrir d'autres contrées et décident de s'expatrier.
[Transition] Ainsi, chacun rêve à son « ailleurs », celui qui lui apportera une vie meilleure. Pourtant, ces espoirs sont parfois réduits à néant.

[Partie 2]

2. Rêver d'un ailleurs aujourd'hui : une illusion ?

2.a. Un ailleurs qui n'est plus gage de vie meilleure

Même si les flux migratoires ne tarissent pas, ceux-ci ne ressemblent plus aux grandes migrations du milieu du XXe siècle, dominées par le rêve d'un eldorado, d'un ailleurs idyllique et accueillant. Aujourd'hui, les candidats à l'émigration quittent leur pays par nécessité vitale. Ils sont davantage dans une fuite d'un ici que dans le fantasme d'un ailleurs. Les difficultés rencontrées par les migrants, mises en lumière par de nombreuses ONG, relèvent plus du cauchemar que du rêve. Quel courage pour accepter de grimper sur des radeaux de fortune, au péril de sa vie ! Une fois à terre, le parcours cauchemardesque se poursuit. *« Les crasseux »* ne sont pas toujours les bienvenus et nombre de pays sont désormais réticents à accueillir celui qui rêve de vivre ailleurs, de vivre ici. Les personnages de Laurent Gaudé, posant le pied sur le continent américain ont *« la conviction qu'[ils sont] ici à [leur] place »*. Ce n'est plus le cas de nos jours. C'est ce qu'illustre le film *Dheepan* de Jacques Audiard en mettant en scène un migrant sri lankais qui embarque dans sa fuite une femme et sa fille qu'il ne connaît pas, espérant ainsi obtenir plus facilement l'asile politique. Ainsi, même si le désir d'un ailleurs est toujours aussi fort, il ne fait plus pour autant rêver.

2.b. Un dépaysement illusoire dans un monde d'images et de virtualité

Rechercher un ailleurs, pour une vie ou pour un instant, c'est aussi rechercher le dépaysement, cette sensation ressentie lorsque l'on change d'environnement, de paysage, de climat, de culture, de mœurs. Quand il est imposé (comme pour les migrants contraints de quitter leur pays et se heurtant à des mœurs très éloignées), le dépaysement est synonyme de désarroi, de perte de repères. Mais lorsqu'il est recherché, le dépaysement apparaît comme un enrichissement, une ouverture de l'esprit, une ouverture sur l'autre. Or le dépaysement est-il encore possible à l'ère d'Internet et de la mondialisation ? Puis-je encore rêver de Pétra quand il me suffit de cliquer sur Google Maps pour m'y rendre virtuellement ? On peut avancer ici l'idée qu'une meilleure connaissance et qu'un accès facilité à de plus amples informations et à une multitude d'images restreignent le rêve. Il s'agit davantage d'aller vérifier si l'ailleurs réel est à la hauteur de l'ailleurs virtuel, souvent enjolivé et magnifié.

2.c. Un ailleurs idéalisé et un rêve déçu

Cela peut engendrer une très grande déception, voire une forte déstabilisation. D'autant plus si l'ailleurs est fantasmé et idéalisé. Le syndrome de Paris est un trouble psychologique subi par certains voyageurs, pour la plupart étrangers, en visite dans la capitale française. Désemparés par l'écart entre la réalité et leur vision idéalisée de la « ville lumière », ces voyageurs se retrouvent désillusionnés et déstabilisés par le fossé entre la France réelle et l'image véhiculée dans l'imaginaire collectif et sur les réseaux sociaux. Pourrait-on dire, alors, que plus le rêve est élevé, plus le risque d'être déçu est important ?

2.d. Quel ailleurs face au dérèglement climatique ?

Finalement, nous regardons ailleurs pour ne pas regarder ce qui se passe ici et maintenant, comme une course en avant vers un bonheur jamais satisfait. Or la crise climatique vient nous rappeler à quel point il est urgent de préserver notre planète et notre vie sur Terre, notre « ici » à tous. Imaginer récréer la vie sur Mars, rêver d'un ailleurs extraterrestre, à l'instar d'Elon Musk et de son projet de colonisation de la planète rouge, n'est-ce pas déjà fuir et baisser les bras devant les grands défis écologiques qui s'imposent à chacun de nous ? Notre monde actuel nous commande de rêver « l'autrement » plutôt que « l'ailleurs ». C'est ce qu'illustre le film *Demain* de Mélanie Laurent et Cyril Dion, qui met en avant, de manière optimiste, des initiatives locales dans les domaines de l'agriculture, l'énergie, l'économie, l'éducation. Il s'agit de développer une conscience écologique en modifiant notre rapport à notre planète, une sorte de dépaysement sans bouger, qui nous impose de passer du rêve à l'éveil.

[Conclusion]

Rêver d'un ailleurs, quel qu'il soit, est une activité humaine que nous avons tous expérimentée. Nous alimentons notre imaginaire sans cesse et le rêve nous permet de nous évader, que ce soit devant un tableau, un film, en écoutant de la musique ou en regardant des photos de notre futur voyage. Les flux migratoires passés et actuels montrent que la quête d'un ailleurs dans l'espoir d'une vie meilleure reste une triste réalité. Néanmoins, si le rêve reste possible, celui-ci se heurte parfois au principe de réalité.

Plutôt que de fuir en quête d'un ailleurs rêvé, l'humanité semble davantage devoir relever le défi de rêver un « ici et maintenant », un « autrement », afin de préserver notre monde confronté au dérèglement climatique.

Lectures pouvant être mobilisées :

– *Ravage*, René Barjavel, 1943, Gallimard
– *Dans les forêts de Sibérie*, Sylvain Tesson, 2011, Gallimard
– *La Sixième Extinction, Comment l'homme détruit la vie*, Elizabeth Kolbert, 2014, La Librairie Vuibert

Films :

– *Dheepan*, Jacques Audiard, 2015
– *Demain*, Cyril Dion et Mélanie Laurent, 2015

MATHS

Descriptif de l'épreuve et conseils de méthode 54

SUJET 1 France métropolitaine, 2022 56
Corrigé 61

SUJET 2 Antilles, 2022 73
Corrigé 78

SUJET 3 Polynésie, 2022 86
Corrigé 91

SUJET 4 Créteil-Versailles, 2022 102
Corrigé 108

SUJET 5 Sujet type 116
Corrigé 122

Descriptif de l'épreuve et conseils de méthode

Descriptif de l'épreuve

▶ L'épreuve est constituée d'un ensemble d'**au moins trois exercices indépendants**, dont un, plus long que les autres et constitué de plusieurs parties, s'apparente à un problème. Ces exercices permettent de vérifier les connaissances du candidat.
▶ L'épreuve est notée sur 20. Une note globale égale ou inférieure à 5 est éliminatoire.
▶ Durée : trois heures ; coefficient 1.

Programme de l'épreuve

Le programme de l'épreuve est constitué du programme en vigueur de mathématiques du cycle 4 (fin de Troisième) complété de la partie « Nombres et calculs » du programme de mathématiques de Seconde générale et technologique.

Se préparer au concours tout au long de l'année

ATTENTION

Un sujet complet aborde la plupart des domaines du programme, il n'est donc pas possible de le traiter entièrement dès le début de votre année de préparation au concours, sauf à avoir déjà une bonne formation initiale en mathématiques. Nous vous proposons ci-dessous une organisation de travail prenant appui sur les sujets traités dans les pages suivantes.

Vous avez un bon niveau en mathématiques et/ou vous êtes en M2

▶ Vous pouvez régulièrement traiter un sujet de votre choix en suivant, ou non, les conseils donnés ci-dessous et en vous aidant des rappels donnés dans les corrigés.

Les mathématiques ne sont pas votre spécialité et/ou vous êtes en M1

▶ À l'aide de l'**analyse du sujet que nous donnons au début de chaque corrigé,** il est possible de repérer dans l'ensemble des annales les exercices qui se rapportent à un thème donné, par exemple les probabilités, et de les traiter au moment où vous étudiez le chapitre correspondant.
▶ Commencez dès décembre par un sujet relativement simple, par exemple le **sujet 4, sujet supplémentaire de Créteil**, sans contrainte de temps. N'hésitez pas à consulter la correction après un temps raisonnable de recherche, en tenant compte des conseils et des commentaires que nous avons formulés. Lisez également un cours qui correspond aux notions abordées dans les exercices pour accroître vos connaissances.
▶ Plus tard dans l'année, en janvier par exemple, traitez les **sujets 1 et 2** en prêtant davantage attention au temps et en lisant plus attentivement les corrigés proposés. Cela vous aidera à rédiger vos réponses, car il ne s'agit pas seulement de trouver une solution mais de l'expliquer, c'est-à-dire de convaincre votre lecteur, en partant des hypothèses de l'énoncé – les données – et en cherchant à prouver le résultat visé à l'aide d'outils répertoriés : propriétés, théorèmes, algorithmes.

► Dans un troisième temps, en mars puis avril, passez au **sujet 5**, sujet original que nous vous proposons en temps limité, en ne consultant les corrigés qu'après avoir traité intégralement les exercices et en utilisant les compléments de cours nécessaires pour les comprendre parfaitement.
► En fin d'année, consacrez-vous au **sujet 3**, sujet de Polynésie, plus difficile, comme s'il s'agissait d'un véritable concours blanc en autocorrection.

Être efficace pendant l'épreuve

Le matériel le jour J

Le jour de l'épreuve, vous devez apporter votre matériel, du crayon à la calculatrice, sans oublier une montre car le téléphone n'est pas autorisé pendant l'épreuve…

► **Lisez en diagonale l'énoncé** de manière à repérer les domaines mathématiques des exercices les plus courts : probabilité, statistiques, géométrie, arithmétique, algorithmique, etc. **Cela vous permettra de traiter prioritairement ceux qui appartiennent aux champs que vous maîtrisez le mieux.**
► **L'exercice le plus long s'apparente à un problème** dans lequel vous retrouverez des domaines divers : nombres, calculs, grandeurs, logiciels… En général la difficulté est progressive, au moins dans chaque partie, vous pouvez donc l'aborder en premier.
► **La gestion du temps** est essentielle pour réussir l'épreuve. Vous pouvez estimer que le temps à consacrer à un exercice est proportionnel au nombre de points qu'il rapporte. Essayez de ne pas passer plus de cinq ou dix minutes sur une même question si vous n'avez aucune idée de la méthode à mettre en œuvre, quitte à admettre explicitement le résultat demandé pour pouvoir traiter le reste de l'exercice. Vous pourrez éventuellement y revenir après avoir résolu l'un ou l'autre des exercices du sujet. Inversement, ne consacrez pas plus de temps que nécessaire à une question que vous savez traiter : restez concis et précis.
► **Effectuez vos recherches au brouillon et rédigez ensuite proprement les réponses**, question par question, ou bien exercice par exercice, en mettant en évidence l'enchaînement logique des arguments qui permet de passer des données de l'énoncé à la conclusion visée.
► **Reprenez la formulation de la question à laquelle vous répondez** *(Ex. : Montrons que le nombre N est pair ; Prouvons que le quadrilatère ABCD est un carré…)*, cela rendra la lecture de votre copie plus agréable et permettra de mieux s'y repérer.
► **Prêtez une grande attention à la langue :** vocabulaire, syntaxe, argumentation, car il s'agit de résoudre des problèmes de mathématiques mais aussi de montrer votre capacité à enseigner, donc vos qualités d'expression et de raisonnement.
Soignez votre écriture et n'utilisez le langage mathématique qu'à bon escient, c'est-à-dire en respectant les conventions et sans abuser des symboles.
Relisez votre copie et vérifiez que les exercices et les réponses sont bien numérotés.
► **Réalisez les figures sur des intercalaires individuels** de manière à les conserver sous les yeux pendant que vous rédigez vos réponses et de façon à ne pas être obligé de les refaire en cas d'erreur. Pour les mêmes raisons, il vaut mieux traiter chaque exercice sur une feuille séparée, vous pourrez ainsi y revenir si vous butez sur une question et reprendre votre travail.

Enfin, n'oubliez pas que l'épreuve est conçue pour qu'un candidat bien préparé puisse montrer toute l'étendue de ses connaissances et de ses capacités ! Vous aurez par conséquent toutes les raisons de l'aborder en confiance si vous suivez les conseils précédents et la progression proposée.

SUJET 1

France métropolitaine, 2022

3 heures

→ Corrigés p. 61

Ce sujet est composé de cinq exercices indépendants.

EXERCICE 1

Dans cette version adaptée du biathlon, les élèves ont à parcourir, en courant, 4 grands tours tracés avec des plots sur un stade comme dans la figure ci-dessous. À l'issue de chacun des 3 premiers tours, ils se présentent au pas de tir et lancent 3 balles sur des cibles. S'ils atteignent 3 fois leur cible, ils n'ont pas de pénalité et repartent pour le grand tour suivant. En revanche, pour chaque lancer manqué, ils doivent effectuer un petit tour avant de repartir sur le grand tour. Pour chaque élève on mesure la durée mise pour faire un parcours complet (grands tours + lancers + petits tours de pénalité le cas échéant). L'objectif est de mettre le moins de temps possible pour effectuer le parcours complet.

D'après www.revue-eps.com janvier-février-mars 2016.

Partie 1

Dans cette partie, les élèves s'entraînent à la course sur le grand tour, sans effectuer de lancer de balles.

1 Pour un élève de CE1, la longueur du grand tour est de 250 m.

a) On considère un élève, qui effectue les 4 tours en 10 minutes. Quelle est sa vitesse moyenne de course, en mètre par minute ?

b) Un autre élève a couru les 4 tours à la vitesse moyenne de 150 m/min. Déterminer sa vitesse moyenne, en kilomètre par heure.

2 Dans le tableau ci-après, les longueurs d'un grand tour pour des élèves de CM1 et de CM2 sont données, ainsi que les temps de course pour effectuer 4 grands tours, de deux élèves (un en CM1 et un en CM2).

Élève	Longueur de 1 grand tour	Temps de course pour 4 grand tours
Élève de CM1	400 m	9 minutes et 30 secondes
Élève de CM2	500 m	11 minutes et 8 secondes

Déterminer la vitesse moyenne (en mètre par minute, arrondie à l'unité) de chacun de ces deux élèves, lorsqu'ils ont réalisé les 4 grands tours.

Partie 2

Dans cette partie, des élèves de CE1 font l'épreuve de biathlon dans sa totalité :
Les 4 grands tours + les 3 épreuves de lancers de 3 balles + les éventuels tours de pénalité.
On rappelle que pour un élève de CE1, la longueur du grand tour est de 250 m.

1 La longueur du tour de pénalité est de 20 m.
a) Sachant que le tour de pénalité forme un cercle, déterminer son rayon. Arrondir au centimètre.
b) Un élève de CE1, qui court à la vitesse moyenne de 150 m/min, prend le départ de l'épreuve. On suppose que pour effectuer 3 lancers, il passe, à chaque fois, 30 secondes sur le pas de tir. Quelle sera la durée totale que met cet élève pour réaliser le parcours complet, s'il ne rate aucune cible au premier tour et qu'il rate une cible au 2e tour puis deux cibles au 3e tour ? Donner la réponse en minutes et secondes.

2 Le professeur des écoles souhaite aider ses élèves à développer une stratégie pour améliorer leurs résultats. Il relève les performances d'un même élève de CE1 qui fait 3 fois l'épreuve de biathlon dans sa totalité en modifiant certains paramètres à chaque essai. Dans le tableau ci-dessous, V_{moy} est la vitesse moyenne de cet élève sur les périodes de course (4 grands tours + éventuels tours de pénalités).

	A	B	C	D	E	F	G	H	I	J	K
1	élève	tirs n°1		tirs n°2		tirs n°3		distance totale parcourue	temps de course (s)	V moy (m/min)	durée totale (min)
2		durée (s)	cibles manquées	durée (s)	cibles manquées	durée (s)	cibles manquées				
3	essai 1	30	0	30	1	30	2		418		
4	essai 2	30	0	32	0	35	0		300		
5	essai 3	19	3	21	3	21	3		341		

a) La formule saisie en H3 puis recopiée vers le bas est

=1000+(C3+E3+G3)*20.

Expliquer le terme (C3+E3+G3)*20 dans le contexte de l'exercice.
b) Donner une formule qui pourra être introduite dans la cellule J3, de telle sorte qu'elle puisse être recopiée vers le bas pour effectuer le calcul pour les autres essais.
c) Donner une formule qui pourra être introduite dans la case « durée totale » K3, de telle sorte qu'elle puisse être recopiée vers le bas pour effectuer le calcul pour les autres essais.
Après calculs, on obtient le tableau complet ci-dessous :

	A	B	C	D	E	F	G	H	I	J	K
1	élève	tirs n°1		tirs n°2		tirs n°3		distance totale parcourue	temps de course (s)	V moy (m/min)	durée totale (min)
2		durée (s)	cibles manquées	durée (s)	cibles manquées	durée (s)	cibles manquées				
3	essai 1	30	0	30	1	30	2	1060	482	132	9,53
4	essai 2	30	0	32	0	35	0	1000	469	128	9,43
5	essai 3	19	3	21	3	21	3	1180	566	125	10,45

d) Interpréter le tableau pour déterminer ce que l'élève a modifié entre l'essai 2 et l'essai 3.
e) Si on analyse les performances de l'élève aux essais 2 et 3, quelle hypothèse ce tableau permet-il de faire du point de vue des stratégies à adopter ?

EXERCICE 2

On dispose d'un dé cubique non truqué dont les faces opposées sont identiques : deux faces numérotées 0, deux faces numérotées 1 et deux faces numérotées 2.

1 On effectue deux lancers et on lit, à chaque lancer, le chiffre inscrit sur la face supérieure. Les deux lancers permettent d'obtenir un nombre décimal : le résultat du premier lancer donne le chiffre des unités et celui du second lancer le chiffre des dixièmes.

a) Donner la liste de tous les nombres que l'on peut obtenir.
b) Justifier que la probabilité d'obtenir 1,2 est égale à 1/9.
c) Quelle est la probabilité d'obtenir un nombre strictement inférieur à 1 ?
d) Quelle est la probabilité d'obtenir un nombre entier ?
e) Quelle est la probabilité d'obtenir un nombre décimal ?

2 Le tapis représenté ci-contre est constitué de 36 carrés de côté 10 cm. Ces carrés définissent trois zones Z_1, Z_2 et Z_3 repérées par des couleurs différentes.
Avec le même dé que précédemment, on effectue un lancer sur ce tapis et on regarde la face supérieure. Si le dé tombe à cheval sur deux zones, on le relance.
On admet que la probabilité que le dé tombe dans une zone est proportionnelle à l'aire de la zone.

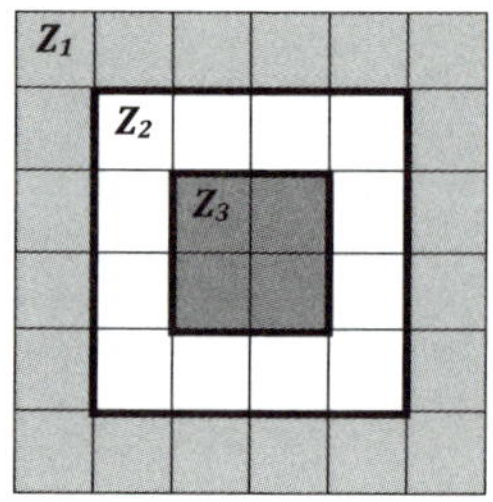

a) Quelle est la probabilité que le dé tombe dans la zone Z_2 ?
b) Quelle est la probabilité que le dé tombe en zone Z_2 et donne le nombre 1 ?
c) Quelle est la probabilité que le dé tombe en zone Z_2 et donne un nombre pair ?

EXERCICE 3

Un enseignant d'une classe de CM2 a proposé ce problème à ses élèves.

> Dans un bocal, un enfant a des billes vertes, des billes rouges et des billes bleues. Il a 4 fois plus de billes rouges que de billes vertes et il a 3 billes vertes de plus que de billes bleues. En tout il a 51 billes.
>
> Combien a-t-il de billes de chaque couleur ?
>
> D'après un problème du *Guide pour enseigner la résolution de problèmes au cours moyen*, Ministère de l'éducation nationale, 2021

1 Voici la réponse proposée par Samira, une élève de la classe de CM2 :

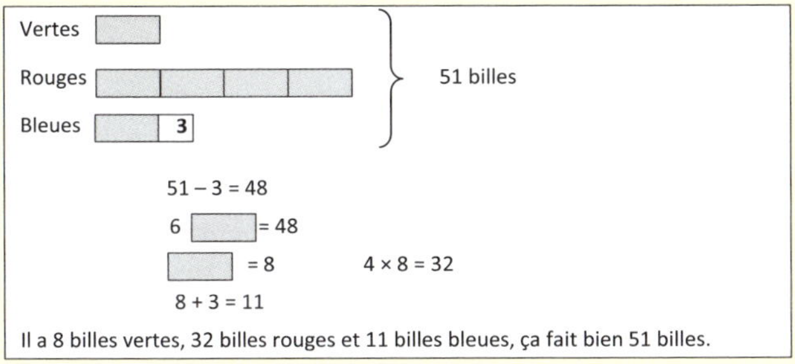

Proposer une version corrigée du schéma utilisé par Samira pour résoudre le problème.

2 a) En notant v le nombre de billes vertes, déterminer, en fonction de v, le nombre de billes rouges et le nombre de billes bleues.

b) Mettre le problème en équation et la résoudre pour répondre algébriquement à la question posée dans l'énoncé.

EXERCICE 4

Le programme ci-contre (*programme 1*) a été écrit avec le logiciel Scratch.

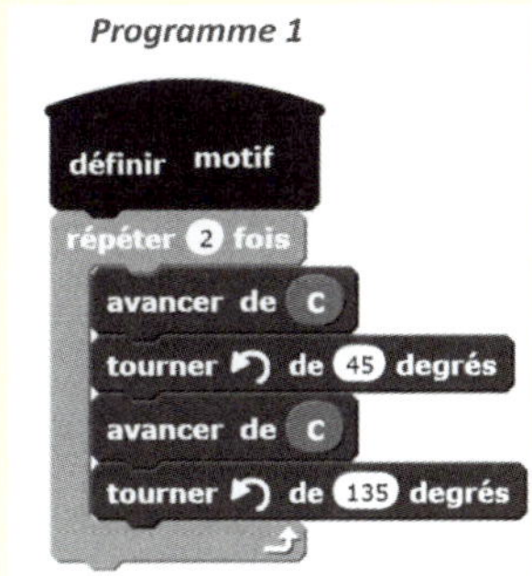

1 En prenant C = 50 et 1 cm pour 10 pixels, tracer la figure construite en utilisant le *programme 1*.

2 Quelle est la nature de la figure tracée ? Justifier la réponse.

3 On écrit le *programme 2* en utilisant le bloc précédent, afin d'obtenir la figure représentée ci-après.

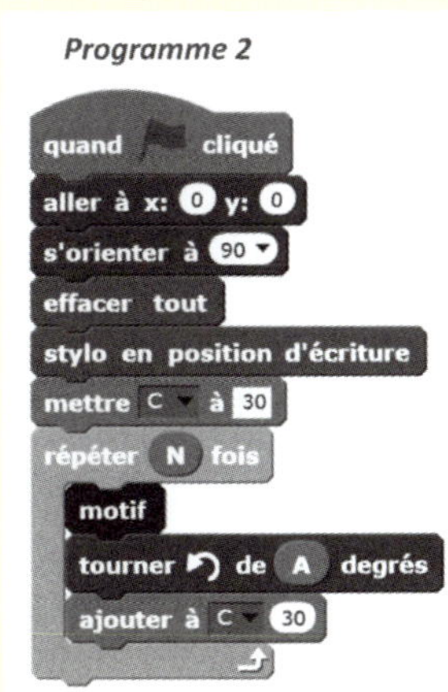

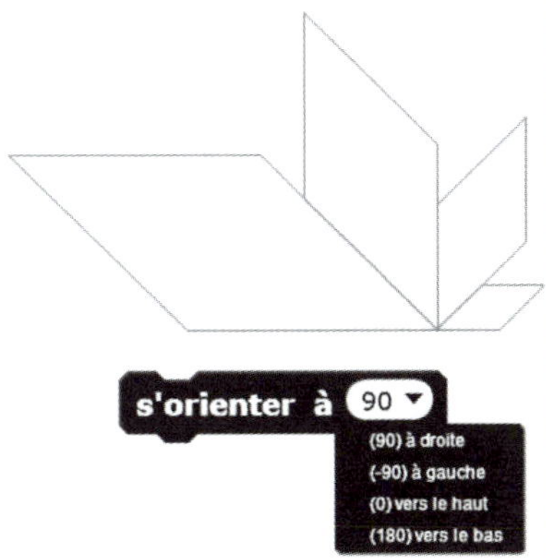

a) Quelles valeurs attribuer aux lettres A et N dans le programme 2 pour obtenir la figure correspondante ?

b) Quelle est la valeur de la variable C une fois le programme exécuté ?

4 Comment peut-on modifier le programme 2 pour obtenir la figure ci-contre pour laquelle chaque segment mesure 30 pixels ?

EXERCICE 5

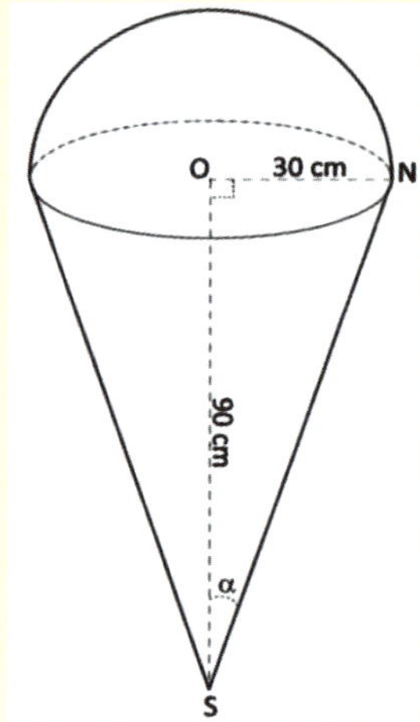

Un ballon-sonde est un ballon à gaz utilisé pour faire des mesures locales dans l'atmosphère.
Dans le cadre du projet scientifique qu'elle anime pour sa classe de CM2, une professeure des écoles a reçu un petit ballon-sonde, représenté ci-contre.
Son enveloppe, composée de matières plastiques et de latex, a la forme, une fois gonflée, d'un cône de révolution surmonté d'une demi-sphère.
Les dimensions données sur la figure ci-contre sont celles du ballon-sonde au sol, sur le lieu du lâcher situé au niveau de la mer.
La pression atmosphérique diminuant avec l'altitude, le ballon se dilate en prenant de la hauteur et ses dimensions augmentent jusqu'à l'éclatement après une ascension de plus de vingt kilomètres.
On pourra, si nécessaire, utiliser le formulaire ci-dessous.

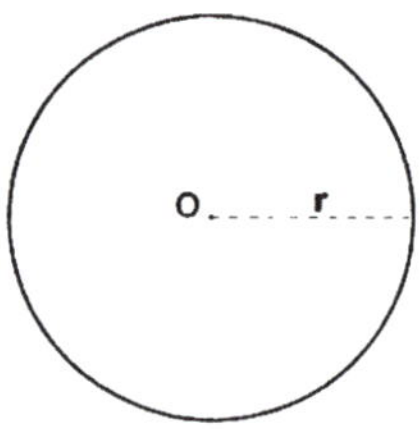	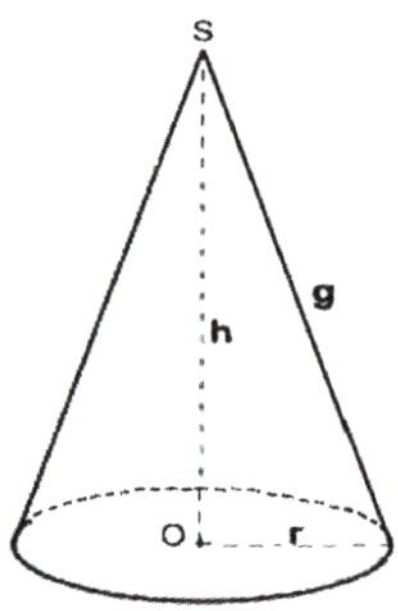 *g* est la longueur d'une génératrice du cône.	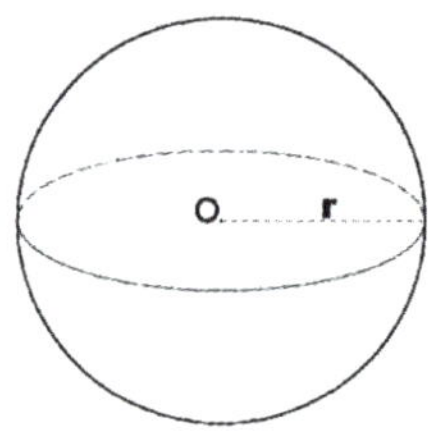
Périmètre du disque $2\pi r$	Volume du cône de révolution $\frac{1}{3}\pi r^2 h$	Volume de la boule $\frac{4}{3}\pi r^3$
Aire du disque πr^2	Aire de la surface latérale $\pi r g$	Aire de la sphère $4\pi r^2$

1 **a)** Montrer, en indiquant les étapes du calcul, que le volume exact du ballon-sonde au niveau de la mer, est égal à $45\ 000\pi$ cm^3.
b) Donner le volume du ballon sonde en litre, arrondi à l'entier.

2 Montrer qu'une génératrice du cône mesure $\sqrt{9\ 000}$ cm.

3 En déduire que l'enveloppe totale du ballon-sonde, au niveau de la mer, a une aire d'environ 1,5 m^2 au dixième près.

4 Entre 0 mètre d'altitude et 4 500 mètres d'altitude, les longueurs du ballon-sonde augmentent de 25 %.

a) Par quel nombre les longueurs initiales sont-elles multipliées ?
b) Montrer que, à 4 500 mètres d'altitude, l'enveloppe totale du ballon-sonde a une aire d'environ 2,3 m^2 arrondie au dixième près.
c) Donner un arrondi, au litre près, du volume du ballon-sonde à 4 500 mètres d'altitude.

5 On lâche le ballon à 0 mètre d'altitude. On relève alors une température de 15 °C. À 4 500 mètres d'altitude, la température transmise est de – 12 °C. Entre 0 et 12 000 m d'altitude, la température, en degré Celsius, en fonction de l'altitude x, en mètre, peut être modélisée par une fonction affine notée t.
Montrer que pour tout x entre 0 et 12 000, on a $t(x) = -0{,}006\ x + 15$.

6 À partir de quelle altitude la température devient-elle négative ? Justifier le résultat en résolvant une inéquation.

7 La professeure des écoles a réalisé, à l'aide d'un tableur, le calcul des températures en fonction de l'altitude du ballon-sonde.

	A	B	C	D	E	F	G	H	I	J	K	L	M	N	O	P	Q	R	S	T	U	V	W	X	Y	Z
1	altitude en mètre	0	500	1000	1500	2000	2500	3000	3500	4000	4500	5000	5500	6000	6500	7000	7500	8000	8500	9000	9500	10000	10500	11000	11500	12000
2	température en degrés	15	12	9	6	3	0	-3	-6	-9	-12	-15	-18	-21	-24	-27	-30	-33	-36	-39	-42	-45	-48	-51	-54	-57

En observant les données du tableau, sachant que le ballon part de 0 mètre d'altitude, à quelle altitude se trouve-t-il lorsque la température a baissé de 30 °C ?

CORRIGÉ DU SUJET 1

ANALYSER LE SUJET

Ce sujet comporte beaucoup de questions dont certaines nécessitent un temps non négligeable de rédaction, c'est pourquoi il peut paraitre long à rédiger. Les questions posées ne sont pas très difficiles, toutefois, il faut être rapide pour pouvoir traiter l'intégralité des questions dans le temps imparti de 3 heures.

BARÈME NON OFFICIEL

- **Exercice 1** : 5 points **Exercice 2** : 4 points **Exercice 3** : 2,5 points **Exercice 4** : 2,5 points **Exercice 5** : 5,5 points **Malus maximum** : 2,5 points.
- Des points peuvent être retirés pour l'orthographe et la grammaire, la présentation, la qualité de la rédaction, la précision des notations mathématiques (par exemple la confusion entre les signes = et ≈).

EXERCICE 1

COMMENTAIRE

Cet exercice est dans l'esprit de ce qui est demandé dans les évaluations internationales en mathématiques (type Pisa) ; de nombreuses informations sont à prendre en compte pour effectuer des calculs de vitesses et de durées, tout en étant capable de réaliser des conversions ; les questions portant sur l'utilisation du tableur nécessitent de savoir se repérer parmi les nombreuses cellules présentes en étant vigilant sur les unités imposées.

Partie 1

1 a) Un élève effectue 4 grands tours de 250 m chacun, donc 1 000 m (4 × 250 m) en 10 minutes.

Par conséquent sa **vitesse moyenne est égale à 100 m/min** $\left(\dfrac{\mathbf{1\ 000\ m}}{\mathbf{10\ min}}\right)$.

b) La vitesse moyenne de cet élève est égale à 150 m/min, c'est-à-dire qu'il parcourt en moyenne 150 m en 1 min, soit 150 m × 60 en 60 min.

Or $150\ \text{m} \times 60 = 9\ 000\ \text{m} = 9\ \text{km}$ en 1 heure ; **sa vitesse moyenne est égale à 9 km/h**.

2 L'élève de CM1 parcourt 4 grands tours de 400 m chacun, soit 1 600 m $(4 \times 400\ \text{m})$ en 9 min et 30 s, c'est-à-dire en 9,5 min.

Sa vitesse moyenne v_1 sur ces 4 tours est égale à :

$$v_1 = \frac{1\ 600\ \text{m}}{9{,}5\ \text{min}} = \frac{3\ 200}{19}\ \text{m/min} \approx 168{,}4\ \text{m/min}.$$

ATTENTION

Soyez vigilant sur les conversions d'unités de mesure du temps dans les calculs !

L'arrondi à l'unité de la vitesse moyenne de l'élève de CM1 est égal à 168 m/min.

L'élève de CM2 parcourt 4 tours de 500 m chacun, donc il parcourt 2 000 m.

$$11\ \text{min}\ 8\ \text{s} = 11\ \text{min} + \frac{8}{60}\ \text{min} = \frac{11 \times 15}{15}\ \text{min} + \frac{2}{15}\ \text{min} = \frac{165+2}{15}\ \text{min} = \frac{167}{15}\ \text{min}.$$

Il parcourt ces 2 000 m en $\dfrac{167}{15}$ min ; sa vitesse moyenne v_2 sur ces 4 tours est égale à :

$$v_2 = \frac{2\ 000\ \text{m}}{\frac{167}{15}\ \text{min}} = 2\ 000 \times \frac{15}{167}\ \text{m/min} = \frac{30\ 000}{167}\ \text{m/min} \approx 179{,}6\ \text{m/min}.$$

L'arrondi à l'unité de la vitesse moyenne de l'élève de CM2 est égal à 180 m/min.

Partie 2

1 a) Le cercle a pour périmètre 20 m, donc son **rayon est égal à** $\dfrac{20\ \text{m}}{2\pi} \approx \mathbf{3{,}183\ m}$.
L'arrondi au cm du rayon du cercle est égal à 3,18 m.

b) Cet élève parcourt 4 grands tours, soit 1 000 m $(4 \times 250\ \text{m})$ et 3 tours de pénalité, soit 60 m $(3 \times 20\ \text{m})$; il parcourt donc en tout 1 060 m $(1\ 000\ \text{m} + 60\ \text{m})$ à la vitesse moyenne de 150 m/min.

Son temps t_1 passé à courir est donc égal à :

$$t_1 = \frac{1\ 060\ \text{m}}{150\ \text{m/min}} = \frac{106}{15}\ \text{min} = \frac{7 \times 15 + 1}{15}\ \text{min} = 7\ \text{min} + \frac{1}{15} \times 60\ \text{s} = 7\ \text{min}\ 4\ \text{s}.$$

Il effectue également 3 séries de lancers pendant une durée de temps t_2 égale à :
$t_2 = 3 \times 30\ \text{s} = 1\ \text{min}\ 30\ \text{s}$, soit 1,5 min.

Son temps total de parcours est égal à :
$t_1 + t_2 = 7$ min 4 s + 1 min 30 s = 8 min 34 s.
Cet élève de CE1 a mis au total 8 min 34 s pour effectuer son parcours.

2 a) Dans les cellules C3, E3 et G3, on comptabilise les tirs qui n'ont pas touché la cible respectivement après le 1er tour, le 2nd tour et le 3e tour. La somme (C3+E3+G3) correspond donc au nombre total de cibles manquées qui ont généré chacun un tour de pénalité de 20 m à effectuer, d'où la formule (C3+E3+G3)*20 qui permet de **calculer la distance totale parcourue en raison des pénalités.**

b) Dans la cellule J3, on souhaite avoir la vitesse moyenne en m/min.
Pour cela, on divise la distance totale parcourue en m (présente dans la cellule H3) par le temps de course en secondes (présent dans la cellule I3) et on obtient alors la vitesse en m/s. On multiplie ce quotient par 60 pour obtenir la vitesse moyenne en m/min.

ATTENTION

Dans les questions b) et c), il faut être vigilant aux unités imposées (m/min et min) sachant que les durées sont données en secondes.

La formule à entrer dans la cellule J3 est donc : =(H3/I3)*60.

c) Pour obtenir la durée totale en minutes du parcours, il faut ajouter la durée en secondes de chacune des trois séries de tirs (présentes en cellules B3, D3 et F3) au temps de course en secondes (présent en cellule I3) et diviser cette somme par 60 pour avoir le résultat en minutes.
Dans la cellule K3, on entre donc la formule : =(B3+D3+F3+I3)/60.

d) Entre l'essai 2 et l'essai 3, l'élève a diminué son temps de visée lors de chacune des trois séries de tirs ; mais de ce fait, il s'est moins appliqué et a manqué les cibles à chaque tir ; il a donc eu en tout, 9 tours de 20 m de pénalité à effectuer, ce qui l'a fatigué et a fait baisser sa vitesse moyenne sur l'ensemble de sa course (tout en parcourant une plus grande distance). Globalement, le temps gagné lors des visées de cible a été perdu par une plus longue distance à parcourir à une plus faible vitesse, son temps total de parcours a donc été moins bon (il a mis 1 min et 2 s de plus pour effectuer son parcours à l'essai 3 par rapport à l'essai 2).

ATTENTION

Ces questions d) et e) d'explications peuvent être chronophages ; il faut rédiger suffisamment ses réponses, mais sans y passer trop de temps non plus.

e) La stratégie à adopter semble être de prendre son temps (sans exagérer) lors des visées des cibles de façon à ne pas avoir de pénalités (qui ajoutent de la distance à parcourir et font abaisser la vitesse moyenne de course). Quelques secondes de plus pour viser correctement les cibles, permettent d'éviter davantage de secondes de course supplémentaires.

EXERCICE 2

COMMENTAIRE

Cet exercice de probabilité est assez classique. Il permet d'utiliser toutes les formules de probabilités du cycle 4, sans être d'un niveau trop relevé.

1 a) On peut obtenir les neuf nombres suivants :
0,0 (= 0) 0,1 0,2 1,0 (= 1) 1,1 1,2 2,0 (= 2) 2,1 et 2,2.

b) Étant donné que le dé est « non truqué », la probabilité d'obtenir chacune des faces est égale à $\frac{1}{6}$ (on parle d'équiprobabilité d'obtenir chacune des six faces).

Pour obtenir le nombre 1,2, il faut obtenir le nombre 1 au premier lancer ; cet événement a une probabilité de $\frac{2}{6}$ soit $\frac{1}{3}$ $\left(\frac{2 \text{ cas favorables}}{6 \text{ cas possibles}}\right)$, puis il faut obtenir le nombre 2 au second lancer (indépendant du 1er lancer) ; cet événement a également une probabilité de $\frac{2}{6}$ soit $\frac{1}{3}$ $\left(\frac{2 \text{ cas favorables}}{6 \text{ cas possibles}}\right)$.

Comme ces deux événements sont indépendants, leurs probabilités se multiplient, donc la probabilité d'obtenir 1 au 1er lancer et 2 au 2e lancer est égale à $\frac{1}{3} \times \frac{1}{3} = \frac{1}{9}$.

Autre méthode :

		1er lancer correspondant au chiffre des unités du nombre					
		0	0	1	1	2	2
2nd lancer correspondant au chiffre des dixièmes du nombre	**0**	0,0	0,0	1,0	1,0	2,0	2,0
	0	0,0	0,0	1,0	1,0	2,0	2,0
	1	0,1	0,1	1,1	1,1	2,1	2,1
	1	0,1	0,1	1,1	1,1	2,1	2,1
	2	0,2	0,2	1,2	1,2	2,2	2,2
	2	0,2	0,2	1,2	1,2	2,2	2,2

$P(\text{obtenir } 1{,}2) = \frac{4}{36} = \frac{1}{9} \quad \left(\frac{4 \text{ cas favorables}}{36 \text{ cas possibles}}\right)$.

c) De la même manière, la probabilité d'obtenir chacun des autres nombres est égale à $\frac{1}{3}$.

Obtenir un nombre strictement inférieur à 1 revient à obtenir les nombres 0 ou 0,1 ou 0,2 ; chacun de ces événements est incompatible avec les autres (on ne pas avoir en même temps comme tirage les nombres 0,1 et 0,2 par exemple), donc leurs probabilités s'ajoutent :

Soit A l'événement « obtenir un nombre strictement inférieur à 1 ».

$$\begin{aligned} P(A) &= P(\text{obtenir } 0{,}1 \text{ ou } 0{,}2 \text{ ou } 0{,}3) \\ &= P(\text{obtenir } 0{,}1) + P(\text{obtenir } 0{,}2) + P(\text{obtenir } 0{,}3) \\ &= \frac{1}{9} + \frac{1}{9} + \frac{1}{9} = \frac{3}{9} = \frac{1}{3}. \end{aligned}$$

La probabilité d'obtenir un nombre strictement inférieur à 1 est égale à $\frac{1}{3}$.

Autre méthode :

En se basant sur le tableau de la question **1 b)**, on obtient :

soit A l'événement « obtenir un nombre strictement inférieur à 1 »,

$P(A) = \frac{12}{36} = \frac{1}{3} \quad \left(\frac{12 \text{ cas favorables}}{36 \text{ cas possibles}}\right)$.

d) Les nombres entiers sont 0, 1 et 2.

$$\begin{aligned} \mathbf{P(obtenir\ un\ nombre\ entier)} &= P(0 \text{ ou } 1 \text{ ou } 2) = P(0) + P(1) + P(2) \\ &= \frac{1}{9} + \frac{1}{9} + \frac{1}{9} = \mathbf{\frac{1}{3}}. \end{aligned}$$

Autre méthode :
En se basant sur le tableau de la question **1 b)**, on obtient :

$$P(\text{obtenir un nombre entier}) = \frac{12}{36} = \frac{1}{3} \quad \left(\frac{12 \text{ cas favorables}}{36 \text{ cas possibles}}\right).$$

e)

RAPPEL

Un nombre décimal est un nombre qui peut s'écrire sous forme de fraction décimale, autrement dit sous la forme $\frac{m}{10^n}$ où m est un entier relatif et n un entier naturel. Cette question peut piéger un certain nombre de candidats qui interpréteraient décimal comme « nombre à virgule », ce qui n'est donc pas la bonne définition de nombre décimal.

Les nombres entiers sont également des nombres décimaux ; quels que soient les lancers de dés, on obtiendra toujours un nombre décimal, donc l'événement « obtenir un nombre décimal » est un événement certain (les neuf nombres obtenus sont des décimaux), sa probabilité est égale à 1.
P(obtenir un nombre décimal) = 1.

2 a) La zone Z_2 est constituée de 12 carrés ; le tapis est constitué de 36 carrés.

$$\mathbf{P(\text{tomber dans la zone } Z_2) = \frac{12}{36} = \frac{1}{3}} \quad \left(\frac{\mathbf{12 \text{ cas favorables}}}{\mathbf{36 \text{ cas possibles}}}\right).$$

b) La zone dans laquelle tombe le dé et la valeur du dé sont indépendants, donc :

$$\mathbf{P(\text{tomber dans la zone } Z_2 \text{ et obtenir } 1)} = P(\text{tomber dans la zone } Z_2) \times P(\text{obtenir } 1)$$
$$= \frac{1}{3} \times \frac{1}{3}$$
$$= \mathbf{\frac{1}{9}}.$$

Autre méthode : on peut réaliser un arbre pondéré de probabilité.

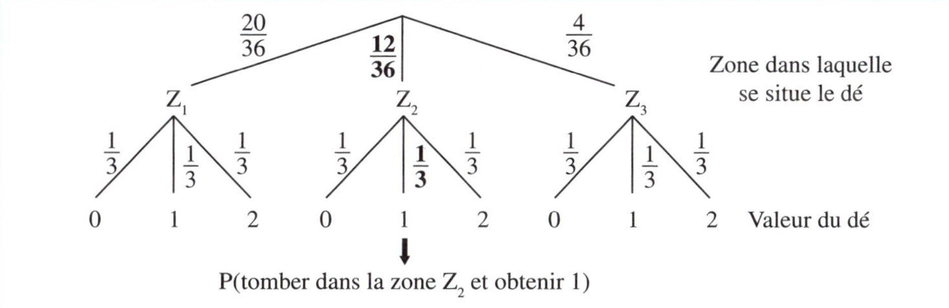

La zone dans laquelle tombe le dé et la valeur du dé sont indépendantes, donc :

$$P(\text{tomber dans la zone } Z_2 \text{ et obtenir } 1) = P(\text{tomber dans la zone } Z_2) \times P(\text{obtenir } 1)$$
$$= \frac{12}{36} \times \frac{1}{3}$$
$$= \mathbf{\frac{1}{9}}.$$

c)

RAPPEL

Ne pas oublier que 0 est un nombre pair (il est multiple de 2).

Étant donné que les faces du dé sont 0, 1 et 2, les événements « obtenir 1 » et « obtenir un nombre pair » sont complémentaires (les nombres pairs sont 0 et 2), donc :

$\text{P(obtenir un nombre pair)} = 1 - \text{P(obtenir 1)} = 1 - \frac{1}{3} = \frac{2}{3}$.

On appelle B l'événement « tomber dans la zone Z_2 et obtenir un nombre pair ».

$\text{P(B)} = \text{P(tomber dans la zone } Z_2) \times \text{P(obtenir un nombre pair)}$

$= \frac{1}{3} \times \frac{2}{3} = \frac{2}{9}$.

La probabilité de tomber dans la zone 2 et d'obtenir un nombre pair est égale à $\frac{2}{9}$.

Autre méthode : on peut réaliser un arbre pondéré de probabilité.

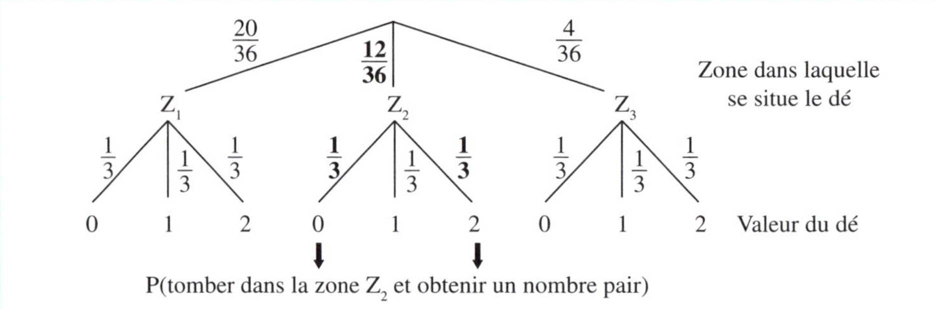

On appelle B l'événement « tomber dans la zone Z_2 et obtenir un nombre pair ». Les nombres pairs donnés par le dé sont 0 et 2.

Les événements « tomber dans la zone Z_2 et obtenir 0 » et « tomber dans la zone Z_2 et obtenir 2 » sont incompatibles (on ne pas avoir ces deux événements en même temps), donc :

$\text{P(B)} = \text{P(tomber dans la zone } Z_2 \text{ et obtenir 0)} + \text{P(tomber dans la zone } Z_2 \text{ et obtenir 2)}$.

La zone dans laquelle tombe le dé et la valeur du dé sont indépendantes, donc :

$\text{P(B)} = \text{P(tomber dans la zone } Z_2) \times \text{P(obtenir 0)} + \text{P(tomber dans la zone } Z_2) \times \text{P(obtenir 2)}$

$= \frac{12}{36} \times \frac{1}{3} + \frac{12}{36} \times \frac{1}{3} = \frac{1}{9} + \frac{1}{9} = \frac{2}{9}$.

EXERCICE 3

COMMENTAIRES

- Cet exercice permet de s'assurer qu'en tant que futurs enseignants, les candidats sont capables de comprendre le schéma d'un élève et de le modifier légèrement pour le rendre utilisable pour la résolution du problème. Il permet également de s'assurer que les candidats peuvent modéliser le problème par une équation et la résoudre.
- Dans une classe, il faudrait veiller à ne pas trop perturber cette élève en changeant trop d'éléments dans son schéma ; en particulier, il est préférable de conserver le rectangle représentant le nombre de billes vertes comme référence.

1

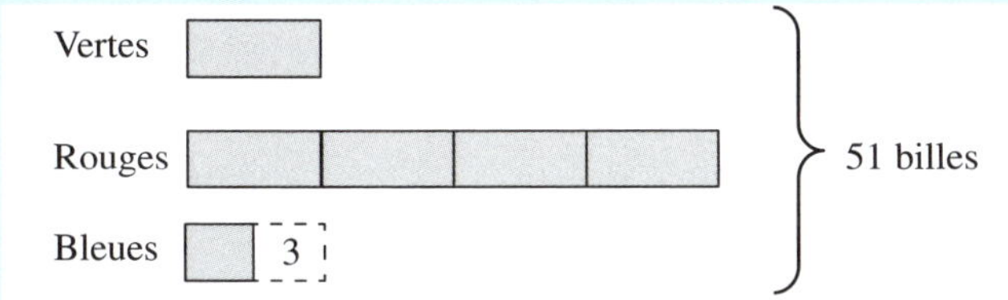

Comme il y a 3 billes vertes de plus que de billes bleues, cela signifie qu'il y a 3 billes bleues de moins que de billes vertes.
Dans le dessin des billes bleues, Il faut donc retirer 3 billes au rectangle schématisant le nombre de billes vertes, pour obtenir le nombre de billes bleues (au lieu de les ajouter comme l'a fait Samira).

2 a)

RAPPEL

On retrouve ainsi le schéma modifié précédent où le rectangle est remplacé par l'inconnue *v*.

Nombre de billes vertes : v
Nombre de billes rouges : $4v$
Nombre de billes bleues : $v - 3$

b) Le nombre total de billes est égal à 51, donc on a :
$v + 4v + v - 3 = 51$
$6v - 3 = 51$
$6v = 51 + 3$
$6v = 54$
$v = \frac{54}{6} = 9$. **Il y a donc 9 billes vertes, 36 billes rouges (4×9) et 6 billes bleues ($9 - 3$).**

EXERCICE 4

COMMENTAIRE

Cet exercice est destiné à vérifier si les candidats maitrisent le langage informatique dans un contexte de tracés de figures géométriques.

1 On doit faire deux fois : avancer de 5 cm (5 cm sur la feuille, c'est-à-dire 50 pixels sur l'écran de l'ordinateur), tourner de 45° dans le sens trigonométrique direct, avancer de 5 cm, puis tourner de 135°.

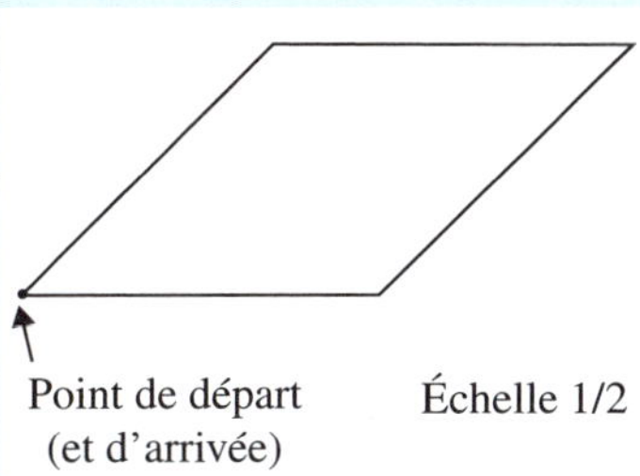

RAPPELS

- Le sens trigonométrique direct est le sens « anti-horaire » (sens inverse des aiguilles d'une montre)
- On n'est pas obligé d'utiliser le terme « trigonométrique direct », mais il est important de préciser dans quel sens tourne le « lutin » après chaque déplacement.

En supposant que l'on soit orienté à 90°, c'est-à-dire horizontalement vers la droite, on obtient un losange dont les côtés mesurent 5 cm et dont les angles mesurent 135° et 45°.

Étapes de la construction :

Étape initiale

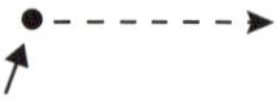

Orientation horizontale vers la droite (par exemple)

Point de départ du « lutin »

ATTENTION

Attention à distinguer la rotation effectuée par le « lutin » et l'angle que l'on obtient pour la figure géométrique tracée.

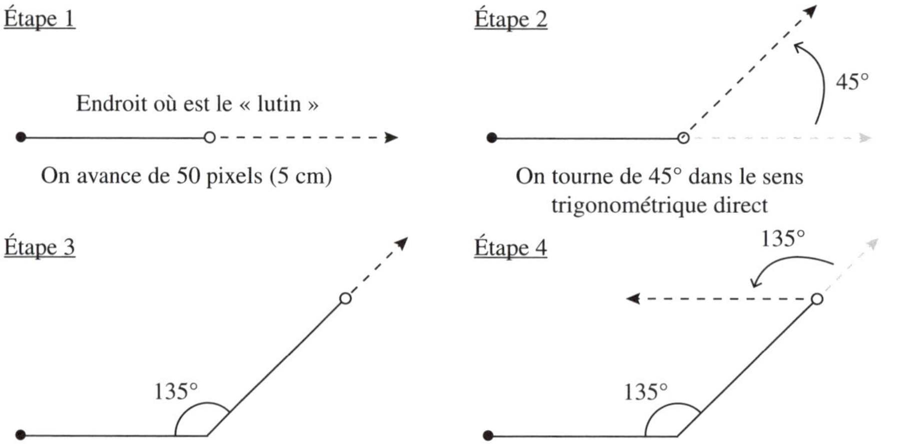

On se retrouve orienté dans le sens opposé de la position initiale (on a tourné de 180° en tout : 45° + 135°).

Ensuite on recommence ces 4 étapes pour former l'autre partie du losange.

2 La figure obtenue est un **losange** dont les côtés mesurent 50 pixels de long et dont les angles mesurent 135° et 45°.

Montrons que la figure tracée est bien un polygone :

Pour passer du 1er segment tracé au 3e segment tracé, le « lutin » a tourné de 180° $(45°+135°)$, donc ces deux segments ont des supports parallèles. On se dirige donc dans une direction en parcourant 5 cm, puis on se dirige dans la direction opposée en parcourant 5 cm.

CONSEIL

Ce préambule permet de s'assurer que la figure fermée est bien une ligne brisée fermée, c'est-à-dire un polygone ; il serait gênant de parler de losange sans être certain qu'à l'issue du programme le « lutin » soit bien revenu au point de départ.

Pour passer du 2e segment tracé au 4e segment tracé, le « lutin » a également tourné de 180° $(45°+135°)$, donc ces deux segments ont des supports parallèles. On se dirige donc dans une direction en parcourant 5 cm, puis on se dirige dans la direction opposée en parcourant 5 cm.

De ce fait on revient au point de départ, la ligne brisée représentée est fermée, cela signifie que l'on obtient un polygone.

Montrons que le polygone est un losange :
Ce polygone a 4 côtés égaux, c'est donc un losange dont les côtés mesurent 50 pixels de long et dont les angles mesurent 45° et 135°.

MÉTHODE

On pourrait avoir un tracé qui ne serait pas un polygone tout en ayant des segments dont les supports sont parallèles si les longueurs des segments non consécutifs n'étaient pas égales deux à deux.

Par exemple :

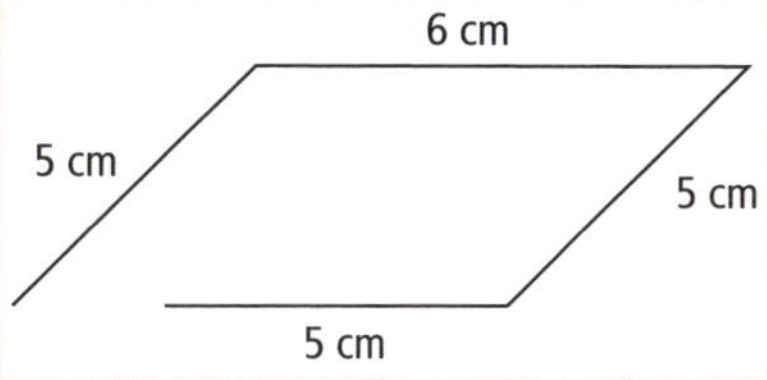

C'est pourquoi, nous avons montré dans un premier temps que le tracé obtenu est bien un polygone.

3 a) Les différents losanges tracés ont un sommet commun et des angles à ce sommet égaux à 45° ; à la fin du tracé d'un losange, le « lutin » est revenu en position de départ. Pour que le losange suivant ait son 1er côté tracé en partie en commun avec le dernier côté du losange précédent, il faut que le lutin tourne de 45° (dans le sens trigonométrique direct), donc **A = 45°.**
Étant donné qu'il y a 4 losanges tracés, il faut que la boucle du programme 2 s'exécute 4 fois, donc **N = 4**.

b) Avant d'entrer dans la boucle du programme, la variable C a pour valeur 30. À chaque fois que la boucle s'exécute, la variable C augmente de 30 et ceci 4 fois de suite, donc la variable **C vaut 30 + 4 × 30 = 150** une fois le programme exécuté.

ATTENTION

Une difficulté de cette question b) réside dans le fait que le dernier segment tracé a pour longueur 120 pixels, mais que la variable C est encore une fois augmentée de 30 pixels juste avant de quitter le programme sans qu'aucun segment de 150 pixels n'ait été tracé.

4 Pour obtenir cette figure, il ne faut plus que les losanges s'agrandissent au fur et à mesure des tracés, donc il faut supprimer l'instruction « ajouter à C 30 ».
Entre 2 côtés qui se correspondent, pour deux losanges successifs de la figure, il y a un angle de 90°, donc il faut tourner de 90° (dans le sens trigonométrique direct) pour passer d'un losange à un autre. **Il faut donc modifier l'instruction « tourner ↶ de 45 degrés » et la remplacer par « tourner ↶ de 90 degrés » (A = 90).**

Le programme Scratch obtenu est le suivant :

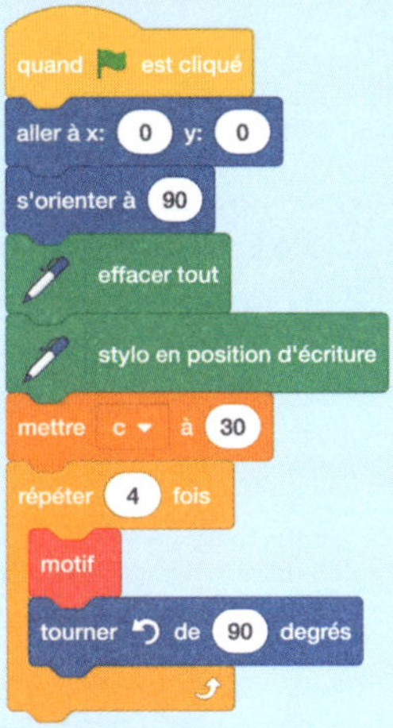

EXERCICE 5

COMMENTAIRES

- Cet exercice permet de s'assurer que les candidats sont capables d'utiliser des formules d'aires et de volumes qui sont fournies, en remplaçant certaines variables par des nombres ; il permet de vérifier la capacité des candidats à convertir des unités de mesures d'aires et de volumes (données en « unités en cube » ou en unités en litres).
- La notion d'agrandissement de longueurs, d'aires et de volumes en lien avec les pourcentages est également présente, ainsi que le concept de fonction affine.

1 **a)**

CONSEIL

Il n'est pas obligatoire de mettre les unités de mesure dans les calculs, mais il n'est pas opportun d'écrire par exemple : $4 \times 4 = 16\ \text{cm}^2$. On écrit : « $4 \times 4 = 16$, donc l'aire de la surface plane mesure $16\ \text{cm}^2$. » ou « La mesure de l'aire de la surface plane est $4\ \text{cm} \times 4\ \text{cm} = 16\ \text{cm}^2$. »

Volume V_{DS} de la demi-sphère de rayon 30 cm : $V_{DS} = \dfrac{1}{2} \times \dfrac{4}{3} \times \pi \times (30\ \text{cm})^3 = 18\ 000\pi\ \text{cm}^3$.

Volume V_C du cône de 90 cm de hauteur et dont la base est un disque de rayon 30 cm :

$V_C = \dfrac{1}{3} \times \pi \times (30\ \text{cm})^2 \times 90\ \text{cm} = 27\ 000\pi\ \text{cm}^3$.

Volume V_0 du ballon sonde au niveau de la mer :

$\boldsymbol{V_0 = V_{DS} + V_C = 18\ 000\pi\ \text{cm}^3 + 27\ 000\pi\ \text{cm}^3 = 45\ 000\pi\ \text{cm}^3}$.

b) $1\ \text{L} = 1\ \text{dm}^3 = 1\ 000\ \text{cm}^3$ donc $V_o = 45\ 000\pi\ \text{cm}^3 = 45\pi\ \text{dm}^3 = 45\pi\ \text{L} \approx 141{,}3\ \text{L}$.

L'arrondi au litre près du volume V_0 du ballon sonde est égal à 141 L.

RAPPELS

- Il est possible de créer un tableau de conversion des « unités en cube » aux unités en litre si besoin :

dm^3			cm^3		
centaines de dm^3	dizaines de dm^3	unités de dm^3	centaines de cm^3	dizaines de cm^3	unités de cm^3
hL	daL	L	dL	cL	mL
		1	0	0	0

- $1\ L = 1\ dm^3 = 1\ 000\ dm^3$.

2 Le triangle SON est rectangle en O. D'après le théorème de Pythagore, on a :

$SN^2 = SO^2 + ON^2$

$SN^2 = (90\ cm)^2 + (30\ cm)^2$

$SN^2 = 8\ 100\ cm^2 + 900\ cm^2$

$SN^2 = 9\ 000\ cm^2$

$SN = \sqrt{9\ 000}\ cm.$

REMARQUE

Habituellement, on « simplifie les racines carrées », mais étant donné que la réponse attendue est $\sqrt{9\ 000}$ cm, on ne transformera pas ce résultat en $30\sqrt{10}$ cm.

3 L'aire A_0 de l'enveloppe du ballon sonde est composé de l'aire de la demi-sphère plus l'aire de la surface latérale du cône de révolution :

$A_0 = \frac{1}{2} \times 4 \times \pi \times (30\ cm)^2 + \pi \times (30\ cm) \times (\sqrt{9\ 000}\ cm)$

$A_0 = 1\ 800\pi + 30\ \sqrt{9\ 000}\pi\ cm^2$

$A_0 \approx 14\ 596\ cm^2$

$A_0 \approx 1,45\ m^2.$

L'arrondi au dixième près de l'aire totale A_0 de l'enveloppe du ballon sonde, au niveau de la mer, est égal à $1,5\ m^2$.

4 **a)** Les longueurs initiales augmentent de 25 %, **elles sont donc multipliées par 1,25.**

En effet : $100\ \% + 25\ \% = 125\ \% = \frac{125}{100} = 1,25.$

b) Si les longueurs sont multipliées par 1,25, alors les aires sont multipliées par $1,25^2$, c'est-à-dire par 1,5625. L'enveloppe totale du ballon a une aire $A_{4\ 500}$ égale à :

$A_{4\ 500} = (1\ 800\pi + 30\sqrt{9\ 000}\pi) \times 1,5625\ cm^2$

$\approx 22\ 806\ cm^2 \approx 2,28\ m^2.$

L'arrondi au dixième près de l'aire de l'enveloppe du ballon, à 4 500 m d'altitude, est égal à $2,3\ m^2$.

RAPPEL

Si les dimensions d'un objet sont multipliées par un coefficient k, alors l'aire de cet objet est multipliée par k^2 et le volume de cet objet est multiplié par k^3.

Autre méthode : On peut calculer les nouvelles dimensions du ballon sonde et ainsi recalculer l'aire de son enveloppe comme à la question 3.

c) Si les longueurs d'un solide sont multipliées par 1,25 alors son volume est multiplié par $1,25^3$, donc le volume $V_{4\ 500}$ du ballon sonde à 4 500 m d'altitude est égal à :

$V_{4500} = 1,25^3 \times 45 \times \pi\ L \approx 276,1\ L.$

L'arrondi au litre près de son volume, à 4 500 m d'altitude, est égal à 276 L.

5

MÉTHODE

La méthode qui consiste à retrouver par le calcul les coefficients a et b est préférable à l'autre méthode proposée qui consiste à vérifier si la fonction affine proposée convient.

La fonction affine t que l'on cherche est de la forme $t(x) = ax + b$ et l'on détermine a et b en utilisant $t(0) = 15$ et $t(4\ 500) = -12$.

$t(0) = a \times 0 + b = 15$ donc $b = 15$.

$t(4\ 500) = a \times 4\ 500 + 15 = -12$, donc :

$4\ 500\ a = -12 - 15$

$a = \frac{-27}{4\ 500} = -0{,}006$

On a donc bien $t(x) = -0{,}006\ x + 15$.

Autre méthode qui consiste à vérifier uniquement que la fonction affine proposée convient :

$t(0) = 15$ et $t(4\ 500) = -12$.

$t(0) = -0{,}006 \times 0 + 15 = 15$. À 0 m d'altitude, il fait bien 15° C.

$t(4\ 500) = -0{,}006 \times 4\ 500 + 15 = -27 + 15 = -12$. À 4 500 m d'altitude, il fait bien –12° C.

Cette fonction affine t proposée dans l'énoncé correspond bien à la fonction affine qui modélise le problème.

6

REMARQUE

Résoudre une inéquation relève des compétences de la classe de 2nde dans le domaine « Nombres et calculs », ce que le texte de cadrage de l'épreuve de mathématiques autorise d'évaluer au CRPE depuis le concours 2022.

On cherche à déterminer x tel que $t(x) < 0$ c'est-à-dire tel que :

$-0{,}006\ x + 15 < 0$

$-0{,}006\ x < -15$

$x > \frac{-15}{-0{,}006}$

$x > \frac{15}{0{,}006}$

$x > 2\ 500$

Les températures deviennent négatives au-dessus de 2 500 m d'altitude.

RAPPEL

Diviser les deux membres d'une inéquation par un nombre négatif implique de changer le sens de l'inéquation.

7 À 0 m d'altitude, il fait 15° C. **Si la température baisse de 30° C, il fait –15° C, ce qui correspond à une altitude de 5 000 m d'après le tableur.**

SUJET 2

Antilles, 2022

3 heures

→ Corrigés p. 78

Ce sujet est composé de cinq exercices indépendants.

EXERCICE 1

Un enseignant de grande section propose à ses élèves un jeu pour travailler la décomposition et la recomposition de nombres. Le jeu se compose de deux dés cubiques équilibrés et de corps de fourmis à compléter avec des pattes comme sur le dessin ci-dessous.

Sur les six faces du premier dé sont inscrits les nombres suivants : 1 ; 1 ; 2 ; 3 ; 4 et 5.
Sur les six faces du deuxième dé sont inscrits les nombres suivants : 1 ; 2 ; 3 ; 4 ; 5 et 5.
On donne à chaque élève un corps de fourmi et 6 pattes à fixer sur le corps.
Au début de la partie, chaque élève choisit un nombre compris entre 2 et 10. Ce nombre reste le même durant toute la partie. À tour de rôle, chaque élève joue. Il lance les deux dés :
– si la somme des nombres inscrits sur les faces supérieures des deux dés est égale au nombre choisi par cet élève, alors celui-ci fixe une patte à sa fourmi et relance les dés ;
– sinon, c'est au joueur suivant de lancer les dés.
Il donne ensuite les dés au joueur suivant.
La partie se termine lorsqu'un élève a gagné, en fixant les six pattes de sa fourmi.

1 Un élève choisit un nombre et lance les dés.

a) Quelles sont les différentes sommes qu'il peut obtenir ?
b) Montrer que la probabilité qu'il obtienne 8 est égale à $\frac{4}{36}$.

2 Un autre élève choisit le nombre 6 et lance les dés.

a) Quelle est la probabilité qu'il gagne une patte pour sa fourmi dès son premier lancer ?
b) Quelle est la probabilité qu'il gagne deux pattes pour sa fourmi en 2 lancers ?

3 Eden et Axelle commencent une partie. Eden choisit le nombre 6 et Axelle choisit un autre nombre.

a) Qui a le plus de chance de gagner la partie ? Justifier.
b) Eden est-il sûr de gagner la partie ? Justifier.

EXERCICE 2

Dans le cadre d'une liaison écoles-collège, une professeure d'EPS et une professeure des écoles organisent une course à vélo dont le parcours est composé de quatre tronçons en ligne droite. La figure ci-dessous représente le parcours et n'est pas à l'échelle. Les élèves partent du point A et tournent dans le sens des aiguilles d'une montre. Les dimensions sont les suivantes : AB = 960 m, BC = 1,05 km, CD = 780 m et AD = 660 m.

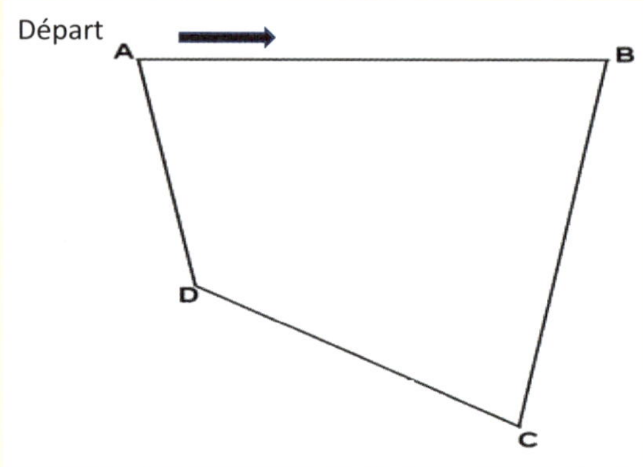

1 Montrer que le parcours a pour longueur 3 450 m.

2 Durant l'épreuve, Léo a réalisé, en 48 minutes, 2 tours complets et un tiers de tour du parcours.

a) Déterminer la distance parcourue par Léo.
b) Donner la vitesse moyenne de Léo en km/h.
c) En gardant la même vitesse moyenne, Léo aura-t-il parcouru 15 km en moins d'une heure et demie ? Justifier.

3 Une épreuve en relais est ensuite proposée. Tara parcourt les distances AB et BC à une vitesse moyenne de 10 km/h et Kevin parcourt les distances CD et DA à une vitesse moyenne de 6 km/h. Quelle est la vitesse moyenne de ce binôme sur l'ensemble du parcours ? Justifier.

4 a) La diagonale [BD] mesure 1,05 km. Représenter le parcours à l'échelle $\frac{1}{20\ 000}$.

b) Amina a roulé à vélo pendant 25 minutes à une vitesse moyenne de 11,5 km/h. Placer sur la figure tracée à la question **4. a)** le point S à l'endroit où se trouve Amina au bout de sa course. Justifier.

EXERCICE 3

On considère un pavé droit ABCDA′B′C′D′ avec DD′ = 5 cm, DC = 6 cm et DA = 7 cm.
On note L le point d'intersection des diagonales [AC] et [BD].
On souhaite creuser ce pavé, en retirant une pyramide OABCD de hauteur [OL].

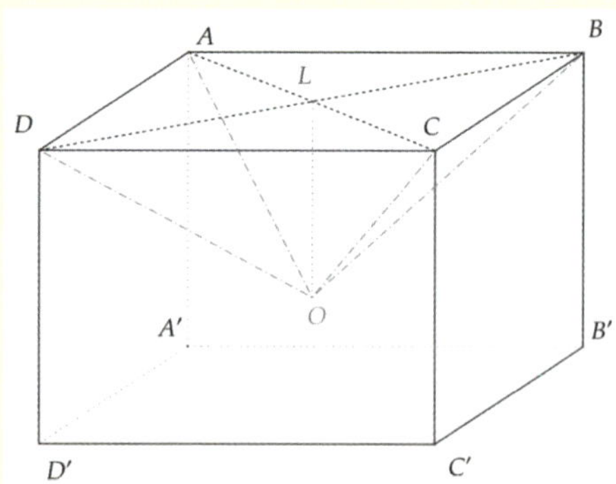

Partie A

Dans cette partie, on suppose que OL = 4 cm.

1 Montrer que AL ≈ 4,6 cm.

2 Construire le triangle ALO en vraie grandeur.

3 a) Calculer le volume de la pyramide OABCD.

On rappelle que le volume d'une pyramide est égal au tiers du produit de l'aire de sa base par sa hauteur.

b) Calculer le volume du pavé creusé.

Partie B

Dans cette partie, on pose OL = x, où x est un nombre compris entre 0 et 5. Le pavé creusé que l'on obtient est le socle en bois d'un trophée. Sur ce socle, on pose une pyramide en verre OEFGH qui est un agrandissement de la pyramide OABCD de rapport 2.

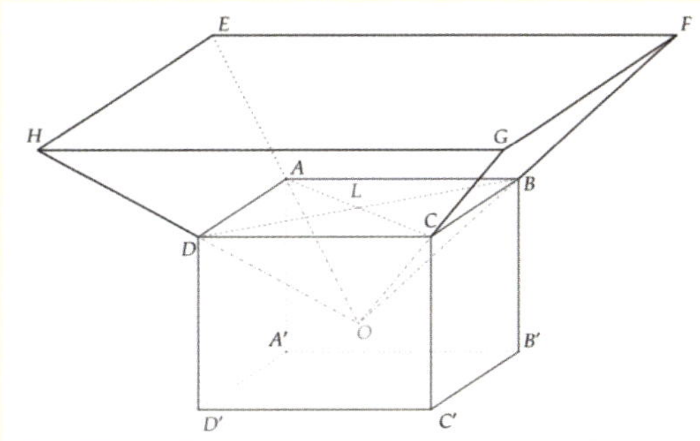

1 Exprimer le volume de la pyramide OABCD en fonction de x.

3 Montrer que le volume du socle en bois est $210 - 14x$.

3 Montrer que le volume de la pyramide en verre OEFGH est $112x$.

4 Quelle valeur choisir pour x, pour que le volume de la pyramide en verre soit égal au double du volume du socle en bois ?

5 On considère les fonctions f et g définies pour tout x compris entre 0 et 5 par :

$f(x) = 210 - 14x$ et $g(x) = 112x$.

On a représenté dans un repère orthogonal ces deux fonctions.

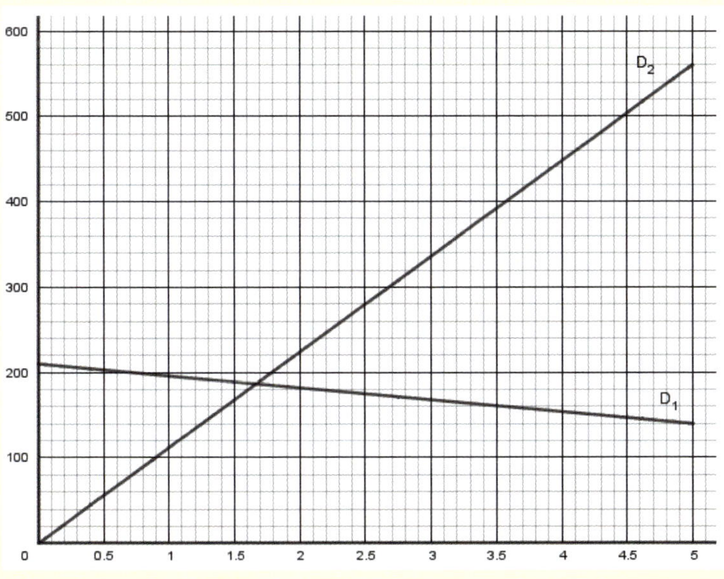

a) Déterminer quelle fonction (f ou g) est représentée par chacune des droites D_1 et D_2. Justifier.
b) Déterminer avec la précision permise par le graphique les valeurs de x pour lesquelles le volume du socle en bois est inférieur ou égal au volume de la pyramide en verre.
c) Retrouver le résultat précédent en posant puis en résolvant une inéquation.

EXERCICE 4

1 Adam a réalisé le programme ci-contre à l'aide du logiciel Scratch.

a) Montrer que si le nombre de départ est 3, le résultat est égal à 9.
b) Quel est le résultat donné par le programme si le nombre de départ est 2,4 ?
c) Soit x le nombre de départ. Montrer que le programme d'Adam retourne le nombre $2x^2 - x - 6$.

2 Pauline propose le programme de calcul suivant.

a) Montrer que si le nombre de départ est 3, le résultat obtenu est égal à 9.
b) Quel est le résultat donné par le programme si le nombre de départ est $\frac{7}{3}$?

> Choisis un nombre.
> Élève-le au carré.
> Soustrais 3.
> Multiplie par 2.
> Soustrais le nombre de départ.

3 Montrer que, pour un même nombre de départ, les programmes de calcul d'Adam et Pauline donnent le même résultat.

4 Déterminer le ou les nombres de départ possibles pour que les résultats des programmes de calcul soient nuls. Justifier.

5 Adam souhaite automatiser les calculs de son programme pour les entiers naturels. Il utilise un tableur dont la copie d'écran est donnée ci-dessous.
Quelle formule doit-il saisir dans la case B2 pour qu'il puisse l'étirer vers le bas sur l'ensemble de la colonne ?

	A	B
1	Nombre de départ	Résultat du programme
2	1	-5
3	2	0
4	3	9
5	4	22
6	5	39

EXERCICE 5

En Amérique centrale, les Mayas utilisaient un système de numération comprenant trois signes.

Le point	●
Le trait	—
La coquille	

Le signe « coquille » indique l'absence de quantité.

Quelques correspondances entre écriture Maya et écriture décimale sont données dans le tableau ci-dessous :

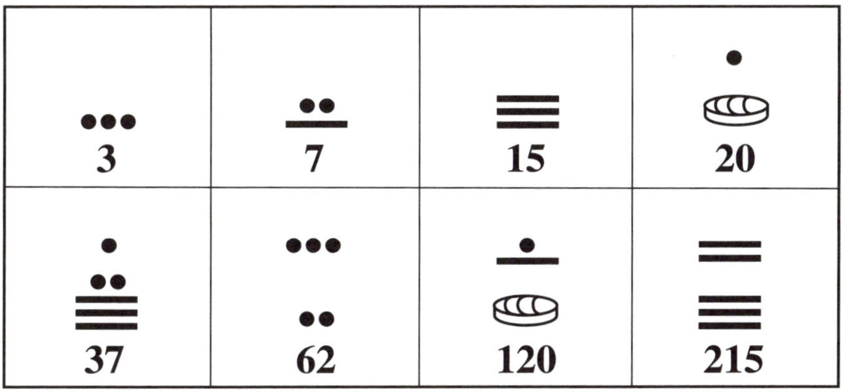

1 Donner la valeur du signe « point » et celle du signe « trait » dans l'écriture de 7 ?

2 Le système maya est un système vigésimal (système qui a pour base 20). Donner l'écriture maya du nombre 21.

3 Justifier l'écriture maya du nombre 37.

4 Donner l'écriture des deux nombres suivants dans notre système de numération.

a) 

b) 

5 a) Donner l'écriture maya du nombre 25.

b) Donner l'écriture maya du nombre 101.

c) Le système de numération maya est qualifié, tout comme le système de numération que nous utilisons, de système positionnel. Expliquer pourquoi.

CORRIGÉ DU SUJET 2

ANALYSER LE SUJET

Très complet, ce sujet aborde tous les thèmes du programme : probabilités, géométrie, grandeurs, proportionnalité, fonctions, algorithmique et numération. Il peut être traité dans le temps imparti car les justifications attendues sont brèves.

BARÈME NON OFFICIEL

Exercice 1 : 3 points **Exercice 2** : 4 points **Exercice 3** : 7 points **Exercice 4** : 3 points **Exercice 5** : 3 points

EXERCICE 1

COMMENTAIRE

Dans cet exercice de probabilités, les deux dés sont équilibrés, chaque face ayant ainsi la même probabilité d'être obtenue lors d'un lancer. Il s'agit donc d'une situation d'équiprobabilité où la probabilité p d'un événement donné A peut être déterminée en appliquant la formule :

$p(A) = \dfrac{\textit{nombre d'issues réalisant A}}{\textit{nombre d'issues possibles}}$.

1 a) Déterminons les différentes sommes qu'un élève peut obtenir en lançant les deux dés. Tous les entiers compris entre 1 et 5 figurent sur les faces de chaque dé, **l'élève peut donc obtenir comme somme n'importe quel entier compris entre 2 (c'est-à-dire 1 + 1) et 10 (c'est-à-dire 5 + 5).**

b) Calculons la probabilité p d'obtenir 8. Puisqu'il s'agit de déterminer toutes les sommes égales à 8, on peut utiliser un tableau dans lequel apparaissent les nombres figurant sur les faces de chaque dé et les sommes correspondantes.

1er dé / 2e dé	1	1	2	3	4	5
1	$1+1=2$	$1+1=2$	$2+1=3$	$3+1=4$	$4+1=5$	$5+1=6$
2	$1+2=3$	$1+2=3$	$2+2=4$	$3+2=5$	$4+2=6$	$5+2=7$
3	$1+3=4$	$1+3=4$	$2+3=5$	$3+3=6$	$4+3=7$	$5+3=8$
4	$1+4=5$	$1+4=5$	$2+4=6$	$3+4=7$	$4+4=8$	$5+4=9$
5	$1+5=6$	$1+5=6$	$2+5=7$	$3+5=8$	$4+5=9$	$5+5=10$
5	$1+5=6$	$1+5=6$	$2+5=7$	$3+5=8$	$4+5=9$	$5+5=10$

Il y a 4 couples de somme égale à 8 parmi les 36 couples possibles, ainsi $p = \dfrac{4}{36} = \dfrac{1}{9}$.

REMARQUE

L'énoncé ne demande pas de simplifier la fraction.

AUTRE MÉTHODE

On peut également utiliser un arbre pondéré pour modéliser la situation en ne représentant que les issues pouvant donner une somme égale à 8, c'est-à-dire 3 et 5, ou bien 4 et 4, ou bien encore 5 et 3. Comme on peut supposer qu'on lance le 1er dé, puis le 2nd indépendamment, les probabilités d'issues successives se multiplient.

On obtient donc $p = \frac{1}{6} \times \frac{2}{6} + \frac{1}{6} \times \frac{1}{6} + \frac{1}{6} \times \frac{1}{6} = \frac{4}{36} = \frac{1}{9}$.

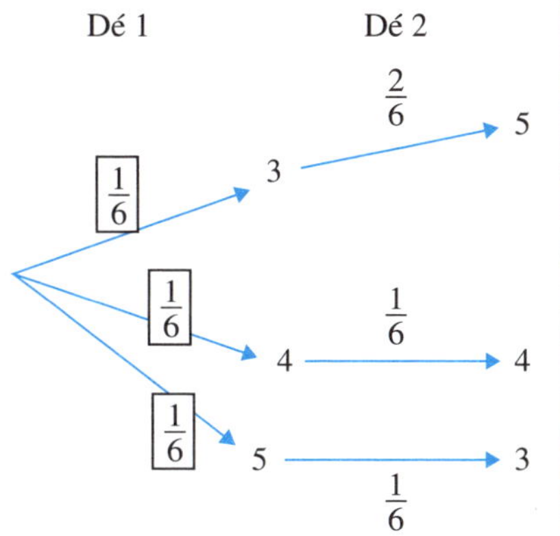

2 a) Calculons la probabilité p' d'obtenir une patte pour un élève ayant choisi 6. On a, d'après le tableau de la question précédente, $\boldsymbol{p' = \frac{8}{36} = \frac{2}{9}}$.

b) Calculons la probabilité p'' qu'a cet élève de gagner deux pattes en deux lancers. Il s'agit donc de calculer la probabilité d'obtenir une somme de 6 au 1er lancer puis de nouveau 6 au 2nd lancer, soit donc, en utilisant la question précédente, et puisque les deux événements sont indépendants :

$\boldsymbol{p'' = \frac{2}{9} \times \frac{2}{9} = \frac{4}{81}}$.

3 a) Le tableau montre que la somme 6 a la plus forte probabilité d'être obtenue, donc Eden a plus de chance de gagner la partie qu'Axelle.

b) Non, Eden n'est pas certain de gagner la partie. En effet Axelle peut obtenir six fois consécutives une somme égale au nombre qu'elle a choisi, donc six pattes pour compléter sa fourmi.

EXERCICE 2

COMMENTAIRE

Dans cet exercice, les principales difficultés sont les conversions et les constructions géométriques pour lesquelles le candidat doit arrondir les longueurs à représenter à une précision pertinente.

1 Calculons la longueur du parcours. Pour cela on convertit les mesures en mètre et on les additionne :

$960 \text{ m} + 1\ 050 \text{ m} + 780 \text{ m} + 660 \text{ m} = 3\ 450 \text{ m}$

MÉTHODE

Dans les questions relatives aux grandeurs (temps, longueur, aire, vitesse etc.), on convertit les mesures de façon cohérente.

2 a) Déterminons la distance d parcourue par Léo lorsqu'il effectue deux tours complets et un tiers de tour. On a :

$$d = \left(2 + \frac{1}{3}\right) \times 3\ 450 \text{ m} = 6\ 900 \text{ m} + 1\ 150 \text{ m} = \mathbf{8\ 050\ m}.$$

b) Donnons la vitesse v de Léo en km/h.

Pour cela, calculons :

– la durée t de son parcours en heure : $t = 48 \text{ min} = \frac{48}{60} \text{ h} = 0,8 \text{ h}$;

– la distance qu'il a parcourue en km : $d = 8\ 050 \text{ m} = 8,050 \text{ km}$.

Ainsi $v = \frac{d}{t} = \frac{8,050}{0,8} = \mathbf{10,0625 \text{ km/h}}$.

> **RAPPEL**
>
> $v = \frac{d}{t}$

c) Déterminons la distance d' que Léo parcourrait en une heure et demie à cette vitesse. On a :

$d' = v \times t = 10,0625 \times 1,5 = 15,09375 \text{ km}$

et $15,09375 \text{ km} > 15 \text{ km}$.

Léo parcourrait donc plus de 15 km.

> **REMARQUE**
>
> On peut aussi calculer le temps nécessaire pour parcourir 15 km à cette vitesse, soit $\frac{15}{10,0625} \approx 1,49... < 1,5$, donc inférieur à une heure et demie.

3 Calculons la vitesse moyenne V du binôme sur l'ensemble du parcours. Pour cela, il faut calculer les temps de parcours en heure t_1 et t_2 de Tara et Kevin respectivement.

On a $t_1 = \frac{AB + BC}{10} = \frac{0,960 + 1,05}{10} = 0,201 \text{ h}$ et

$t_2 = \frac{CD + DA}{6} = \frac{0,780 + 0,660}{6} = 0,24 \text{ h}$,

donc $V = \frac{3,450}{t_1 + t_2} = \frac{3,450}{0,441} = \frac{1150}{147} \approx 7,823129\ldots \approx 7,8 \text{ km/h}$, valeur arrondie au dixième.

La vitesse moyenne du binôme Tara et Kevin sur l'ensemble du parcours est 7,8 km/h, valeur arrondie au dixième.

> **CONSEIL**
>
> L'énoncé n'exige aucune précision, le candidat peut laisser la valeur exacte sous forme de fraction mais il est plus parlant d'en donner un arrondi.

> **ATTENTION**
>
> La vitesse moyenne n'est pas la moyenne des vitesses lorsque les temps de parcours sont différents.
> Il faut donc revenir à la définition $v = \frac{\textit{distance parcourue}}{\textit{durée de parcours}}$.

4 **a)** Représentons le parcours à l'échelle $\left(\frac{1}{20\ 000}\right)$.

On doit donc diviser les distances réelles par 20 000 pour les représenter.

En les convertissant d'abord en cm, on obtient $AB = \frac{96\ 000}{20\ 000} = 4,8 \text{ cm}$;

$BC = BD = \frac{105\ 000}{20\ 000} = 5,25 \text{ cm}$, $CD = \frac{78\ 000}{20\ 000} = 3,9 \text{ cm}$ et $DA = \frac{66\ 000}{20\ 000} = 3,3 \text{ cm}$.

On peut construire à la règle graduée et au compas le triangle ABD : on trace [AB] de longueur 4,8 cm, puis on construit D, intersection du cercle centré en A de rayon 3,3 cm et du cercle centré en B et de rayon 5,25 cm. On construit ensuite C, intersection du cercle précédent et du cercle centré en D de rayon 3,9 cm, où C est choisi de façon à ce que le quadrilatère ABCD soit convexe, comme dans l'énoncé.

> **REMARQUE**
>
> La construction d'un segment de longueur 5,25 cm ne peut pas être précise puisque les règles usuelles ne sont pas graduées en demi-millimètre.

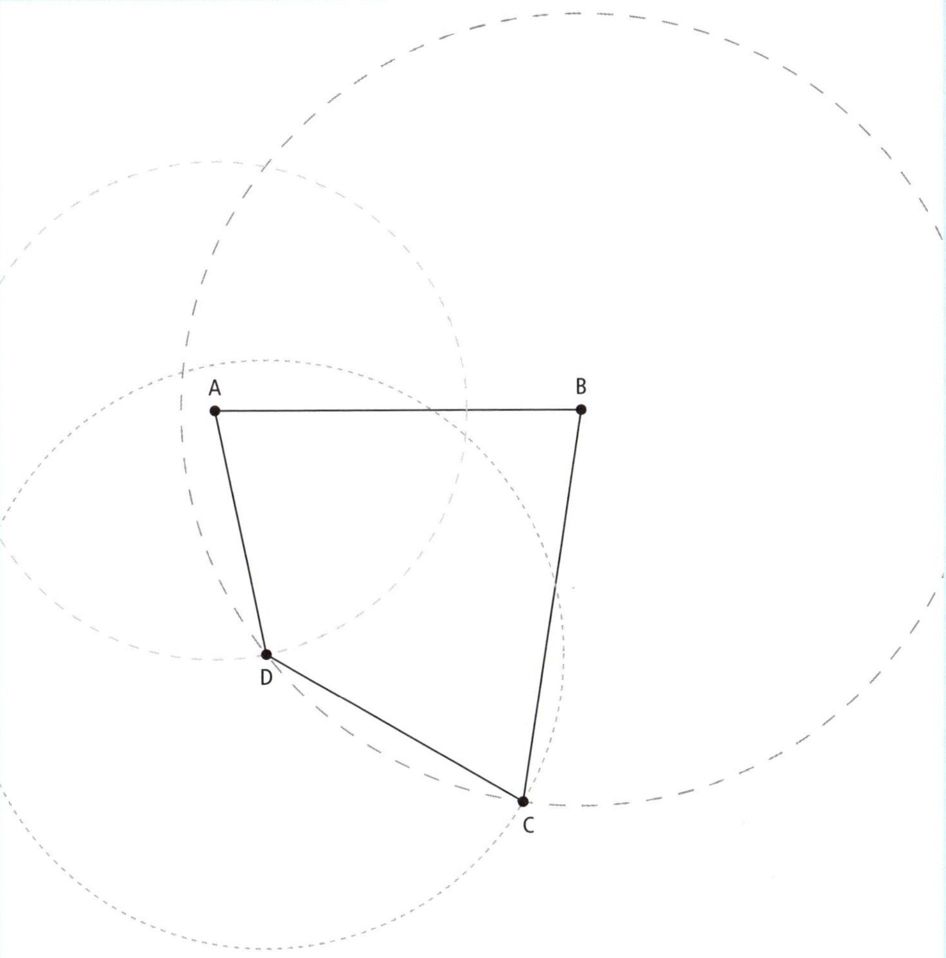

b) Sachant qu'Amina a roulé à vélo pendant 25 minutes à une vitesse moyenne de 11,5 km/h, plaçons sur la figure précédente le point S où elle se trouve à la fin de sa course.

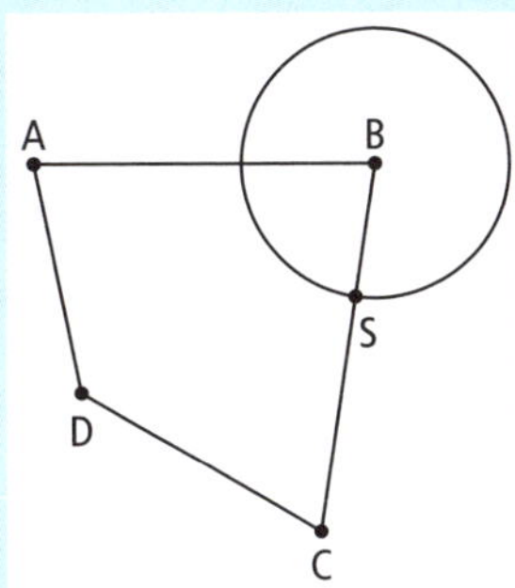

On a 25 min $= \frac{25}{60} = \frac{5}{12}$ h, donc la distance parcourue par Amina en km est de : $\frac{5}{12} \times 11{,}5 = \frac{57{,}5}{12}$, soit en mètre : $\frac{57{,}5}{12} \times 1\ 000 = \frac{14\ 375}{3} = 4\ 791 + \frac{2}{3}$ m.

Or le parcours mesure 3 450 m avec AB = 960 m et BC = 1 050 m. Ainsi, la distance parcourue par Amina est comprise entre $3450 + 960 = 4410$ m et $3450 + 960 + 1050 = 5460$ m.

Amina se trouve donc entre B et C, à une distance de B de $\left(4791+\frac{2}{3}\right)-4410=381+\frac{2}{3}$ m, c'est-à-dire $381\,000+\frac{2000}{3}$ mm, que l'on représente donc à une distance de B de

$$\left(381\,000+\frac{2\,000}{3}\right)\times\frac{1}{20\,000}=\frac{381\,000}{20\,000}+\frac{2\,000}{3\times 20\,000}=19{,}05+\frac{1}{30}\approx 19{,}08333...\approx \mathbf{19\ mm,}$$

valeur arrondie au mm.

REMARQUE

Compte tenu des instruments, il est inutile de choisir une valeur plus précise.

EXERCICE 3

COMMENTAIRE

Dans la partie A, on demande de calculer des mesures de longueur, aire ou volume, puis de construire un triangle en vraie grandeur. La partie B généralise les calculs de volume de la partie précédente, on y demande ensuite d'effectuer une lecture graphique et de la confirmer algébriquement.

Partie A

1 Le pavé est droit, donc sa face ABCD est un rectangle, on peut ainsi appliquer le théorème de Pythagore dans le triangle ABC rectangle en B. On obtient :
$AC^2=AB^2+BC^2=6^2+7^2=36+49=85$ et $AC=\sqrt{85}$.
Puisque L est le point d'intersection des diagonales du rectangle ABCD, L est le milieu de ses diagonales, donc $AL=\frac{AC}{2}=\frac{\sqrt{85}}{2}\approx 4{,}609\ldots$ **On a bien AL ≈ 4,6 cm, valeur arrondie au dixième**.

2 Construisons le triangle ALO en vraie grandeur.
On sait que $OL=4$ cm. D'autre part, [OL] est la hauteur de la pyramide OABCD, donc [OL] est perpendiculaire à la base ABCD en L, et ainsi le triangle ALO est rectangle en L.
Il s'agit donc de construire un triangle ALO rectangle en L de côtés AL et OL connus. Pour cela on construit d'abord le rectangle ABCD de dimensions 6 cm et 7 cm, puis l'intersection L de ses diagonales pour obtenir la mesure exacte AL qu'on utilise ensuite pour tracer ALO.

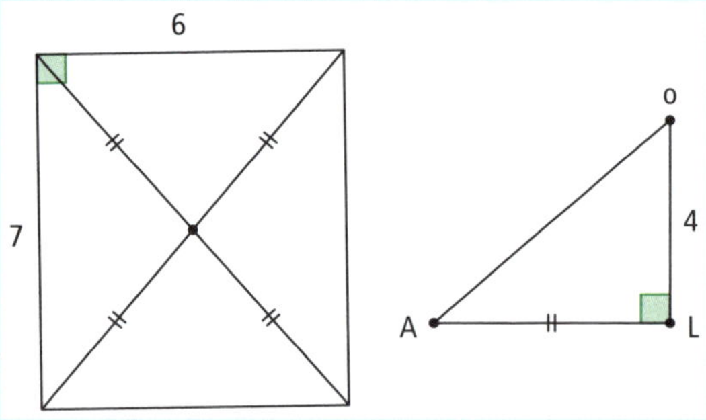

3 a) Calculons le volume V de la pyramide OABCD.
Puisque l'aire de sa base ABCD vaut $6\times 7=42$ cm^2 et que sa hauteur mesure 4 cm, on a $\boldsymbol{V}=\frac{42\times 4}{3}=\mathbf{56\ cm^3}$.

b) Calculons le volume v du pavé creusé en soustrayant le volume V de la pyramide à celui du pavé ABCDA'B'C'D'.
Le volume du pavé vaut $6 \times 7 \times 5 = 210 \text{ cm}^3$, donc $\boldsymbol{v = 210 - V = 210 - 56 = 154 \text{ cm}^3}$.

Partie B

1 Exprimons le volume $V(x)$ de la pyramide OABCD.
On a, comme dans la question précédente mais avec maintenant une hauteur de x cm, $\boldsymbol{V(x) = \frac{42x}{3} = 14x \text{ cm}^3}$.

2 Exprimons le volume $v(x)$ du socle en bois, c'est-à-dire du pavé creusé, en procédant par soustraction comme dans la question 3 b) de la partie A.
On obtient $\boldsymbol{v(x) = 210 - V(x) = 210 - 14x \text{ cm}^3}$.

3 Exprimons le volume de la pyramide en verre OEFGH.
Puisqu'elle est un agrandissement de rapport 2 de la pyramide OABCD, son volume vaut 2^3 fois $V(x)$, soit $8 \times 14x = 112x \text{ cm}^3$.

> **RAPPEL**
>
> Lorsqu'on transforme un objet géométrique en multipliant toutes ses dimensions par un même coefficient $k > 0$, les aires liées à cet objet sont multipliées par k^2 et les volumes par k^3 (on parle d'agrandissement si $k > 1$ et de réduction si $k < 1$).

4 Cherchons pour quelle hauteur x, comprise entre 0 et 5 cm, le volume de la pyramide en verre est égal au double du volume du socle.
Résolvons donc l'équation $112x = 2v(x)$, soit $112x = 2(210 - 14x)$, soit $112x = 420 - 28x$, donc $x = \frac{420}{140} = 3$ cm.
Le volume de la pyramide en verre est égal au double du volume du socle pour $x = 3$ cm.

5 a) La droite $\mathbf{D_2}$ est une droite passant par l'origine, elle représente **une fonction linéaire, qui ne peut être que g.**
La droite $\mathbf{D_1}$ est une droite passant par le point (0 ; 210), elle ne peut donc représenter que la **fonction affine (non linéaire) f.**

> **RAPPEL**
>
> Une fonction affine est une fonction de la forme $x \mapsto ax + b$, où a et b sont des constantes ; sa représentation graphique est une droite de coefficient directeur a, et b s'appelle l'ordonnée à l'origine. Dans le cas où b est nul, la fonction est linéaire et sa droite représentative passe par l'origine.

b) Estimons graphiquement les valeurs de x pour lesquelles le volume du socle est inférieur ou égal à celui de la pyramide en verre.
Il s'agit donc de lire sur le graphique à partir de quelle abscisse la droite D_1 passe au-dessous de la droite D_2. On lit que c'est le cas pour $\boldsymbol{5 \geq x \geq 1{,}65}$ **environ.**
Le volume du socle est inférieur ou égale à celui de la pyramide lorsque la mesure de la hauteur OL est supérieure à environ 1,65 cm.

c) Retrouvons le résultat précédent par le calcul.
Il s'agit de résoudre dans $[0,5]$ l'inéquation $f(x) \leq g(x)$, soit $210 - 14x \leq 112x$, donc $x \geq \frac{210}{126} = \frac{5}{3} \approx 1{,}666\ldots$ cm.

EXERCICE 4

COMMENTAIRE

Cet exercice ne présente aucune difficulté puisqu'il s'agit de suivre pas à pas les étapes des deux programmes proposés.

1 a) Si le nombre de départ est 3, la valeur 1 est $2 \times 3 = 6$, la valeur 2 est $6 + 3 = 9$, la valeur 3 est le nombre de départ auquel on soustrait 2, donc $3 - 2 = 1$, et le résultat est bien $9 \times 1 = 9$.

b) Si le nombre de départ est 2,4, on obtient successivement valeur 1 : $2 \times 2{,}4 = 4{,}8$; valeur 2 : $4{,}8 + 3 = 7{,}8$; valeur 3 : $2{,}4 - 2 = 0{,}4$, et donc $7{,}8 \times 0{,}4 = 3{,}12$ au résultat.

c) De manière générale, avec un nombre de départ x, on obtient successivement valeur 1 : $2x$; valeur 2 : $2x + 3$; valeur 3 : $x - 2$, et donc un résultat de $(2x+3)(x-2)$, soit en développant $2x^2 - 4x + 3x - 6 = 2x^2 - x - 6$.

2 a) Si le nombre de départ est 3, on obtient successivement $3^2 = 9$; $9 - 3 = 6$; $2 \times 6 = 12$, et donc un résultat de $12 - 3 = 9$.

b) Avec $\frac{7}{3}$, on obtient successivement $\left(\frac{7}{3}\right)^2 = \frac{49}{9}$; $\frac{49}{9} - 3 = \frac{22}{9}$; $2 \times \frac{22}{9} = \frac{44}{9}$, et donc finalement $\frac{44}{9} - \frac{7}{3} = \frac{23}{9}$.

3 Si on prend au départ un nombre x dans le programme de Pauline, on obtient successivement x^2 ; $x^2 - 3$; $2(x^2 - 3)$ et enfin $2(x^2 - 3) - x$, soit en développant $2x^2 - x - 6$, comme avec le programme d'Adam.

4 Déterminons les valeurs de x pour lesquelles le résultat est nul. Il s'agit, d'après l'expression obtenue en 1 c), de résoudre l'équation $(2x+3)(x-2) = 0$. Or un produit est nul si et seulement si l'un de ses facteurs est nul, soit ici $2x + 3 = 0$ ou $x - 2 = 0$. **Les solutions sont donc $x = -1{,}5$ et $x = 2$.**

5 Adam peut entrer une formule permettant de retrouver l'une ou l'autre des expressions équivalentes de la question 1 c), soit par exemple **= (2*A2+3)*(A2-2) ou = 2*A2^2-A2-6**.

EXERCICE 5

COMMENTAIRE

Cet exercice porte sur le système de numération Maya. Lire la totalité de l'énoncé permet au candidat de comprendre qu'il s'agit d'un système positionnel de base 20 (utilisant une base auxiliaire de 5).

1 Puisque le nombre 3 est représenté par trois points, et le nombre 7 par deux points et un trait, on en déduit que **le point vaut une unité** et **le trait cinq unités**.

2 Le système est vertical et vigésimal, or $21 = 1 \times 20 + 1$, donc 21 s'écrit en Maya en superposant deux points, l'un pour la vingtaine (celui du dessus), l'autre pour l'unité isolée (celui du dessous) :

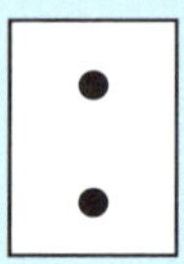

3 Pour comprendre l'écriture de 37 en Maya, il faut le décomposer en base 20, or $37 = 1 \times 20 + 17$, et comme les Mayas utilisent le trait pour représenter 5 unités, on décompose 17 en groupes de 5, soit finalement $37 = 1 \times 20 + 3 \times 5 + 2$, que l'on représente donc verticalement par un point pour la vingtaine, au-dessus de trois traits et deux points pour les unités.

4 a) D'après les remarques des questions précédentes, le premier nombre s'écrit $3 \times 20 + 14 =$ **74**.

b) Puisque le système est à base 20, les groupements se font par vingtaines, vingtaines de vingtaines etc., donc le second nombre s'écrit $1 \times 20^2 + 17 \times 20 + 5 = 400 + 340 + 5 =$ **745**

5 a) On a $25 = 1 \times 20 + 5$, donc 25 s'écrit en Maya un trait (représentant 5 unités) surmonté d'un point (représentant une vingtaine) :

b) On a $101 = 5 \times 20 + 1$, donc 101 s'écrit en Maya un point (représentant une unité) surmonté d'un trait (représentant cinq vingtaines) :

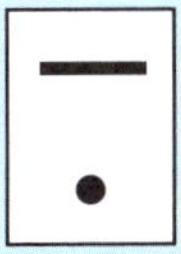

c) Le système Maya est dit « positionnel » car la valeur cardinale d'un signe dépend de sa position dans l'écriture.

REMARQUE

L'exercice simplifie le système Maya qui présentait en fait une irrégularité dans la mesure du temps. En effet, dans l'un de leurs calendriers, le groupement de 1er niveau, c'est-à-dire le mois, était bien constitué de 20 jours, mais le 2e niveau, c'est-à-dire l'année, ne valait pas 20 mois, soit $20 \times 20 = 400$ jours, elle était constituée de 18 mois de 20 jours et d'un « mauvais » mois de 5 jours, soit 365 jours. Toutefois, le système devenait parfaitement régulier au-delà car, pour leur « compte long », les Mayas dénombraient de la façon suivante : 20 ans, 20×20 ans, $20 \times 20 \times 20$ ans, etc.

SUJET 3

Polynésie, 2022

3 heures

→ Corrigés p. 91

Ce sujet est composé de quatre exercices indépendants.

EXERCICE 1

Pour chacune des questions, une seule des quatre réponses proposées est exacte. Donner la bonne réponse en la justifiant.

Une réponse erronée n'enlève pas de point. Une réponse non justifiée ne rapporte pas de point.

Questions	A	B	C	D
1 Quel est le volume d'un cylindre d'une hauteur de 6 cm et de base un disque d'un diamètre de 8 cm ? *On rappelle que le volume d'un cylindre se calcule avec la formule suivante :* *aire de la base × hauteur*.	48π cm³	96π cm³	144π cm³	384π cm³
2 Le 1er juin, Nicolas lance une rumeur en la partageant avec trois personnes. Chaque jour, une personne prévenue la veille prévient trois nouvelles personnes qui ne sont pas encore informées. Combien de personnes apprennent la rumeur le 10 juin ?	30	1 000	59 049	177 147
3 Le prix d'un article subit une hausse de 10 % suivie d'une baisse de 10 % quelques semaines plus tard. Au final :	le prix de l'article a baissé de 1 %.	l'article a retrouvé son prix initial.	le prix de l'article a augmenté de 1 %.	le prix de l'article a augmenté de 5 %.
4 $\frac{4}{25}$ est…	un nombre réel mais n'est pas un nombre rationnel.	un nombre rationnel mais n'est pas un nombre décimal.	un nombre décimal mais n'est pas un nombre entier.	un nombre entier.
5 Le quart de $\frac{4}{12}$ est…	$\frac{1}{3}$	$\frac{4}{3}$	$\frac{16}{48}$	$\frac{4}{48}$
6 $\frac{2}{3}\times 5+5\times\frac{1}{3}$ est égal à…	5	$\frac{20}{9}$	$\frac{15}{15}$	$\frac{20}{90}$

7 Le triangle ABC est rectangle en B. De plus, AB = 8 cm et AC = 10 cm. L'aire du triangle ABC est…	24 cm²	40 cm²	48 cm²	80 cm²

EXERCICE 2

Célia s'entraîne à courir tous les jours de la semaine sur le même parcours.

1 Elle aimerait comparer ses résultats d'entraînement sur une semaine à ceux de sa sœur qui s'entraîne également sur le même parcours.

Résultats obtenus par Célia cette semaine	Résultats obtenus par sa sœur cette semaine
Lundi : 33 min et 12 secondes Mardi : 32 min et 4 secondes Mercredi : 40 min et 25 secondes Jeudi : 27 min et 11 secondes Vendredi : 30 min Samedi : 26 min et 38 secondes Dimanche : 29 min et 1 seconde	Moyenne : 31 min et 13 secondes Médiane : 30 min Étendue : 3 min

a) Comparer les durées moyennes de course.
b) Comparer les durées médianes de course.
c) Avec les informations ci-dessus, Célia affirme « Je suis la seule de nous deux à avoir réussi à effectuer ce parcours en moins de 28 minutes cette semaine ». Cette affirmation est-elle vraie ?
d) Avec les informations ci-dessus, sa sœur lui répond « Moi, j'ai été la plus régulière de nous deux sur la semaine ». Expliquer ce commentaire.

2 Le parcours d'entraînement de Célia est représenté ci-contre.
Le diamètre [AB] du demi-cercle reliant le point A au point B a pour longueur 2 300 m.

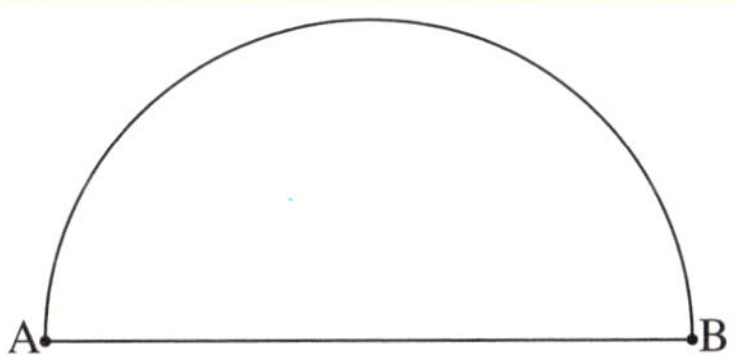

a) Représenter le parcours à l'échelle $\frac{1}{20\ 000}$. Justifier les mesures retenues pour réaliser la construction à l'échelle.
b) Montrer que la distance du parcours, arrondie à l'unité, est d'environ 5 913 m.
c) Aujourd'hui, Célia a bouclé le parcours sur une durée de 33 minutes et 36 secondes. Quelle a été sa vitesse moyenne en km/h, arrondie au dixième près ?
d) Célia a l'habitude d'effectuer le parcours dans le sens des aiguilles d'une montre en partant du point A. Sur la représentation de la question 2.a), placer les points L, M et N correspondants respectivement au quart, à la moitié et aux trois quarts du parcours.

EXERCICE 3

Dans ce problème, les figures qui sont dessinées ne sont pas représentées à l'échelle.

Partie A : Installation du potager

Une enseignante a le projet d'installer un potager **rectangulaire** ADEF sur une parcelle de forme triangulaire ABC dans l'enceinte de l'école.

Les points A, B, C, D, E et F sont tels que :
- AB = 24 m, AC = 10 m et BC = 26 m ;
- D ∈ [AB], E ∈ [BC] et F ∈ [AC].

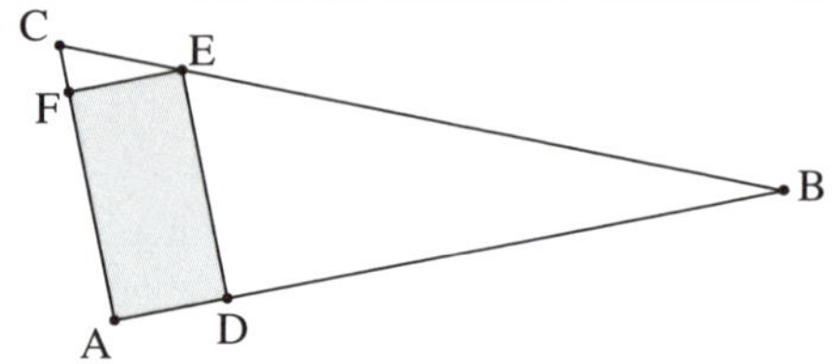

La figure ci-dessus n'est pas à l'échelle.

1 Montrer que le triangle ABC est rectangle en A.

Dans la suite de cette partie, on souhaite déterminer où positionner le point D sur [AB] pour que l'aire du rectangle gris ADEF soit la plus grande possible.

2 Dans cette partie on considère que AD = 4,8 m.

a) Montrer que la longueur DE est égale 8 m.

b) En déduire l'aire du rectangle ADEF en m^2.

On note x la longueur, exprimée en mètre, du segment [AD].

3 **a)** Montrer que $DE = 10 - \frac{5}{12}x$.

b) En déduire l'aire du rectangle ADEF en fonction de x.

4 Le graphique ci-dessous représente l'aire, exprimée en mètre carré, du rectangle ADEF en fonction de la longueur x en mètre.

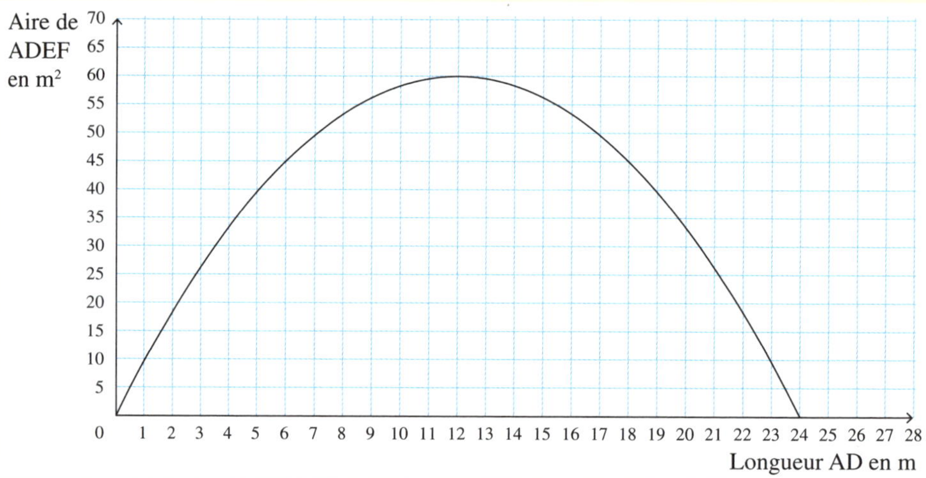

À l'aide du graphique, répondre aux questions suivantes :

a) Quelle est l'aire du potager si la longueur AD vaut 5 m ?

b) Pour quelle(s) valeur(s) de la longueur AD l'aire du potager est-elle égale à 45 m^2 ?

c) Pour quelle(s) valeur(s) de la longueur AD l'aire du potager est-elle supérieure ou égale à 50 m^2 ?

d) Quelle est l'aire maximale du potager ? Donner la longueur et la largeur du rectangle ADEF correspondant.

Partie B : Choix du terreau

Dans cette partie, le jardin est assimilé à un rectangle qui a pour longueur 12 m et pour largeur 5 m. On souhaite entourer le jardin d'une bordure de 30 cm de hauteur afin de remplir le pavé droit obtenu d'un mélange de terre et de terreau. On négligera, dans cette partie, l'épaisseur de la bordure du jardin.
Le mélange est composé d'un tiers de terreau et de deux tiers de terre.

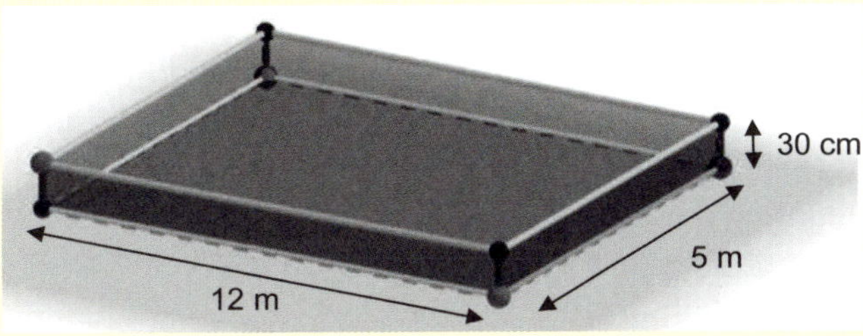

1 Montrer que le volume de terreau nécessaire pour le potager est de 6 m^3.

2 Trois magasins proposent les offres suivantes :

Magasin 1	Magasin 2	Magasin 3
• Livraison : 20 € • 0,10 € le litre de terreau	• Livraison offerte • 2,35 € le sac de 20 litres de terreau • 20 % de remise immédiate après l'achat d'une carte de fidélité au prix de 10 €	• Livraison offerte pour tout achat supérieur à 50 € • 5,37 € le sac de 50 litres de terreau

Quel magasin choisir pour avoir le tarif, livraison comprise, le plus économique possible pour les 6 m^3 nécessaires ?

Partie C : Plantation des fleurs

Dans la perspective d'offrir des bouquets de fleurs pour la fête de l'école, l'enseignante souhaite planter des graines dans le potager. Dans la classe il y a 26 élèves et chaque élève reçoit 20 graines à semer. On a reporté ci-contre ce que l'on peut lire sur le paquet de graines choisi.

> Taux de germination des graines : 90 %
> Prix du paquet de graines : 4,53 €
> Ce paquet contient 50 graines.
> Période de semis : d'avril à juin
> Hauteur adulte : 50 cm

On rappelle que le taux de germination d'un paquet de graines indique le pourcentage de graines qui devraient germer et donc produire une fleur.

1 Combien de fleurs un élève peut-il espérer voir pousser ?

2 Quel sera le budget à prévoir pour l'achat des graines ?

3 En plus des graines, des bulbes de tulipes et de jonquilles sont plantés.

a) L'enseignante en plante sur un sixième du potager puis un peu plus loin sur un huitième de ce même potager.
Un élève affirme que les bulbes représentent plus de 25 % du potager. A-t-il raison ? Justifier votre réponse.

b) Elle met dans un panier 30 bulbes de jonquilles et des bulbes de tulipes.

La proportion de bulbes de jonquilles dans le panier est de $\frac{5}{6}$. Calculer le nombre de bulbes de tulipes dans ce panier.

EXERCICE 4

Voici un programme écrit avec le logiciel Scratch.

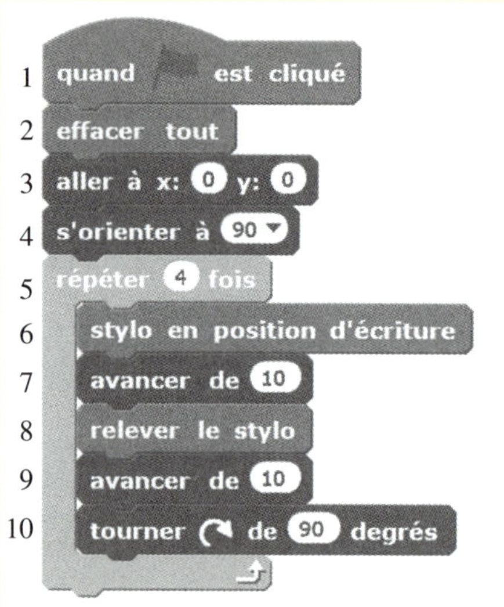

1 Représenter la figure obtenue lorsque le programme est exécuté. On prendra 1 mm pour 1 pixel.

2 Marie souhaite obtenir la figure ci-dessous où chaque tiret mesure 10 pixels et est séparé du précédent de 10 pixels. Quelle(s) modification(s) doit-elle apporter au programme ?

3 a) Léo souhaite modifier le programme donné pour que l'on obtienne la figure ci-dessous. Quelle(s) modification(s) doit-il apporter au programme de départ ?

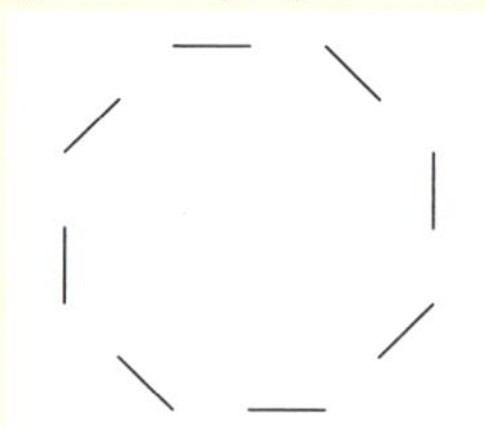

b) Quel type de transformation géométrique permet de passer d'un tiret à un autre ?

CORRIGÉ DU SUJET 3

ANALYSER LE SUJET

- C'est un sujet classique pour ce concours, tant par sa forme que par son contenu. Il aborde, en effet, le théorème de Pythagore et sa réciproque, le théorème de Thalès, les aires et volumes de figures usuelles, les angles, les pourcentages, les statistiques, les fonctions avec leur représentation graphique et la programmation avec le logiciel Scratch.
- On notera la volonté particulière d'évaluer la capacité du candidat à mener des calculs (en utilisant des écritures fractionnaires ou décimales), à convertir des mesures, à reconnaître et exploiter des situations de proportionnalité.
- Ce sujet ne présente pas de difficulté particulière excepté peut-être la question 3 de l'exercice 4.

BARÈME NON OFFICIEL

Exercice 1 : 3,5 points **Exercice 2** : 4 points **Exercice 3** : 8,5 points **Exercice 4** : 4 points

EXERCICE 1

COMMENTAIRES

- Ce premier exercice est constitué de 7 questions indépendantes. Il s'agit de questions d'application élémentaires de cours.
Le candidat doit savoir calculer le volume d'un solide usuel, résoudre un problème de dénombrement, calculer une hausse ou baisse en pourcentage, connaître les ensembles de nombres (entiers, décimaux et rationnels), calculer avec des fractions, savoir utiliser le théorème de Pythagore, calculer l'aire d'un triangle.
- Il est précisé qu'une seule des quatre réponses proposées est exacte, la bonne réponse étant trouvée, il n'est donc pas demandé de montrer que les autres sont fausses.

1 Il est rappelé dans l'énoncé que le volume d'un cylindre se calcule avec la formule : *aire de la base* × *hauteur*.

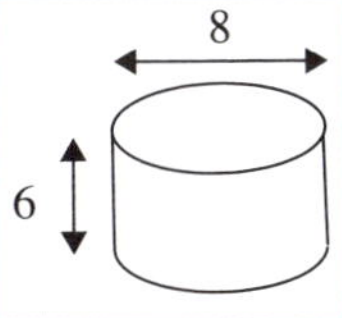

La base d'un cylindre est un disque de rayon R, son aire est donc : πR^2.

Le diamètre du disque mesure ici 8 cm, son rayon mesure donc $R = \frac{8}{2} = 4$ cm.

La hauteur du cylindre mesure ici : 6 cm.

On obtient le volume du cylindre :

$V = (\pi R^2) \times 6 = (\pi 4^2) \times 6 = \pi \times 16 \times 6 = 96\pi$.

La bonne réponse est la réponse B.

2

MÉTHODE

Il n'est pas nécessaire de reproduire l'arbre sur la copie, mais il est conseillé de commencer son tracé au brouillon pour pouvoir modéliser la situation.

Le 1er juin, 3 personnes $(P_1,\ P_2,\ P_3)$ apprennent la rumeur, le jour suivant chacune de ces personnes prévient 3 nouvelles personnes. Ainsi pour obtenir le nombre de personnes prévenues le 2 juin, il faut multiplier par 3 le nombre de personnes prévenues la veille.
Le 2 juin, $3 \times 3 = 3^2 = 9$ nouvelles personnes sont prévenues $(P_4,\ P_5,\ P_6,\ P_7,\ P_8,\ P_9, P_{10},\ P_{11},\ P_{12})$.
L'arbre ci-contre représente la situation.
En réitérant le raisonnement, le 10 juin, $3^{10} = 59\ 049$ nouvelles personnes sont prévenues.
La bonne réponse est la réponse C.

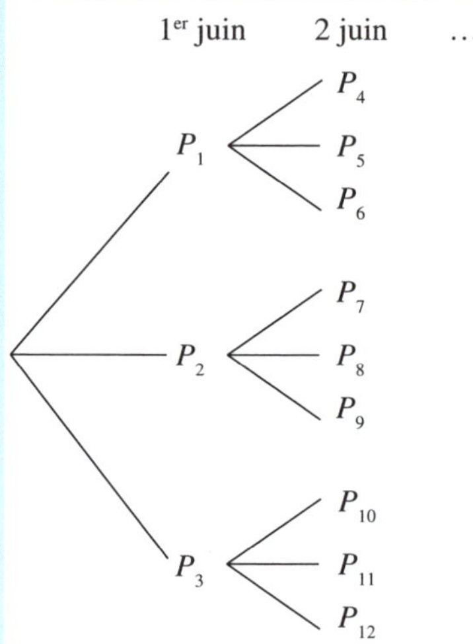

3 Le prix P d'un article subissant une hausse de 10 % est multiplié par un coefficient de 1,1. Si le nouveau prix obtenu ($P \times 1{,}1$) subit une baisse de 10 %, ce dernier est multiplié par un coefficient de 0,9.
Au final, le prix de l'article est P_f :
$P_f = (P \times 1{,}1) \times 0{,}9 = P \times (1{,}1 \times 0{,}9) = P \times 0{,}99.$
Cela correspond à une baisse de 1 %.
La bonne réponse est la réponse A.

4 $\dfrac{4}{25}$ s'écrit sous forme de fraction de deux entiers, c'est donc un nombre rationnel.
$\dfrac{4}{25} = \dfrac{4}{5^2}$ s'écrit sous forme de fraction irréductible avec comme dénominateur une puissance de 5, c'est donc un nombre rationnel décimal.
$\dfrac{4}{25} = \dfrac{4}{5^2} = 0{,}16$ n'est pas entier.
$\dfrac{4}{25}$ est donc un nombre décimal mais n'est pas un nombre entier.
La bonne réponse est la réponse C.

5 Pour obtenir le quart de $\dfrac{4}{12}$ on calcule : $\dfrac{1}{4} \times \dfrac{4}{12} = \dfrac{4}{48}$.
La bonne réponse est la réponse D.

REMARQUE
Nous n'avons pas simplifié la fraction par 4 pour obtenir une des propositions de l'énoncé.

6 $\dfrac{2}{3} \times 5 + 5 \times \dfrac{1}{3} = \dfrac{10}{3} + \dfrac{5}{3} = \dfrac{15}{3} = 5.$
La bonne réponse est la réponse A.

7 Pour calculer l'aire du triangle nous commençons par déterminer BC.
Le triangle étant rectangle en B, on peut appliquer le théorème de Pythagore, on a donc : $AB^2 + BC^2 = AC^2$.
Soit : $8^2 + BC^2 = 10^2$.
On obtient : $BC^2 = 10^2 - 8^2 = 100 - 64 = 36$
et $BC = \sqrt{36} = 6$ cm.
L'aire du triangle rectangle est $\mathcal{A} = \dfrac{1}{2}(AB \times BC) = \dfrac{1}{2}(8 \times 6) = \dfrac{48}{2} = 24\ \text{cm}^2$.
La bonne réponse est la réponse A.

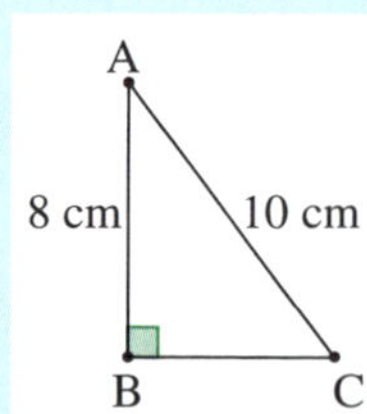

EXERCICE 2

COMMENTAIRES

• La question 1 se situe dans la partie statistique du programme, elle demande de calculer et interpréter moyenne, médiane et étendue.
La notion de régularité peut poser une difficulté dans son interprétation.
• La question 2 demande un tracé à l'échelle, le candidat doit savoir utiliser un rapporteur et connaitre le lien entre un angle et l'arc de cercle qu'il intercepte.

1 a) La durée moyenne de course de Célia est :

$$\bar{M} = \frac{33\text{ min}+12\text{ s}+32\text{ min}+4\text{ s}+40\text{ min}+25\text{ s}+27\text{ min}+11\text{ s}+30\text{ min}+26\text{ min}+38\text{ s}+29\text{ min}+1\text{ s}}{7}.$$

ATTENTION

33 min + 12 s n'est pas égal à 33,12 min !

MÉTHODE

Il est conseillé d'effectuer, s'il y a lieu, les conversions secondes-minutes à la fin du calcul.

$$\bar{M} = \frac{217\text{ min} + 91\text{ s}}{7}$$

$$\bar{M} = \frac{217}{7}\text{ min} + \frac{91}{7}\text{ s}$$

$$\bar{M} = 31\text{min et } 13\text{ s}$$

Les durées moyennes de course des deux sœurs sont donc égales.

b)

RAPPEL

La médiane est une valeur qui sépare l'effectif total de façon à ce qu'on ait au moins 50 % des observations inférieures ou égales à la médiane, et au moins 50 % des observations supérieures ou égales à la médiane.

Pour calculer la médiane M_e de la série statistique décrivant les résultats de Célia, il faut les ranger dans l'ordre croissant :

26 min 38 s	27 min 11 s	29 min 1 s	**30 min**	32 min 4 s	33 min12 s	40 min 25 s

Il y a 7 valeurs. Ce nombre étant impair, la médiane est la valeur de rang $\frac{7+1}{2} = 4$.
La médiane est donc la 4e valeur du tableau précédent.
$M_e = 30\text{ min}$.
Les médianes des deux sœurs sont donc égales.

c) Le jeudi et le samedi de la semaine évoquée, Célia a effectué des temps de parcours de moins de 28 minutes.
Nous allons montrer à partir des informations données que cela est impossible pour sa sœur.
Le temps maximal t_{max} que cette dernière obtient au cours de la semaine est obligatoirement supérieur ou égale à sa moyenne.

$$31\text{min}13\text{ s} \leq t_{max}$$

On enlève l'étendue ($E = 3$ min) aux deux termes de cette inéquation :

$$31\text{min}13\text{ s} - 3\text{ min} \leq t_{max} - 3\text{ min}$$

On sait que si l'on enlève l'étendue au temps maximal, on obtient le temps minimal t_{min}. On a : $t_{max} - 3\text{ min} = t_{min}$.
La dernière inéquation devient : $28\text{min}13\ s \leq t_{min}$.

Le temps minimal étant supérieur ou égal à 28 min 13 s, la sœur de Célia ne peut avoir un temps inférieur à 28 min.

L'affirmation de Célia est donc vraie.

d) Pour comparer les régularités des deux sœurs nous allons calculer la moyenne des écarts à la moyenne.
Nous traduisons tous les temps en secondes pour faciliter les soustractions.

> **ATTENTION**
> La seule comparaison de l'étendue ne permet pas de conclure sur la régularité.

26 min 38 s = 1 598 s ; 27 min 11 s = 1 631 s ; 29 min 1 s = 1 741 s ; 30 min = 1 800 s ;
32 min 4 s = 1 924 s ; 33 min 12 s = 1 992 s ; 40 min 25 s = 2 425 s.
$\bar{M}$ = 31 min 13 s = 1 873 s.
La somme des écarts à la moyenne est :

$(1\,873-1\,598)+(1\,873-1\,631)+(1\,873-1\,741)+(1\,873-1\,800)+(1\,924-1\,873)$
$+(1\,992-1\,873)+(2\,425-1\,873)=1\,444.$

La moyenne des écarts à la moyenne pour Célia est : $\frac{1\,444}{7}\approx 206{,}3\ \text{s} = 3\,\text{min}\,26{,}3\ \text{s}.$

Or, pour la sœur de Célia, chaque écart à la moyenne étant inférieur ou égal à l'étendue, la moyenne des écarts à la moyenne est inférieure ou égale à l'étendue, soit à 3 min et donc inférieure à la moyenne des écarts à la moyenne de Célia.
On peut donc conclure que la sœur de Célia est plus régulière.

2 a) Pour représenter une figure sur la feuille, on choisit comme unité le cm.
Le diamètre $[AB]$ du demi-cercle a pour longueur : 2 300 m = 230 000 cm.
Avec l'échelle $\frac{1}{20\,000}$, ce diamètre sera représenté sur la feuille avec une longueur de :

$$AB=\frac{230\,000}{20\,000}=\frac{23}{2}=11{,}5\ \text{cm}$$

On obtient alors facilement le rayon R du demi-cercle : $R=\frac{11{,}5}{2}=5{,}75\ \text{cm}.$
En désignant par O le milieu de $[AB]$ on a : OA = OB = R = 5,75 cm.
À l'aide de la règle et du compas, on représente donc le parcours :

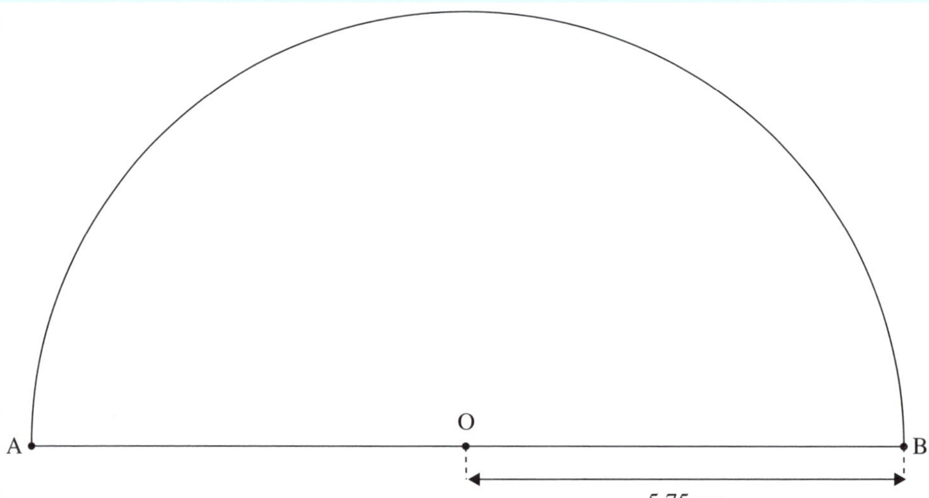

b) La distance du parcours D_p est la somme de la longueur du demi-cercle $\overset{\frown}{AB}$ et de la longueur du diamètre $[AB]$:

$$D_p = \overset{\frown}{AB} + AB = \frac{1}{2}\left(2\pi \times \frac{2\ 300}{2}\right) + 2\ 300 = 1\ 150\pi + 2\ 300 \approx 5\ 913\text{m (arrondie à l'unité).}$$

c) Célia a parcouru $(1150\pi + 2\ 300)$ m en $33\,\text{min}\,36$ s $= (33 \times 60 + 36)$ s $= 2\ 016$ s.

Donc, en 1 h = 3 600 s, elle parcourt :

$(1\ 150\pi + 2\ 300)$ m ⟶ 2 016 s

$\dfrac{3\ 600 \times (1\ 150\pi + 2\ 300)}{2\ 016}$ m ⟶ 3 600 s

MÉTHODE

Il n'est pas nécessaire de reproduire ce schéma sur la copie, mais il est conseillé de le faire au brouillon pour éviter toute erreur dans le produit en croix.

$$\frac{3\ 600 \times (1\ 150\pi + 2\ 300)}{2\ 016}\ \text{m} \approx 10\ 559\ \text{m} \approx 10{,}6\ \text{km}$$

La vitesse moyenne de Célia arrondie au dixième près est donc : $V = 10{,}6$ km/h.

d) La longueur totale du parcours est : $(1\ 150\pi + 2\ 300)$ m.

La longueur du demi-cercle est : $1\ 150\pi \approx 3\ 613$ m.

La longueur du quart du parcourt est donc :

$\frac{1}{4} \times (1\ 150\pi + 2\ 300) = (287{,}5\pi + 575) \approx 1\ 478$ m.

On constate que : $1\ 478 < 3\ 613$, donc, compte-tenu du sens de parcours, le point L correspondant au quart du parcours se situe sur le demi-cercle $\overset{\frown}{AB}$.

Pour placer le point L sur la figure, nous allons déterminer la mesure de l'angle $\widehat{AOL}$.

Il y a proportionnalité entre la mesure de l'angle et la longueur de l'arc lui correspondant.

Pour l'angle $\widehat{AOB}$ de mesure : 180°, la longueur de l'arc $\overset{\frown}{AB}$ est : $1\ 150\pi$.

$\text{Mes}\,\widehat{AOB} = 180°$ ⟶ $\overset{\frown}{AB} = (1\,150\pi)$ m

$\text{Mes}\,\widehat{AOL} = \dfrac{180 \times (287{,}5\pi + 575)}{1\ 150\pi} \approx 74°$ ⟶ $\overset{\frown}{AL} = (287{,}5\pi + 575)$ m

$$\text{Mes}\,\widehat{AOL} = \frac{180 \times (287{,}5\pi + 575)}{1\ 150\pi} \approx 74°.$$

À l'aide du rapporteur, on peut donc placer le point L sur l'arc $\overset{\frown}{AB}$.

La longueur de la moitié du parcours est :

$\frac{1}{2} \times (1\ 150\pi + 2\ 300) = (575\pi + 1\ 150) \approx 2\ 956$.

On constate que : $2\ 956 < 3\ 613$, donc, compte tenu du sens de parcours, le point M correspondant à la moitié du parcours se situe sur le demi-cercle $\overset{\frown}{AB}$.

Pour placer le point M sur la figure, nous allons déterminer la mesure de l'angle $\widehat{AOM}$.

$\text{Mes}\,\widehat{AOB} = 180°$ ⟶ $\overset{\frown}{AB} = (1\,150\pi)$ m

$\text{Mes}\,\widehat{AOM} = \dfrac{180 \times (575\pi + 1\ 150)}{1\ 150\pi} \approx 147°$ ⟶ $\overset{\frown}{AM} = (575\pi + 1150)$ m

$$\text{Mes}\,\widehat{AOM} = \frac{180 \times (575\pi + 1\ 150)}{1\ 150\pi} \approx 147°.$$

À l'aide du rapporteur, on peut donc placer le point L sur l'arc $\overset{\frown}{AB}$.

La longueur des trois quarts du parcourt est :

$\frac{3}{4} \times (1\ 150\pi + 2\ 300) = (862{,}5\pi + 1\ 725) \approx 4\ 435$ m.

On constate que : $3\ 613 < 4\ 435$, donc, compte tenu du sens de parcours, le point N correspondant aux trois quarts du parcours se situe sur le segment $[BA]$.

Les trois quarts du parcours sont décrits par : $\overset{\frown}{AB} + BN = (862{,}5\pi + 1\ 725)$ m.

$$\begin{aligned}\text{Donc } BN &= 862{,}5\pi + 1\ 725 - \overset{\frown}{AB}\\ &= 862{,}5\pi + 1\ 725 - 1\ 150\pi\\ &\approx 821{,}79 \text{ m} = 82\ 179 \text{ cm.}\end{aligned}$$

Avec l'échelle $\frac{1}{20\ 000}$, BN sera représenté sur la figure avec une longueur de :

$BN = \frac{82\ 179}{20\ 000} \approx 4{,}1$ cm.

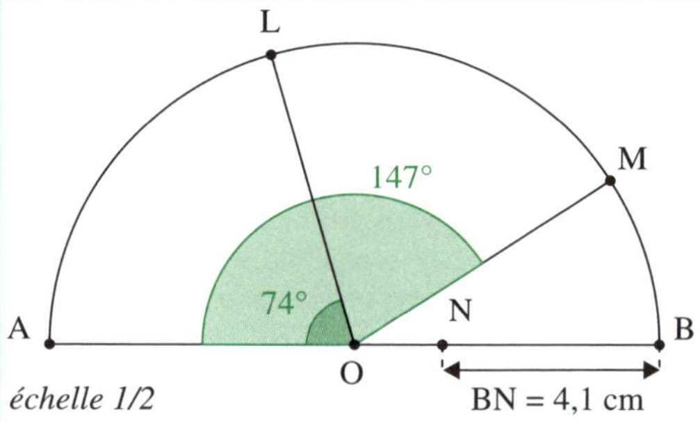

EXERCICE 3

COMMENTAIRE

La partie A évalue la capacité du candidat à mobiliser la réciproque du théorème de Pythagore puis le théorème de Thalès dans des situations standards. Il est aussi demandé une lecture élémentaire de la représentation graphique d'une fonction.

La partie B, dans le cadre d'une résolution de problème, demande une bonne maitrise des écritures fractionnaires.

Partie A : Installation du potager

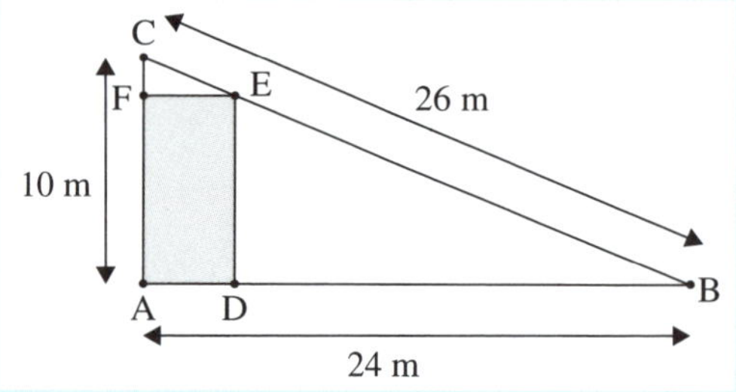

1 Dans le triangle ABC, BC est le plus long côté.

$BC^2 = 26^2 = 676 \text{ m}^2$

$AB^2 + AC^2 = 24^2 + 10^2 = 576 + 100 = 676 \text{ m}^2$

Donc $BC^2 = AB^2 + AC^2$.

D'après la réciproque du théorème de Pythagore, le triangle ABC est rectangle en A.

MÉTHODE

Il faut calculer séparément BC^2 et $AB^2 + AC^2$ pour constater ensuite leur égalité.

2 a) (AC) est perpendiculaire à (AB) car le triangle ABC est rectangle en A.
(DE) est perpendiculaire à (AD), donc à (AB) car ADEF est un rectangle.
Les droites (AC) et (DE) sont perpendiculaires à la même droite (AB), donc (AC) et (DE) sont parallèles.
E appartient à [BC], D appartient à [AB] et (AC) parallèle à (DE).

Nous pouvons donc appliquer le théorème de Thalès. On a : $\frac{BD}{BA} = \frac{DE}{AC}$.

Pour remplacer par les valeurs numériques, on calcule $BD = BA - AD = 24 - 4{,}8 = 19{,}2$ m.

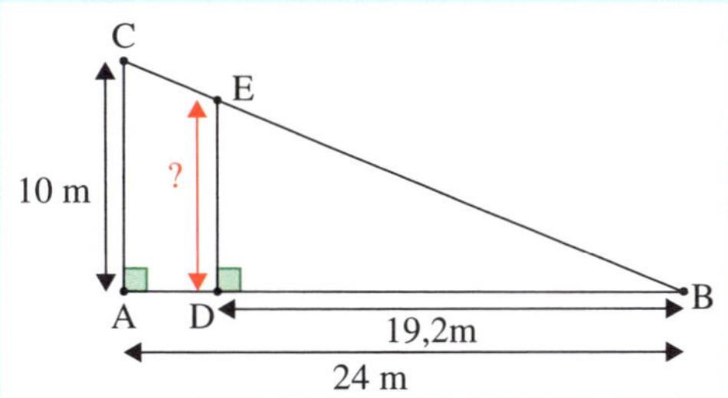

On a donc : $\frac{19{,}2}{24} = \frac{DE}{10}$.

On peut conclure : $DE = \frac{10 \times 19{,}2}{24} = 8$ m.

b) L'aire du rectangle ADEF est donc : $\mathcal{A}(\text{ADEF}) = AD \times DE = 4{,}8 \times 8 = \mathbf{38{,}4\ m^2}$.

3 a) Si $AD = x$, on a : $BD = BA - x = 24 - x$.
Le théorème de Thalès s'applique encore et l'égalité : $\frac{BD}{BA} = \frac{DE}{AC}$ devient : $\frac{24 - x}{24} = \frac{DE}{10}$.
D'où : $DE = \frac{10 \times (24 - x)}{24} = 10 - \frac{10x}{24} = 10 - \frac{5}{12}x$.

b) L'aire du rectangle ADEF est : $\mathcal{A}(\text{ADEF}) = AD \times DE = x\left(10 - \frac{5}{12}x\right) = \mathbf{\frac{-5}{12}x^2 + 10x}$.

4

MÉTHODE

Les graphiques ne sont pas à reproduire sur la copie. Nous les avons placés pour vous indiquer comment sont prélevées les informations.

a)

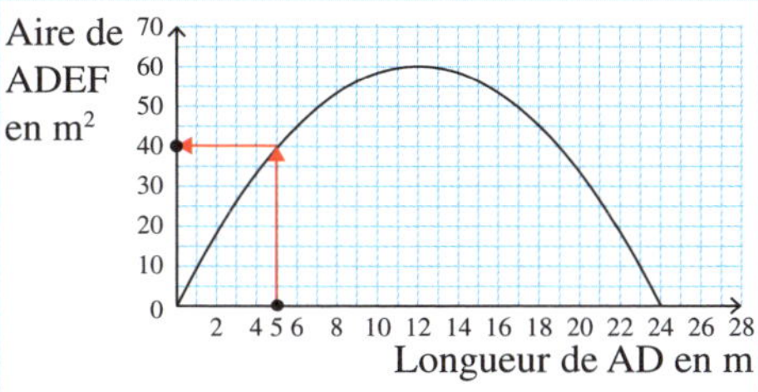

Par lecture graphique, on voit que **si AD = 5 m, l'aire du potager est 40 m².**

b)

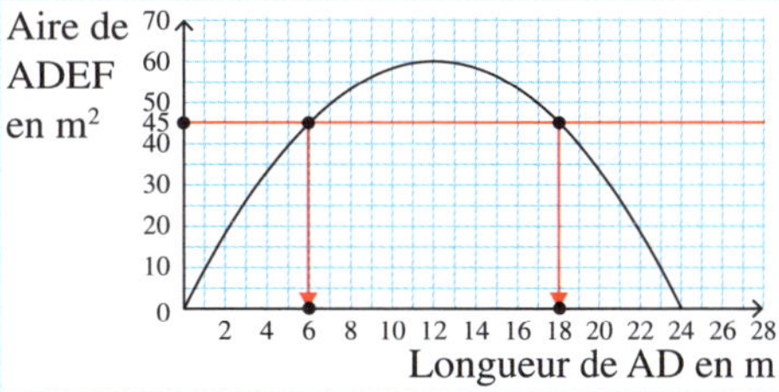

Par lecture graphique, on voit que **l'aire du potager est égale à 45 m² si la longueur AD = 6 m ou AD = 18 m.**

c)

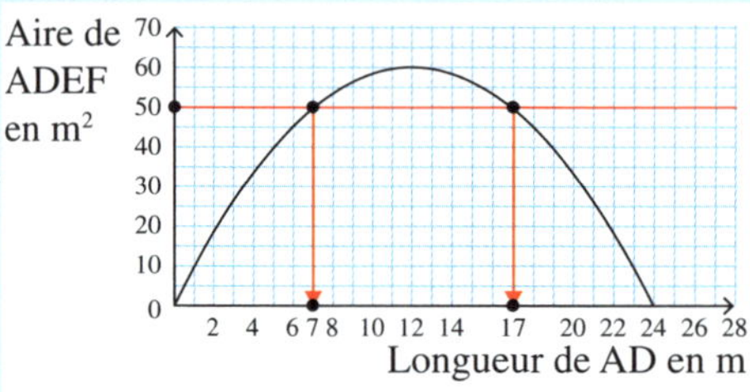

Par lecture graphique, on voit que **pour que l'aire du potager soit supérieure ou égale à 50 m², il faut que 7 ≤ AD ≤ 17**.

d)

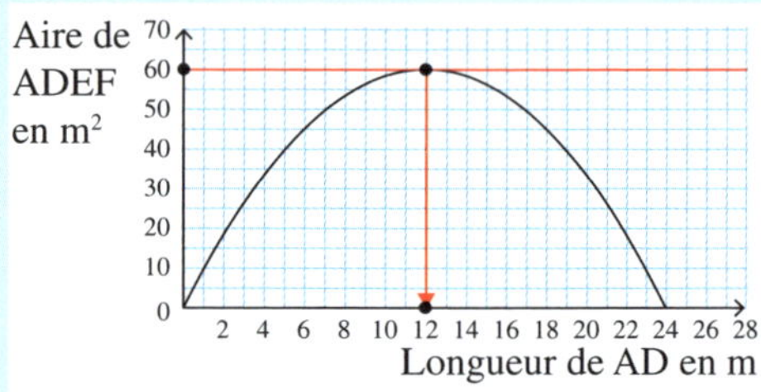

Par lecture graphique, on voit que **l'aire maximale du potager est 60 m² pour AD = 12 m..**

On peut alors facilement calculer DE = $\dfrac{60}{12} = 5$ m.

La longueur pour laquelle l'aire du potager est maximale est donc 12 m et la largeur est 5 m.

Partie B : Choix du terreau

1 Le volume de terreau nécessaire est le tiers du volume du pavé droit, il est donc égal à :

$\frac{1}{3} \times (12 \times 5 \times 0{,}3) = \frac{1}{3} \times 18 = 6 \text{ m}^3$.

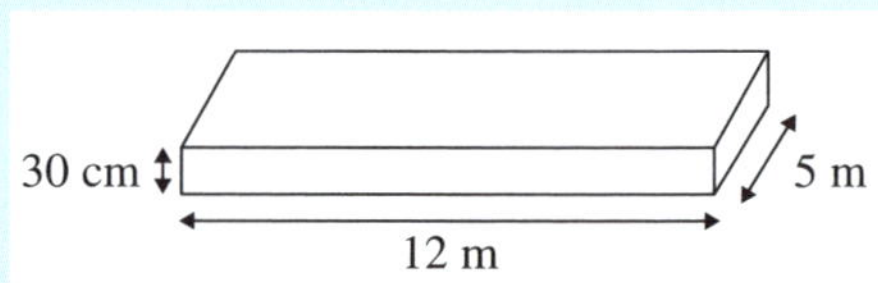

2

RAPPEL

Pour les conversions volume-capacité, on retiendra : 1 dm³ = 1 L ou 1 m³ = 1 000 L.

Sachant que $1 \text{ dm}^3 = 1 \text{ L}$, on en déduit que : $1\ 000 \text{ dm}^3 = 1 \text{ m}^3 = 1\ 000 \text{ L}$ et donc le volume de terreau nécessaire en litre est : 6 000 litres.

Avec le **magasin 1**, le tarif sera de : $20 + 0{,}1 \times 6\ 000 =$ **620 €**.

Avec le **magasin 2**, il faudra acheter : $\dfrac{6\ 000}{20} = 300$ sacs de 20 L pour un coût de :

$2{,}35 \times 300 = 705$ €. Avec la remise de 20 % et l'achat de la carte, le tarif sera de :

$705 \times 0{,}8 + 10 =$ **574 €.**

Avec le **magasin 3**, il faudra acheter : $\dfrac{6\ 000}{50} = 120$ sacs de 50 L pour un coût de :

$5{,}37 \times 120 =$ **644,4 €** (l'achat étant supérieur à 50 €, la livraison est gratuite).

Il faut donc choisir le magasin 2 pour avoir le tarif le plus économique.

Partie C : Plantation des fleurs

1 La classe dispose donc de $26 \times 20 = 520$ graines.

En prenant en compte le taux de germination :

$520 \times \dfrac{90}{100} = 468$ fleurs devraient éclore. **Un élève peut donc espérer voir pousser 468 fleurs.**

REMARQUE

On considère que l'élève peut voir pousser le résultat des plantations de toutes la classe.

2 $520 = 50 \times 10 + 20$. Donc, pour disposer de 520 graines, il faut acheter :
$10 + 1 = 11$ paquets de 50 graines à 4,53 € le paquet.
Il faut donc prévoir un budget de $11 \times 4{,}53 =$ **49,83 €.**

3 a) En appelant P l'aire du potager, un sixième du potager plus un huitième du potager s'écrit :
$\frac{1}{6}P + \frac{1}{8}P = \frac{4}{24}P + \frac{3}{24}P = \frac{7}{24}P \cong 0{,}29\ P$ ce qui est plus que $0{,}25\ P$, soit plus que 25 % de l'aire du potager.
L'élève a donc raison.

b) On appelle t le nombre de bulbes de tulipes.
Il y a donc $t + 30$ bulbes dans le panier.
$\frac{5}{6}$ de ces bulbes sont des jonquilles, on a donc : $\frac{5}{6}(t + 30) = 30$.

D'où : $t + 30 = \frac{6}{5} \times 30$

$t + 30 = 36$

$t = 6$

Il y a 6 bulbes de tulipes dans le panier.

EXERCICE 4

COMMENTAIRE

L'exercice évalue la capacité du candidat à lire, comprendre et modifier un programme.
Le candidat devra, en outre, avoir de bonnes connaissances géométriques relatives aux angles, aux polygones réguliers et aux transformations.
La question 3 est considérée comme difficile.

1

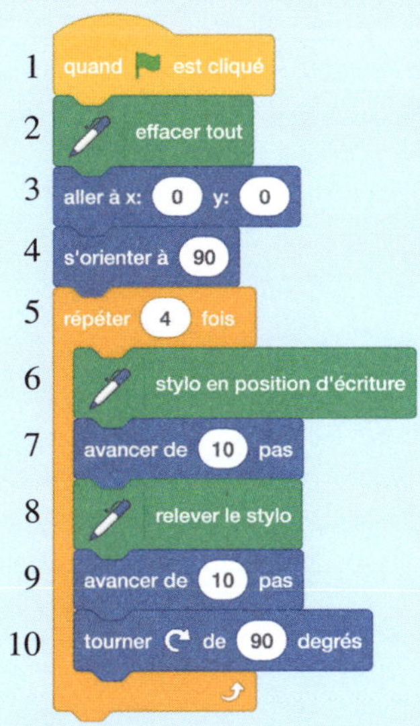

On obtient le tracé (la première boucle est décrite) :

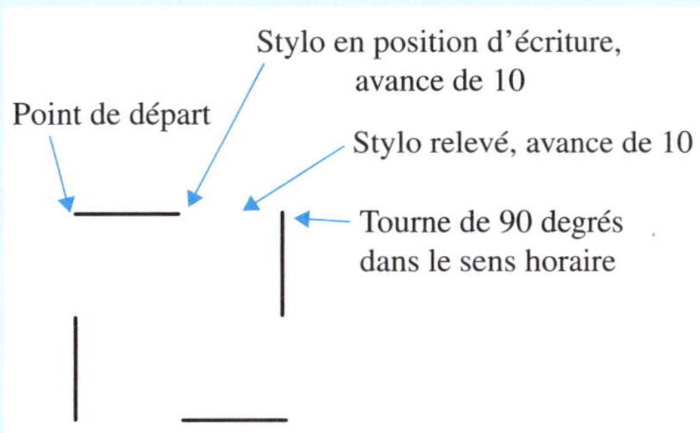

2

On compte 8 tirets de 10 pixels horizontaux séparés de 10 pixels.
Modification du programme :
Il faut changer la ligne 5 et la remplacer par une boucle : « répéter 8 fois ».
Il faut supprimer la ligne 10 : « tourner de 90 degrés ».
On obtient le programme ci-contre.

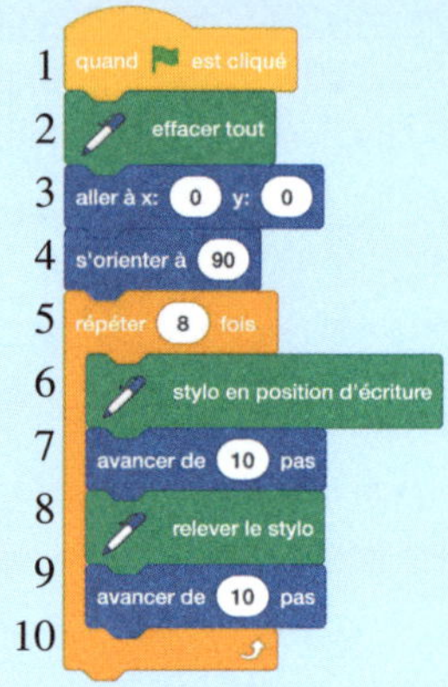

3 a)

RAPPEL

Un polygone régulier est équilatéral, équiangulaire et inscriptible dans un cercle.

MÉTHODE

Nous avons justifié les réponses dans ces deux questions afin que le lecteur puisse se représenter le problème de façon rigoureuse. Nous pensons que le jury attend ici une réponse sans justification.

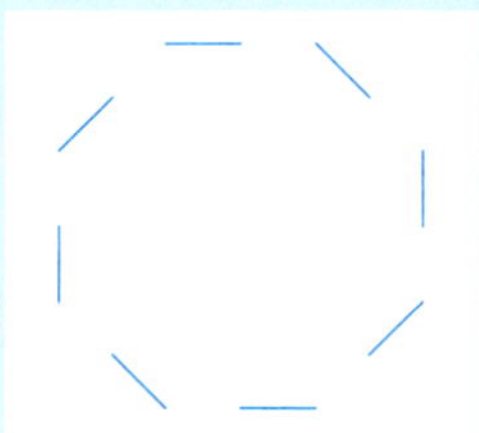

La figure obtenue est un octogone régulier dont la moitié des côtés ont été effacés :

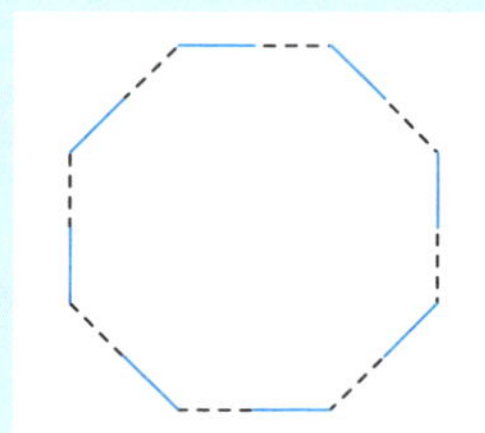

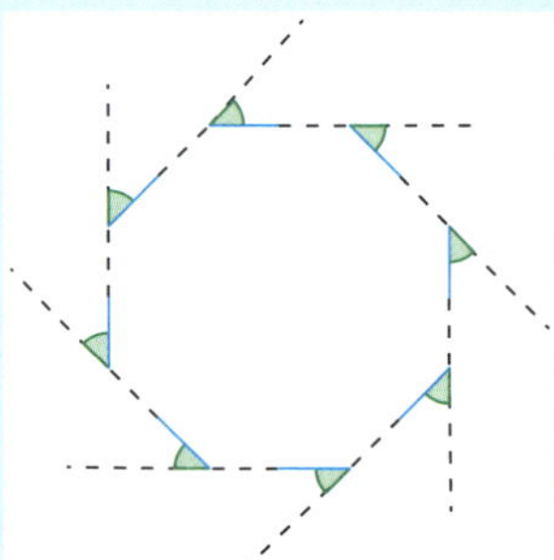

Les changements de direction à l'extrémité de chaque côté de l'octogone sont représentés par les 8 angles extérieurs à l'octogone.
Les huit changements de directions successifs réalisent un tour complet.
La somme de ces 8 angles extérieurs est donc égale à 360°.

On sait de plus que :
– les angles intérieurs et extérieurs sont suplémentaires ;
– les 8 angles intérieurs d'un octogone régulier étant égaux, on en déduit que les 8 angles extérieurs sont égaux.

Les angles extérieurs mesurent donc $\frac{360}{8}$ = **45°**.

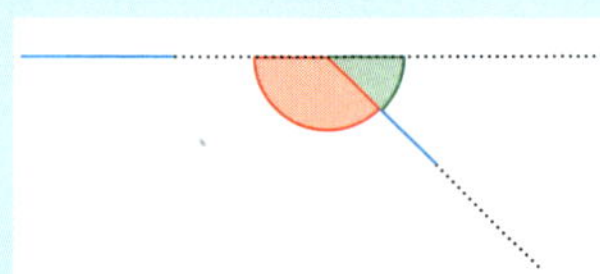

Modification du programme :
La ligne 5 « répéter 4 fois » est remplacée par une boucle : « répéter 8 fois ».
La ligne 10 : « tourner de 90 degrés » par « tourner de 45 degrés ».
On obtient le programme :

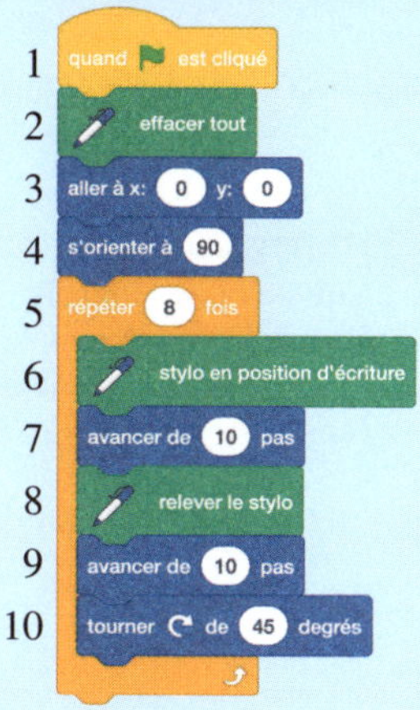

b)

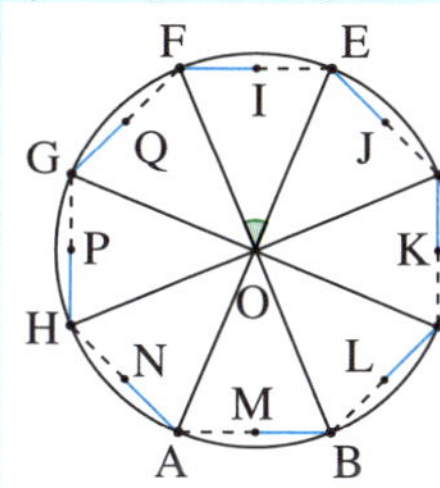

R(O ; 45°) :
F ⟶ E
E ⟶ D
[FE] ⟶ [ED]
I ⟶ J
[FI] ⟶ [EJ]

En traçant le cercle de centre O circonscrit à l'octogone régulier, nous obtenons 8 triangles isométriques donc 8 angles au centre de mesure : $\frac{360}{8} = 45°$.

La rotation de centre O et d'angle 45° (sens horaire) transforme F en E et E en D et donc le segment [FE] en [ED].

La rotation conserve le milieu d'un segment donc I, milieu de [FE], se transforme en J milieu de [ED].

La rotation de centre O et d'angle 45° transforme le segment [FI] en [EJ].

Ainsi la transformation permettant de passer d'un tiret de la figure au suivant est **une rotation de centre le centre du cercle circonscrit à l'octogone et d'angle 45°.**

SUJET 4

Créteil-Versailles, 2022

3 heures

→ Corrigés p. 108

Ce sujet est composé de quatre exercices indépendants.

EXERCICE 1

Une enseignante construit pour ses élèves un jeu de 80 cartes, avec 20 cartes de chacune des quatre couleurs : rouge, bleu, jaune et vert. Pour chaque couleur, les cartes sont numérotées de 0 à 9 et chaque numéro apparaît sur deux cartes. L'enseignante donne une carte du jeu au hasard à Déborah.

1 Quelle est la probabilité :

a) que la carte de Déborah soit bleue ?
b) que la carte de Déborah porte le numéro 2 ?
c) que la carte de Déborah soit bleue et porte le numéro 2 ?
d) que la carte de Déborah soit bleue ou porte le numéro 2 ?

2 L'enseignante décide d'ajouter des cartes *Joker* à son jeu. Combien doit-elle ajouter de cartes *Joker* pour que la probabilité que Déborah reçoive une carte *Joker* soit de $\frac{1}{6}$?

EXERCICE 2

Partie A

Une enquête réalisée dans le secteur des confitures (ensemble des produits de type confitures à base de fruits) a permis d'étudier l'évolution de l'offre entre 2009 et 2017.
Le tableau ci-dessous présente la répartition par année des différentes familles de produits.
Les effectifs indiqués correspondent au nombre de marques. Par exemple, en 2009, il y avait sur le marché 227 marques différentes proposant des produits du type « confitures, gelées ou marmelades ».

FAMILLES DE PRODUITS	2009	2017
Confitures, gelées ou marmelades	227	452
Préparations à base de fruits	12	103
Confitures, gelées ou marmelades allégées	58	121
Préparations à base de purée de fruits	29	73
Crèmes de marrons ou pruneaux	11	32
TOTAL	**337**	**781**

Source : https://www.oqali.fr/content/download/3607/34342/version/1/file/OQALI_2019_Rapport_evolution_Confitures.pdf

1 a) On sait qu'entre 2009 et 2010 le nombre de marques de la famille **« Confitures, gelées ou marmelades allégées »** a augmenté de 58,6 %. Calculer le nombre de marques dans cette catégorie en 2010 ; on arrondira à l'entier.

b) On sait qu'entre 2010 et 2017 le nombre de marques de la famille « **Confitures, gelées ou marmelades** » a augmenté de 52,7 %. Quel était le nombre de marques dans cette catégorie en 2010 ? On arrondira le résultat à l'entier.

2 Calculer l'augmentation, en pourcentage, du nombre de marques des « **Crèmes de marrons ou pruneaux** » entre 2009 et 2017. On donnera le résultat arrondi au dixième d'unité de pourcentage.

3 Le diagramme circulaire ci-dessous représente la répartition des marques par familles de produits en 2009. Calculer la mesure, au degré près, de l'angle correspondant aux « **Confitures, gelées ou marmelades** ».

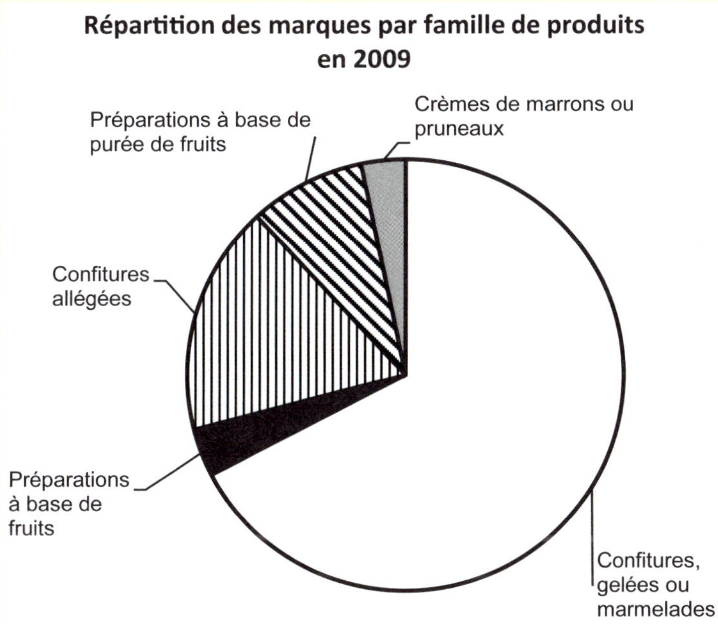

Partie B

Un micro-entrepreneur se lance dans la fabrication artisanale de confitures de fruits. On appelle **préparation** le mélange avant cuisson de fruits et de sucre ajouté. La masse des autres ingrédients pouvant intervenir dans la recette sera négligée.

1 Il souhaite choisir une recette dont la préparation a une proportion de sucre ajouté comprise entre 20 % et 30 % pour obtenir une consistance satisfaisante après cuisson.

Préparation 1 : 240 g de sucre ajouté pour 1 kg de fruits.

Préparation 2 : $\frac{3}{4}$ de fruits et $\frac{1}{4}$ de sucre ajouté.

Préparation 3 : 330 g de sucre ajouté pour 1,5 kg de préparation.

Parmi ces trois préparations, laquelle ou lesquelles peut-il choisir pour respecter son choix ? Justifier.

❷ Le micro-entrepreneur choisit la préparation 2.

a) Pour 1 kg de fruits quelle masse de sucre, arrondie au gramme, devra-t-il ajouter ?
b) Il doit indiquer sur les étiquettes des pots de confitures : « *préparé avec ... g de fruits pour 100 g de produit fini* », le produit fini étant la confiture après cuisson. Le micro-entrepreneur estime que 100 g de préparation donneront 83 g de produit fini.
Que devra-t-il inscrire sur son étiquette ? Justifier. On arrondira la masse au gramme.

c) Pour connaître la proportion exacte de sucre avant cuisson, il faut tenir compte aussi du sucre naturellement présent dans les fruits. En considérant que les fruits utilisés contiennent naturellement 10 % de sucre, montrer qu'avec la recette retenue, le pourcentage de sucre dans la préparation est égal à 32,5 %.

Partie C

Le micro-entrepreneur s'intéresse dans cette partie à la rentabilité de son entreprise.

❶ La courbe ci-dessous est la représentation graphique C_R de la fonction R qui modélise la recette obtenue (en euros) en fonction du nombre de pots vendus.

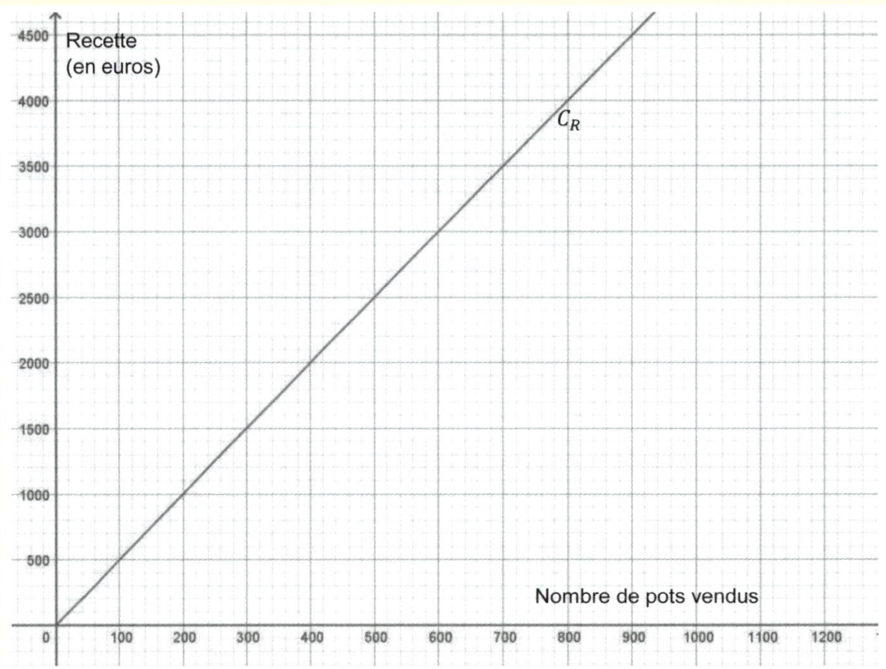

a) Quelle est la nature de cette fonction ? Justifier.
b) En utilisant le graphique, estimer le prix auquel le micro-entrepreneur a décidé de vendre un pot de confiture.

❷ On considère que tous les pots fabriqués sont vendus.
Les coûts de fabrication sont estimés par le micro-entrepreneur à 3,25 € par pot de confiture, auxquels s'ajoute une charge fixe mensuelle de 500 €.

On note x le nombre de pots vendus et $F(x)$ le coût mensuel de production (intégrant les coûts de fabrication et les charges fixes) en fonction de x.

a) Exprimer $F(x)$ en fonction de x.
b) Reproduire sur la copie la courbe C_R et représenter graphiquement dans le même repère la fonction F.
c) Par lecture graphique, estimer le nombre de pots vendus à partir duquel le micro-entrepreneur dégage un bénéfice.
d) Trouver le résultat exact par un calcul.

Partie D

On rappelle la formule suivante :

Volume d'un prisme ou d'un cylindre : $V = B \times h$,

où B désigne l'aire de la base du prisme ou du cylindre et h sa hauteur.

Les confitures produites sont conditionnées dans des pots. Les pots sont remplis au maximum à 90 % de leur volume.

1 Le pot n° 1 est un cylindre, de hauteur 8 cm et de diamètre 7 cm.

a) Déterminer le volume du pot n° 1, en centimètre cube, arrondi à l'entier.
b) Quel volume maximum de confiture, en centimètre cube, arrondi à l'entier, peut-il contenir ?

2 Le pot n° 2 est un prisme (figure A) dont la base (figure B) est un hexagone régulier de centre O. Sa hauteur est de 8 cm et les côtés de l'hexagone régulier mesurent 4 cm.

Figure A : pot n° 2

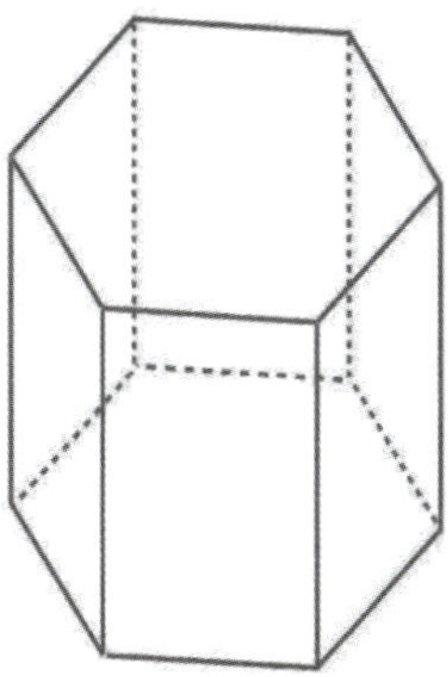

Figure B : base du pot

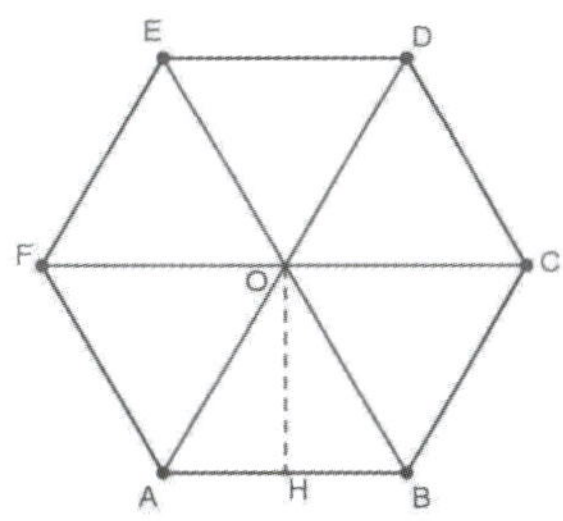

On admet que les six triangles OAB, OBC, OCD, ODE, OEF et OFA sont des triangles équilatéraux. On admet également que l'aire d'un triangle équilatéral ayant des côtés de longueur x est $\frac{\sqrt{3}}{4}x^2$.

a) Montrer que l'aire de l'hexagone ABCDEF est égale à $24\sqrt{3}$ cm².
b) En déduire le volume du pot n° 2, en centimètre cube, arrondi à l'entier.
c) Quel volume maximum de confiture, en centimètre cube, arrondi à l'entier, peut-il contenir ?

EXERCICE 3

Le problème suivant est proposé en classe de cycle 3 :

Vincent achète 24 cartes à jouer pour compléter sa collection. Certaines coûtent 1,25 € pièce et d'autres le double. Sa dépense totale s'élève à 48,75 €.

Combien de cartes de chaque type a-t-il achetées ?

1 Un enseignant souhaite utiliser un tableur pour effectuer les calculs. Il propose la feuille de calcul suivante :

	A	B	C	D	E
1					
2	**Nombre de cartes à 1,25 €**	**Coût des cartes à 1,25 €**	**Nombre de cartes à 2,50 €**	**Coût des cartes à 2,50 €**	**Somme totale dépensée (€)**
3	0	0,00	24	60,00	60,00
4	1	1,25	23	57,50	58,75
5	2	2,50	22	55,00	57,50
6	3	3,75	21	52,50	56,25
7	4	5,00	20	50,00	55,00
8	5	6,25	19	47,50	53,75
9	6	7,50	18	45,00	52,50
10	7	8,75	17	42,50	51,25
11	8	10,00	16	40,00	50,00
12	9	11,25	15	37,50	48,75
13	10	12,50	14	35,00	47,50
14	11	13,75	13	32,50	46,25
15	12	15,00	12	30,00	45,00
16	13				
17	14	17,50	10	25,00	42,50
18	15	18,75	9	22,50	41,25
19	16	20,00	8	20,00	40,00
20	17	21,25	7	17,50	38,75
21	18	22,50	6	15,00	37,50
22	19	23,75	5	12,50	36,25
23	20	25,00	4	10,00	35,00
24	21	26,25	3	7,50	33,75
25	22	27,50	2	5,00	32,50
26	23	28,75	1	2,50	31,25
27	24	30,00	0	0,00	30,00

a) En observant la feuille de calcul ci-dessus, donner la solution du problème.
b) Recopier et compléter la ligne 16 de la feuille de calcul.
c) Quelles formules ont pu être écrites dans les cellules B3, C3, D3 et E3, pour être ensuite recopiées dans les autres lignes ?

2 Une élève de CM2 propose la résolution suivante :

$$24 \times 2{,}50 \text{ €} = 60 \text{ €}$$
$$60 \text{ €} - 48{,}75 \text{ €} = 11{,}25 \text{ €}$$

1 carte à 2,50 € = 2 cartes à 1,25 €

$$1\,125 \div 125 = 9$$
$$24 - 9 = 15$$

Vincent achète donc 9 cartes à 1,25 € et 15 cartes à 2,50 €.

Expliquer le raisonnement de cette élève.

3 Répondre au problème en résolvant un système de deux équations à deux inconnues, en notant x le nombre de cartes à 1,25 euros et y le nombre de cartes à 2,50 euros.

EXERCICE 4

Une enseignante travaille la notion de patron de solides avec ses élèves. Elle souhaite leur faire construire des dés cubiques, de 3 cm de côté.

1 Un élève propose d'utiliser ce patron du cube ci-contre :

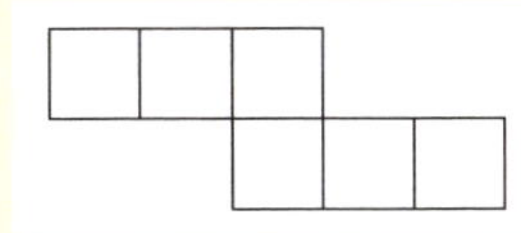

À l'aide du logiciel *Scratch*, on souhaite écrire un algorithme permettant de construire ce patron. Le *Lutin* est initialement orienté vers la droite et 1 pas de *Lutin* mesurera 0,05 cm.

a) Recopier et compléter, avec les trois nombres manquants, le bloc « carré » ci-contre, permettant de construire le premier carré de gauche, en partant du sommet inférieur gauche.

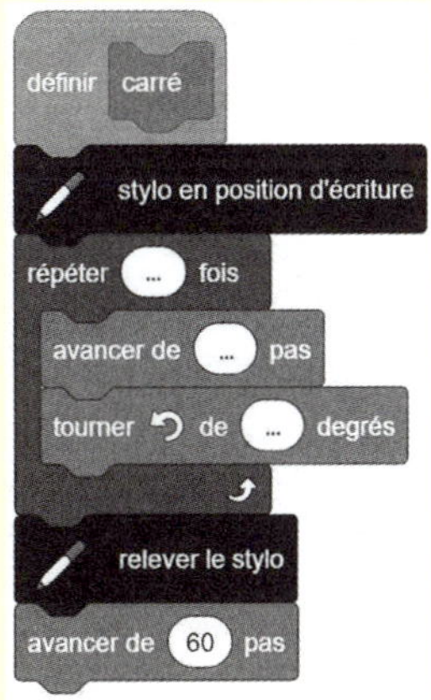

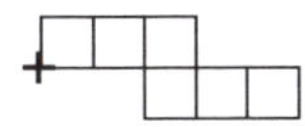

Position initiale du lutin

b) Reproduire le patron et indiquer la position du stylo, à la fin de ce bloc « carré ».

c) Le bloc « carré » étant défini, ordonner, recopier et compléter les instructions ci-dessous pour que l'algorithme permette de construire ce patron de cube.

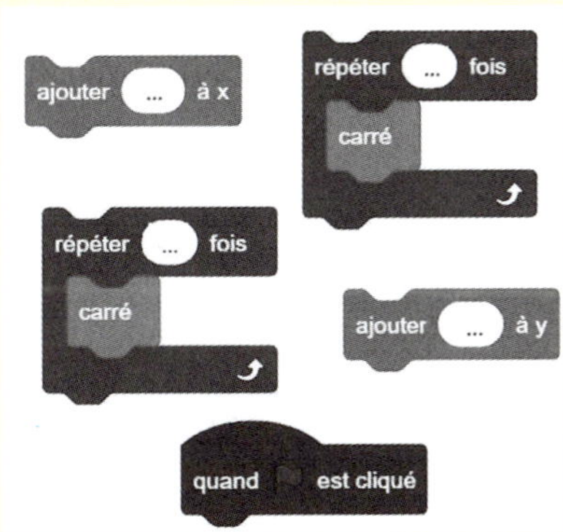

2 L'algorithme ci-contre permet de représenter un nouveau patron de cube. Dessiner ce patron à main levée.

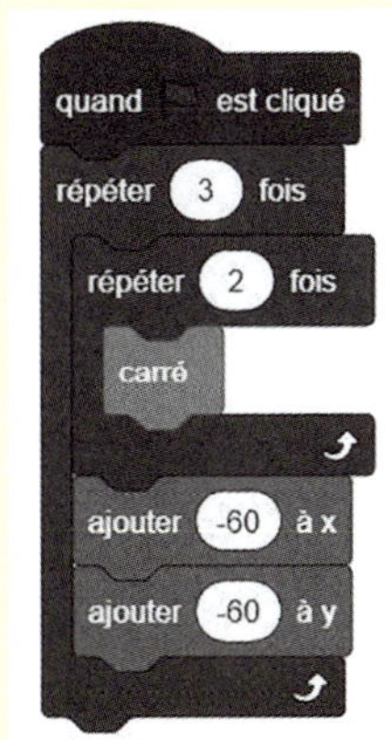

CORRIGÉ DU SUJET 4

ANALYSER LE SUJET

Ce sujet est long mais sans aucune difficulté technique ou conceptuelle. Il aborde au travers de situations élémentaires la plupart des thèmes classiques : probabilités, pourcentages, fonctions, arrondis, volumes, équations ou inéquations, système, tableur, logiciel, patrons. On peut noter l'absence de questions purement arithmétiques (nombres premiers, PGCD) ou géométriques (Théorèmes de Pythagore, de Thalès, trigonométrie).

BARÈME NON OFFICIEL

Exercice 1 : 3,5 points **Exercice 2** : 9,5 points **Exercice 3** : 3,5 points **Exercice 4** : 3,5 points

EXERCICE 1

COMMENTAIRE

Ce premier exercice est un calcul classique de probabilités. Le jeu étant constitué de 80 cartes, qui ont chacune la même probabilité d'être tirée, il s'agit d'une situation d'équiprobabilité dans laquelle la probabilité p d'un événement donné A peut être déterminée en appliquant la formule : $p(A) = \frac{\textit{nombre d'issues réalisant } A}{\textit{nombre d'issues possibles}}$.

1 a) Calculons la probabilité $p(B)$ que la carte de Déborah soit bleue.
Puisqu'il y a 20 cartes pour chaque couleur et 80 cartes en tout, la probabilité cherchée est $\boldsymbol{p(B) = \frac{20}{80} = \frac{1}{4}}$.

AUTRE MÉTHODE

On peut aussi modéliser la situation en disant qu'il y a 4 couleurs ayant chacune la même probabilité d'être tirée, donc la probabilité que Déborah ait une carte bleue est de $\frac{1}{4}$.

CONSEIL

On a souvent intérêt à désigner les quantités calculées par l'écriture mathématique adaptée, ici des probabilités que l'on note $p(E)$ où E est l'élément considéré, de façon à pouvoir les réutiliser dans la suite d'un exercice.

b) Calculons la probabilité $p(2)$ que la carte de Déborah porte le numéro 2.
Puisqu'il y a pour chacune des 4 couleurs deux cartes portant le numéro 2, il y a en tout $4 \times 2 = 8$ cartes portant le numéro 2. La probabilité cherchée est donc $\boldsymbol{p(2) = \frac{8}{80} = \frac{1}{10}}$.

c) Calculons la probabilité $p(B \text{ et } 2)$ que la carte de Déborah soit bleue et porte le numéro 2.
Deux cartes parmi les 80 sont bleues et de numéro 2, la probabilité cherchée est donc $\boldsymbol{p(B \text{ et } 2) = \frac{2}{80} = \frac{1}{40}}$.

d) Calculons la probabilité $p(B \text{ ou } 2)$ que la carte de Déborah soit bleue ou porte le numéro 2.
En utilisant les deux questions précédentes on obtient :

RAPPEL

On peut utiliser la formule générale : $p(A \text{ ou } B) = p(A) + p(B) - p(A \text{ et } B)$.

$$\boldsymbol{p(B \text{ ou } 2)} = p(B) + p(2) - p(B \text{ et } 2) = \frac{20}{80} + \frac{8}{80} - \frac{2}{80} = \frac{20+8-2}{80} = \frac{26}{80} = \boldsymbol{\frac{13}{40}}.$$

REMARQUE

On a utilisé ci-dessus les fractions non réduites obtenues dans les questions précédentes de façon à ne pas avoir à les réduire au même dénominateur dans le calcul.

2 L'enseignante décide d'ajouter des cartes *Joker* à son jeu. Calculons le nombre n de cartes *Joker* qu'elle doit ajouter pour que la probabilité $p(J)$ que Déborah reçoive une carte *Joker* soit de $\frac{1}{6}$.
Après avoir ajouté n cartes *Joker*, le jeu comporte $80+n$ cartes, donc $p(J)=\frac{n}{80+n}$.
Il s'agit de résoudre l'équation $\frac{n}{80+n}=\frac{1}{6}$, soit encore $6n=80+n$, c'est-à-dire $5n=80$, soit $\boldsymbol{n=16}$.

EXERCICE 2

COMMENTAIRE

Dans les parties A et B, on demande de calculer des quantités, notamment des pourcentages, en utilisant des raisonnements de proportionnalité, à partir d'informations données dans le texte, le tableau ou le diagramme. La partie C porte sur les fonctions linéaires ou affines (lecture graphique et calculs). La partie D demande d'appliquer la formule du volume d'un prisme.

Partie A

1 **a)** Sachant qu'entre 2009 et 2010 le nombre de marques de la famille « Confitures, gelées ou marmelades allégées » a augmenté de 58,6 %, calculons le nombre N de marques dans cette catégorie en 2010, en arrondissant à l'entier.

D'après le tableau, il y avait 58 marques dans cette catégorie en 2009, donc $N=58+\frac{58{,}6}{100}\times58=58+0{,}586\times58=1{,}586\times58=91{,}988$.

Soit $N\approx 92$, valeur arrondie à l'entier.

AUTRE MÉTHODE

On peut aussi calculer directement le résultat d'une augmentation de t % en multipliant la quantité initiale par $1+\frac{t}{100}$, soit ici par 1,586.

REMARQUE

On a arrondi le résultat 91,988 à l'entier 92 car 91,988 est plus proche de 92 que de l'entier 91.

b) Sachant qu'entre 2010 et 2017 le nombre de marques de la famille « Confitures, gelées ou marmelades » a augmenté de 52,7 %, calculons le nombre N' de marques dans cette catégorie en 2010, en arrondissant le résultat à l'entier.
D'après le tableau, il y a 452 marques dans cette catégorie en 2017, donc :
$N'+\frac{52{,}7}{100}\times N'=452$, soit $1{,}527\times N'=452$, et ainsi $N'=\frac{452}{1{,}527}=\frac{452\,000}{1\,527}\approx 296{,}0052\ldots$

Soit $N'\approx 296$, valeur arrondie à l'entier.

2 Calculons l'augmentation t, en pourcentage, du nombre de marques des « Crèmes de marrons ou pruneaux » entre 2009 et 2017, en donnant le résultat arrondi au dixième d'unité de pourcentage. D'après le tableau, il y a 11 marques de cette catégorie en 2009 et 32 en 2017, donc on doit avoir : $11+\frac{t}{100}\times11=32$.

On résout cette équation du premier degré d'inconnue t :

$\frac{t}{100} \times 11 = 32 - 11 = 21$, soit $t = \frac{21 \times 100}{11} \approx 190,9090...$

Ainsi $t \approx 190,9$ %, valeur arrondie au dixième.

❸ Calculons la mesure α, au degré près, de l'angle correspondant aux 227 marques de la catégorie « Confitures, gelées ou marmelades ». Le diagramme représente chaque famille de produits en lui associant un angle de mesure proportionnelle au nombre de marques, le total des 337 marques étant représenté par l'angle plein de 360°.

On doit donc avoir $\frac{\alpha}{360} = \frac{227}{337}$, soit $\alpha = \frac{227}{337} \times 360 \approx 242,4925... \approx$ **242°, valeur arrondie au degré près.**

Partie B

❶ Déterminons laquelle ou lesquelles des trois préparations suivantes le micro-entrepreneur peut choisir pour que la proportion de sucre ajouté soit comprise entre 20 % et 30 %.

ATTENTION

- On calcule la proportion, c'est-à-dire le rapport entre la masse de sucre ajouté et la masse **totale**, pour chaque préparation.
- Il faut convertir les masses dans une même unité.

Préparation 1 : 240 g de sucre ajouté pour 1 kg de fruits, soit une proportion de :

$\frac{0,240}{1 + 0,240} = \frac{0,240}{1,240} \approx 0,1935... < 20\ \%$.

Préparation 2 : $\frac{3}{4}$ de fruits et $\frac{1}{4}$ de sucre ajouté, soit une proportion de :

$\frac{\frac{1}{4}}{\frac{3}{4} + \frac{1}{4}} = \frac{\frac{1}{4}}{1} = \frac{1}{4} = 0,25 = 25\ \%$.

Préparation 3 : 330 g de sucre ajouté pour 1,5 kg de préparation, soit une proportion de :

$\frac{0,330}{1,5} = 0,22$, soit 22 %

Les préparations 2 et 3 conviennent.

❷ a) Sachant que le micro-entrepreneur a choisi la préparation 2, calculons, pour 1 kg de fruits, la masse de sucre m en kg, arrondie au gramme, qu'il devra ajouter.

On doit avoir $\frac{m}{1+m} = \frac{1}{4}$, soit $4m = 1 + m$, c'est-à-dire $3m = 1$, soit encore

$m = \frac{1}{3} \approx 0,3333...$ kg $\approx$ **0,333 kg**, valeur arrondie au millième de kg, donc au gramme.

b) Déterminons la masse de fruits m', exprimée en grammes, que le micro-entrepreneur devra utiliser pour obtenir 100 grammes de produit fini. Il estime que 100 g de préparation donneront 83 g de produit fini, or ces 100 g contiennent trois quarts de fruits, soit 75 g. Ainsi 75 g de fruits sont utilisés pour obtenir 83 g de produit fini, donc $\frac{m'}{100} = \frac{75}{83}$, soit $m' = \frac{75}{83} \times 100 \approx 90,361... \approx$ **90 g, valeur arrondie au gramme.**

REMARQUE

On a supposé que la quantité de fruits utilisée et celle de produit fini sont proportionnelles.

a) En considérant que les fruits contiennent naturellement 10 % de sucre, calculons le pourcentage p de sucre dans la préparation utilisée.

Pour 100 g de préparation, il y a 25 g de sucre ajouté et 75 g de fruits qui contiennent $\frac{10}{100} \times 75 = 7{,}5$ g de sucre, soit en tout $25 + 7{,}5 = 32{,}5$ g de sucre, pour 100 g de préparation, donc $p = 32{,}5$ %.

Partie C

1 a) Déterminons la nature de la fonction R qui modélise la recette obtenue en fonction du nombre de pots vendus.
Puisque la représentation graphique de cette fonction est une droite passant par l'origine du repère, **R est une fonction linéaire, c'est-à-dire de la forme :**
$x \mapsto ax$ où x est le nombre de pots vendus et a le coefficient de linéarité.

REMARQUES

- Les fonctions linéaires sont un cas particulier des fonctions affines $x \mapsto ax + b$.
- Les fonctions linéaires sont celles qui permettent de modéliser les situations de proportionnalité.

b) Estimons le prix de vente d'un pot.
On peut lire sur le graphique que 100 pots sont vendus 500 €, donc **un pot est vendu 5 €.**

ATTENTION

Une lecture graphique est nécessairement approximative, raison pour laquelle l'énoncé demande une « estimation » et non un calcul.

2 a) Exprimons la fonction F qui modélise les coûts mensuels en fonction du nombre x de pots vendus.
Puisqu'il y a un coût de 3,25 € par pot vendu et 500 € de charges fixes, on a $\boldsymbol{F(x) = 3{,}25x + 500}$.

b) Reproduisons la courbe représentant R et représentons graphiquement F.

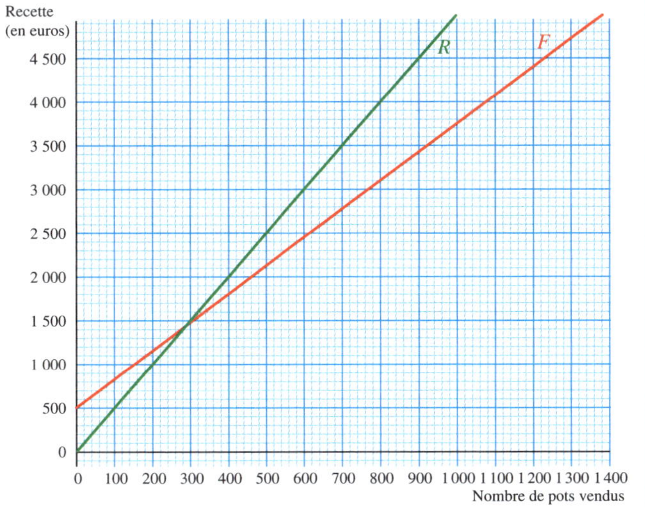

MÉTHODE

On sait que F est une fonction affine, sa représentation graphique est donc une droite ; il suffit ainsi d'en connaître deux points pour la tracer. On choisit des abscisses dont les coordonnées correspondantes seront simples, par exemple des multiples de 400 de façon à obtenir des ordonnées multiples de 100. On peut ainsi calculer que $F(400) = 1\,800$ et $F(800) = 3\,100$, donc la droite passe par les points (400 ; 1 800) et (800 ; 3 100).

c) Estimons le nombre de pots n à partir duquel le micro-entrepreneur dégage un bénéfice. Il s'agit donc d'estimer graphiquement le point à partir duquel la courbe représentant les recettes R est au-dessus de celle représentant le coût F. Or, on peut lire que le point d'intersection des deux courbes a une abscisse d'environ 290, donc $\boldsymbol{n \approx 290}$.

d) Déterminons le nombre de pots à partir duquel le micro-entrepreneur dégage un bénéfice. Il s'agit donc de résoudre l'inéquation $R(x) > F(x)$, soit $5x > 3,25x + 500$, c'est-à-dire $(5-3,25)x > 500$, donc $x > \frac{500}{(5-3,25)} = \frac{500}{1,75} \approx 285,71\ldots$

Un bénéfice est donc dégagé à partir du 286e pot vendu.

ATTENTION

Lorsqu'on résout une équation ou une inéquation, il faut toujours interpréter les solutions obtenues en fonction du contexte pour ne retenir que celles qui sont solutions du problème, ici un nombre de pots, donc un entier.

Partie D

1 a) Déterminons le volume v_1 du pot n° 1, en centimètre cube, arrondi à l'entier.
On calcule pour cela l'aire A, en cm², du disque de base de ce pot, dont le diamètre mesure 7 cm, donc de rayon $\frac{7}{2} = 3,5$ cm. On a : $A = \pi 3,5^2 = 12,25\pi$ cm².
On applique la formule rappelée par l'énoncé : $v_1 = A \times h$, où h est la hauteur du cylindre. On obtient $\boldsymbol{v_1} = 12,25\pi \times 8 = 98\pi \approx 307,876\ldots \approx \mathbf{308\ cm^3}$, **valeur arrondie à l'entier.**

RAPPEL

L'aire d'un disque de rayon R vaut πR^2.

b) Puisque les pots sont remplis au plus à 90 %, **le volume maximum de confiture que ce pot peut contenir est** de $\frac{90}{100} \times v_1 = 0,9 \times 98\pi = 88,2\pi \approx 277,088\ldots \approx \mathbf{277\ cm^3}$, **valeur arrondie à l'entier.**

CONSEIL

Dans un calcul, il vaut mieux utiliser des valeurs exactes et n'arrondir qu'à la fin à la précision demandée.

2 a) Calculons l'aire A en cm² de l'hexagone ABCDEF. Il est constitué de six triangles équilatéraux d'aire : $\frac{\sqrt{3} \times 4^2}{4} = 4\sqrt{3}$ cm², donc $A = 6 \times 4\sqrt{3} = 24\sqrt{3}$ cm².

b) Déduisons de ce qui précède le volume v_2 du pot n° 2, en centimètre cube, en appliquant la formule du volume d'un prisme : $v_2 = A\,h$, où h est la hauteur du prisme.

Soit ici $\boldsymbol{v_2} = 24\sqrt{3} \times 8 = 192\sqrt{3} \approx 332,553\ldots \approx \mathbf{333\ cm^3}$, **valeur arrondie à l'entier.**

RAPPEL

La formule donnant l'aire d'un triangle équilatéral en fonction de son côté de mesure x se déduit de celle donnant la hauteur dans un tel triangle, soit $x\frac{\sqrt{3}}{2}$. On a alors une aire de $\frac{x \times x\frac{\sqrt{3}}{2}}{2} = \frac{\sqrt{3}}{4}x^2$.

c) Puisque les pots sont remplis au plus à 90 %, **le volume maximum de confiture que ce pot peut contenir est** de

$\frac{90}{100} \times v_2 = 0,9 \times 192\sqrt{3} = 172,8\sqrt{3} \approx 299,298\ldots \approx \mathbf{299\ cm^3}$, **valeur arrondie à l'entier.**

EXERCICE 3

COMMENTAIRE

La question 1 porte sur l'utilisation d'un tableur et la question 2 propose les résolutions arithmétique et algébrique d'un système de deux équations à deux inconnues.

1 a) Donnons la solution du problème en observant la feuille de calcul dans laquelle l'enseignant a calculé les sommes dépensées en fonction des nombres de cartes.

On repère dans la colonne E la cellule de valeur 48,75, elle se situe à la ligne 12. On lit sur cette ligne que les cartes à jouer de 1,25 € et 2,50 € sont respectivement au nombre de 9 et 15.

b) Complétons la ligne 16 :

13	**16,25**	**11**	**27,5**	**43,75**

c) Les formules qui ont pu être saisies en B3, C3, D3 et E3 peuvent être respectivement :

= A3*1,25
= 24 – A3
= C3*2,50
= D3+B3

2 Analysons le raisonnement proposé par cette élève.

REMARQUE

Ce raisonnement déductif, s'appuyant sur une hypothèse, est parfois utilisé en cycle 3 dans des problèmes comme celui-ci, dits « atypiques ». Il est très proche du raisonnement par essais et ajustements.

L'élève fait l'hypothèse que les 24 cartes achetées coûtaient 2,50 €, et en déduit que la dépense aurait alors été de 60 €, soit 11,25 € de plus que la dépense indiquée par l'énoncé.
L'élève sait donc qu'elle doit diminuer le nombre de cartes coûtant 2,50 €, or chacune d'elles vaut deux cartes de 1,25 €, donc à chaque fois qu'elle en échange une contre une carte de 1,25 €, la dépense diminue de 1,25 €.
Puisque $11,25\ € = 1\,125$ centimes, soit 9 fois 125 centimes, il faut procéder à 9 échanges.
Il y a donc 9 cartes à 1,25 € et $24 - 9 = 15$ cartes à 2,50 €.

3 Résolvons algébriquement le problème.
En utilisant les notations proposées par l'énoncé, le nombre total de cartes est $x + y = 24$ et la dépense correspondante est $1,25x + 2,50y = 48,75$.
On résout ce système de deux équations à deux inconnues en utilisant la méthode par substitution :
$y = 24 - x$, donc la 2e équation devient $1,25x + 2,50(24 - x) = 48,75$, soit $60 - 1,25x = 48,75$ et ainsi $\boldsymbol{x} = \frac{60 - 48,75}{1,25} = \mathbf{9}$. On en déduit que $\boldsymbol{y} = 24 - 9 = \mathbf{15}$.

AUTRE MÉTHODE

On peut aussi procéder par élimination (c'est-à-dire « combinaison linéaire ») pour résoudre un tel système.

EXERCICE 4

COMMENTAIRE

Cet exercice porte sur l'utilisation du logiciel Scratch pour tracer des patrons de cube. Aucune justification n'est nécessaire car les réponses exigent de comprendre la situation.

1 a) Recopions et complétons le bloc « carré » :

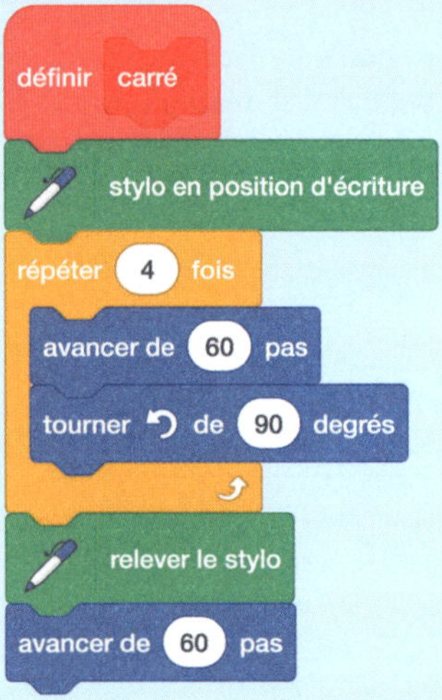

REMARQUE

Les instructions « avancer de 60 pas » et « tourner de 90 degrés » permettent de tracer un côté du carré, donc, en demandant de « répéter 4 fois », on trace bien le carré voulu et on revient au point de départ, c'est-à-dire le sommet inférieur gauche. La dernière instruction « avancer de 60 pas » permet d'avancer au sommet inférieur droit.

b) La position du stylo, c'est-à-dire le sommet inférieur droit du premier carré, est marquée d'un point rouge sur la figure ci-contre :

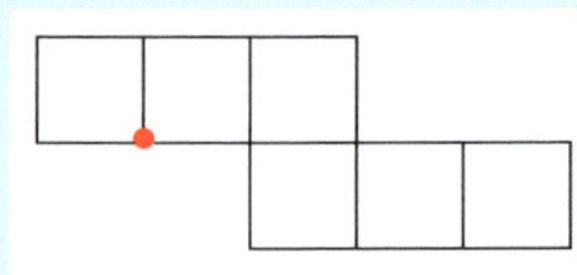

c) On peut ordonner et compléter les instructions ainsi :

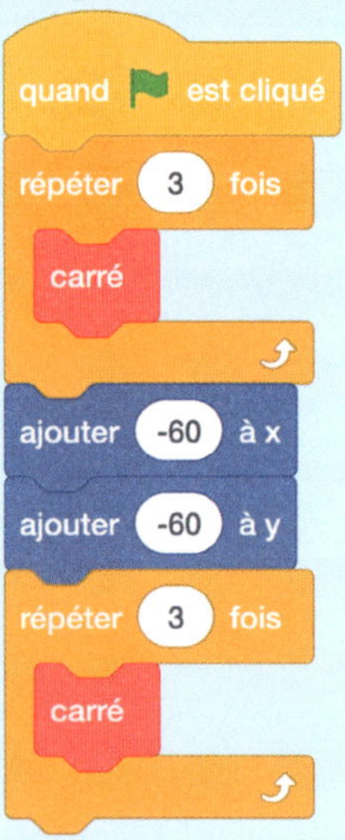

REMARQUE

Le patron est constitué de deux lignes de trois carrés en décalé. Le bloc « répéter 3 fois carré » permet d'obtenir la 1re ligne de trois carrés ; « ajouter -60 à x » et « ajouter -60 à y » permet de déplacer le pointeur sur le point qui sera le sommet inférieur gauche du 1er carré de la 2nde ligne de trois carrés.

2 Ce nouvel algorithme permet d'obtenir le patron suivant :

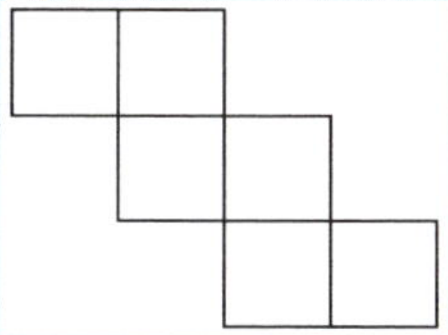

REMARQUE

Le patron est constitué de trois lignes de deux carrés en décalé. Le bloc « répéter 2 fois carré » permet d'obtenir la 1re ligne de deux carrés, « ajouter -60 à x » et « ajouter -60 à y » permet de déplacer le pointeur sur le point qui sera le sommet inférieur gauche du 1er carré de la 2e ligne de deux carrés. L'instruction « répéter 3 fois » permet donc d'obtenir les trois lignes de deux carrés.

SUJET 5

Sujet type

3 heures

→ Corrigés p. 122

Ce sujet est composé de cinq exercices indépendants.

EXERCICE 1

Younes habite à 2,7 km de l'école et s'y rend tous les jours de classe en trottinette. Il roule à la vitesse moyenne de 10,8 km/h.
Marc habite à 3,45 km de l'école et s'y rend tous les jours à vélo. Il roule à la vitesse moyenne de 18 km/h. Il passe devant chez Younes et emprunte ensuite le même parcours que lui jusqu'à l'école.

1 a) Montrer que la vitesse moyenne de Younes en m/min est égale à 180 m/min.

b) Calculer la vitesse moyenne de Marc en m/min.

2 a) Combien de temps met Younes pour se rendre à l'école ? Donner le résultat en minutes.

b) Combien de temps met Marc pour se rendre à l'école ? Donner le résultat en minutes.

3 Ce matin, Younes part à l'école à 8 h 05 min 30 s et Marc part à 8 h 07 min 48 s.

a) Justifier le fait que Marc va rattraper Younes avant l'arrivée à l'école.
b) Calculer l'heure à laquelle Marc rattrape Younes et leur distance par rapport à l'école à cet instant.

EXERCICE 2

Partie A : La tombola

Comme tous les ans, l'école organise une tombola pour la fête de fin d'année. Cette année voici la répartition des lots :

Lots	Smartphone	Paire d'écouteurs sans fil	Enceinte Bluetooth	Machine à café	Pèse-personne	Une boîte de bonbons (lot de consolation)
Prix unitaire	200 €	85 €	40 €	30 €	20 €	3 €
Nombre de billets gagnants	1	5	10	25	50	199

1 Calculer le montant total des lots de la tombola.

2 Afin de financer des sorties scolaires, la tombola doit au moins rapporter 1 500 € à l'école. Chaque billet de tombola est vendu 2 €. L'imprimeur (un parent d'élève) les édite pour 200 € quel que soit le nombre de billets.
Combien de billets, au minimum, doivent être vendus pour récolter cette somme destinée aux sorties scolaires ?

3 Habituellement, parmi les billets édités, seuls 90 % d'entre eux sont vendus.
Combien de billets doivent être édités au minimum pour que l'école soit assurée de récolter la somme destinée aux sorties scolaires ?

4 Finalement l'école fait éditer 3 000 billets qui sont tous vendus cette année.

a) Quelle est la probabilité de gagner le Smartphone ? Donner le résultat en pourcentages (arrondir au centième de pourcent près).
b) Quelle est la probabilité de gagner un lot ? Arrondir la probabilité au dixième près.
c) Combien faut-il acheter de billets pour être certain de gagner un lot ?

Partie B : Les boîtes de bonbons

Pour réaliser les lots de consolation (les boîtes de bonbons), les enseignants vont demander à leurs élèves de fabriquer des boîtes en découpant une plaque de papier cartonné en forme de rectangle de 20 cm de large sur 30 cm de long.
Pour réaliser cette boîte, les élèves devront tracer et découper 4 carrés identiques aux 4 coins de la plaque, puis plier les bords de la boîte comme indiqué ci-dessous, et mettre du ruban adhésif de couleur sur les arêtes extérieures de la boîte :

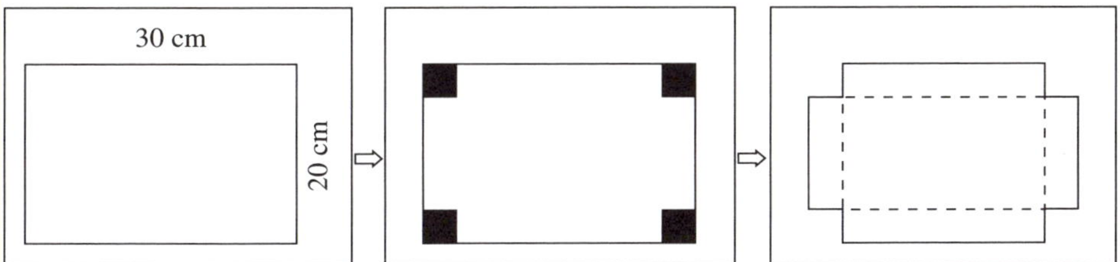

Plaque de papier cartonné	Traçage et découpage des 4 carrés situés aux 4 coins	Pliage selon les pointillés, puis collage du ruban adhésif sur les arêtes extérieures de la boîte

On appelle x la longueur des côtés des carrés qui sont découpés dans la plaque de papier cartonné (x est exprimé en cm).

1 On suppose dans cette question que x est égal à 6 cm.

a) Indiquer les trois dimensions de la boîte (longueur, largeur et hauteur) que l'on obtient après découpage des 4 carrés de 6 cm de côté et pliage comme indiqué précédemment.
b) Calculer le volume de la boîte en carton ainsi obtenue.

Questions 2, 3, 4 et 5 : On se place dans le cas général où x n'est pas connu.

2 Indiquer dans quel intervalle doit se situer x pour que la boîte soit possible à réaliser. Justifier votre réponse.

3 a) Exprimer les dimensions du fond de la boîte en fonction de x.

b) Montrer que le volume de la boîte est égal à $4x^3 - 100x^2 + 600x$.

4 On voudrait savoir pour quelle valeur de x la boîte a un volume maximum.

Pour cela, on a tracé la représentation graphique de la fonction correspondant au volume (en cm^3) de la boîte en fonction de x.

Par lecture graphique, donner une valeur approchée de x qui permette d'obtenir un volume maximal et situer ce volume maximal dans un intervalle le plus précis possible.

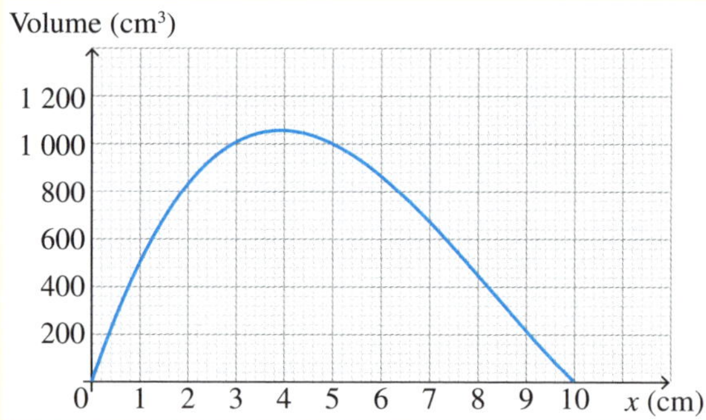

5 Pour affiner la recherche du volume maximum, on utilise un tableur, dans lequel on a entré des valeurs de x comprises entre 3,5 et 4,5 et la formule permettant de calculer le volume correspondant de la boîte.

a) Indiquer la formule qu'il faut entrer dans la cellule B2 pour que le logiciel calcule les autres valeurs lorsqu'on étend la formule vers le bas.

b) En utilisant les résultats calculés par le tableur, donner un encadrement le plus précis possible de la longueur x (en cm) permettant d'obtenir le volume maximal. Justifier votre réponse.

	A	B
1	Valeur de x	Volume de la boite
2	3,5	1046,50
3	3,55	1048,71
4	3,6	1050,62
5	3,65	1052,26
6	3,7	1053,61
7	3,75	1054,69
8	3,8	1055,49
9	3,85	1056,02
10	3,9	1056,28
11	3,95	1056,27
12	4	1056,00
13	4,05	1055,47
14	4,1	1054,68
15	4,15	1053,64
16	4,2	1052,35
17	4,25	1050,81
18	4,3	1049,03
19	4,35	1047,00
20	4,4	1044,74
21	4,45	1042,23
22	4,5	1039,50

Partie C : La répartition des bonbons dans les boîtes

Le directeur de l'école achète des bonbons au kilogramme pour les répartir dans les boîtes. Il achète 6 kg de bonbons. Le vendeur lui dit que ce poids correspond à un nombre de bonbons compris entre 1 400 et 1 600.

Le directeur décide de les compter en les répartissant par groupes tous identiques. S'il les groupe par 7, ou par 5, ou par 6, il y a toujours un bonbon de trop.

1 Combien y a-t-il de bonbons dans les six kilogrammes achetés ?

2 Finalement, le directeur complète son achat, et obtient au total 1 974 bonbons à l'orange, 2 820 bonbons à la fraise et 3 102 bonbons au citron. Il veut répartir tous ces bonbons dans les boîtes réalisées par les élèves de façon à ce que toutes les boîtes soient constituées du même assortiment et que le nombre total de bonbons de chaque boîte soit compris entre 15 et 30.

a) Combien faudra-t-il fabriquer de boîtes en tout ?

b) Combien y aura-t-il de bonbons de chaque sorte par boîte ?

EXERCICE 3

Partie A : Le jeu du furet

Dans une classe de CM2, l'enseignant travaille le calcul mental avec ses élèves sous la forme du « jeu du furet » : il donne un entier naturel qui est le point de départ ; les élèves sont désignés à tour de rôle et chacun doit retirer mentalement 3 au nombre précédemment oralisé et énoncer à haute voix l'entier naturel obtenu.
Par exemple, l'enseignant dit 64 ; le 1er élève désigné énonce 61 (64 – 3) ; le 2e élève désigné énonce 58 (61 – 3) ; etc.

1 a) En poursuivant ainsi le jeu précédent, quel sera le dernier entier naturel énoncé ?

b) Combien d'élèves seront interrogés jusqu'à l'énonciation du dernier entier naturel ?

2 L'enseignant choisit maintenant comme point de départ le nombre 2 024.

a) Quel nombre énoncera le 23e élève interrogé ?
b) Si le jeu se poursuivait plus longtemps, est-ce que le nombre 722 serait énoncé ?
c) Quel serait le dernier nombre entier naturel énoncé ?

Partie B : La division effacée

Dans une classe de CM2, les élèves ont posé et effectué la division euclidienne ci-dessous. On a effacé le diviseur et le quotient de cette division ; seuls subsistent les calculs de la partie gauche de l'opération :

8	3	9	7	3	
1	0	1	7		
		3	3	3	
			8	7	

1 Retrouver les trois soustractions successives.

2 Retrouver, à l'aide des résultats précédents, le diviseur ou les diviseurs (s'il y a plusieurs possibilités).

3 Retrouver le quotient euclidien ou les quotients euclidiens (s'il y a plusieurs possibilités).

EXERCICE 4

Les deux problèmes suivants, donnés dans une classe de CM2, sont classés dans la catégorie des problèmes atypiques et sont qualifiés de problèmes algébriques car ils pourront être traités au cycle 4 par l'écriture et la résolution d'une ou plusieurs équations du premier degré.

Exercice A :
Dans un paquet de billes rouges, vertes ou bleues, il y a 162 billes. Il y a trois fois plus de billes rouges que de billes vertes et 7 billes vertes de moins que de billes bleues. Combien y a-t-il de billes rouges ?

Exercice B :
Dans une ferme, il y a des lapins et des poules. Pour faire chercher le nombre de poules et de lapins à son frère, Cindy lui dit qu'il y a 114 pattes et 40 têtes.
Combien y a-t-il de poules et combien y a-t-il de lapins dans la ferme ?

1 En CM2, voici une stratégie de résolution par un traitement pré-algébrique à l'aide d'une représentation en barres de l'exercice A :

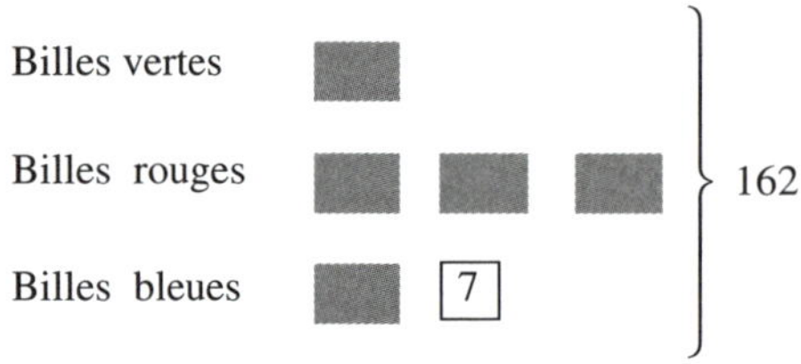

$162 - 7 = 155$. Les 5 rectangles gris identiques correspondent donc à 155 billes.
$155 \div 5 = 31$. Chaque rectangle gris correspond donc à 31 billes. Il y a donc 31 billes vertes.
$3 \times 31 = 93$. Il y a 93 billes rouges.
$31 + 7 = 38$. Il y a 38 billes bleues.

Donner la résolution algébrique de ce problème correspondant à ce traitement.

2 On donne la résolution algébrique de l'exercice B :

On appelle x le nombre de lapins et y le nombre de poules.
Les données du problème se traduisent alors par le système d'équation :

$$\begin{cases} x + y = 40 \\ 4x + 2y = 114 \end{cases}$$

En multipliant la première équation par 4 on obtient le système équivalent :

$$\begin{cases} 4x + 4y = 160 \\ 4x + 2y = 114 \end{cases}$$

En soustrayant la deuxième équation à la première on obtient :
$4y - 2y = 160 - 114$ soit $2y = 46$ et donc $y = \frac{46}{2} = 23$.
En remplaçant cette valeur de y dans la première équation du système initial on obtient :
$x + 23 = 40$ soit $x = 40 - 23 = 17$.
Il y a donc 17 lapins et 23 poules.

Pour une classe de CM2, donner une stratégie de résolution par un traitement pré-algébrique à l'aide d'une représentation en barres correspondant à la résolution algébrique ci-dessus.

3 L'enseignant a pu relever une autre stratégie de résolution pour l'exercice B.
Lors de la phase de recherche en groupe, un élève propose comme solution : « *Puisqu'il y a 40 têtes, il y a 20 lapins et 20 poules* ».
Son camarade lui fait alors remarquer son erreur : « *Cela fait* $20 \times 4 + 20 \times 2 = 120$ *pattes et non pas 114.* »
À partir de ce constat, expliquer comment les élèves de ce groupe peuvent en déduire la solution.

EXERCICE 5

Programme A

```
1  quand [drapeau] est cliqué
2  s'orienter à (90)
3  aller à x: (0) y: (0)
4  effacer tout
5  stylo en position d'écriture
6  mettre c à (200)
7  répéter (3) fois
8      avancer de (c) pas
9      tourner ↺ de (120) degrés
```

Programme B

```
1  quand [drapeau] est cliqué
2  s'orienter à (90)
3  aller à x: (0) y: (0)
4  effacer tout
5  stylo en position d'écriture
6  mettre c à (200)
7  répéter (3) fois
8      avancer de (c) pas
9      tourner ↺ de (120) degrés
10 tourner ↻ de (45) degrés
11 mettre b à ((c) * (racine de (2)) / (2))
12 répéter (3) fois
13     avancer de (b) pas
14     tourner ↺ de (90) degrés
15     avancer de (b) pas
16     tourner ↺ de (30) degrés
```

1 Le programme A a été écrit avec le logiciel Scratch. Représenter la figure obtenue lorsque le programme est exécuté. On prendra 1 mm pour 4 pas.

2 Le programme A a été complété pour former le programme B et on a obtenu la figure ci-contre. (La figure n'est pas à l'échelle)

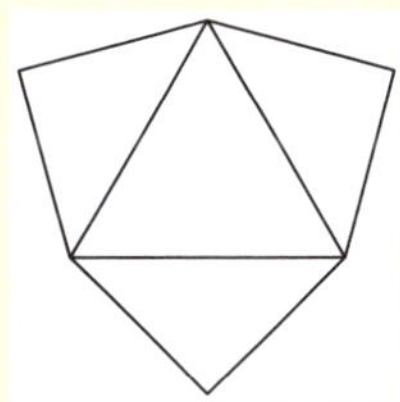

On nomme les sommets et les côtés de la figure obtenue :

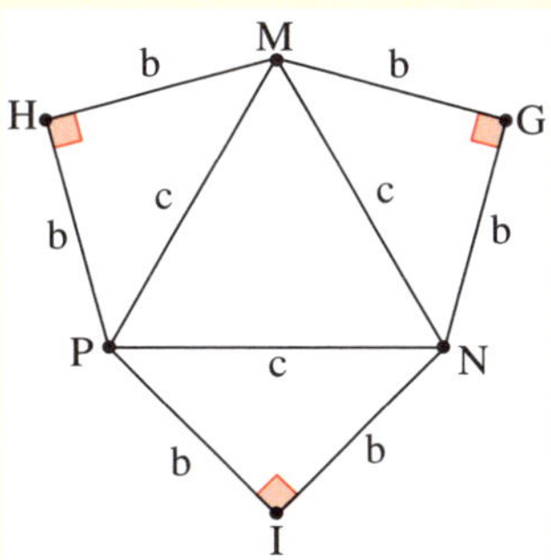

MNP est un triangle équilatéral de côté de longueur c.
Les triangles MGN, NIP et PHM sont des triangles rectangles isocèles respectivement en G, I et H.
On a : MG = GN = NI = IP = PH = HM = b.

a) Justifier la ligne 11 du programme B : `mettre b à ((c) * (racine de (2)) / (2))`

b) Justifier la ligne 10 du programme B : `tourner ↻ de (45) degrés`

c) Justifier la ligne 16 du programme B : `tourner ↺ de (30) degrés`

CORRIGÉ DU SUJET 5

ANALYSER LE SUJET

Ce sujet original est composé de 5 exercices permettant d'évaluer les compétences des candidats dans différents domaines des mathématiques enseignées au cycle 4. L'un des exercices (exercice 2) est un problème plus long autour d'un thème ; un autre s'appuie sur des travaux donnés à des élèves de CM2 que les candidats doivent analyser et résoudre avec une méthode experte relevant des connaissances de cycle 4 (exercice 4) ; quant aux trois autres exercices, ils permettent de vérifier si les candidats maîtrisent différents concepts en arithmétique, en algorithmique et dans le domaine grandeurs et mesures.

BARÈME INDICATIF

Exercice 1 : 3,5 points **Exercice 2** : 7 points **Exercice 3** : 3 points **Exercice 4** : 3,5 points **Exercice 5** : 3 points

EXERCICE 1

COMMENTAIRE

Cet exercice permet d'évaluer les compétences des candidats dans le domaine des grandeurs et de leurs mesures, en particulier le calcul de vitesses, de durées, ainsi que les conversions d'unités.

1 a) **10,8 km/h** $= 10\ 800$ m/h $= \dfrac{10\ 800}{60}$ m/min $=$ **180 m/min**.

b) **18 km/h** $= 18\ 000$ m/h $= \dfrac{18\ 000}{60}$ m/min $=$ **300 m/min**.

2 a) 2,7 km = 2 700 m, donc **la durée de trajet de Younes est égale à** $\dfrac{2\ 700 \text{ m}}{180 \text{ m/min}} =$ **15 min**.

b) 3,45 km = 3 450 m, donc **la durée de trajet de Marc est égale à** $\dfrac{3\ 450 \text{ m}}{300 \text{ m/min}} = 11{,}5$ min $=$ **11 min 30 s**.

RAPPELS

- En 1 minute, on parcourt une distance 60 fois moindre qu'en 1 heure, d'où la division par 60 pour passer des m/h aux m/min.
- Trois formules relient vitesse, temps et distance : $v = \dfrac{d}{t}$; $t = \dfrac{d}{v}$; $d = t \times v$.

3 a) Younes part de chez lui à 8 h 05 min 30 s et met 15 min pour arriver à l'école, donc il arrive à 8 h 20 min 30 s.
Marc part de chez lui à 8 h 07 min 48 s et il met 11 min 30 s pour arriver à l'école, donc il arrive à 8 h 19 min 18 s. En effet :

$$\begin{aligned} 8 \text{ h } 07 \text{ min } 48 \text{ s} + 11 \text{ min } 30 \text{ s} &= 8 \text{ h } 18 \text{ min} + 78 \text{ s} = 8 \text{ h } 18 \text{ min} + 1 \text{ min } 18 \text{ s} \\ &= 8 \text{ h } 19 \text{ min } 18 \text{ s}. \end{aligned}$$

Marc arrive à l'école avant Younes, ce qui signifie qu'il l'a rattrapé (et dépassé) avant l'arrivée à l'école.

b) La distance entre les domiciles de Marc et de Younes est égale à 750 m (3 450 m – 2 700 m). De 8 h 05 min 30 s à 8 h 07 min 48 s, Younes a roulé pendant 2 min 18 s (8 h 07 min 48 s – 8 h 05 min 30 s) à la vitesse moyenne de 180 m/min.

$2 \text{ min } 18 \text{ s} = 2 \text{ min} + \frac{18}{60} \text{ min} = 2{,}3 \text{ min}$ et $2{,}3 \text{ min} \times 180 \text{ m/min} = 414 \text{ m}$. Younes a donc parcouru 414 m.

La distance qui sépare Marc de Younes à 8 h 07 min 48 s est donc égale à 1 164 m (750 m + 414 m). Comme Marc et Younes roulent dans la même direction à des vitesses moyennes respectives de 300 m/min et 180 m/min, à chaque minute qui passe, Marc rattrape Younes de 120 m (300 m – 180 m).

Comme Marc a 1 164 m à rattraper et qu'il rattrape Younes de 120 m par minute, on a :

Distance à rattraper (en m)	120	1 164
Durée (en minutes)	1	x

$x = \frac{1\,164}{120} = 9{,}7.$

Marc va mettre 9,7 min pour rattraper Younes. $9{,}7 \text{ min} = 9 \text{ min} + 0{,}7 \times 60 \text{ s} = 9 \text{ min } 42 \text{ s}$.
Marc va donc mettre 9 min 42 s pour rattraper Younes.

Heure à laquelle Marc rattrape Younes :

8 h 07 min 48 s + 9 min 42 s = 8 h 16 min + 90 s = 8 h 16 min + 1 min + 30 s
= **8 h 17 min 30 s**.

Distance parcourue par Marc en 9 min 42 s (9,7 min) en roulant à la vitesse moyenne de 300 m/min : $9{,}7 \text{ min} \times 300 \text{ m/min} = 2\,910 \text{ m}$.

Distance entre l'école et le lieu où Marc rattrape Younes : 3 450 m – 2 910 m = 540 m.

EXERCICE 2

COMMENTAIRE

Cet exercice long se compose de trois parties indépendantes autour d'un thème commun (« La fête de l'école »). Dans un premier temps, l'exercice permet de vérifier si le candidat sait traiter des données et a quelques connaissances dans le domaine des probabilités. Dans un second temps, on vérifie sa capacité à obtenir une fonction à partir d'un problème contextualisé et à réaliser une lecture sur la représentation graphique de cette fonction ; puis ses connaissances dans l'utilisation d'un tableur sont évaluées. Enfin dans un troisième temps, on vérifie que le candidat a des connaissances dans le domaine de l'arithmétique et plus particulièrement on évalue sa capacité à employer et calculer le PPCM et le PGCD de plusieurs nombres.

Partie A

1 $1 \times 200 \text{ €} + 5 \times 85 \text{ €} + 10 \times 40 \text{ €} + 25 \times 30 \text{ €} + 50 \times 20 \text{ €} + 199 \times 3 \text{ €} = 3\,372 \text{ €}$.
Les lots ont une valeur totale de 3 372 €.

2 Montant total à récolter : $3\,372 \text{ €} + 200 \text{ €} + 1\,500 \text{ €} = 5\,072 \text{ €}$.

Nombre de billets à vendre au minimum : $\frac{5\,072 \text{ €}}{2 \text{ € / billet}}$ **= 2 536 billets.**

3 Soit x le nombre de billets à éditer, on doit avoir :

$x \times 0{,}9 \geq 2\ 536$

$x \geq \dfrac{2\ 536}{0{,}9}$

$x \geq 2\ 817{,}7$

$x = 2\ 818.$

Il faut éditer au minimum 2 818 billets de tombola.

REMARQUE

On doit enlever 10 % à un nombre important de billets de tombola pour obtenir le nombre de billets vendus (nombre inférieur au précédent). Il ne faudrait pas ajouter 10 % au nombre de billets vendus pour obtenir le nombre de billets à éditer.

Enlever 10 % à un grand nombre, n'est pas équivalent à ajouter 10 % à un petit nombre.
Ajouter 10 % à 2 536 est une méthode erronée.

4 a) Chaque billet a la même probabilité d'être choisi ; la probabilité de gagner le Smartphone est donc égale à :

$P(\text{gagner le Smartphone}) = \dfrac{1}{3\ 000} = \dfrac{1}{30} \times \dfrac{1}{100} \approx 0{,}033\ \%.$

La probabilité de gagner le Smartphone arrondie au centième de pourcent près est égale à 0,03 %.

RAPPEL

Dans le cas où il y a équiprobabilité des tirages, la probabilité d'obtenir un événement est égale au quotient du nombre de cas favorables à la réalisation de cet événement par le nombre de cas possibles.

b) Il y a 290 billets gagnants pour un total de 3 000 billets édités, donc la probabilité de gagner un lot est égale à :

$P(\text{gagner un lot}) = \dfrac{290}{3\ 000} \approx 0{,}097.$

La probabilité de gagner un lot est environ égale à 0,1 (arrondi au dixième près).

c) Il y a 3 000 billets en tout, répartis en 290 gagnants et 2 710 perdants. Pour être certain de gagner un lot, il faut donc acheter **2 711 billets**. Dans le pire des cas, on achète tous les billets perdants et 1 billet gagnant !

Partie B

1 a)

$30\text{ cm} - 2 \times 6\text{ cm} = 30\text{ cm} - 12\text{ cm} = 18\text{ cm}$ pour la longueur du fond de la boîte.

$20\text{ cm} - 2 \times 6\text{ cm} = 20\text{ cm} - 12\text{ cm} = 8\text{ cm}$ pour la largeur du fond de la boîte.

La boîte obtenue a pour longueur 18 cm, pour largeur 8 cm et pour hauteur 6 cm.

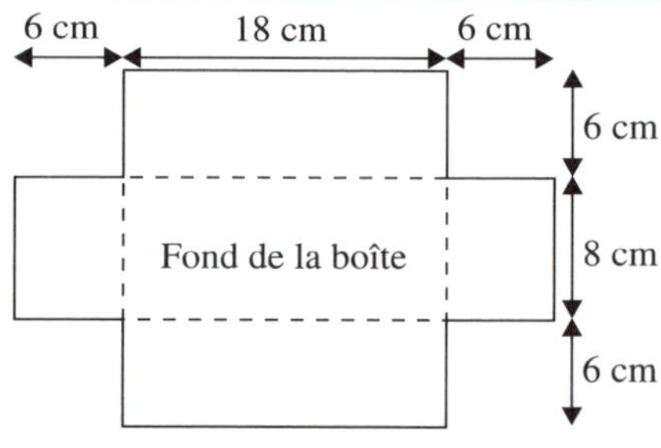

b) La boîte est un parallélépipède rectangle.

$V = 18\text{ cm} \times 8\text{ cm} \times 6\text{ cm} = 864\text{ cm}^3.$

Le volume de la boîte est égal à 864 cm³.

RAPPEL

Le volume d'un parallélépipède rectangle :
$V = \text{longueur} \times \text{largeur} \times \text{hauteur}.$

2 x doit être un nombre strictement positif pour que la boîte ait une certaine hauteur, donc : $x > 0$. Étant donné qu'on retire deux fois la quantité x à la largeur de la plaque (la plus petite des deux dimensions), x doit être strictement inférieur à 10 cm. En effet : $20 - 2x > 0$, donc $20 > 2x$ et, par conséquent, $10 > x$ c'est-à-dire $x < 10$.

On en déduit que : **$0 < x < 10$, autrement dit x appartient à l'intervalle $]0\ ;10[$ (x étant exprimé en cm).**

REMARQUE

Les deux présentations (encadrement ou intervalle) de la réponse seront acceptées.

3 a) Sur la longueur de 30 cm de la plaque, on retire deux fois la longueur x, donc **la longueur du fond de la boite est égale à $30 - 2x$ (en cm)**.

Sur la largeur de 20 cm de la plaque, on retire également deux fois la longueur x, donc **la largeur du fond de la boite est égale à $20 - 2x$ (en cm)**.

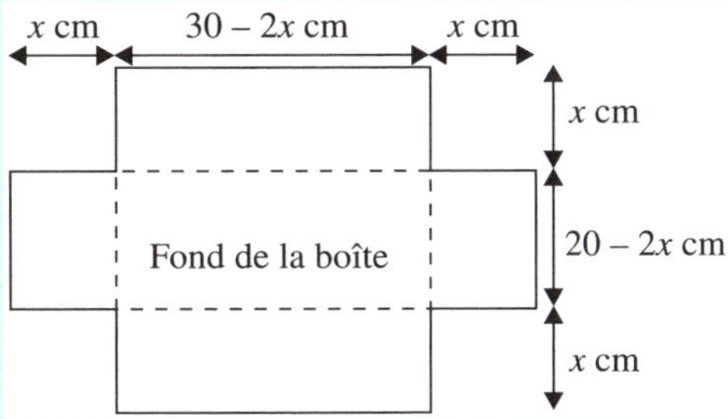

b) La boîte en forme de parallélépipède rectangle a pour dimensions : $30 - 2x$ cm de long, $20 - 2x$ cm de large et x cm de haut.

Par conséquent, son volume est égal à :

$V = (30 - 2x) \times (20 - 2x) \times x$

$V = (30 \times 20 - 30 \times 2x - 2x \times 20 + 2x \times 2x) \times x$

$V = \left(600 - 60x - 40x + 4x^2\right) \times x$

$V = \left(600 - 100x + 4x^2\right) \times x$

$V = 600x - 100x^2 + 4x^3$

$V = 4x^3 - 100x^2 + 600x$

CONSEIL

Il est souvent plus simple de développer une expression algébrique que d'en factoriser une autre.
Ici, il vaut mieux partir du produit des trois dimensions de la boîte (exprimées en fonction de x), puis le développer pour arriver à la somme algébrique souhaitée.

4 Sur la courbe, on cherche le point qui a la plus grande ordonnée (environ 1 060) et on lit l'abscisse de ce point (environ 3,9).

Le volume de la boîte sera maximum lorsque x sera environ égal à 3,9 cm et le volume maximal est compris entre 1 000 et 1 200 cm³.

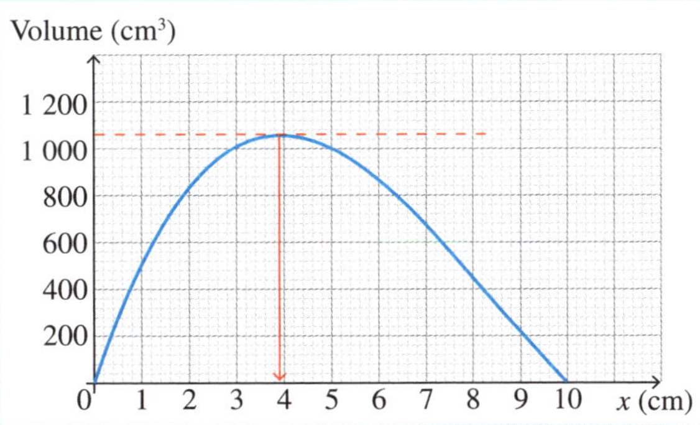

5 a)Dans la cellule B2, on entre la formule :

= 4*A2*A2*A2–100*A2*A2+600*A2

ou

=4*A2^3–100*A2^2+600*A2

CONSEILS

- Surtout ne pas mettre le nom de la cellule B2 dans la cellule B2 : ne pas écrire B2=4*A2^3-100*A2^2+600*A2.
- Ne pas oublier de commencer la formule par le signe = (sinon le tableur ne calcule rien).
- Il est préférable de mettre une étoile * pour indiquer les multiplications à effectuer, plutôt que d'utiliser le signe ×.

b) Le tableur calcule le volume des boîtes pour des valeurs x progressant de 5 centièmes en 5 centièmes à partir de 3,5 cm.

8	3,8	1055,49
9	3,85	1056,02
10	3,9	1056,28
11	3,95	1056,27
12	4	1056,00
13	4,05	1055,47

Pour $x = 3{,}85$ cm, le volume calculé est égal à 1 056,02 cm^3.
Pour $x = 3{,}9$ cm, le volume calculé est égal à 1 056,28 cm^3.
Pour $x = 3{,}95$ cm, le volume calculé est égal à 1 056,27 cm^3.
Le volume maximal calculé dans le tableur est 1 056,28 lorsque $x = 3{,}9$. Toutefois, le volume peut être maximal lorsque $3{,}85 < x \leq 3{,}9$ (« un peu avant que x ne soit égal à 3,9 ») ou lorsque $3{,}9 \leq x < 3{,}95$ (« un peu après que x soit égal à 3,9 »).
Le volume maximal de la boîte est donc atteint lorsque $3{,}85 < x < 3{,}95$.

Partie C

1 Appelons n le nombre de bonbons contenus dans les 6 kg de bonbons. On a : $1\,400 < n < 1\,600$.
Si on enlève un bonbon, le nombre de bonbons peut alors se répartir par paquets de 7 bonbons ou par paquets de 5 bonbons ou encore par paquets de 6 bonbons.
Si on enlève un bonbon, on a : $1\,399 < n - 1 < 1\,599$.
$n - 1$ est un multiple de 7, de 5 et de 6, donc $n - 1$ est un multiple du plus petit commun multiple (PPCM) à 7 et 5 et 6.

> **RAPPEL**
>
> Le PPCM de nombres décomposés en produits de facteurs premiers est égal au produit de tous les facteurs premiers communs ou non à ces nombres, chacun d'eux n'étant pris qu'une seule fois et affecté du plus grand exposant.

7 et 5 sont des nombres premiers et $6 = 2 \times 3$, donc $\text{PPCM}(7;5;6) = 7 \times 5 \times 2 \times 3 = 210$.
$n - 1$ est un multiple de 210, donc il existe un nombre entier k tel que $n - 1 = k \times 210$.
Par conséquent :

$$1\,399 < n - 1 < 1\,599$$
$$1\,399 < k \times 210 < 1\,599$$
$$\frac{1\,399}{210} < k < \frac{1\,599}{210}$$
$$6{,}1 < k < 7{,}7$$

Donc $k = 7$ et $n - 1 = 7 \times 210 = 1\,470$ et $n = 1\,471$.
Dans 6 kg de bonbons, il y a 1 471 bonbons.

2 **a) et b)** Pour répartir les 1 974 bonbons à l'orange, les 2 820 bonbons à la fraise et les 3 102 bonbons au citron de façon identique dans les boîtes, il faut que le nombre de boîtes soit un diviseur commun à 1 974, 2 820 et 3 102, c'est-à-dire qu'il doit être un diviseur du plus grand commun diviseur (PGCD) de ces trois nombres.
Or $1\,974 = 2 \times 3 \times 7 \times 47$, $2\,820 = 2^2 \times 3 \times 5 \times 47$ et enfin $3\,102 = 2 \times 3 \times 11 \times 47$.

> **RAPPEL**
>
> Le PGCD de nombres décomposés en produits de facteurs premiers est égal au produit de tous les facteurs premiers communs à ces nombres, chacun d'eux n'étant pris qu'une seule fois et affecté du plus petit exposant.

Donc $\text{PGCD}(1\,974\ ;\ 2\,820\ ;\ 3\,102) = 2 \times 3 \times 47 = 282$.
$1\,974 = 282 \times 7$, donc on peut faire 282 groupes de 7 bonbons à l'orange.
$2\,820 = 282 \times 10$, donc on peut faire 282 groupes de 10 bonbons à la fraise.
$3\,102 = 282 \times 11$, donc on peut faire 282 groupes de 11 bonbons au citron.

On peut alors prévoir 282 boîtes de bonbons qui contiendront chacune 7 bonbons à l'orange, 10 bonbons à la fraise et 11 bonbons au citron, soit 28 bonbons au total $(7+10+11)$. Cette répartition respecte la contrainte d'avoir entre 15 et 30 bonbons par boîte.

REMARQUE

On pourrait prévoir moins de 282 boîtes : un diviseur de 282 (qui n'est pas 282 lui-même), c'est-à-dire 141 ou 94 ou 47 ou 6 ou 3 ou 2 ou 1 boîte. Dans tous ces cas, le nombre total de bonbons par boîte sera supérieur à 30 et donc ne pourra pas convenir.

La seule solution pour le directeur est donc de demander aux élèves de réaliser 282 boîtes en tout et de remplir chaque boîte avec 28 bonbons (7 à l'orange, 10 à la fraise et 11 au citron).

EXERCICE 3

COMMENTAIRE

Cet exercice évalue le degré de maîtrise des candidats concernant la division euclidienne. Tout d'abord, en vérifiant si les candidats sont capables de faire un lien entre « décompter de *n* en *n* » et la division euclidienne, puis dans la recherche du diviseur et du quotient dans une division euclidienne en partie effacée.

Partie A

1 a)

Enseignant	1er élève	2e élève	3e élève	4e élève	5e élève	etc.	20e élève	21e élève
64	$64-1\times3$ $=61$	$64-2\times3$ $=58$	$64-3\times3$ $=55$	$64-4\times3$ $=52$	$64-5\times3$ $=49$	etc.	$64-20\times3$ $=4$	$64-21\times3$ $=1$

Le dernier nombre entier naturel énoncé sera le nombre 1.

AUTRE MÉTHODE

On effectue la division euclidienne de 64 par 3, on obtient : $64=3\times21+1$.

Le reste 1 est le dernier nombre entier naturel énoncé ; le quotient euclidien 21 est le nombre d'élèves interrogés.

b) **21 élèves seront interrogés jusqu'à l'énonciation du dernier entier naturel.**

2 a) $2\ 024-3\times23=2\ 024-69=1\ 955$.

Le 23e élève interrogé énonce le nombre 1 955.

AUTRE MÉTHODE

On peut décompter de 3 en 3 à partir de 2 024 et ceci 23 fois pour arriver à 1 955 :

2 024 ; 2 021 ; 2 018 ; etc. ; 1 955.

(2 021 : 1er élève ; 2 018 : 2e élève ; 1 955 : 23e élève)

b) On cherche à savoir s'il existe un nombre entier k tel que :

$2\ 024-3\times k=722$

$2\ 024-722=3k$

$1\ 302=3k$

$\dfrac{1\ 302}{3}=k$

$k=434$

$2\ 024-3\times434=722$.

Oui, le nombre 722 serait énoncé si le jeu se poursuivait plus longtemps.

c) On effectue la division euclidienne de 2 024 par 3 :

$2\,024 = 3 \times 674 + 2$.

Le dernier nombre entier naturel énoncé serait 2.

Partie B

1 Le résultat de la première soustraction (la différence) est égal à 101. Le 1er terme de la soustraction étant 839, en effectuant $839 - 101$ on peut trouver le 2d terme de la 1re soustraction : $839 - 101 = 738$. **Donc la 1re soustraction est 839 – 738 = 101.**
Le résultat de la 2e soustraction est égal à 33. Le 1er terme de cette soustraction étant 1 017, on effectue la soustraction $1\,017 - 33 = 984$. **Donc, la 2e soustraction est 1 017 – 984 = 33**.
Le résultat de la 3e soustraction est 87. Le 1er terme de cette soustraction étant 333, on effectue $333 - 87 = 246$. **Donc la 3e soustraction est 333 – 246 = 87**.

2 Les résultats des trois soustractions sont 101, 33 et 87 ; cela implique que le diviseur est strictement supérieur à chacun de ces nombres, donc il est strictement supérieur à 101.
De plus les seconds termes des soustractions (738 pour la première soustraction, 984 pour la deuxième soustraction et 246 pour la troisième soustraction) sont des multiples du diviseur. Autrement dit, le diviseur divise les nombres 738, 984 et 246 ; c'est donc un diviseur du PGCD de ces trois nombres (PGCD : Plus Grand Commun Diviseur).
$738 = 2 \times 3^2 \times 41 \quad 984 = 2^3 \times 3 \times 41 \quad 246 = 2 \times 3 \times 41$
Donc $\text{PGCD}(738\ ;\ 984\ ;\ 246) = 2 \times 3 \times 41 = 246$.
Le diviseur est un diviseur du PGCD (738;984;246) strictement supérieur à 101. **Il peut donc être égal à 246 ou à 123**.

3 • **Si le diviseur est égal à 246**, on doit diviser 83 973 par 246 (division euclidienne) :
$83\,973 = 246 \times 341 + 87$. Donc **le quotient euclidien est 341**.
• **Si le diviseur est 123**, on doit diviser 83 973 par 123 (division euclidienne) :
$83\,973 = 123 \times 682 + 87$. Donc **le quotient euclidien est 682**.
On peut donc avoir les deux divisions euclidiennes suivantes :

	8	3	9	7	3	246
–	7	3	8	↓	↓	341
	1	0	1	7		
–		9	8	4	↓	
	0	0	3	3	3	
		–	2	4	6	
			0	8	7	

$83\,973 = 246 \times 341 + 87$

	8	3	9	7	3	123
–	7	3	8	↓	↓	682
	1	0	1	7		
–		9	8	4	↓	
	0	0	3	3	3	
		–	2	4	6	
			0	8	7	

$83\,973 = 123 \times 682 + 87$

EXERCICE 4

COMMENTAIRE

Cet exercice évalue la capacité du candidat à utiliser parallèlement ses connaissances didactiques et mathématiques.
Les exercices et la description des stratégies de résolution sont extraits des documents d'accompagnement de l'Éducation nationale (« La résolution de problèmes au cours moyen »).
Nous conseillons donc vivement la lecture de ce guide pour les épreuves écrite et orale du concours.

1 En appelant R le nombre de billes rouges, V le nombre de billes vertes et B le nombre de billes bleues, on traduit les données du problème par ces trois équations :

$$\begin{cases} R+V+B=162 \\ R=3V \\ B=V+7 \end{cases}$$

En remplaçant R et B par leur expression en fonction de V dans la première équation on obtient :
$3V+V+V+7=162$

Soit $5V=162-7$ et donc $V=\dfrac{155}{5}=31$.

D'où en remplaçant cette valeur dans $\begin{cases} R=3V \\ B=V+7 \end{cases}$ on obtient :

$R=3\times 31=93$ et $B=31+7=38$.
Il y a donc **31 billes vertes, 93 billes rouges et 38 billes bleues.**

2

ATTENTION

Ne pas oublier que cette stratégie de résolution doit pouvoir être comprise par un élève de CM2.

La représentation en barres correspondant aux deux équations est :

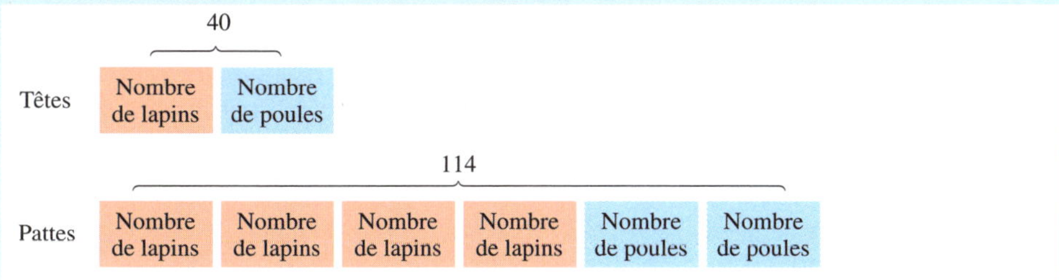

La multiplication par 4 de la première équation correspond à :

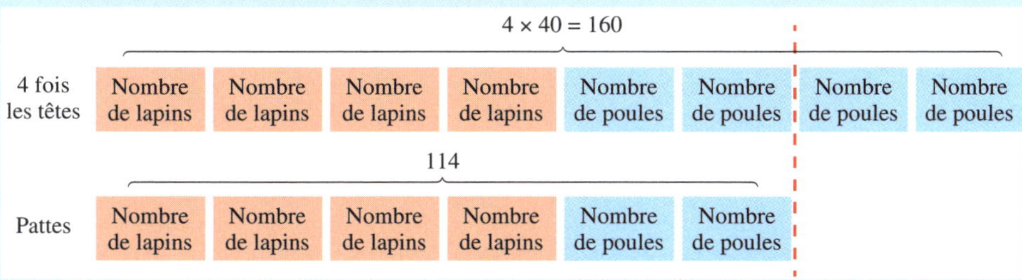

Par soustraction, on en déduit que le nombre de poules fois deux est : $160-114=46$.
Donc le nombre de poules est : 46 ÷ 2 = 23. Le nombre de lapins est alors : 40 – 23 = 17.

3 L'élève proposant 20 poules et 20 lapins ne tient pas compte de l'information sur le nombre de pattes ; son camarade lui fait remarquer qu'il y aurait alors : $20\times 4+20\times 2=120$ pattes.
Ils peuvent en déduire que l'erreur est de : $120-114=6$. Il y a donc 6 pattes en trop.

Pour conserver un nombre d'animaux égal à 40, Il faut échanger des lapins contre des poules pour faire baisser le nombre total de pattes.

Un échange fait baisser de 2 pattes, donc pour corriger les 6 pattes en trop il faut procéder à : $6 \div 2 = 3$ échanges.

Échanges	Nombre de lapins	Nombre de poules	Nombre de pattes
	20	20	120
Échange 1	19	21	118
Échange 2	18	22	116
Échange 3	**17**	**23**	**114**

Il y a donc 17 lapins et 23 poules.

EXERCICE 5

COMMENTAIRE

Cet exercice permet d'évaluer la compréhension d'un programme Scratch et les connaissances élémentaires du candidat en géométrie plane.

1

REMARQUE

Pour répondre à la question, le tracé de la figure à l'échelle suffit. Aucune justification n'est demandée.

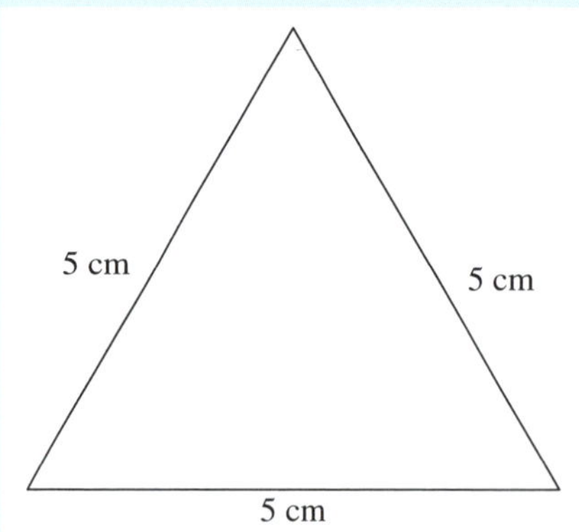

MÉTHODE

La variable « c » est affectée du nombre 200. Dans la boucle (ligne 7) du programme, l'instruction « avancer de c pas » indique que le stylo trace une ligne de 200 pas. L'énoncé donne l'échelle : 1 mm pour 4 pas. On fera correspondre donc 200 pas à $\frac{200}{4} = 50$ mm $= 5$ cm.

Avec la ligne 2 (« s'orienter à 90 »), l'orientation du stylo est initialisée à l'horizontale et vers la droite.

La première répétition de la boucle : « avancer de c pas » puis « tourner ↺ de 120° dans le sens antihoraire » trace donc un segment de 5 cm de côté et oriente le stylo suivant la flèche représentée sur la figure ci-dessous :

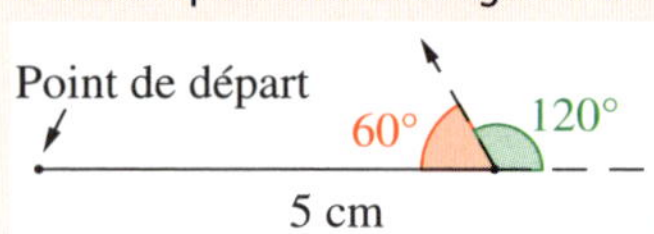

Attention : après l'instruction « tourner ↺ de 120° », on oriente le stylo de 120° par rapport à la direction qui aurait été suivie sans cette instruction.

La boucle répétant ces instructions 3 fois, on obtient donc un triangle équilatéral de côté 5 cm.

2 Le programme complété, après avoir tracé le triangle équilatéral MNP, trace les côtés MG, GN, NI, IP, PH et HM de mesure b des trois triangles rectangles isocèles MGN, NIP, PHM.

a) Pour déterminer la longueur de b on peut appliquer le théorème de Pythagore :

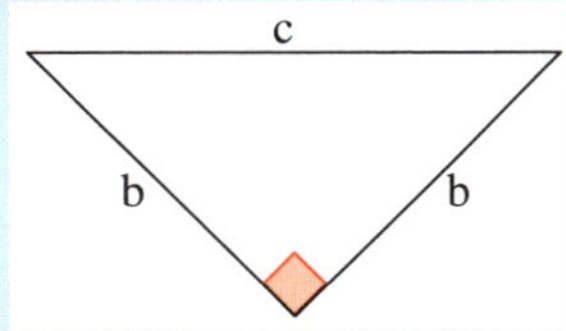

$b^2 + b^2 = c^2$

$2b^2 = c^2$

$b^2 = \dfrac{c^2}{2}$

$b = \sqrt{\dfrac{c^2}{2}} = \dfrac{\sqrt{c^2}}{\sqrt{2}} = \dfrac{c}{\sqrt{2}} = \dfrac{c \times \sqrt{2}}{\sqrt{2} \times \sqrt{2}} = \dfrac{c \times \sqrt{2}}{2}$

C'est pour cette raison que la ligne 11 place dans la variable b la valeur : $\dfrac{c \times \sqrt{2}}{2}$.

b) La première partie du programme trace le triangle PNM et le stylo se retrouve en P dans la direction horizontale P → N.

Le triangle PNI étant rectangle isocèle en I, l'angle $\widehat{NPI}$ mesure 45°.

Pour tracer le premier des 6 côtés de longueur b, il faut donc ordonner au stylo un changement de direction de 45° dans le sens horaire, ce qu'indique la ligne 10 du programme.

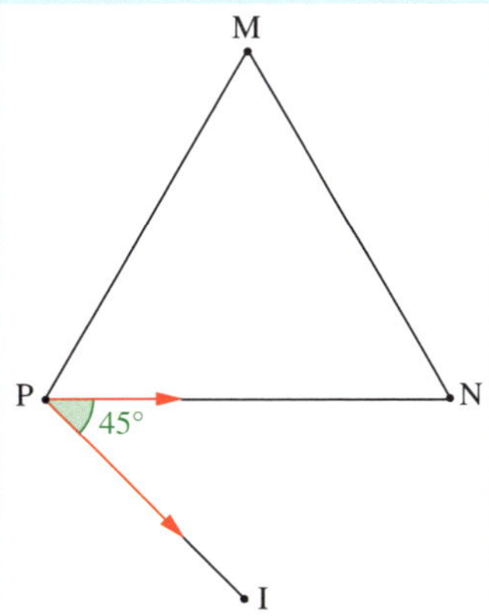

RAPPELS

- Dans un triangle isocèle, les deux angles à la base sont égaux.
- La somme des angles d'un triangle valant 180°, dans le cas d'un triangle isocèle rectangle, on en déduit facilement que les deux angles à la base mesurent 45°.

c) Lors de la première répétition de la deuxième boucle du programme, les trois premières instructions (« avancez de b pas », « tournez de 90° sens anti horaire », « avancez de b pas ») tracent [PI] et [IN]. Le stylo se trouve alors en N dans la direction : I → N.

Sur la figure ci-contre on a tracé la droite (IN) et placé un point A tel que I, N, A soient ordonnés dans ce sens.

Nous allons montrer que la valeur de l'angle $\widehat{GNA}$ est 30°.

Nous aurons alors justifié le changement de direction de 30° dans le sens antihoraire à ordonner au stylo pour qu'il suive la direction → G.

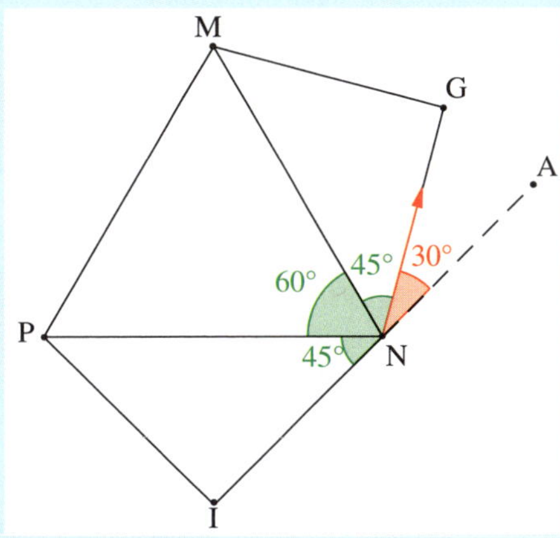

I, N, A étant alignés on a :

$\widehat{INA} = 180° = \widehat{INP} + \widehat{PNM} + \widehat{MNG} + \widehat{GNA} = 45° + 60° + 45° + \widehat{GNA} = 150° + \widehat{GNA}$,

donc : $180° - 150° = 30° = \widehat{GNA}$.

La ligne 16 est ainsi justifiée.

Histoire-Géographie-EMC

Descriptif de l'épreuve et conseils de méthode 134

SUJET 1 France métropolitaine, 2022 136
Corrigé 145

SUJET 2 Antilles, 2022 154
Corrigé 161

SUJET 3 Créteil-Versailles, 2022 168
Corrigé 179

SUJET 4 Sujet type 187
Corrigé 196

SUJET 5 Sujet type 203
Corrigé 213

Descriptif de l'épreuve et conseils de méthode

Descriptif de l'épreuve

▶ L'épreuve comporte **deux parties** s'appuyant sur un **dossier documentaire**. Chaque partie correspond à une composante et est composée de 2 à 3 questions.
▶ L'épreuve consiste en **la conception et/ou l'analyse d'une ou plusieurs séquences ou séances d'enseignement** à l'école primaire (cycles 1 à 3). Elle peut comporter des questions visant à vérifier vos connaissances disciplinaires.
▶ L'épreuve est notée sur 20. Une note globale égale ou inférieure à 5 est éliminatoire.
▶ Durée : trois heures ; coefficient 1.

Programme de l'épreuve

Vous pouvez être interrogé(e) sur les programmes des cycles 1, 2 et 3, mais vous devez avoir acquis un degré de connaissances disciplinaires et didactiques d'un niveau de fin de cycle 4 (classe de 3ᵉ).

Composition du dossier documentaire

Le dossier propose **trois types de documents :** des **textes officiels** ou **extraits du programme** (contextualiser le sujet et en limiter le cadre) ; des **documents issus de travaux de recherche** (apprécier un courant de pensée sur la discipline ou apporter un éclairage scientifique sur une notion clé du programme) ; des **documents pédagogiques** (extraits de manuels scolaires ou de tout document qui pourrait être étudié en classe par les élèves).

Questionnements possibles

▶ ***« Présenter et analyser un corpus documentaire selon une synthèse problématisée et argumentée » :*** il s'agit d'ordonner un propos en faisant état des enjeux scientifiques et didactiques soulevés par les documents. Vous pouvez profiter de cette présentation pour classer les documents par nature et intérêt (documents iconographiques, documents sources, photographies de paysage…).
▶ ***« Élaborer une séquence d'apprentissage progressive et cohérente sur un thème donné » :*** nous vous conseillons de la rédiger sous la forme d'un déroulé chronologique, dans lequel vous faites état des notions abordées, des objectifs d'apprentissage, des compétences mobilisées, des documents du corpus utilisés et des diverses situations d'apprentissage. Il faudra être cohérent(e) par rapport aux attendus du programme et aux capacités de l'élève en lien avec son développement et le niveau concerné. Les apprentissages des élèves doivent être appréhendés de manière progressive et spiralaire. N'hésitez pas à proposer d'autres documents que ceux du corpus.
▶ ***« Préciser les objectifs notionnels d'une thématique au programme » :*** vous détaillez les notions et le vocabulaire qui seraient abordés en classe dans le niveau et la thématique concernés.
▶ ***« Exploiter un document » :*** vous présentez le déroulé chronologique de son utilisation en classe, dans un niveau déterminé. Vous devez aussi expliquer et détailler les choix que vous opérez dans une situation d'apprentissage, pour faire en sorte que le document développe des

apprentissages chez les élèves (des savoirs et des savoir-faire). Est ainsi évaluée votre capacité à proposer une exploitation respectueuse du programme concerné, des notions abordées et du public scolaire visé.

▶ ***« Expliquer les enjeux scientifiques et didactiques soulevés par les documents » :*** il s'agit de relever et présenter les notions du programme qui peuvent être exploitées dans le document. Puis, de déterminer l'usage que vous pouvez en faire pour que les élèves mobilisent des compétences et maîtrisent les notions du programme étudiées.

Aptitudes évaluées chez les candidats

▶ **La maîtrise disciplinaire en lien avec les contenus :** c'est la première compétence professionnelle du métier de professeur des écoles. Vous devez connaître la discipline, en situer les repères fondamentaux et les enjeux épistémologiques et didactiques.

▶ **Savoir appliquer cette maîtrise disciplinaire à la construction et l'analyse de démarches d'apprentissage :** cela revient à réfléchir aux enjeux didactiques de la discipline, c'est-à-dire proposer des situations d'apprentissage à même de transformer le savoir scientifique en un savoir scolaire accessible pour les élèves.

Se préparer au concours tout au long de l'année

▶ Entraînez-vous à la fois sur des **sujets complets**, dans le temps imparti de 3 heures, et sur des **« morceaux » de l'épreuve** :

– **un document de manuel scolaire :** Qu'apporte-t-il comme informations sur la thématique du programme ? Quelle(s) exploitation(s) pédagogique(s) pouvez-vous en faire avec les élèves ? Quel problème peut-il poser aux élèves ? Etc.

– **une notion du programme :** Quels en sont les enjeux scientifiques ? Comment la définir ? Comment l'aborder avec les élèves ? À partir de quel(s) document(s) ? Etc.

– **une séquence, une séance :** entraînez-vous à « critiquer » une séquence ou une séance observée en stage dans une des composantes de l'épreuve ; imaginez comment une thématique pourrait se décliner dans tel ou tel niveau de classe ; etc.

Ces entraînements réguliers vous prépareront à adopter des réflexes et une méthode utiles pour gérer l'épreuve écrite.

▶ Des **qualités d'expression** seront indispensables pour obtenir la meilleure note possible aux épreuves écrites. Tâchez donc, le plus possible, de poser par écrit vos simulations et de rédiger correctement vos réponses. Cela vous permettra d'améliorer votre capacité à écrire correctement dans un délai très court.

▶ Faites-vous un **rétroplanning de révisions** jusqu'aux épreuves écrites, avec un certain nombre de notions par cycle à aborder et étudier selon un calendrier précis. Ne traitez pas tout en même temps et laissez-vous du temps pour digérer les connaissances acquises.

▶ N'oubliez pas également de **croiser**, si possible, les **savoirs théoriques avec une pratique et une observation de terrain**. Cela vous permettra d'étayer de manière concrète vos idées, quand vous devrez proposer des exploitations pédagogiques à partir des documents ou des notions proposées dans les questions.

SUJET 1 : Histoire / Géographie

France métropolitaine, 2022

3 heures

→ Corrigés p. 145

La composante Histoire du sujet porte sur l'enseignement en cours moyen deuxième année, comme l'indique le document 1 du dossier documentaire.

COMPOSANTE HISTOIRE – 12 points

1 Vous commencez à préparer la séquence d'apprentissage : « Deux guerres mondiales au vingtième siècle ».
Conformément au choix opéré par le programme, vous réfléchissez d'abord à la notion de « trace » :
– en vous aidant du dossier documentaire, montrez l'importance et la nature des traces laissées par la Première Guerre mondiale ;
– quelle définition de « trace » donnerez-vous à vos élèves ?

2 En première partie de votre séquence d'apprentissage sur les deux guerres mondiales du vingtième siècle, vous décidez de consacrer plusieurs séances à la Première Guerre mondiale :
– indiquez les titres des différentes séances envisagées ;
– développez – au choix – une des séances en définissant les objectifs d'apprentissage et les compétences travaillées. Indiquez précisément quels documents issus du dossier documentaire vous utiliserez et détaillez l'exploitation pédagogique de l'un de ces documents.

COMPOSANTE GÉOGRAPHIE – 8 points

3 En vous fondant sur les documents 12 à 15, présentez les objectifs notionnels relatifs au thème 2 du programme de géographie de la classe de CM1 : « Se loger, travailler, se cultiver, avoir des loisirs en France / dans un espace touristique ».

4 Vous décidez d'exploiter le document 13 en classe : quels choix opérez-vous pour conduire cette exploitation ?

SOMMAIRE DU DOSSIER DOCUMENTAIRE

1. Extrait du programme d'enseignement du cycle de consolidation (cycle 3), *Bulletin officiel de l'Éducation nationale*, n° 31 du 30 juillet 2020.

2. Extraits de : Stéphane Audoin-Rouzeau, « La guerre au XXe siècle. 1. L'expérience combattante », Documentation photographique, n° 8 041, 2004.

3. Extraits de : Lettre du capitaine Georges Gallois, dans *Paroles de Poilus, Lettres et carnets du front, 1914-1918*, Librio, 2001.

4. Extraits de : Henri Barbusse, *Le Feu (Journal d'une Escouade)*, Ernest Flammarion, 1916.

5. Félix Vallotton (1865-1925), *Verdun*, huile sur toile, 1917.

6. Des ouvrières peignent des obus de 75 mm dans un atelier de la fabrique, 31 mai 1917, fort d'Aubervilliers, Seine-Saint-Denis.

7. Abel Faivre (1867-1945), *Pour la France versez votre or*, 1915.

8. André Hellé (1871-1945), *Alphabet de la Grande Guerre*, Berger-Levrault, 1918.

9. « LA GRANDE GUERRE – Le Crime de Reims », s.d., dans Bibliothèque municipale de Reims, *La Grande Guerre et ses conséquences.*

10. Jean Galtier-Boissière (1891-1966), *Fêtes de la Victoire : le défilé des mutilés*, huile sur carton, 1919.

11. Jean-François Gavoty (1957-), sculpture, 2013, Reims, parc de Champagne, d'après Paul Moreau-Vauthier, Monument *Aux héros de l'Armée noire* (inauguré en 1924, déposé par les Allemands en 1940).

12. Extrait du programme d'enseignement du cycle de consolidation (cycle 3), *Bulletin officiel de l'Éducation nationale*, n° 31 du 30 juillet 2020.

13. La Promenade des Anglais à Nice vue depuis la colline du château (juin 2020).

14. Plan de Nice.

15. Extraits de : Sylvie Christofle et Christian Hélion, « Territoire(s), touriste(s) et habitants à Nice Côte d'Azur "Métropole" », dans Dominique Crozat et Daiane Alves (dir.), *Le Touriste et l'Habitant*, 2018.

DOSSIER DOCUMENTAIRE

Document 1 **Extrait du programme d'enseignement du cycle de consolidation (cycle 3), *Bulletin officiel de l'Éducation nationale*, n° 31 du 30 juillet 2020.**

Histoire – Classe de CM2

Repères annuels de programmation	Démarches et contenus d'enseignement
[…]	
Thème 3 **La France, des guerres mondiales à l'Union Européenne** Deux guerres mondiales au vingtième siècle […]	À partir des traces de la Grande Guerre et de la Seconde Guerre mondiale dans l'environnement des élèves (lieux de mémoire et du souvenir, paysages montrant les reconstructions, dates de commémoration), on présente l'ampleur des deux conflits en les situant dans leurs contextes européen et mondial. […]

Document 2 **Extraits de : Stéphane Audoin-Rouzeau, « La guerre au XXe siècle. 1. L'expérience combattante », *Documentation photographique*, n° 8 041, La Documentation française, 2004, p. 13.**

Ceux qui – par millions entre 1914 et 1945 […] – ont connu l'expérience du combat, quelle trace en ont-ils laissé au sein des sociétés englobantes ? Quel héritage de cette violence-là au plan artistique, littéraire, politique, idéologique ? Voilà qui revient à poser la question du témoignage, entendu au sens le plus large, et aussi celle de la mémoire, au sens de la présence du passé dans notre présent. […]

Le témoignage combattant n'est pas, en tant que tel, une invention du XXe siècle : un grand nombre de vétérans des armées napoléoniennes ont ainsi relaté leur expérience de guerre. Mais il est indiscutable que l'alphabétisation des masses au XIXe siècle – achevée au début du siècle suivant en Europe occidentale et en Amérique du Nord –, a mis la lecture et l'écriture à la disposition des soldats. La lettre en temps de guerre devint dès lors un phénomène massif (plusieurs milliards de lettres ont été échangées entre 1914 et 1918, par exemple), de même que le carnet personnel. Désormais, l'expérience de combat peut être accompagnée d'une trace écrite, ce qui ne veut pas dire, d'ailleurs, que le combat se soit laissé aisément écrire : dans l'instant, l'écriture des soldats se caractérise le plus souvent par une banalité qui cache l'indicible de la violence. Mais il y eut aussi l'écriture de l'après : à cet égard, l'activité guerrière occidentale du XXe siècle marque l'entrée dans « l'ère du témoin ». C'est par milliers que les combattants des conflits contemporains ont écrit et publié le récit de leur expérience de guerre, prenant alors la plume pour la première et dernière fois de leur vie. [...]

Mais, par bien d'autres canaux, l'expérience du combat a irrigué les sociétés englobantes : que l'on songe à l'activité artistique sous toutes ses formes, à la photographie, au film d'actualité, aux objets de toutes sortes ramenés des champs de bataille par les soldats. [...]

Document 3 **Extraits de : Lettre du capitaine Georges Gallois, dans *Paroles de Poilus, Lettres et carnets du front, 1914-1918*, Librio, 2001, p. 146.**

Georges Gallois avait 29 ans en 1914. Il survécut à la guerre. Il mourut durant la Seconde Guerre mondiale, en juin 1944.

Verdun, 15 juillet 1916, 4 heures, soir.

Mes chers parents,

Je suis encore vivant et en bonne santé, pas même blessé alors que tous mes camarades sont tombés morts ou blessés aux mains des Boches, qui nous ont fait souffrir les mille horreurs, liquides enflammés, gaz lacrymogènes – gaz suffocants – asphyxiants, attaques... [...]

Je suis redescendu de première ligne ce matin. Je ne suis qu'un bloc de boue et j'ai dû faire racler mes vêtements avec un couteau car je ne pouvais plus me traîner, la boue collant mes pans de capote après mes jambes... [...] J'ai connu l'horreur de l'attente de la mort sous un tir de barrage inouï... Je tombe de fatigue... Je vais me coucher, au repos dans un village à l'arrière où cela cogne cependant, voilà dix nuits que je passe en première ligne.

Demain les autos emmènent le reste de mon régiment pour le reformer à l'arrière, je ne sais encore où. [...]

J'ai sommeil, je suis plein de poux, je pue la charogne de macchabées.

Je vous écrirai dès que je vais pouvoir. Soyez donc tranquilles. J'espère que le gros coup pour nous a été donné.

Bonne santé, et je vous embrasse bien affectueusement, Georges.

Document 4 Extraits de : Henri Barbusse, *Le Feu (Journal d'une Escouade)*, Ernest Flammarion, 1916, p. 16-20.

Nos âges ? Nous avons tous les âges. Notre régiment est un régiment de réserve que des renforts successifs ont renouvelé en partie avec de l'active, en partie avec de la territoriale[1]. [...] Fouillade a quarante ans. Blaire pourrait être le père de Biquet, qui est un duvetier[2] de la classe 13[3]. Le caporal appelle Marthereau « grand-père » ou « vieux détritus » selon qu'il plaisante ou qu'il parle sérieusement. Mesnil Joseph serait à la caserne s'il n'y avait pas eu la guerre. Cela fait un drôle d'effet quand nous sommes conduits par notre sergent Vigile, un gentil petit garçon qui a un peu de moustache peinte sur la lèvre, et qui, l'autre jour, au cantonnement, sautait à la corde avec des gosses. Dans notre groupe disparate, dans cette famille sans famille, dans ce foyer sans foyer qui nous groupe, il y a, côte à côte, trois générations qui sont là, à vivre, à attendre, à s'immobiliser, comme des statues informes, comme des bornes. [...]

Malgré les diversités d'âge, d'origine, de culture, de situation, et de tout ce qui fut, malgré les abîmes qui nous séparaient jadis, nous sommes en grandes lignes les mêmes. À travers la même silhouette grossière, on cache et on montre les mêmes mœurs, les mêmes habitudes, le même caractère simplifié d'hommes revenus à l'état primitif.

Le même parler, fait d'un mélange d'argots d'atelier et de caserne, et de patois, assaisonné de quelques néologismes, nous amalgame, comme une sauce, à la multitude compacte d'hommes qui, depuis des saisons, vide la France pour s'accumuler au Nord-Est.

Et puis, ici, attachés ensemble par un destin irrémédiable, emportés malgré nous sur le même rang, par l'immense aventure, on est bien forcé, avec les semaines et les nuits, d'aller se ressemblant. L'étroitesse terrible de la vie commune nous serre, nous adapte, nous efface les uns dans les autres. C'est une espèce de contagion fatale. Si bien qu'un soldat apparaît pareil à un autre sans qu'il soit nécessaire, pour voir cette similitude, de les regarder de loin, aux distances où nous ne sommes que des grains de la poussière qui roule dans la plaine.

1. « de la territoriale » : l'armée territoriale groupe les hommes âgés de 35 ans et plus à la date de la mobilisation.
2. « duvetier » : très jeune.
3. « de la classe 13 » : incorporé dans l'armée en 1913.

Document 5 Félix Vallotton (1865-1925), *Verdun*, 1917. Huile sur toile, 114 cm x 146 cm. Paris, musée de l'Armée.

Inv. : 21889 ; Eb 1518 © Musée de l'Armée, RMN-GP.
https://histoire-image.org/fr/etudes/verdun

Document 6 Des ouvrières peignent des obus de 75 mm dans un atelier de la fabrique, 31 mai 1917, fort d'Aubervilliers, Seine-Saint-Denis. Ministère des Armées.

https://www.defense.gouv.fr/english/actualites/articles/special-verdun-2016-le-role-des-femmes-dans-l-industrie-de-la-grande-guerre

Document 7 Abel Faivre (1867-1945), *Pour la France versez votre or*, Paris, 1915. Musée de l'Armée.

https://gallica.bnf.fr/ark:/12148/btv1b90157632.item

Document 8 André Hellé (1871-1945), *Alphabet de la Grande Guerre*, Paris-Nancy, Berger-Levrault, 1918.

https://gallica.bnf.fr/ark:/12148/bpt6k97990016/f39.item.r=andré%20hellé

Document 9 « LA GRANDE GUERRE – Le Crime de Reims », s.d., dans Bibliothèque municipale de Reims, *La Grande Guerre et ses conséquences*.

https://www.bm-reims.fr/default/grande-guerre.aspx?_lg=fr-FR

Document 10 Jean Galtier-Boissière (1891-1966), *Fêtes de la Victoire : le défilé des mutilés*, 1919. Huile sur carton, 39 cm x 72 cm. La Contemporaine, Nanterre.

Inv. OR F1 80, achat, galerie Druet, 1920. http://www.lacontemporaine.fr/images/services_publics/livretVuduFront/point%2014_reprse nter%20guerre%20finie.pdf

Document 11 Jean-François Gavoty (1957-), sculpture, 2013, Reims, parc de Champagne, d'après Paul Moreau-Vauthier, Monument *Aux héros de l'Armée noire* (inauguré en 1924, déposé par les Allemands en 1940).

Copyright L. Baron, TV5 monde.
https://information.tv5monde.com/info/premiere-guerre-mondiale-histoire-tumultueuse-d-un-monument-aux-soldats-africains-reims-269703 consulté le 24/10/2021

Document 12 Extrait du programme d'enseignement du cycle de consolidation (cycle 3), *Bulletin officiel de l'Éducation nationale*, n° 31 du 30 juillet 2020.

Géographie – Classe de CM1

Repères annuels de programmation	Démarches et contenus d'enseignement
[...]	
Thème 2 **Se loger, travailler, se cultiver, avoir des loisirs en France** – Dans des espaces urbains – Dans un espace touristique	Le thème permet aux élèves de sortir de l'espace vécu et d'appréhender d'autres espaces. En privilégiant les outils du géographe (documents cartographiques, photographies, systèmes d'information géographique), les élèves apprennent à identifier et à caractériser des espaces et leurs fonctions. Ils comprennent que les actes du quotidien s'accomplissent dans des espaces qui sont organisés selon différentes logiques et nécessitent des déplacements. Le travail sur un espace touristique montre par ailleurs qu'on peut habiter un lieu de façon temporaire et il permet d'observer la cohabitation de divers acteurs. Ils découvrent la spécificité des espaces de production.

Document 13 La Promenade des Anglais à Nice vue depuis la colline du château (juin 2020).

© Florence Brun
https://france3-regions.francetvinfo.fr/provence-alpes-cote-d-azur/alpes-maritimes/nice/ville-nice-alerte-fraude-au-guide-touristique-1441827.html consulté le 13/10/2021

Document 14 Plan de Nice.

https://fr.maps-nice.com/nice-cartes consulté le 20/10/2021

Document 15 Extraits de : Sylvie Christofle et Christian Hélion, « Territoire(s), touriste(s) et habitants à Nice Côte d'Azur “Métropole” », dans Dominique Crozat et Daiane Alves (dir.), *Le Touriste et l'Habitant*, 2018, accessible sur https://halshs.archives-ouvertes.fr/halshs-02280817/document consulté le 25 novembre 2021.

Les habitants du littoral ont donc l'habitude d'échanger, de vivre dans un lieu constamment irrigué par des touristes nationaux et étrangers […].

Le tourisme a ainsi véritablement façonné le territoire littoral et influencé la venue d'habitants. L'espace côtier azuréen […] se présente aujourd'hui sous la forme d'une véritable conurbation touristique de plus d'un million d'habitants (INSEE) caractérisée par la multi-résidentialité et le balnéaire […]. L'urbanisation et l'arrivée de nouveaux habitants ont ainsi suivi la croissance des flux touristiques, notamment depuis les années 1950 et s'est structurée autour de noyaux essentiellement littoraux (Cannes, Grasse, Antibes, Sophia-Antipolis, Nice, Monaco, Menton) sur 1 100 km². Comme le constate G. Jourdan (2005, p. 11) : « le positionnement métropolitain et la notoriété internationale de la conurbation s'appuient historiquement sur le tourisme. Ce rayonnement touristique international est conforté par l'accueil de nombreux salons, congrès et événements internationaux ; il explique notamment la forte dimension internationale de l'aéroport de Nice Côte d'Azur ». Au sein de ce système, une part importante de l'activité de Nice, et, plus généralement, des communes littorales de la Métropole est liée, directement ou indirectement au Tourisme, avec plus de 5 millions d'arrivées sur les 12 millions de touristes et croisiéristes répertoriés sur le littoral azuréen (Monaco inclus) par l'Observatoire du Tourisme de la Côte d'Azur en 2012. Cette spécialisation est donc associée parallèlement à l'ancienneté du développement touristique dans ces lieux et à l'attractivité constante du territoire, aux échelles nationale mais surtout internationale (50 % des nuitées sont d'origine étrangère) même si des efforts importants de diversification fonctionnelle et économique ont eu lieu [...].

Outre cette relation initiale et fondamentale entre arrivée de touristes (entraînant un développement économique) et afflux d'habitants, existent de nos jours des interrelations plus complexes entre touristes et habitants sur le Littoral.

D'une part, la majorité des habitants, dans une conurbation dans laquelle la fonction touristique a peu à peu perdu en poids relatif dans le système territorial, n'a pas ou peu d'interaction avec les touristes. Ces populations en subissent les contraintes (notamment saturation des axes routiers, prix plus élevés dans les hauts lieux ou lieux centraux). *A contrario*, elles profitent des aménités touristiques dans le cadre de leurs loisirs (équipements spécifiques balnéaires, de plaisance, événementiel de toutes natures, etc.) L'habitant permanent fait ainsi partie de la « demande », et constitue donc un consommateur potentiel non négligeable dans le cadre des loisirs, limité à son espace-temps quotidien [...]. Le résident est, en outre, de plus en plus intéressé par son cadre de vie et participe ainsi de façon croissante aux événements et festivités, notamment pendant la saison touristique et les week-ends.

D'autre part, une minorité des habitants est plus impliquée dans le tourisme. Certains travaillent, soit directement (16 % de l'emploi total du département, [...]) soit indirectement dans la filière touristique. D'autres habitants participent également de manière différente au fonctionnement du système touristique. En effet, la situation contemporaine est bien moins tranchée qu'auparavant sur une claire différenciation Habitant-Touriste : l'essor croissant des mobilités et des modes de vie de plus en plus mondialisés dans les grandes villes brouille la frontière entre l'habitant permanent et l'habitant temporaire – le touriste. Dans cette conurbation azuréenne, que nous avons vu croître par l'apport successif de populations exogènes, notamment de personnes âgées ces dernières décennies, de nombreux habitants ne sont parallèlement pas originaires du lieu. Les habitants issus de migrations semblent avoir des interactions plus fortes que les autochtones avec les visiteurs ou dans le marché touristique : particuliers échangeant ou louant leur logement, étrangers possédant des chambres d'hôtes, étudiants installés à Nice investis dans le tourisme participatif [...].

Dans l'espace azuréen et niçois en voie de métropolisation, une partie difficilement quantifiable mais bien réelle des habitants, dont les nouveaux habitants, souvent installés après avoir été eux-mêmes touristes, est donc partie prenante de l'offre marchande et parallèle d'hébergement. Au-delà de la traditionnelle location de résidences secondaires via le marché classique (agences, classement en meublés par les offices de tourisme, gîtes de France, etc.), c'est surtout l'offre en ligne qui connaît un développement spectaculaire, touchant également de plus en plus les résidences principales. [...]. Les habitants se révèlent ainsi également prescripteurs voire promoteurs de la destination, notamment à travers l'utilisation croissante des réseaux sociaux, blogs et autres forums sur Internet. Ils agissent également plus directement via le tourisme participatif. [...] [Ce] qu'attendent bon nombre de touristes dans cette relation non marchande, c'est non seulement un moyen d'être hébergé gratuitement mais surtout un habitant lui faisant découvrir son environnement quotidien, comme l'attestent les demandes et avis en ligne. Le touriste cherche ici comme altérité, l'expérience de l'habitant permanent et surtout l'immersion urbaine dans la vie quotidienne et non pas « touristique » du lieu.

CORRIGÉ DU SUJET 1

ATTENTION

Dans la proposition de corrigé qui suit, les éléments en **bleu** apparaissent pour vous guider dans l'élaboration de votre travail. Mais ces indications ne doivent pas figurer sur votre copie !

COMPOSANTE HISTOIRE

1

MÉTHODE

- Analyser des documents signifie les regrouper par nature, tout en précisant le sens et la valeur de leur contenu. Cela signifie aussi les croiser, notamment pour mettre en lumière certains passages.
- L'analyse du corpus documentaire débute par une courte introduction pour définir la notion centrale du sujet.

[Introduction]

Pour les historiens, la notion de « trace » renvoie à celle des **sources historiques** laissées par les hommes et les femmes dans le passé. Ce sont des empreintes humaines très diverses, que l'historien étudie et dont il cherche à en construire le récit. On peut considérer deux types de traces laissées par les hommes : les **sources primaires**, produites par les hommes ayant vécu dans le passé étudié (comme les lettres rédigées par les poilus pendant les combats autour des tranchées), et les **sources secondaires**, qui sont des reconstitutions à des fins scientifiques ou informatives, réalisées par des hommes qui n'ont pas vécu directement les événements relatés.

[Première partie de la question]

L'histoire de la Première Guerre mondiale, qui s'est déroulée de 1914 à 1918, a été écrite et racontée grâce aux très nombreuses traces laissées par ses différents acteurs et actrices.

MÉTHODE

Après l'introduction, l'analyse se poursuit par une présentation organisée du corpus documentaire.

Le **document 2** permet tout d'abord d'apprécier les raisons pour lesquelles les sources primaires sont si nombreuses dans cet événement. Pour Stéphane Audoin-Rouzeau, l'école de Jules Ferry a permis aux soldats de générer d'innombrables traces de leur vie au front, de leurs combats, de leurs points de vue, à travers leurs **lettres**, comme celle du capitaine Georges Gallois **(document 3)**. Ces lettres ont fait des poilus des acteurs majeurs du premier conflit mondial. Leurs témoignages ont également été racontés *a posteriori* dans de très nombreux récits faits par des témoins de l'époque comme Henri Barbusse dans *Le Feu*, écrit en 1916 **(document 4)**. Cette **littérature de guerre**, qui compte quelques-uns des chefs-d'œuvre de la littérature française, inclut également des productions plus modestes comme l'atteste le **document 8**. L'*Alphabet de la Grande Guerre*, réalisé en 1918 par André Hellé, témoigne ainsi de ces œuvres à destination d'une jeunesse incrédule face à l'ampleur du conflit, à qui il faut en expliquer les enjeux.

Si les sources sont nombreuses en raison de l'entrée dans cette *« ère du témoin »*, comme l'affirme Audoin-Rouzeau, elles n'en sont pas moins variées. Aux textes et récits des contemporains de l'événement, s'ajoutent ainsi les documents iconographiques comme les **peintures**. Le **document 5** (peinture d'inspiration cubique réalisée par Félix Vallotton) et le **document 10** (œuvre plutôt réaliste de Jean Galtier-Boissière) montrent la violence des combats et l'effacement de l'humain et de sa dignité. La **photographie (documents 6 et 9)** constitue également la matière première de l'historien dans sa quête de la vérité. En tant que trace iconographique du passé, la photographie apporte des informations considérables pour la recherche, même si son utilisation peut poser question en raison de son ambivalence : elle est un point de vue sur le monde, qui donne une image figée de la réalité. Le **document 6** laisse par exemple penser, par les sourires affichés par certaines, que les femmes sont heureuses de leur rôle joué dans la fabrication d'obus.

L'État a joué un rôle majeur dans le premier conflit mondial, comme le souligne le **document 7**, qui est une **affiche** réalisée par les autorités en 1915 visant à s'adresser à la population et constituant une trace majeure du paysage officiel de l'époque de la Grande Guerre.

Enfin, il ne faut pas oublier les traces visibles dans le patrimoine français d'aujourd'hui que constituent les **monuments aux morts (document 11)**. Souvent réalisés et inaugurés après la Première Guerre mondiale, ils sont considérés à la fois comme des vestiges du passé et comme des lieux de mémoire, qui, comme l'écrit Stéphane Audoin-Rouzeau, continuent d'irriguer la société par le souvenir qu'ils font perdurer dans l'esprit des Français.

On pourrait enfin évoquer les traces qui n'apparaissent pas dans le corpus documentaire et qui ont été produites dans le contexte de la Première Guerre mondiale : les tranchées, les objets du quotidien des soldats (tenues militaires, vaisselle), des plaques commémoratives, etc.

[Seconde partie de la question]

MÉTHODE

Dans cette seconde partie de la question, il s'agit de proposer une réponse adaptée à des élèves de CM2. On attend donc plutôt un texte intelligible pour des enfants de 10-11 ans.

À des élèves de CM2, la notion de trace pourrait être définie de la manière suivante : la trace est un **témoignage du passé**, que les hommes et les femmes nous ont volontairement ou involontairement laissé. Ces éléments visibles du passé peuvent prendre des formes très variées : écrits, objets, peintures, photographies, etc. Pour s'assurer qu'il s'agit bien d'une trace du passé, il convient de repérer sa date de production et de vérifier si son auteur a été un acteur de l'événement.

RAPPEL

Au cycle 3, on commence toujours par interroger le passé en déterminant avec les élèves la nature d'un document et en identifiant son auteur. Ces questionnements sont essentiels pour comprendre le contexte de l'époque étudiée et le comportement de ses principaux acteurs et actrices.

2

MÉTHODE

- Le programme invite à traiter le sujet à partir de certains enjeux (les traces du conflit, son ampleur, son contexte mondial…). Il s'agit donc d'éviter de l'aborder uniquement de manière chronologique ou événementielle.
- On n'attend pas du candidat un plan ou un nombre de séances en particulier. Il s'agit donc de traiter les enjeux et les contenus historiques en cohérence avec le thème 3 du CM2.
- Si la question 2 n'invite pas explicitement le candidat à présenter la séquence de manière générale ou à questionner sa place dans les programmes et ses enjeux, une introduction en ce sens sera certainement valorisée.

[Introduction]

Le thème 3 d'histoire de CM2 invite à traiter les deux guerres mondiales (**document 1**). Pour des raisons de cohérence et de compréhension, le professeur peut étudier chacun de ces conflits successivement. C'est donc à partir de ce choix que nous proposons ici une séquence sur la Première Guerre mondiale. Son enseignement soulève des enjeux historiques et civiques très importants, en posant la question des traces en histoire et en réfléchissant au caractère violent et mondial de la Grande Guerre. Celle-ci est d'ailleurs encore très présente dans l'espace proche des élèves. Dans le paysage de chaque commune française, les empreintes sont nombreuses comme le suggèrent les cimetières, les monuments aux morts ou encore certaines statues. Le patrimoine documentaire considérable à la disposition des professeurs (voir la réponse à la question 1), est une formidable source pour faire réfléchir les élèves à la notion de trace, matière première des historiens pour mettre en récit le passé. Celui-ci peut également être une entrée intéressante pour questionner la mémoire de l'événement avec les élèves : quelles sont ses commémorations ? Qui s'occupe de les organiser ? Les acteurs de l'événement sont-ils encore vivants ?

[Première partie de la réponse : les différentes séances envisagées]

Pour enseigner la Première Guerre mondiale, le professeur pourrait structurer sa séquence autour des cinq séances suivantes :

– Les traces des deux guerres mondiales dans notre espace proche (*sortie sur le terrain pour découvrir le monument aux morts* – 1 heure)
– Un conflit aux dimensions mondiales et aux nombreux acteurs (45 minutes)
– Pourquoi la Première Guerre mondiale est-elle une guerre « totale » ? (45 minutes)
– Quelles étaient les conditions de vie des poilus dans les tranchées ? (45 minutes)
– Quel bilan pour la Première Guerre mondiale ? (45 minutes – *question prolongée en EMC autour des symboles de la République, de l'engagement, des commémorations*)

CONSEIL

À cette étape, il n'est pas nécessaire d'entrer dans le détail.

[Seconde partie de la réponse : développement d'une séance au choix]

MÉTHODE

- Si le sujet vous invite à ne traiter qu'une seule séance, ne perdez pas de temps à en développer davantage le jour de l'épreuve.
- La question de la production d'une séquence ou d'une séance est celle qui pèse le plus dans le barème car elle permet au jury d'apprécier votre posture professionnelle. Il faut donc veiller à la soigner tout particulièrement.
- Le développement de cette séance évalue votre capacité à exploiter certains des documents du corpus et à les utiliser en tant que traces du passé dans les diverses activités présentées. Vous pouvez cependant proposer d'utiliser des documents qui ne sont pas disponibles dans le corpus documentaire.

- Vous pouvez lister au début de votre réponse les objectifs d'apprentissage (les connaissances) et les compétences travaillées, mais tâchez ensuite de les intégrer dans la présentation de la séance. Cette présentation est un exercice littéraire, qui est structuré en différentes étapes et qui intègre vos choix didactiques et pédagogiques.
- Le jury sait que le candidat n'est pas professeur des écoles. Par conséquent, il s'agit surtout de faire preuve de bon sens et de construire la présentation de la séance en cohérence avec les enjeux du programme et le niveau de développement d'un enfant de 10-11 ans.

Séance 3 – Pourquoi la Première Guerre mondiale est-elle une guerre « totale » ?
On considère une classe de CM2 de 24 élèves.

1. Objectifs, compétences et prérequis

Objectifs d'apprentissage : À partir de ses traces, faire comprendre aux élèves que la Première Guerre mondiale est une guerre « totale ».
Compétences travaillées : « Se repérer dans le temps », « coopérer et mutualiser », « comprendre un document ».
Pour cette séance n° 3, le professeur peut s'appuyer sur les prérequis des deux séances précédentes, qu'il réactive dans un court temps d'échanges avec les élèves : un conflit aux dimensions mondiales, qui a causé de très nombreux morts, principalement en Europe. Le professeur peut notamment réinvestir la frise chronologique présente dans la classe ou dans le cahier des élèves, en y faisant repérer la Première Guerre mondiale dans la période contemporaine.

2. Description du déroulé chronologique de la séance

Au début de la séance, le professeur projette au tableau, durant 5 minutes, le **document 5** du corpus, en guise de **document d'accroche**. À partir d'un **questionnement oral et collectif**, le professeur fait émerger les notions de violence, de combats, de destructions et de machines, qu'il définit rapidement. Il interroge aussi les émotions qui se dégagent du tableau à partir de l'identification de certains éléments (le feu, la destruction du paysage, l'effacement de l'humain, etc.). La **problématique** de la séance est ensuite recopiée dans les cahiers : « Pourquoi la Première Guerre mondiale est-elle une guerre totale ? » Le professeur demande alors aux élèves ce que l'on peut entendre par « guerre totale » et note quelques idées au tableau.
Le professeur présente ensuite l'**activité** de la séance. Les élèves sont répartis en groupes de quatre pendant 25 minutes et répondent à une question parmi les trois suivantes : « Quel rôle jouent les femmes pendant la guerre ? » (groupes 1 et 2), « Comment la société est-elle mobilisée durant la guerre ? » (groupes 3 et 4) et « Quels moyens militaires sont utilisés lors de la bataille de Verdun en 1916 ? » (groupes 5 et 6). Une mise en commun des réponses permettra de répondre collectivement à la problématique de la séance. Le professeur peut faire reformuler par quelques élèves pour s'assurer que la consigne est bien comprise.
Les groupes sont constitués de manière hétérogène, afin de réguler du mieux possible l'éventuelle hétérogénéité de la classe. Ce travail en groupes, qui se justifie par la présence de plusieurs documents à traiter dans la tâche, permet de **mobiliser les compétences** « coopérer et mutualiser » et « comprendre un document ». Pour répondre à leur question, les élèves doivent en effet se répartir les tâches et construire leurs idées en commun. Pour les aider dans cette démarche, le professeur peut rappeler aux élèves les **critères de réussite** du travail en groupes, élaborés précédemment dans l'année : s'écouter, respecter les idées de chacun, se répartir les tâches, se mettre d'accord pour rédiger la réponse, etc. Lorsqu'il passe dans les rangs pour réguler le travail des élèves et les aider, le professeur peut ainsi rappeler ces critères pour que les élèves coopèrent efficacement.

3. Description de l'activité en groupes

Les élèves doivent aussi essayer de comprendre les documents et y prélever les informations nécessaires à l'élaboration de leur réponse, qui peut prendre diverses formes : affiche, réponse rédigée, schéma, plan, etc. Pour les différents groupes, le professeur peut mettre à disposition les **documents** suivants :

> **MÉTHODE**
>
> La présentation de la séance se prolonge ensuite sur une description plus fine de l'activité en groupes, afin de comprendre ce qui est attendu des élèves et comment le corpus documentaire est exploité.

• **Groupes 1 et 2, « Quel rôle jouent les femmes pendant la guerre ? » :** Le **document 6** souligne le remplacement des hommes par les femmes dans les usines et notamment dans la production d'armes et de matériel militaire. D'autres photographies ou témoignages absents du corpus peuvent montrer d'autres rôles joués par les femmes pendant la guerre : dans les hôpitaux ou sur le front pour soigner les blessés, dans les œuvres de charité et de solidarité pour les soldats, les travaux agricoles dans les champs, etc.

• **Groupes 3 et 4, « Comment la société est-elle mobilisée durant la guerre ? » :** Le **document 7**, une affiche placardée sur les façades des édifices publics et sur les murs des villes et villages dès 1915, témoigne des sollicitations de l'État envers tous les Français, pour financer une guerre très coûteuse pour les finances publiques. Le **document 8** permet aussi de montrer que les enfants sont informés, à leur niveau, des enjeux de cette guerre. D'autres traces, qui ne sont pas présentes dans le corpus, peuvent être mises à disposition des élèves dans ces deux groupes : l'ordre de mobilisation générale signé le 2 août 1914, le discours de Raymond Poincaré du 4 août 1914 sur « l'Union sacrée », etc.

• **Groupes 5 et 6, « Quels moyens militaires sont utilisés lors de la bataille de Verdun en 1916 ? »** : Le **document 3**, une lettre rédigée par un poilu lors de la bataille de Verdun en juillet 1916, et le **document 5** déjà cité plus haut soulignent la violence des combats et les conditions terribles des soldats. Ils montrent aussi que les différents protagonistes du conflit, Français comme Allemands, ont utilisé tous les moyens techniques, scientifiques et militaires, pour venir à bout de leur ennemi. Le professeur peut également proposer aux élèves des traces photographiques de la bataille de Verdun, dans le même registre que le **document 9**, qui atteste que les populations civiles ont été fortement impactées durant ces combats.

Les groupes disposent pour ce travail de 4 ou 5 documents chacun. Leur coopération doit pouvoir permettre d'identifier l'importance du document par rapport au sujet du groupe et d'extraire les informations pertinentes pour construire leur réponse.

4. Présentation de la façon dont les connaissances de la séance sont institutionnalisées

Après ce travail en groupes, le professeur organise la **mise en commun** pendant 15 minutes. À partir des idées notées sur le tableau lors de l'observation du document d'accroche et des réponses données par les élèves, le professeur construit la **trace écrite finale**. Pour que les élèves se l'approprient efficacement, le professeur peut noter directement au tableau certaines phrases énoncées par les élèves ou organiser de petits exposés.

COMPOSANTE GÉOGRAPHIE

3

MÉTHODE

- La question 3 valant sûrement plus de points que la question 4, veillez à la soigner tout particulièrement. Toute réponse organisée et structurée a vocation à être valorisée.
- Ne traitez pas les documents un par un : croisez-les. Partez toujours du *Bulletin officiel de l'Éducation nationale*, c'est le point de départ de toute réflexion chez le professeur.
- Il ne s'agit pas ici de présenter de manière exhaustive les différentes notions évoquées dans les documents mais d'en exploiter l'essentiel.
- Traitez uniquement le point du programme indiqué. Les espaces urbains n'ont donc pas vocation à être évoqués, ni des notions n'apparaissant pas dans les quatre documents proposés.

1. Identification des notions du sous-thème « Dans un espace touristique » du thème 2

Le corpus géographique est composé d'un extrait du *Bulletin officiel de l'Éducation nationale* de juillet 2020 **(document 12)**, d'une photographie de paysage représentant une partie du littoral niçois **(document 13)**, d'un plan de Nice extrait de www.maps.com **(document 14)** et d'un texte rédigé par des spécialistes du tourisme **(document 15)**. On peut dégager de ce corpus deux objectifs notionnels principaux :

– caractériser un espace touristique ;
– connaître les enjeux de la cohabitation dans un espace touristique.

2. Présentation des objectifs notionnels

2.a. Les caractéristiques principales d'un espace touristique

Le thème 2 de géographie du programme de CM1 **(document 12)** invite dans un premier temps à caractériser les espaces et leurs fonctions.

L'**attractivité** est le fondement des dynamiques spatiales d'un **espace touristique**. On définit l'espace touristique comme un système d'acteurs, de lieux et de pratiques permettant aux individus la récréation par le déplacement hors des lieux du quotidien (Rémy Knafou). Les **documents 13 et 14** suggèrent que c'est d'abord la mer et les plages qui, par leur beauté et leur accessibilité, attirent principalement les touristes. Un patrimoine urbain et historique important est également susceptible de les attirer : la ville de Nice possède de nombreux musées (musée de préhistoire de Terra Amata…), des parcs, des hôtels, un casino et des quartiers pittoresques (le Vieux Nice).

MÉTHODE

Les objectifs notionnels évoqués dans les documents peuvent d'abord être présentés dans une première partie, organisée autour de trois caractéristiques principales d'un espace touristique.

L'exemple de Nice et de son arrière-pays suppose que cet espace touristique **s'intègre dans un système métropolitain**, dont les dynamiques lui permettent de bénéficier de transports et d'aménagements nécessaires à son rayonnement. Les **documents 14 et 15** font ainsi état des aménagements dont bénéficie cet espace touristique littoral, comme l'aéroport, la présence de nombreux salons et congrès, la gare SNCF, ou encore la proximité d'axes routiers importants (A8, N202, N7, visibles dans l'encadré situé en bas à droite du **document 14**).

L'intégration de l'espace touristique dans un système métropolitain lui permet enfin de **« rayonner » à différentes échelles** (internationale, nationale et locale). Les aménagements de transports et d'hébergement rendent cet espace accessible à une clientèle étrangère et nationale. Le **document 15** identifie aussi un rayonnement local, notamment autour des *« résidents »* de l'aire métropolitaine niçoise et de ses environs, qui *« se révèlent prescripteurs voire promoteurs de la destination »*.

2.b. L'espace touristique : un espace habité

> **MÉTHODE**
>
> Les objectifs notionnels évoqués dans les documents peuvent ensuite être présentés dans une seconde partie, à partir d'une réflexion sur la notion centrale du programme de géographie du cycle 3 : habiter.

Si un espace touristique est composé de fonctions résidentielles, économiques et récréatives, il n'en demeure pas moins **habité**. Le deuxième objectif notionnel du sous-thème indiqué dans l'extrait du *BOEN* (**document 12**), vise à faire comprendre aux élèves qu'un espace touristique est un lieu où des résidents cohabitent de manière temporaire avec des touristes.

La notion « habiter », caractéristique du programme de géographie du cycle 3, permet d'éclairer le choix des acteurs, leurs liens, leurs conflits ou leurs façons de pratiquer l'espace considéré. Dans le corpus, elle peut se décliner autour de trois de ses enjeux : **se loger** (de manière permanente pour les résidents et temporaire pour les touristes), **travailler** (à relier aux fonctions économiques propres à un espace touristique), **se divertir** (grâce aux nombreux aménagements disponibles dans cet espace et relevés précédemment).

Un quatrième enjeu est particulièrement évoqué dans le **document 15** : **cohabiter**. Dans un espace touristique, les touristes cohabitent avec les résidents permanents. Leurs relations sont parfois complémentaires ou répulsives. Les deux auteurs signalent qu'une minorité d'habitants bénéficie des retombées économiques du tourisme, quand une large majorité en subit les effets néfastes : embouteillages, plages bondées, difficultés pour se loger, hausse des prix des produits de première nécessité, etc. Cette cohabitation est d'autant plus complexe que les résidents permanents sont parfois d'anciens touristes ayant décidé de s'installer définitivement dans cet espace, et donc plutôt enclins à cohabiter plus volontiers avec les touristes.

4

> **MÉTHODE**
>
> Un paysage peut être exploité de nombreuses façons par le professeur : caractériser un type d'espace, comparer le paysage dans le temps avec des photographies plus anciennes, identifier les différents plans du paysage, produire un croquis de paysage, croiser le paysage avec d'autres documents pour en comprendre les enjeux, localiser le paysage sur une carte, étudier un paysage lors d'une sortie scolaire, etc. Quel que soit son choix, le candidat veillera à adapter sa proposition à l'âge des élèves et aux recommandations du programme.

1. Présentation de la nature et de l'objet du document à exploiter

Le **document 13** est une **photographie de paysage**. Il révèle des enjeux économiques, sociaux, culturels et patrimoniaux qu'il s'agit d'identifier avec les élèves, en les mettant en lien avec les caractéristiques d'un espace touristique.

2. Place des paysages dans l'enseignement de la géographie

> **REMARQUE**
>
> La réponse peut ensuite, si vous avez le temps, inclure un propos général sur la place des paysages dans l'enseignement de la géographie. Cette partie n'est pas obligatoire.

La lecture d'un paysage peut être soit le point de départ de l'analyse géographique d'un espace touristique, soit un moment d'approfondissement et de réinvestissement des enjeux. Dans le **document 13**, le point de vue large de la photographie, en oblique, invite l'observateur à davantage considérer l'analyse de l'organisation de l'espace par plan ou par unité paysagère (la côte, la plage et le littoral, l'espace urbain, l'arrière-pays niçois). Une photo de plain-pied, prise au niveau du sol, plus proche des habitants, conduirait à mieux appréhender les acteurs et interroger davantage la notion d'habiter.

3. Exploitation du document

3.a. Dans le cadre d'une séance de découverte

Le paysage peut être utilisé pour faire identifier par les élèves les caractéristiques d'un espace touristique. Le professeur peut s'appuyer sur l'approche et les questions suivantes :

REMARQUE

Nous proposons ici deux types d'exploitation. La première exploitation est un peu guidée et permet de travailler avec les élèves la méthodologie de l'analyse du paysage.

- **Découvrir (approche sensible) :** Quelles sont vos impressions ? Que ressentez-vous devant ce paysage ?
- **Identifier :** De quel type de paysage s'agit-il ? Quel est le point de vue ? Quand sommes-nous ? Où se situe l'espace observé ? (Les élèves pourraient alors tâcher de se repérer en utilisant le **document 14**.)
- **Analyser :** Quels sont ses différents plans et/ou ses grandes unités paysagères ? Quels sont les éléments naturels qui attirent les touristes ? Quels aménagements sont susceptibles de les accueillir et de les motiver ?
- **Expliquer :** Comment s'organise cet espace touristique ? À quoi cela pouvait-il ressembler il y a 50 ans ? Pourquoi est-ce ici et pas ailleurs ?

En fonction du degré d'autonomie des élèves, le professeur peut envisager de mener ce questionnement à travers un oral collectif ou selon un travail écrit individuel.

En guise de synthèse et de trace écrite finale, le professeur peut construire avec les élèves un schéma ou une carte mentale, afin d'identifier les différentes caractéristiques et fonctions d'un espace touristique.

3.b. Dans le cadre d'une séance d'approfondissement

Le professeur pourrait proposer aux élèves de travailler en autonomie et en groupes sur le **document 13**, en partant du principe qu'ils habitent à Nice ou près de la métropole. Dans le cas contraire, le professeur choisirait un paysage en lien avec le lieu de vie des élèves (la France ne manque pas d'espaces touristiques !).

REMARQUE

Cette seconde exploitation valorise davantage un travail en autonomie, qui s'inscrirait plutôt en milieu de séquence.

Dans un premier temps, la séance pourrait débuter par une rapide présentation du document, en s'appuyant notamment sur le **document 14** pour localiser la promenade des Anglais et les différents repères visibles, à la fois sur le paysage et le plan.

Dans un second temps, le professeur donnerait la consigne suivante, rédigée sous la forme d'un problème : « Votre équipe est responsable d'une agence de tourisme. Vous avez 30 minutes pour créer une affiche publicitaire pour la ville de Nice, à partir de cette photographie de paysage. Vous présenterez ensuite votre travail aux agences concurrentes ».

À travers cette activité, les élèves mobilisent de nombreuses compétences : « comprendre un document », « coopérer et mutualiser », « pratiquer différents langages » et « raisonner, justifier une démarche et les choix effectués ». Les élèves analysent en effet le document et en dégagent les enjeux, tout en les reliant aux caractéristiques d'un espace touristique. Ils doivent aussi coopérer et se mettre d'accord sur des choix communs pour résoudre le problème. Ils s'expriment enfin à l'oral pour tâcher de convaincre leurs camarades sur la qualité de leur réalisation.

En s'appuyant sur le seul **document 13**, cette tâche vise aussi à faire réfléchir les élèves, à développer leur **esprit critique**. L'enjeu n'est donc pas tant la qualité graphique de l'affiche, que l'appropriation par les élèves des caractéristiques d'un espace touristique. Les élèves sont en effet obligés de s'appuyer sur ses caractéristiques pour vanter ses atouts : son attrait paysager, ses dynamiques spatiales qui attirent les touristes, les différents aménagements disponibles pour les accueillir et leur proposer de nombreuses activités récréatives, etc. En équipes, ils ont également à soigner leur communication : trouver une phrase d'accroche, penser le texte, valoriser l'image dans l'affiche, etc.

En cas de difficulté, le professeur peut proposer un étayage de questions à certains groupes, afin de les guider dans les informations à retirer du document et les aider dans la construction de leur affiche.

Le professeur peut également complexifier l'exploitation de ce paysage, en l'associant à d'autres documents comme le **document 14** ou d'autres paysages de plain-pied, pour davantage appréhender la notion d'« habiter un territoire touristique ».

SUJET 2 : Géographie / EMC

Antilles, 2022

3 heures

→ Corrigés p. 161

COMPOSANTE GÉOGRAPHIE – 12 points

1 À partir du dossier documentaire, identifiez et définissez les notions essentielles qu'il faudrait faire découvrir et comprendre aux élèves lors du traitement du thème 2 du programme de géographie de CM2 : « Communiquer d'un bout à l'autre du monde grâce à l'Internet ».

2 Élaborez une séquence d'apprentissage sur l'un des trois repères annuels de programmation de ce thème. Vous préciserez : le nombre de séances et leurs titres, les objectifs d'ensemble (savoirs fondamentaux, compétences travaillées, etc.) et les documents ou types de documents mobilisés (ces documents pourront être choisis dans le dossier documentaire ou proposés à partir d'autres sources).

COMPOSANTE ENSEIGNEMENT MORAL ET CIVIQUE – 8 points

3 Un élève de CM2 a publié des messages sur les réseaux sociaux pour harceler des camarades. En tant qu'agent du service public de l'Éducation, vous agissez pour faire cesser la situation : décrivez votre action et indiquez les pistes que le document 8 permet de travailler.

4 Vous décidez d'organiser ultérieurement, dans une démarche d'enseignement moral et civique et d'éducation aux médias et à l'information, une séance consacrée à un usage raisonné d'Internet, en vous aidant du document 10. Comment utilisez-vous ce dernier ?

SOMMAIRE DU DOSSIER DOCUMENTAIRE

1. Extraits du programme d'enseignement du cycle de consolidation (cycle 3), *BOEN*, n° 31 du 30 juillet 2020.

2. Extraits de : André Torre, « La figure du réseau : dimensions spatiales et organisationnelles », *Géographie, Économie, Société*, vol. 18, 2016/4.

3. Infographie élaborée à partir des données de : CRÉDOC, *Baromètre du numérique*, édition 2021.

4. Cécile Marin, carte des câbles sous-marins (distribution et propriétaires), *Le Monde diplomatique*, n° 808, juillet 2021.

5. Carte des câbles sous-marins de la zone Caraïbes.

6. Extrait de : UFC-Que Choisir, *Qualité d'accès à l'Internet fixe*, mars 2019.

7. Extrait de : Association pour le Progrès des Communications (APC), « Mettre fin à l'exclusion numérique : Pourquoi la fracture de l'accès persiste-t-elle et comment la réduire ? », dernière mise à jour le 2 avril 2018.

8. Extrait du site académique d'Aix-Marseille, pHARe : le Programme de lutte contre le harcèlement à l'école.

9. Extrait de : *Orientations pour l'éducation aux médias et à l'information (EMI), cycles 2 et 3*, ministère de l'Éducation nationale, janvier 2018.

10. Extrait du site de la CNIL, « 10 conseils de la CNIL pour rester Net sur le web ».

DOSSIER DOCUMENTAIRE – COMPOSANTE GÉOGRAPHIE

Document 1 Extrait du programme d'enseignement du cycle de consolidation (cycle 3), *BOEN*, n° 31 du 30 juillet 2020.

Géographie – Classe de CM2

Repères annuels de programmation	Démarches et contenus d'enseignement
Thème 2 – Communiquer d'un bout à l'autre du monde grâce à l'Internet	
– Un monde de réseaux. – Un habitant connecté au monde. – Des habitants inégalement connectés dans le monde.	À partir des usages personnels de l'élève de l'Internet et des activités proposées pour développer la compétence « S'informer dans le monde du numérique », on propose à l'élève de réfléchir sur le fonctionnement de ce réseau. On découvre les infrastructures matérielles nécessaires au fonctionnement et au développement de l'Internet. Ses usages définissent un nouveau rapport à l'espace et au temps caractérisé par l'immédiateté et la proximité. Ils questionnent la citoyenneté. On constate les inégalités d'accès à l'Internet en France et dans le monde.

Document 2 Extraits de : André Torre, « La figure du réseau : dimensions spatiales et organisationnelles », *Géographie, Économie, Société*, vol. 18, 2016/4, p. 455-469.

Pour commencer, qu'entend-on par le terme de réseau ? Une toile d'araignée intangible qui relie les personnes à distance en fonction de leurs liens individuels ou collectifs, voire de leurs sentiments ? Des infrastructures de télécommunication plus ou moins visibles qui permettent de transcender les frontières et les distances géographiques en mettant en contact des individus éloignés mais quand même proches ? Des voies de communication bien matérielles, qui facilitent les échanges et les interactions entre personnes et marchandises par le biais de routes ou de canaux, ou encore de flux et de matières par des câbles ou des tuyaux ? Sans doute un peu de tout ça à la fois, dans un joyeux fatras, sans oublier un impressionnant appareillage de représentations formelles ou mathématiques, qui permettent de donner sens aux relations et de les rendre compréhensibles en dépit de l'entrelacs des interactions.

[…]

Mais les réseaux ne sont pas que des métaphores et ils trouvent des traductions très concrètes dans la réalité, comme le révèle une typologie sommaire des processus résiliaires[1]. On peut ainsi regrouper, d'une part, les réseaux d'infrastructures, qui permettent la circulation des biens, des flux, des personnes et de leurs échanges, et se divisent en trois sous-types :

• les réseaux de communications, qui constituent l'incarnation physique la plus ancienne de l'approche résiliaire et du transport des marchandises et des hommes : il s'agit des routes, des autoroutes, des voies ferrées, des canaux, des réseaux d'aviation… ;

• les réseaux de flux, qui permettent la circulation de matières ou d'énergie : pipe-lines ou gazoducs, réseaux d'eau, de gaz ou d'électricité, égouts… ;

• les réseaux de télécommunications, qui sous-tendent maintenant une bonne partie des échanges entre êtres humains : téléphones, Internet, smartphones, réseaux sociaux ou d'utilisateurs, réseau de surveillance de la NSA…

Une deuxième catégorie se détache, avec les réseaux d'interactions, dont la forme traduit la structuration des échanges entre personnes ou groupes, à l'aide de technologies dédiées ou non, à proximité ou à distance. Ces derniers peuvent à leur tour se diviser en deux sous-types :

• les réseaux formels, qui structurent des relations sociales ou économiques entre des entités à partir d'une dimension institutionnelle avérée et reconnue : systèmes localisés de production, coopératives, réseaux de l'économie sociale et solidaire… mais aussi, et plus classiquement, réseaux de la poste ou des échanges de marchandises, qui posent la question des bouts de chaînes ou des utilisateurs isolés ;

• les réseaux informels, sans doute la plus ancienne forme résiliaire, qui reposent sur des liens de confiance et de coopération entre leurs membres et dont le fonctionnement s'apparente souvent à celui de clubs : réseaux d'amitiés, diasporas, anciens élèves, réseaux mafieux…

1. Relatifs à un réseau.

Document 3 Infographie élaborée à partir des données de : CRÉDOC, *Baromètre du numérique*, édition 2021.

Le Baromètre du numérique *est une étude annuelle réalisée par le CRÉDOC, pilotée par l'Arcep, le CGE et le programme Société numérique de l'ANCT.*

https://www.arcep.fr/cartes-et-donnees/nos-publications-chiffrees/numerique/le-barometre-du-numerique.html consulté le 25 novembre 2021.

Document 4 Cécile Marin, carte des câbles sous-marins (distribution et propriétaires), dans Charles Perragin et Guillaume Renouard, « Les câbles sous-marins, une affaire d'États », *Le Monde diplomatique*, n° 808, juillet 2021, p. 23.

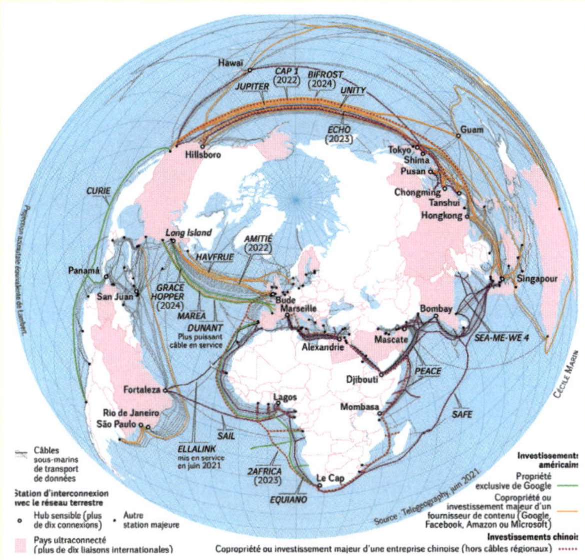

© Cécile Marin et *Le Monde diplomatique*

Document 5 Carte des câbles sous-marins de la zone Caraïbes.

Le câble Kanawa relie la Guyane à la Martinique et à la Guadeloupe et s'interconnecte au câble ECFS, lui-même relié aux États-Unis.

Pour sécuriser l'accès à Internet et augmenter la capacité du réseau de la Guyane française, Orange a déployé un câble entre la Martinique et Kourou (Guyane).

© Orange https://lexpansion.lexpress.fr/high-tech/cables-internet-20-000-donnees-sous-les-mers_2045394.html consulté le 28 octobre 2021.

Document 6 Extrait de : UFC-Que Choisir, *Qualité d'accès à l'Internet fixe*, mars 2019, p. 11.

Carte de France de l'accès de mauvaise qualité à Internet

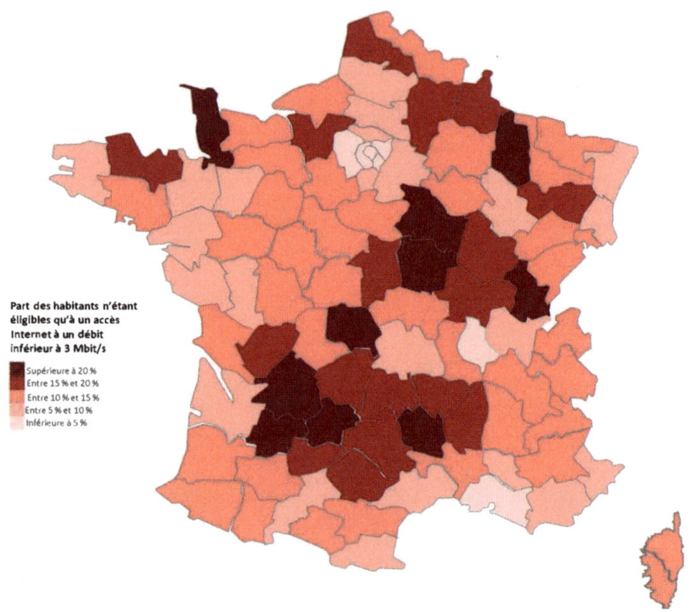

Qualité d'accès à l'Internet fixe.pdf consulté le 31 octobre 2021.

Document 7 Extrait de : Association pour le Progrès des Communications (APC), « Mettre fin à l'exclusion numérique : Pourquoi la fracture de l'accès persiste-t-elle et comment la réduire ? », dernière mise à jour le 2 avril 2018.

Il s'avère aujourd'hui vital de disposer d'un accès fiable et abordable à l'Internet pour que tous puissent exercer leurs droits humains fondamentaux et contribuer au développement économique, social et humain. Comme l'a remarqué l'ancien Rapporteur spécial de l'ONU sur la promotion et la protection du droit à la liberté d'opinion et d'expression Frank La Rue, « l'Internet est l'un des instruments les plus puissants du XXIe siècle qui permet de renforcer la transparence en matière de comportement des puissants, l'accès à l'information, mais aussi de faciliter la participation active des citoyens à l'édification de sociétés démocratiques ».

Pourtant, avec l'universalisation progressive de l'Internet, on entend de moins en moins la voix de ceux qui ne sont pas connectés – les moins riches et les plus marginalisés – et qui ne sont pas en mesure d'exercer leurs droits comme le font ceux qui jouissent d'une connexion. Ceux-ci n'ont notamment pas accès à des services essentiels fournis par les gouvernements et les entreprises qui utilisent maintenant l'Internet comme plateforme pour des transactions quotidiennes. Les personnes sans accès sont alors doublement exclues : à la fois exclues du « nouveau » monde de l'information et des communications qu'offre l'Internet, et exclues du « vieux » monde analogique auquel elles avaient accès jusque-là, même si de façon imparfaite, puisque de plus en plus de services et d'opportunités sont uniquement disponibles en ligne.

Connecter les non-connectés exigera donc un effort concerté important pour trouver une solution aux divers facteurs exposés ci-après. À cet égard, APC considère qu'il convient d'accorder la même importance à la connexion des personnes qu'à la migration des milliards d'individus « à peine connectés » vers un environnement de connectivité généralisé à un prix abordable.

Mettre fin à l'exclusion numérique : Pourquoi la fracture de l'accès persiste-t-elle et comment la réduire. Association pour le progrès des communications (apc.org) consulté le 17 novembre 2021.

DOSSIER DOCUMENTAIRE – COMPOSANTE ENSEIGNEMENT MORAL ET CIVIQUE

Document 8 Extrait du site académique d'Aix-Marseille, pHARe : le Programme de lutte contre le harcèlement à l'école.

https://www.ac-aix-marseille.fr/phare-le-programme-de-lutte-contre-le-harcelement-a-l-ecole-122912 consulté le 4 novembre 2021.

Document 9 Extrait de : *Orientations pour l'éducation aux médias et à l'information (EMI), cycles 2 et 3*, ministère de l'Éducation nationale, janvier 2018.

L'éducation aux médias et à l'information au cycle 3 (cycle de consolidation)

Au cycle 3, l'éducation aux médias et à l'information permet aux élèves d'approfondir les connaissances et compétences développées lors du cycle 2 et de gagner en autonomie dans leurs recherches, leurs démarches et leurs choix. Ils développent leur jugement critique et leur compréhension des mécanismes de l'information et de la communication. Ils produisent, représentent et diffusent eux-mêmes l'information.

Comme au cycle 2, leurs travaux s'appuient sur des situations réelles et fréquentes d'utilisation et de manipulation de supports d'information et sont autant d'occasions de réfléchir sur leurs usages et sur leurs pratiques.

Dans le contexte des activités et des apprentissages propres au cycle 3, les élèves développent des compétences qui relèvent de l'EMI selon quatre grands champs, qui peuvent se combiner entre eux :

• ils apprennent à rechercher et à identifier des informations pertinentes à partir de différentes sources ;

• ils mettent en œuvre divers modes d'expression, de production, de création et de présentation de contenus ;

• ils connaissent les règles élémentaires de communication et d'échange, et les responsabilités qui en découlent ;

• ils s'approprient leur environnement de travail, apprennent à s'y repérer et comprennent le fonctionnement de différents médias.

https://eduscol.education.fr/document/327/download?attachment consulté le 3 novembre 2021.

Document 10 Extrait du site de la CNIL, « 10 conseils de la CNIL pour rester Net sur le web ».

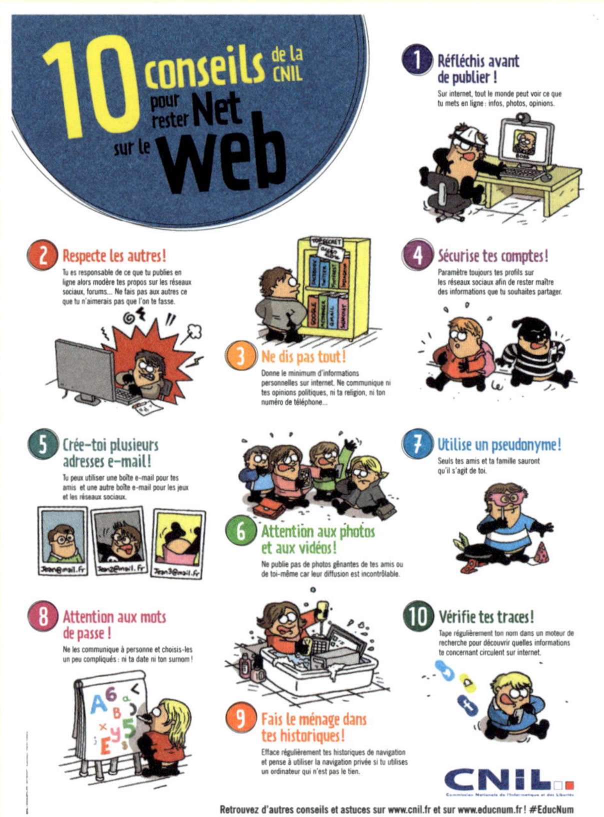

https://www.cnil.fr/fr/atom/15067 consulté le 31 octobre 2021.

CORRIGÉ DU SUJET 2

ATTENTION

Dans la proposition de corrigé qui suit, les éléments en bleu apparaissent pour vous guider dans l'élaboration de votre travail. Mais ces indications ne doivent pas figurer sur votre copie !

COMPOSANTE GÉOGRAPHIE

1 [Introduction]

Le corpus documentaire proposé nous invite à une réflexion sur l'utilisation d'Internet en France et dans le monde, pour répondre à la question suivante : « Comment et dans quelle mesure Internet favorise-t-il la communication d'un bout à l'autre du monde ? »

MÉTHODE

L'analyse débute par une présentation problématisée des documents.

Les **documents 2, 4 et 5**, respectivement un texte scientifique qui analyse la notion de réseau, un planisphère qui localise les câbles Internet sous-marins et une carte à plus grande échelle des câbles sous-marins de la zone Caraïbes, permettent d'abord de comprendre comment Internet favorise et accélère la communication et les échanges, à l'échelle mondiale. Les **documents 6 et 7**, une carte des départements français qui rend compte de l'accessibilité des habitants à l'Internet haut débit et un texte qui analyse la fracture numérique en France, révèlent ensuite les différences d'accessibilité aux réseaux numériques, non seulement dans le monde, mais aussi à l'échelle du territoire national. Le **document 8** permet enfin une réflexion sur les usages d'Internet dans la vie quotidienne.

1. Le réseau Internet : installation et fonctionnement

CONSEILS

- L'analyse des notions essentielles permet au candidat de démontrer sa maîtrise des contenus scientifiques fondamentaux, sans pour autant perdre de vue que ces connaissances sont au service de l'analyse des documents proposés dans le corpus.
- L'analyse aborde ensuite les notions essentielles et les enjeux scientifiques du dossier documentaire.

Le premier repère du thème 2 de géographie de CM2 concerne « **un monde de réseaux** » (**document 1**). Il s'agit d'amener les élèves à réfléchir sur le fonctionnement de ce réseau, sur les infrastructures matérielles nécessaires au fonctionnement et au développement d'Internet.

Internet favorise les communications, les flux, les échanges (**document 2**) grâce à l'installation d'un vaste **réseau de câbles sous-marins (documents 4 et 5) qui relient les différentes régions du monde**. Ce réseau sous-marin représente 99 % du transport des données dans le monde. Environ 450 câbles enterrés dans les fonds marins constituent le réseau Internet sous-marin, qui est long de plus d'un million de kilomètres. De nombreux câbles traversent les océans Atlantique et Pacifique. Le plus long relie l'Allemagne à la Corée du Sud et au Japon (40 000 km). Ce réseau relie la plupart des pays de la planète mais certains d'entre eux ne sont connectés que par un seul câble.

REMARQUE

Ces paragraphes intègrent des connaissances qui n'apparaissent pas dans les documents mais qui viennent compléter l'analyse induite par le corpus documentaire. Il convient cependant de veiller à ne pas prendre prétexte du corpus documentaire pour « réciter » un cours déconnecté de ce corpus.

Ces câbles de 8 cm de diamètre intègrent plusieurs fibres optiques entourées de matériaux métalliques et plastiques, qui assurent une connexion 200 000 fois supérieure au débit d'une connexion ADSL. Leur mise en place est une prouesse technique. Elle se fait par des navires câbliers (de 150 mètres de long sur 25 mètres de large) qui déposent le câble au fond de l'océan, jusqu'à 8 000 mètres de profondeur, ou l'enterrent.

2. Au niveau mondial, un accès à Internet en augmentation mais qui reste inégal

Le troisième repère du thème 2 de géographie de CM2 concerne « des habitants inégalement connectés dans le monde » **(document 1)**. Il s'agit d'étudier les inégalités d'accès à Internet en France et dans le monde.

L'installation de câbles se poursuit car les besoins d'échanges se multiplient à l'échelle mondiale. Le nombre d'internautes est passé **d'un milliard en 2005 à près de 5 milliards en 2020**, mais **2,5 à 3 milliards d'humains restent néanmoins dépourvus d'accès**. Ces inégalités d'accès **(document 4)** rendent compte des inégalités de développement. Le retard de développement se traduit par une faible connexion au réseau mondial d'Internet, et la tendance est au creusement de la fracture numérique entre les pays riches et les pays pauvres, selon la Banque mondiale. **L'inégal accès à Internet confirme ainsi la division du monde entre Nords et Suds**. Les premiers sont les pays d'Amérique du Nord, d'Europe, d'Océanie, ainsi que le Japon et les pays émergents d'Asie ou d'Amérique du Sud. Les seconds sont les pays pauvres qui se situent en Afrique, en Asie et en Amérique centrale ou du Sud. Parmi les personnes qui n'ont pas accès à Internet, on en compte plus d'un milliard en Asie et 870 millions en Afrique. L'Afrique centrale est la région du monde qui a le plus faible taux d'accès à Internet (environ 12 % de la population).

3. La fracture numérique en France

Le **document 6** confirme la persistance d'une **fracture numérique sur le territoire français**. Neuf Français sur 10 ont un accès à Internet à leur domicile et déclarent l'utiliser quotidiennement, mais le taux d'équipement et la connexion aux réseaux numériques des ménages est variable. Ces réseaux ne concernent pas uniquement Internet mais aussi la téléphonie mobile **(document 2)**, dont la fracture numérique a été nettement réduite. Aujourd'hui, seules quelques communes se situent sur des territoires qualifiés de **zones blanches**, c'est-à-dire des zones géographiques, le plus souvent rurales, mal ou pas du tout couvertes par les opérateurs mobiles (ces territoires se situent dans la diagonale des plus faibles densités de population). Le haut débit et la fibre optique créent cependant une nouvelle fracture numérique sur le territoire national. **En 2020, on recense, en France, environ 7 millions de personnes qui n'ont pas un accès de qualité minimale à Internet.** Dans les communes de moins de 1 000 habitants, ils sont près de 30 %. Le très haut débit n'est pas disponible dans 60 % des territoires ruraux. Si 96 % des habitants des 100 communes les plus denses de l'Hexagone sont éligibles à la fibre, ils ne sont que 36 % dans les petites villes et dans les zones rurales.

4. Les enjeux sociétaux et de citoyenneté de l'accès à Internet

Le second repère du thème 2 de géographie de CM2 s'intitule « un habitant connecté au monde » **(document 1)**. Il s'agit d'amener les élèves à réfléchir sur leur utilisation d'Internet.

Les **documents 2, 3 et 7** révèlent que la **communication rendue possible grâce à l'Internet** est non seulement un **enjeu technique et de développement**, mais aussi une **question sociétale et un enjeu de citoyenneté**. Internet a bouleversé notre accès à l'information. Nous sommes désormais informés très rapidement des événements qui se produisent dans le monde entier. Les citoyens peuvent consulter tous les médias grâce à Internet et le font souvent en complément d'un autre média (le plus souvent la télévision, ainsi que les journaux pour les plus de 35 ans), même si Internet a tendance à se substituer complètement aux autres médias (surtout pour les citoyens les plus jeunes). Cependant, l'information qui y circule n'est pas toujours contrôlée. La formation des jeunes citoyens à l'**utilisation éclairée et responsable d'Internet** en tant que source d'information ainsi que des réseaux sociaux constitue un enjeu majeur de leur éducation, de leur éveil à l'esprit critique, de leur capacité à créer du lien social en dehors d'Internet, de leur sensibilisation aux enjeux environnementaux.

En prolongement de la séquence de géographie sur le sujet, le professeur pourrait mettre en débat la question suivante en EMC : « Quel comportement adopter sur Internet et sur les réseaux sociaux ? » À partir d'affiches de sensibilisation réalisées par les élèves sur les usages d'Internet, le professeur pourrait créer avec eux une charte de l'usage d'Internet et des réseaux sociaux.

2

RAPPELS

- Les séquences consacrées au thème 2 de géographie du programme du cycle 3 pour la classe de CM2 font suite à l'étude d'un premier thème intitulé « Se déplacer », qui est l'une des composantes de la notion clé « Habiter », abordée dès le CM1. L'année de CM2 se termine avec un troisième thème intitulé « Mieux habiter ».
- Le thème 2 se divise en trois repères, qui constituent trois séquences : « Un monde de réseaux », « Un habitant connecté au monde » et « Des habitants inégalement connectés dans le monde ».

En observant comment les habitants communiquent grâce à Internet, les élèves découvrent une **géographie humaine**, qui place les acteurs au cœur de l'étude des dynamiques des territoires.

Les élèves s'initient au **changement d'échelle** et découvrent la diversité du monde et des modes de vie puisqu'ils étudient l'utilisation d'Internet en France et dans le monde, échelle à laquelle ils comparent les niveaux de développement entre les pays.

CONSEILS

- La séquence proposée peut être contextualisée dans le programme officiel du cycle 3.
- La structure de la séquence qui est proposée est valorisée par une explication préalable des fondements qui sous-tendent sa construction et qui explicitent la démarche géographique mobilisée.

L'**étude de cas** est désormais privilégiée comme démarche d'enseignement de la géographie, puisque c'est souvent par son intermédiaire que le professeur doit faire comprendre à ses élèves les notions ou les concepts géographiques qui sont au programme. Le programme du cycle 3 (**document 1**) préconise ainsi de commencer par une étude des usages personnels des élèves de l'Internet. Cette **démarche inductive** repose sur l'étude concrète de territoires, qui sont ensuite contextualisés et replacés à plus petites échelles. L'étude de cas doit permettre de définir les enjeux majeurs de la séquence, qui sont ensuite mis en perspective pour répondre à des problématiques plus globales.

[Présentation de la séquence]

MÉTHODE

- La présentation de la séquence précise notamment les prérequis, les compétences travaillées, les connaissances visées et les documents mobilisés.
- Cette question est valorisée dans la répartition des points, en cohérence avec les fondements de l'épreuve. Il convient donc de veiller à la clarté et à la précision des propositions, qui doivent être adaptées à des élèves de la classe concernée par le sujet.

Titre de la séquence : Des habitants inégalement connectés dans le monde
Prérequis : Les élèves ont travaillé en CM1 sur la découverte de leur espace de vie ; ils ont abordé le thème « Se loger, travailler, se cultiver, avoir des loisirs en France », qui leur a permis d'appréhender la notion « habiter ». Au CM2, ils ont enrichi cette notion avec l'étude des mobilités et des modes de déplacement. Ils ont également découvert la notion de réseau (première séquence du thème 2 : « Un monde de réseaux ») et ont été initiés au fonctionnement de l'Internet (deuxième séquence du thème 2 : « Un habitant connecté au monde »).
Compétences travaillées : Plusieurs compétences inscrites dans le socle commun seront travaillées : « se repérer dans l'espace », « formuler des hypothèses », « comprendre un document ». Ainsi, cette séquence permet d'initier les élèves au travail de localisation et de repérage sur un planisphère et sur une carte du territoire national. Elle peut être l'occasion de s'exercer à la lecture de textes (témoignages) et de paysages (pour comparer les modes de vie et l'accès à Internet dans le monde), pour mesurer les inégalités de connexion aux réseaux et analyser des facteurs d'explication. Le thème se prête également à l'utilisation des outils numériques. La compétence « coopérer et mutualiser » sera envisagée avec un travail en groupes.
Connaissances visées : Cette séquence permet de comprendre quelle est l'importance d'Internet dans la vie quotidienne des populations selon les régions du monde et quelles sont les inégalités d'accès aux réseaux numériques en France.
Documents mobilisés : Les paysages seront associés à des cartes d'échelles différentes. Des témoignages d'habitants seront les bienvenus. Il pourra s'agir d'interviews des adultes que côtoient les élèves ou des élèves eux-mêmes.

[Description des séances]

MÉTHODE

La description de la séquence intègre ensuite la description des séances qui structurent la séquence.

Séance 1 – Phase de découverte (étude de cas) : Les difficultés d'accès à Internet et aux réseaux numériques à la campagne

Le professeur réactive d'abord les **acquis** des deux séquences précédentes qui portent sur le même thème. Il propose un cours dialogué qui permet de faire le diagnostic de ce qui est connu. À partir de quelques photos d'un espace rural isolé, il fait émerger la **problématique** de la séance (les difficultés d'accès à Internet et aux réseaux numériques à la campagne) et ses idées directrices, avant de rédiger une introduction.

RAPPEL

La problématique est la question à laquelle chaque leçon permet de répondre. Elle est donc formulée en début de séance.

Le professeur organise ensuite un travail en groupes hétérogènes et groupes d'experts sur les difficultés d'accès aux réseaux Internet et de téléphonie mobile dans les campagnes françaises, à partir de photographies (isolement), de témoignages d'habitants qui expliquent comment les difficultés d'accès pénalisent leur vie quotidienne et les contraignent parfois à déménager (pour l'exercice de leur emploi, les études, par exemple). Ces témoignages présentés sous forme de textes sont l'occasion de travailler la compétence « comprendre un document : comprendre le sens général et extraire des informations pertinentes ». Il pourra notamment être demandé aux élèves de souligner d'une couleur les passages qui confirment les difficultés d'accès et d'une autre couleur ceux relatifs aux conséquences. Une mise en commun sera envisageable sous forme d'un schéma simple.

RAPPEL

Lorsque les groupes sont **homogènes**, la première phase du travail permet à chaque groupe de réaliser les productions qui lui sont confiées. Chaque groupe travaille sur des documents différents, avec des consignes différentes, adaptées aux compétences des élèves qui le constituent. Dans une seconde phase, des groupes **hétérogènes** sont constitués avec un expert de chacun des groupes homogènes constitués initialement. Chaque élève contribue ainsi à la production finale de son groupe lors de cette phase de mutualisation.

Séance 2 – Mise en perspective à l'échelle nationale : Les inégalités d'accès à Internet et aux réseaux numériques en France

Cette séance permet d'étudier l'inégal accès aux réseaux numériques à l'échelle nationale. Le **document 6** pourra être privilégié, avec une légende simplifiée (part des habitants qui n'ont accès qu'à un faible débit Internet). Il pourra être accompagné d'une carte régionale à plus grande échelle afin de comparer l'accès des habitants des aires urbaines à celui des habitants de la campagne, ce que l'échelle du **document 6** ne permet pas de faire. Le **document 4** pourra être l'occasion d'une initiation au langage cartographique (compétence : « pratiquer différents langages »), en particulier sur le choix des couleurs pour les figurés de surface (comment hiérarchiser des territoires avec un dégradé de couleurs).

Séance 3 – Étude de cas : Comment les habitants ont-ils accès à Internet au Sénégal ?

Cette séance est une nouvelle **étude de cas** (ici, sur le Sénégal, mais le professeur peut choisir un autre pays) qui permet de faire comprendre le lien entre le faible niveau de développement d'un pays et la faible connexion aux réseaux numériques : une photographie d'un cybercafé d'une ville africaine, des témoignages, des documents statistiques sur les conditions de vie et le pourcentage d'habitants connectés permettront d'établir ce constat.

REMARQUE

Dans la mesure où le candidat ne peut s'appuyer sur aucun document du corpus pour développer cette séance 3, son récit peut être plus condensé.

Séance 4 – Mise en perspective à l'échelle mondiale : Quelles sont les inégalités d'accès à Internet dans le monde ?

Cette séance permet d'étudier l'inégal accès aux réseaux numériques à l'échelle mondiale. Un graphique en courbe permettra d'abord de faire le constat de l'augmentation du nombre d'internautes dans le monde. Le **document 4** pourra ensuite être complété par un planisphère sur la part des habitants ayant accès à Internet par pays pour établir les inégalités d'accès. Ce planisphère sera l'occasion de réinvestir le travail sur le choix des figurés de surface. Il pourra donc être proposé vierge, avec une légende sans les figurés ; les élèves devront choisir les couleurs adéquates puis colorier le planisphère. Un travail en groupes est envisageable en confiant à chaque groupe les données statistiques des différents États par continent (un groupe s'occupe de l'Amérique du Sud, un autre de l'Amérique du Nord, un de l'Afrique, un de l'Europe et un de l'Asie-Océanie, par exemple). Une mise en commun est ensuite réalisée, chaque groupe faisant un état de la situation dans le continent qu'il a étudié. Une présentation orale par chaque groupe est envisageable, accompagnée d'un support de synthèse (tableau à compléter avec l'aide du professeur).

Séance 5 – Séance d'appropriation : Préparation de l'évaluation, construite avec les élèves

Après un temps de révision en groupes, les élèves réfléchissent aux notions et au vocabulaire à connaître pour l'évaluation finale. Le professeur régule ces travaux de groupe et en profite pour aider les élèves qui n'auraient pas compris certains points de la séquence. Les élèves et le professeur se mettent ensuite d'accord sur les questions à retenir pour l'évaluation sommative. Celle-ci est proposée une semaine plus tard.

CONSEIL

Une proposition qui confirme que le temps de l'évaluation doit être envisagé non pas comme un simple contrôle des connaissances acquises mais comme un véritable moment d'apprentissage sera valorisée.

COMPOSANTE ENSEIGNEMENT MORAL ET CIVIQUE

3 Agir face à une situation de harcèlement est tout autant indispensable que difficile. Pour aider le personnel enseignant, le programme pHARe propose des formations, une assistance fournie par les équipes académiques et les ambassadeurs du programme au sein des écoles afin de réguler le climat scolaire, des outils de prévention et de mise en œuvre du dispositif prêts à l'emploi, la création de deux numéros verts (3020 et 3018) pour les victimes.

En tant qu'agent du service public, le professeur peut actionner plusieurs leviers :

– avoir une discussion avec chacun des élèves, pour rompre l'isolement de la victime et comprendre la situation personnelle du harceleur, qui exprime souvent son propre mal-être ;

– faire un signalement auprès des collègues et de la direction de l'école ;

– faire un signalement auprès des parents des élèves concernés. Le programme pHARe conseille d'ailleurs d'associer les parents à la mise en œuvre du projet ;

– solliciter le réseau des référents « harcèlement » départementaux ou académiques, qui peuvent mener une action plus globale dans le cadre du programme pHARe (**document 8**).

Au-delà de ces actions, la mise en place de stratégies pédagogiques qui mobilisent les élèves pour **favoriser leur vivre ensemble** constitue l'**une des préventions les plus efficaces**. Le programme pHARe insiste ainsi sur la dimension éducative du projet (*« 2. Éduquer pour prévenir les phénomènes de harcèlement »*).

Dans le cas proposé, il s'agira notamment d'apprendre aux élèves ce qu'est une situation de harcèlement, les conséquences pour la victime comme pour l'élève harceleur. Il conviendra également de leur apprendre le fonctionnement des réseaux sociaux, la responsabilité personnelle que chacun engage lorsqu'il s'y exprime.

Des guides et des outils pédagogiques sont également proposés par la délégation ministérielle en charge de la lutte contre le harcèlement. Un cahier d'activités « Non au harcèlement » est ainsi mis à la disposition des enseignants du primaire.

En outre, faire participer sa classe au prix « Non au harcèlement » est une nouvelle occasion de sensibiliser ses élèves.

4 Rappelons en préambule que l'organisation d'une telle séance privilégiera les actes et la prise de parole des élèves plutôt que le discours magistral du professeur. Il convient de privilégier **un projet qui rende les élèves acteurs de leur apprentissage**. La construction de leur conscience morale, leur compréhension du rôle du droit et de la règle, leur apprentissage du jugement critique et de l'engagement nécessitent de leur proposer des **pratiques actives**, qui leur permettent d'en comprendre le sens par l'**expérimentation**. Mis en situation d'analyser des situations concrètes, les élèves sont ainsi initiés à la prise de décision, à l'engagement au sein du groupe, à la prise de parole, à l'écoute d'autrui, au sens des règles qui leur sont imposées.

Une séance consacrée à un usage raisonnée d'Internet vise d'abord les enjeux globaux de l'enseignement moral et civique : respecter autrui, partager les valeurs de la République, construire une culture civique. Le **document 10** permet ainsi de sensibiliser les élèves en tant qu'utilisateurs d'Internet au respect des libertés, de l'égalité, au refus des discriminations, aux notions de droits et de devoirs qui doivent réguler leur utilisation d'Internet. Plus particulièrement, il permet d'aborder avec les élèves la nécessité d'adopter des gestes de prudence (prendre le temps de la réflexion avant de poster un message, avoir conscience de la responsabilité que l'on engage en publiant sur les réseaux sociaux et des conséquences possibles d'une publication) quand on utilise Internet.
Le **document 10** peut ainsi être utilisé en préalable à un **débat** répondant à la question suivante : « Comment utiliser Internet avec prudence ? » Les élèves pourront être invités à associer chacun des 10 conseils à la note explicative qui correspond (ce qui suppose donc de reconstruire un document avec les 10 conseils et leur illustration mais sans les notes explicatives), afin de valider dans un premier temps la compréhension effective de ces conseils. Dans un second temps, ils pourront classer ces conseils en deux catégories : « Les bons gestes pour me protéger » et « Les bons gestes pour respecter les autres ».

RAPPEL

Le recours au débat permet l'apprentissage des compétences visées par le socle commun :
– « distinguer ce qui relève de l'exposé des faits de ce qui relève de l'expression d'un point de vue » ;
– « prendre part à une discussion, un débat ou un dialogue » ;
– connaître « les règles de la discussion en groupe » ;
– justifier « un choix personnel dans le cadre d'une argumentation » ;
– faire « la distinction entre savoirs vérifiés et opinions personnelles ».

SUJET 3 : Géographie / EMC

Créteil-Versailles, 2022

3 heures

→ Corrigés p. 179

COMPOSANTE GÉOGRAPHIE – 12 points

1 En ouverture de votre enseignement de géographie en CM2, vous souhaitez présenter de manière simple à vos élèves les sources, démarches et outils du géographe.
Que leur dites-vous et que leur montrez-vous ? (Fondez-vous sur le dossier documentaire et sur vos connaissances.)

2 Présentez les notions relatives au thème 1 « Se déplacer » en classe de CM2 et sélectionnez les mots-clés à faire acquérir aux élèves au cours du traitement de ce thème (documents 1 à 3).

3 Au sein de la séquence d'apprentissage « Se déplacer de ville en ville, en France, en Europe et dans le monde », proposez une séance portant sur le mode de transport ferroviaire :
– précisez les objectifs visés et les compétences travaillées ;
– définissez le petit nombre de mots-clés à faire acquérir aux élèves ;
– identifiez les documents du dossier documentaire que vous pensez mobiliser.

COMPOSANTE ENSEIGNEMENT MORAL ET CIVIQUE – 8 points

4 Le document 10 rend compte d'un travail effectif mené dans une classe de CM2 en 2020-2021. En quoi répond-il aux objectifs du programme d'enseignement moral et civique sur la culture civique (document 9) ?

5 Votre classe est choisie pour participer au Parlement des enfants : indiquez brièvement quelles étapes de travail vous envisageriez pour aboutir à une proposition de loi équivalente au document 10.

SOMMAIRE DU DOSSIER DOCUMENTAIRE

1. Extraits du programme d'enseignement du cycle de consolidation (cycle 3).

2. Extraits de : Bénédicte Tratnjek, blog *Enseigner la géographie* : « Se déplacer : une progressivité sur le vocabulaire des déplacements en géographie ».

3. Extraits de : Magali Reghezza-Zitt, *Documentation photographique*, n° 8 096, « La France, une géographie en mouvement », 2013.

4.1 La gare du Nord, Paris (photographie, 2007).

4.2 La gare du Nord, Paris (plan détaillé).

5. Le réseau européen LGV à l'horizon 2025.

6. Carte : « 40 ans du TGV : comment le train à grande vitesse a changé la France ».

7. Collecte d'avis d'usagers de la gare du Nord sur le site Tripadvisor.

8. Exemples d'émissions de grammes de CO_2 par kilomètre (par passager).

9. Extraits du programme d'enseignement du cycle de consolidation (cycle 3).

10. Proposition de loi rédigée dans le cadre de l'opération « le Parlement des enfants ».

DOSSIER DOCUMENTAIRE

Document 1 **Extraits du programme d'enseignement du cycle de consolidation (cycle 3), *Bulletin officiel de l'Éducation nationale*, n° 31 du 30 juillet 2020.**

Géographie

La notion d'habiter est centrale au cycle 3 ; elle permet aux élèves de mieux cerner et s'approprier l'objectif et les méthodes de l'enseignement de géographie. En géographie, habiter ne se réduit pas à résider, avoir son domicile quelque part. S'intéresser à l'habiter consiste à observer les façons dont les humains organisent et pratiquent leurs espaces de vie, à toutes les échelles. Ainsi, l'étude des « modes d'habiter » doit faire entrer simplement les élèves, à partir de cas très concrets, dans le raisonnement géographique par la découverte, l'analyse et la compréhension des relations dynamiques que les individus-habitants et les sociétés entretiennent à différentes échelles avec les territoires et les lieux qu'ils pratiquent, conçoivent, organisent, représentent.

Les élèves découvrent ainsi que pratiquer un lieu, pour une personne, c'est en avoir l'usage et y accomplir des actes du quotidien comme le travail, les achats, les loisirs… Il faut pour cela pouvoir y accéder, le parcourir, en connaître les fonctions, le partager avec d'autres. Les apprentissages commencent par une investigation des lieux de vie du quotidien et de proximité ; sont ensuite abordés d'autres échelles et d'autres « milieux » sociaux et culturels ; enfin, la dernière année du cycle s'ouvre à l'analyse de la diversité des « habiter » dans le monde.

La nécessité de faire comprendre aux élèves l'impératif d'un développement durable et équitable de l'habitation humaine de la Terre et les enjeux liés structure l'enseignement de géographie des cycles 3 et 4. [Ce dernier] introduit un nouveau rapport au futur et permet aux élèves d'apprendre à inscrire leur réflexion dans un temps long et à imaginer des alternatives à ce que l'on pense comme un futur inéluctable. C'est notamment l'occasion d'une sensibilisation des élèves à la prospective territoriale. En effet, l'introduction d'une dimension prospective dans l'enseignement de la géographie permet aux élèves de mieux s'approprier les dynamiques des territoires et de réfléchir aux scénarios d'avenir possibles. […]

Les sujets d'étude traités à l'école élémentaire se sont appuyés sur des exemples précis qui peuvent alimenter l'étude des systèmes spatiaux abordés au cours de l'année de sixième. […]

Des études approfondies de certains lieux permettent aux élèves d'observer des réalités géographiques concrètes et de s'exercer au raisonnement géographique. La contextualisation, mettant en relation le lieu étudié avec d'autres lieux et avec le monde, donne la possibilité de continuer le travail sur les grands repères géographiques.

Les thèmes du programme invitent à poursuivre la réflexion sur les enjeux liés au développement durable des territoires. […]

Classe de CM2	
Repères annuels de programmation	**Démarches et contenus d'enseignement**
Thème 1 – Se déplacer	
– Se déplacer au quotidien en France. – Se déplacer au quotidien dans un autre lieu du monde. – Se déplacer de ville en ville, en France, en Europe et dans le monde. – Déplacement et développement durable.	Les thèmes traités en CM1 ont introduit l'importance des déplacements. En s'appuyant sur les exemples de mobilité déjà abordés et en proposant de nouvelles situations, on étudie les modes et réseaux de transport utilisés par les habitants dans leur quotidien ou dans des déplacements plus lointains. L'élève découvre aussi les aménagements liés aux infrastructures de communication. On étudie différents types de mobilités et on dégage des enjeux de nouvelles formes de mobilités. On étudie les déplacements dans le cadre du développement durable : la lutte contre la pollution, le recyclage, les moyens de transport.

Document 2 **Extraits de : Bénédicte Tratnjek, blog *Enseigner la géographie* : « Se déplacer : une infographie et une progressivité sur le vocabulaire des déplacements en géographie », 23 février 2020.**

[…] L'une des difficultés, pour les élèves comme pour les enseignants, est de construire un vocabulaire commun, permettant la compréhension des enjeux des déplacements à toutes les échelles. […]

	Mouvement cyclique (pas de changement de résidence)	Mouvement linéaire (changement de résidence)
Externes au bassin de vie	**Voyages** Mobilités spatiales relevant d'une temporalité courte, mais qui se dirigent vers l'extérieur d'un bassin de vie Fréquence plutôt occasionnelle	**Migration** Déplacement de population qui entraîne un changement durable ou définitif du lieu de la résidence habituelle […] non définitive, intermittente
Internes au bassin de vie	**La mobilité quotidienne** Déplacements de la vie quotidienne – sous-entend l'habitude des pratiques de déplacements – relève d'une temporalité courte, et à l'intérieur d'un bassin de vie – fréquences journalières et hebdomadaires – pas uniquement la mobilité domicile-travail (+ loisirs par ex.)	**La mobilité résidentielle** Déplacement de population qui entraîne un changement durable ou définitif du lieu de la résidence habituelle […]

Tableau d'après Patrick Marques – CC BY-NC-SA 2019.

[…] Fixer le vocabulaire de manière explicite est un enjeu didactique essentiel dans la géographie scolaire. L'explicite dans le vocabulaire de la géographie scolaire, en général, et sa continuité entre les différents niveaux sont deux outils essentiels de la didactique de la discipline.
C'est pourquoi on prône ici l'utilisation d'un vocabulaire fortement identifié et explicite auprès des élèves, afin de leur permettre d'appréhender et de différencier les types de déplacements. Ce vocabulaire peut être progressivement introduit, selon une progressivité qui répond aux enjeux des programmes.

CYCLE 3 : Les types de déplacements

Le thème 1 (« Se déplacer ») et le thème 2 (« Communiquer d'un bout à l'autre du monde grâce à l'Internet ») du programme de CM2 questionnent les déplacements. Il est nécessaire pour les élèves d'appréhender cette action, mais pas nécessairement d'être confrontés à la pluralité du vocabulaire. Les déplacements sont alors présentés comme étant de plusieurs types :
– **les déplacements humains :** il s'agit des déplacements de personnes ;
– **les déplacements matériels :** il s'agit des déplacements de biens, d'objets, de marchandises ;
– **les déplacements immatériels :** il s'agit des déplacements de « choses » immatérielles (en lien avec le thème 2 de la classe de CM2).

https://enseigner-la-geographie.jimdofree.com/2020/02/23/se-déplacer-une-infographie-sur-le-vocabulaire-des-déplacements-en-géographie/

Document 3 **Extraits de : Magali Reghezza-Zitt, *Documentation photographique*, n° 8 096, « La France, une géographie en mouvement », La Documentation française, 2013, p. 24.**

La mobilité désigne tout mouvement qui permet à un individu (ou un groupe) de changer de lieu : ce terme recouvre à la fois le déplacement avéré et un potentiel de mouvement. Il excède très largement la notion de flux. La mobilité suppose non seulement de s'intéresser au mode de transport, mais aussi aux motivations, aux usages, aux parcours des individus mobiles.
Le développement de moyens de transport individuels et collectifs toujours plus rapides, plus sûrs mais aussi moins coûteux (malgré le renchérissement de l'énergie), a transformé le rapport des Français à la distance et, par effet induit, aux territoires – entendus ici comme espaces de vie.
La portée et les motifs des mobilités se sont diversifiés : migrations internationales, essentiellement pour des raisons professionnelles, mobilités résidentielles qui consistent à changer de lieu d'habitation, tourisme, mobilités du quotidien aux buts variés (travail, loisirs, consommation, etc.).
Cette diversité est nettement visible à l'échelle locale : la variété de l'offre est d'ailleurs perçue comme un atout pour les villes, un facteur d'attractivité. Nantes-Métropole (la communauté urbaine de Nantes) met ainsi en avant la multimodalité sur la couverture de son plan de déplacements urbains (PDU) 2010-2015. […] [Un PDU] vise à articuler plusieurs moyens de transports, non seulement à l'échelle de la ville-centre mais aussi de

l'agglomération. Il doit permettre de répondre à des besoins de mobilité variés, tant pour leur motif que pour leur distance à parcourir. [...] Les PDU comportent désormais un volet environnemental cherchant à faire des économies d'énergie et à limiter les émissions de gaz à effet de serre. L'un des moyens pour atteindre ces objectifs est de limiter le recours à la voiture individuelle, considérée comme productrice de nuisances sonores, olfactives et environnementales. [...] À l'échelle nationale et internationale, grâce à l'augmentation des vitesses, les distances-temps entre les lieux se sont réduites et la portée des déplacements a augmenté. Si les Français déménagent en moyenne moins que d'autres Européens et moins loin, le développement de la vitesse a permis la dissociation des lieux de travail et d'habitation. Et si, dans un premier temps, cette disjonction s'est nettement observée à l'échelle des agglomérations, occasionnant des mobilités quotidiennes pendulaires, elle est opérée aujourd'hui à des échelles plus petites par des « navetteurs » à longue distance. L'espace de vie de ces Français n'est donc plus forcément celui de la continuité, il devient un espace réticulaire, composé de lieux étroitement reliés entre eux par des transports performants. En ce sens, la mobilité fabrique des territorialités inédites, puisqu'elle implique des rapports particuliers à l'espace de vie et produit en retour des configurations de lieux nouvelles, à des échelles et des temporalités variées.

Document 4 La Gare du Nord, Paris.

4.1 Photographie

Photographie : L. Willms, 27 octobre 2007.
File:Gare du Nord Fallblattanzeiger Departure-board.JPG - Wikimedia Commons

4.2 Plan détaillé

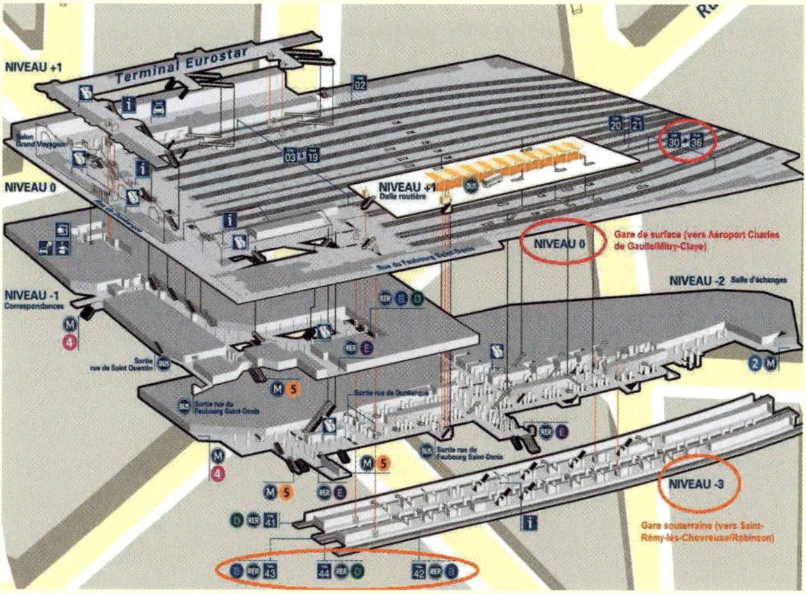

Plan de la Gare du Nord à Paris (gare-du-nord.paris).

Document 5 Le réseau européen LGV à l'horizon 2025.

Document 6 **40 ans du TGV : comment le train à grande vitesse a changé la France.**

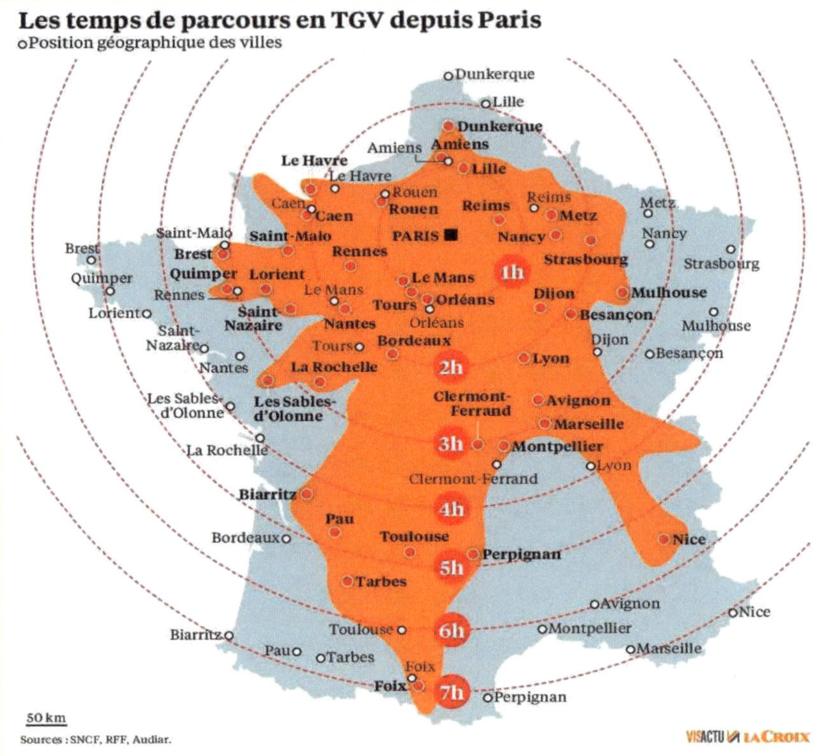

La Croix, 16/09/2021.
40 ans du TGV : comment le train à grande vitesse a changé la France (la-croix.com)

Document 7 **Collecte d'avis d'usagers de la gare du Nord sur le site Tripadvisor [orthographe et syntaxe rétablies pour faciliter le travail en classe].**

Auteur : Ced62120 ; ville de l'auteur : Beauvais, France.
Date de l'expérience : septembre 2021.
En voiture
Beaucoup, mais alors vraiment beaucoup de monde aux alentours de 19 h. Debout dans le train, beaucoup de valises et pas de contrôle. Mais à l'heure.

Auteur : Ced62120 ; ville de l'auteur : Beauvais, France.
Date de l'expérience : août 2020.
Voyage
Utilisation de la gare pour aller de Beauvais à Paris. Transport de qualité et horaires respectés. Rien à dire.

Auteur : 377antong ; ville de l'auteur : Le Cap, Afrique du Sud.
Date de l'expérience : février 2020.
Terrible
Ce n'est pas une option appropriée pour se rendre à l'aéroport. Les billets sont incroyablement chers et les trains sont si pleins que vous ne pouvez pas monter dans l'un d'eux. Après que nous avons attendu plus de 30 minutes (alors qu'il y a un train toutes les 10 minutes), nous avons dû abandonner et prendre un taxi afin de ne pas manquer notre vol. À moins que le RER ne devienne une ligne aéroportuaire (un peu comme les trains Gatwick et Heathrow Express à Londres), ils ont vraiment du culot de réclamer 10 € par personne pour le voyage. Les trains étaient si pleins que nous en avons vu passer 3 sans aucune place. (C'est samedi, pas de navetteurs de travail).

Auteur : Xavier C ; ville de l'auteur : Versailles, France.
Date de l'expérience : septembre 2019.
Vraiment minable (surtout comparée à Saint-Pancras, du côté britannique de l'Eurostar)
Le bâtiment en lui-même n'est pas mal, mais les abords sont épouvantables. Autant on se sent bien à Saint-Pancras (du coté anglais de l'Eurostar), où j'aime traîner avant de reprendre le train, autant je me dépêche de fuir la gare du Nord.
Fréquentation qui empire, le dépose minute est ridiculement petit et totalement engorgé (et on se prend immédiatement un PV si on s'arrête ne serait-ce que quelques instants dans la rue précédant le dépose-minute). Quant au quartier, c'est une horreur. Ne pas sortir de la gare ! Nous ne passons dans cette gare que parce qu'il n'y a pas d'autre moyen pour prendre l'Eurostar…

Auteur : magny777 ; ville de l'auteur : Torcy, France.
Date de l'expérience : mai 2019.
Un hub intéressant pour une foule de destinations
Une gare qui peut vous envoyer à l'aéroport, à Londres, Amsterdam, Bruxelles, Luzarches, Lille ou en plein Paris.

Auteur : Loopiing78 ; ville de l'auteur : Colmar, France.
Date de l'expérience : mai 2019.
Quel contraste !
Une des grandes gares parisiennes : pas très bien famée au niveau des trains de banlieue ; quant aux Thalys et Eurostar, ça fait rêver ! Le contraste est saisissant…

Auteur : EvasionDreams ; ville de l'auteur : Paris, France.
Date de l'expérience : avril 2018.
La 2e gare du monde
La gare du Nord se caractérise d'abord par son immense et sublime façade, rehaussée de 2 longues ailes. Absolument magnifique et quelques œuvres contemporaines sont installées devant. Et ensuite, par ses impressionnantes et superbes verrières.
Très vaste gare et carrefour international, elle accueille désormais chaque année plus de 270 millions de personnes. C'est simple, tout y passe : TER, TGV, RER, Eurostar, métro,

bus, vélib', autolib', et pourquoi pas un tramway dans quelques temps…
Les gros problèmes de cette gare :
• Sa fréquentation peu rassurante malgré la présence de forces de l'ordre. Trafics de drogues et règlements de compte restent malheureusement fréquents.
• La signalétique, assez désastreuse. Un non-habitué se perdrait facilement là-dedans, je n'imagine même pas un étranger histoire de démarrer ou terminer ses vacances en beauté. Bienvenue à Paris.
• Quant à la gérance des grèves de train, c'est une catastrophe : « En raison d'un mouvement social, le RER D est déplacé à la voie du RER B. (10 min plus tard) Le RER D qui était prévu à la voie B est finalement replacé à la voie D. (10 min plus tard) Le RER D initialement prévu voie D arrivera finalement voie A. » Je veux bien qu'on dise des Parisiens qu'ils râlent tout le temps, mais en même temps faut quand même les comprendre…

Auteur : SergePoissy ; Ville de l'auteur : Poissy.
Date de l'expérience : septembre 2018.
Nord / Belgique / Hollande / Royaume Uni…
Je me rends dans cette gare pratiquement tous les mois dans la mesure où je vais travailler à Lille ponctuellement.
Plusieurs lignes de RER y passent : B, D et E. Par le RER, vous arrivez au niveau -2 puis, il faudra donc monter 2 niveaux pour les départs grandes lignes vers le nord ou la Belgique et 1 niveau supplémentaire si vous vous rendez au Royaume-Uni. À noter que vous pouvez rejoindre les départs grandes lignes au niveau -1 en coupant au niveau de la boulangerie Paul, vous emprunterez un long couloir entrecoupé par l'accès aux différentes voies.
Si vous êtes au niveau zéro, vous pourrez vous restaurer avec des sandwiches ou au restaurant L'étoile du Nord.

Gare du Nord (Paris) : 2021 Ce qu'il faut savoir pour votre visite – Tripadvisor (consulté le 24/10/2021)

Document 8 **Exemples d'émissions de grammes de CO_2 au kilomètre (calculées par passager pour les transports collectifs).**

TER, Intercités, Téoz	43 g	**TGV**	13,2 g
Autobus	130 g	**2 roues jusqu'à 125 cm^3**	113 g
Voiture GPL taille moyenne	188 g	**Voiture 4×4**	250 g
Avion : vol domestique	145 g	**Avion : vol long-courrier**	118 g

Données de l'ADEME / Agence de la transition écologique accessibles sur https://www.consoglobe.com/les-14-modes-de-transport-les-moins-polluants-cg consulté le 26 novembre 2021

Document 9 **Extraits du programme d'enseignement du cycle de consolidation (cycle 3), *Bulletin officiel de l'Éducation nationale*, n° 31 du 30 juillet 2020.**

Enseignement moral et civique

Les finalités de l'enseignement moral et civique du cycle 2 au cycle 4

L'enseignement moral et civique poursuit trois finalités qui sont intimement liées entre elles.

1) Respecter autrui […]

2) Acquérir et partager les valeurs de la République […]

3) Construire une culture civique […]

La culture civique portée par l'enseignement moral et civique articule quatre domaines : la sensibilité, la règle et le droit, le jugement, l'engagement.

– La culture de la sensibilité permet d'identifier et d'exprimer ce que l'on ressent, comme de comprendre ce que ressentent les autres. Elle permet de se mettre à la place de l'autre.

– La culture de la règle et du droit unit le respect des règles de la vie commune et la compréhension du sens de ces règles. Elle conduit progressivement à une culture juridique et suppose la connaissance de la loi.

– La culture du jugement est une culture du discernement. Sur le plan éthique, le jugement s'exerce à partir d'une compréhension des enjeux et des éventuels conflits de valeurs ; sur le plan intellectuel, il s'agit de développer l'esprit critique des élèves, et en particulier de leur apprendre à s'informer de manière éclairée.

– La culture de l'engagement favorise l'action collective, la prise de responsabilités et l'initiative. Elle développe chez l'élève le sens de la responsabilité par rapport à lui-même et par rapport aux autres, à la nation et à l'environnement (climat, biodiversité, etc.).

Cette culture civique irrigue l'ensemble des enseignements, elle est au cœur de la vie de l'école et de l'établissement, elle est portée par certaincs des actions qui mettent les élèves au contact de la société. En particulier, les actions concernant l'éducation au développement durable, au service de la prise de conscience écologique, ont vocation à contribuer à la culture de l'engagement individuel comme collectif, citoyen avant tout, au service du respect et de la protection de l'environnement à toutes les échelles, et à court et moyen termes.

Dans des échanges contradictoires, pouvant prendre appui sur la littérature jeunesse, des écrits documentaires ou journalistiques, les élèves sont initiés à débattre de manière démocratique et à penser de façon critique. Ils acquièrent dans ces débats les capacités à établir des liens entre des choix, des comportements et leurs impacts environnementaux (climat, biodiversité, développement durable) et à comprendre les perspectives des acteurs impliqués dans les problématiques abordées. Celles-ci prennent appui sur les observations du vivant, les expériences vécues dans l'école et son environnement ou l'étude de documents qui procèdent à une progressive « acculturation » écologique.

Document 10 **Classe de CM2, école élémentaire, académie de Paris, proposition de loi rédigée dans le cadre de l'opération « le Parlement des enfants » [orthographe revue pour faciliter le travail en classe].**

« Le Parlement des enfants » est une opération organisée par l'Assemblée nationale avec le ministère de l'Éducation nationale, de la Jeunesse et des Sports, l'Agence pour l'enseignement français à l'étranger et la Mission laïque française. Elle offre aux élèves de CM2 une leçon d'enseignement civique et moral en leur proposant de découvrir la fonction de législateur.

Une classe a ainsi rédigé, sous la conduite de son enseignant, qui l'accompagne dans sa réflexion, une proposition de loi, au terme d'une discussion qui a contribué à leur apprendre ce qu'est le débat démocratique.

PROPOSITION DE LOI

Visant à diminuer les problèmes de pollution, d'accessibilité et de coût des transports.

EXPOSÉ DES MOTIFS

Les transports font partie intégrante de notre vie de tous les jours. Ils nous servent à aller au travail, à faire nos courses, à aller à l'école, à faire du tourisme et nous cultiver ainsi qu'à rejoindre nos proches.

Nous avons constaté qu'une grande partie de la pollution de l'air, qui tue en France 48 000 personnes par an, est causée par ces mêmes transports. En effet d'après les documents que nous avons étudiés 63 % de l'oxyde d'azote dans l'air est dû aux transports ainsi que 15 % des particules PM10. Les transports routiers tuent aussi en moyenne 3 300 personnes par an. La pollution et les accidents sont donc des conséquences dangereuses liées aux transports. Mais la pollution a d'autres conséquences comme la fonte des glaciers, la destruction des habitats de certaines espèces et nous devons tenir compte de ces problèmes.

Le deuxième problème que nous avons constaté est l'absence de transports dans certaines zones, en France ou à l'étranger. Cela crée des inégalités pour accéder à certains services. Par exemple nous avons pu voir dans le film « Sur le chemin de l'école » que certains enfants ont des difficultés pour aller à l'école. En France, se déplacer peut se révéler difficile dans certaines zones rurales ou dans les régions montagneuses.

Le transport le plus utilisé en France est la voiture, or celle-ci coûte très cher à ceux qui l'utilisent pour au moins deux raisons : le prix d'achat et le prix de l'essence. Cependant d'autres prix liés aux transports peuvent poser problème aux gens les plus pauvres comme par exemple les abonnements aux transports en commun dans les grandes villes. Certains emplois et certaines activités sont donc difficiles d'accès pour ces gens-là. Rendre plus facile l'utilisation des transports en commun peut donc aider les populations les plus pauvres en même temps que diminuer la pollution.

Nous pensons que ces problèmes peuvent être résolus et qu'en faisant cela nous améliorerons la situation de beaucoup de monde.

Article 1er

Les affichages publicitaires des grandes villes doivent être utilisés pour réaliser des campagnes de prévention sur les conséquences de la pollution liée aux transports afin d'éduquer la population sur ce sujet.

Article 2
Les transports en avion dans le pays doivent être réduits ou interdits sauf urgence.
Article 3
Les journées sans voiture doivent être organisées plus souvent dans les grandes villes.
Article 4
Les transports en commun remplacés doivent être proposés à des pays qui en auraient besoin pour améliorer l'accessibilité des transports dans ces pays.
Article 5
Les prix des abonnements pour les transports en commun doivent être adaptés selon les salaires et pas fixes.
Article 6
Les vélos jetés doivent être recyclés et distribués aux populations en difficulté financière.

CORRIGÉ DU SUJET 3

ATTENTION

Dans la proposition de corrigé qui suit, les éléments en bleu apparaissent pour vous guider dans l'élaboration de votre travail. Mais ces indications ne doivent pas figurer sur votre copie !

COMPOSANTE GÉOGRAPHIE

1

MÉTHODE

La présentation des sources, des démarches et des outils du géographe aux élèves doit s'appuyer sur des exemples concrets, en évitant un discours trop théorique. La consigne proposée invite à prendre appui sur les documents du corpus. Il est donc nécessaire de partir de ces documents avant d'en proposer d'autres si nécessaire.

[Présentation problématisée des documents : les enjeux épistémologiques et didactiques de l'enseignement de la géographie]

1. Une démarche inductive, multiscalaire, qui place le raisonnement au cœur des apprentissages

Le **document 1** est tiré du programme de CM2 et présente les démarches et les contenus d'enseignement. C'est un extrait du socle commun qui précise les compétences travaillées au cours du cycle 3, qui débute au CM1 et se termine en sixième. Le programme de géographie met ainsi le **raisonnement au cœur des apprentissages** par l'intermédiaire des compétences visées au cours du cycle 3 : « raisonner, justifier une démarche et les choix effectués », « s'informer dans le monde du numérique », « comprendre un document », « pratiquer différents langages ». La démarche proposée conduit souvent, à partir de documents géographiques, à travailler des compétences transversales. En effet, prélever des informations dans des documents, trier, hiérarchiser, comparer des situations, construire une classification ne sont pas propres à la géographie.

Le **document 1** préconise le retour à des exemples concrets pour étudier les mobilités des habitants d'un territoire. Ces exemples seront choisis pour construire une **étude de cas**, démarche désormais privilégiée pour enseigner la géographie. Le **document 1** souligne la nécessité de recourir à cette **démarche inductive et multiscalaire** (fondée sur le changement d'échelle), qui repose sur l'**étude concrète de territoires**. Cette étude s'appuie sur des cas locaux ou régionaux, mis ensuite en perspective à plus petite échelle, nationale par exemple. L'étude de cas permet d'échapper à la tentation encyclopédiste. Il ne s'agit pas de vouloir tout transmettre à propos du territoire étudié mais davantage de définir les enjeux majeurs, qui sont ensuite mis en perspective à plus petite échelle pour répondre à des problématiques plus globales.

RAPPEL

Le recours à la grande échelle permet l'étude des territoires locaux ou régionaux. La petite échelle concerne les territoires nationaux, continentaux, les planisphères.

Le **document 1** insiste également sur l'initiation des élèves aux enjeux du **développement durable**. Le **document 8** rend compte de la pollution atmosphérique engendrée par les transports routiers et aériens, et permet de souligner les bienfaits des transports en commun (particulièrement du transport ferroviaire). Les élèves ont ainsi l'occasion de s'initier à la **géographie prospective**, démarche qui intègre le futur dans l'analyse des territoires. Il s'agit de mener un travail qui se construit en plusieurs temps : réaliser un diagnostic territorial pour définir les potentialités et les défis pour la valorisation d'un lieu, puis définir les scénarios possibles pour son futur réaménagement et y améliorer les conditions d'habitat.

2. Les sources et les outils du géographe

Le **document 4.1** est une **photographie** prise au niveau du sol. Les **paysages** constituent un outil fondamental pour l'enseignement de la géographie, bien que des débats demeurent à propos de leur pertinence. En effet, certains mettent l'accent sur les lacunes du paysage, considéré comme un fragment du monde réel, qui ne propose que les éléments visibles d'un espace et n'est qu'une image arrêtée qui rend difficile l'analyse des dynamiques d'un territoire, qui cantonne l'observateur à « ce qu'il voit ». D'autres insistent sur les intérêts du paysage, qu'ils considèrent comme le point de départ privilégié de l'analyse géographique, le palimpseste d'un lieu en mutation, qui permet d'étudier l'action des sociétés sur l'espace terrestre, de poser les effets de l'action de l'homme sur son environnement. Les paysages sont notamment revalorisés car ils sont considérés comme permettant de plonger au cœur du territoire de vie quotidienne des habitants. Il ne s'agit plus dès lors de sélectionner nécessairement des vues aériennes mais de plus en plus souvent des photographies prises au niveau du sol, qui permettent d'observer l'habitat, les modes de déplacement et les activités des habitants, dont la présence paraît désormais indispensable.

Les **témoignages** d'habitants **(document 7)** permettent également d'étudier leurs conditions de vie à partir d'exemples concrets, comme le préconise le programme **(document 1)**, et de rompre avec une approche trop abstraite et désincarnée qui a longtemps caractérisé l'enseignement de la géographie. Cela permet de placer au centre des problématiques envisagées les acteurs et leurs pratiques quotidiennes sur leurs territoires de vie.

Les **cartes** sont un autre outil fondamental pour le géographe. Le corpus proposé en contient deux : une carte thématique **(document 5)** et une carte par anamorphose **(document 6)**. Les cartes permettent de localiser, de situer, d'étudier l'organisation d'un territoire, ses dynamiques (ici le réseau des lignes à grande vitesse en Europe et les temps de parcours en TGV depuis Paris, et ainsi les effets de ces LGV sur l'organisation du territoire national). Les deux cartes du corpus contribuent à la nécessité d'opérer des changements d'échelles pour analyser un phénomène. Précisons cependant que la carte **ne permet pas un accès direct au territoire**. La carte n'est pas le réel car elle utilise un **langage** et des **conventions**. Par ailleurs, la carte **résulte de choix** qui peuvent être autres qu'une simple reproduction de la réalité. L'auteur d'une carte est amené à sélectionner les informations, à les hiérarchiser. Le choix des figurés et des couleurs permet à l'auteur d'élaborer un discours. Une carte peut même ne pas être produite pour représenter le réel. La carte est donc une **représentation problématisée d'un territoire**. Elle est une abstraction qui permet tout autant de penser le réel que de le représenter.

RAPPEL

La carte par anamorphose n'est pas utilisée pour situer ou localiser mais pour rendre compte d'une donnée statistique qui concerne l'aménagement des territoires.

[Sélection des documents en fonction des compétences visées, des acquis des élèves et du choix de la problématique]

Avec une classe de CM2, nous proposons notamment de sélectionner les **documents 4, 5, 6 et 7** pour présenter de manière simple aux élèves les sources, les démarches et les outils du géographe.

Le **document 4.1** permet de mettre en avant l'utilité des paysages et de souligner l'intérêt ainsi que les limites d'une photographie prise au niveau du sol. L'utilisation de photographies supplémentaires de la gare du Nord (vue aérienne, oblique, autres photographies prises depuis le sol) contribueront à enrichir l'analyse des élèves sur l'utilisation du paysage, en même temps qu'ils comprendront comment les habitants utilisent la gare du Nord au quotidien ou comment cette gare est devenue une plateforme multimodale (un hub).

MÉTHODE

La sélection des documents montrés aux élèves pour leur expliquer les sources, les démarches et les outils du géographe dépend des compétences visées, de leurs acquis et du choix de la problématique. Il convient de préciser le thème du programme que chaque document choisi contribue à étudier.

Le **document 5** permet de localiser et de situer les lignes à grande vitesse (LGV) en France et en Europe. Il peut être l'occasion de situer la gare du Nord sur le réseau national et européen des LGV. Des cartes à plus grande échelle permettront d'initier les élèves à la notion d'échelle (que voit-on sur une carte selon l'échelle choisie ?) et de leur faire comprendre l'intérêt de ce changement d'échelle.

Le **document 6** permet de démontrer que la carte est un langage et que ses fonctions ne se limitent pas à la localisation ou au repérage. En effet, la carte est une abstraction qui concourt à une démonstration. La construction, la perception et l'interprétation d'une carte ne sont pas des activités aisées. Une carte « ne dit rien » par elle-même à de nombreux élèves. Pour la comprendre, l'analyser, l'interpréter, l'élève doit maîtriser un répertoire de figurés, d'éléments de localisation et de notions. Ici, il est possible de comparer les temps de parcours pour des habitants qui ont une réunion de travail à Paris mais qui résident dans différentes métropoles du pays.

Le **document 7** permet d'initier les élèves à l'analyse de témoignages des habitants d'un territoire. Il est possible de leur montrer que l'étude des déplacements quotidiens en France peut se faire en étudiant leurs propres déplacements et ceux de leurs parents (pour aller à l'école, se rendre sur le lieu de travail, faire les courses et pratiquer leurs loisirs).

2

MÉTHODE

- Il s'agit ici de présenter les notions essentielles et les enjeux scientifiques du corpus documentaire.
- Pour étudier comment les populations habitent leur territoire, il est conseillé de privilégier une étude du territoire de vie quotidienne des élèves afin d'aborder chacune des composantes de leur mode d'habiter : leur lieu de résidence, le lieu de travail de leurs parents, leurs lieux de loisirs, leurs modes de déplacement.

[Habiter]

« Se déplacer » est l'une des composantes de « habiter » un territoire. « Habiter » est la notion centrale du cycle 3, ainsi que le précise le **document 1**. C'est un **concept polysémique**. Les êtres humains n'habitent pas un lieu seulement lorsqu'ils y résident. Habiter un lieu, c'est aussi le pratiquer, c'est-à-dire y travailler, y faire ses achats, s'y divertir, s'y déplacer, partager ce lieu avec d'autres habitants, qui perçoivent ou utilisent ce lieu de façon identique ou différente (selon l'âge, le niveau de revenus, les centres d'intérêts). Étudier les « modes d'habiter » permet de placer au centre des problématiques envisagées les acteurs et leurs pratiques quotidiennes sur leurs territoires de vie.

[La périurbanisation et les mobilités quotidiennes des habitants]

Le **document 3** contribue à la compréhension des **mobilités quotidiennes**, particulièrement fortes au sein des aires urbaines qui rassemblent une très large majorité de la population du territoire national (plus de 80 % des Français habitent une aire urbaine). Leur ampleur croissante est étroitement liée au phénomène de **périurbanisation**, qui se caractérise par l'étalement des espaces urbanisés sur les campagnes. Les habitants continuant de travailler en majorité dans les agglomérations (centre-ville et banlieue), les déplacements quotidiens domicile-travail se sont multipliés selon un axe périphérie-centre, créant des flux quotidiens massifs, pour lesquels les habitants utilisent en priorité la voiture.

Ces déplacements se font en empruntant des **autoroutes** et des **voies rapides**, dont les réseaux se sont densifiés, créant de nombreux embouteillages le matin vers le centre-ville et le soir vers les territoires périurbains. Les habitants des espaces périurbains restent également sous une forte dépendance du centre-ville pour les activités culturelles, de loisirs, ou pour des démarches administratives qui exigent de se rendre dans une mairie ou une préfecture.

Le **document 3** explique que *« la portée et les motifs des mobilités se sont diversifiés »*. Le phénomène le plus récent est la **différenciation des mobilités** au sein des aires urbaines et entre les aires urbaines. En effet, la périurbanisation se caractérise désormais par la polynucléarisation des espaces périurbains, qui sont désormais le cadre de développement de zones commerciales et d'activités qui occupent des espaces jusqu'alors laissés libres au milieu des zones résidentielles. Ces zones sont ainsi devenues de nouveaux pôles pour les habitants de toute l'aire urbaine, qui s'y déplacent au quotidien, non seulement pour faire leurs courses ou y pratiquer leurs loisirs, mais aussi pour y travailler. Dès lors, les déplacements quotidiens des habitants deviennent multidirectionnels. Les déplacements domicile-travail entre le centre-ville et les espaces périurbains ne constituent donc plus les seuls flux quotidiens au sein des aires urbaines.

Ces déplacements de plus en plus nombreux et sur des distances de plus en plus longues conduisent les pouvoirs publics à vouloir **freiner l'étalement des aires urbaines** ou à développer des modes de transport alternatifs à la voiture individuelle, pour réduire la circulation automobile. C'est notamment le cas de Nantes-Métropole, citée dans le **document 3**.

[Mobilités et migrations]

Le **document 2** facilite la sélection des notions enseignées dans les séquences sur le thème « se déplacer ». L'auteur conseille d'**identifier les différentes mobilités quotidiennes** : celles entre le domicile et le travail ou l'école, puis pour les **activités hebdomadaires** (faire les courses, pratiquer des loisirs) ou pour des **déplacements plus lointains** (mobilités touristiques).
Il est nécessaire également de **distinguer les mobilités** (déplacements temporaires) **des migrations** (déplacements qui peuvent être définitifs, avec une volonté de changer de lieu de domicile).
Il est ensuite possible de **distinguer les déplacements humains des déplacements matériels** (transports de marchandises) **ou immatériels** (flux numériques).

Les **mots-clés** à faire acquérir aux élèves pour le thème « se déplacer » seraient donc les suivants : développement durable, étalement des villes, espace périurbain, habiter, infrastructures de communication (voies ferrées, autoroutes, voies rapides), migrations, mobilités, moyens de transport, pollution.

3

REMARQUE

Le corrigé proposé correspond à ce que peut être une fiche de préparation de séance. Les mots-clés à faire acquérir aux élèves sont mentionnés dans les notions visées.

[Présentation de la séquence]

Titre de la séquence dans laquelle s'inscrit la séance : Se déplacer de ville en ville, en France, en Europe et dans le monde
La séance proposée sera la séance 1 de cette séquence qui figure dans le thème 1 : « Se déplacer ».

MÉTHODE

La présentation de la séquence précise notamment les prérequis, les compétences travaillées, les notions visées, les documents mobilisés.

Structure de la séquence dans laquelle s'inscrit la séance :
- Séance 1 : Étude de cas : se déplacer en train de [la ville proche de l'école des élèves] à Paris
- Séance 2 : Mise en perspective : se déplacer de ville en ville en France
- Séance 3 : Étude de cas : se déplacer en Europe depuis Paris
- Séance 4 : Mise en perspective : se déplacer de ville en ville en Europe
- Séance 5 : Séance d'appropriation et de préparation de l'évaluation

Prérequis : Les élèves ont travaillé en CM1 sur la découverte de leur espace de vie ; ils ont abordé le thème « Se loger, travailler, se cultiver, avoir des loisirs en France », qui leur a permis d'appréhender la notion « habiter ». Au CM2, ils enrichissent cette notion avec l'étude des mobilités et des modes de déplacements.
Compétences travaillées : La séance 1 permet d'initier les élèves au travail de localisation et de repérage des principales villes du pays sur une carte du territoire national (compétence : « se repérer dans l'espace : construire des repères géographiques »). Elle peut aussi être l'occasion de travailler la lecture de textes, de paysages et de cartes (compétences : « comprendre le sens général d'un document », « extraire des informations pertinentes pour répondre à une question »), et d'initier les élèves au raisonnement, à l'explicitation d'une démarche (« poser des questions, se poser des questions »). La compétence « coopérer et mutualiser » sera envisagée avec un travail en groupes.

Notions visées : Cette séance permet de comprendre ce qu'est un **réseau**, un **hub** (ici une gare TGV qui assure des correspondances vers d'autres gares) et une **ligne à grande vitesse** (LGV). Le **document 2** nous invite à identifier les notions de **voyage** et de **mobilité quotidienne**.
Documents mobilisés : Les **paysages** seront associés à des **cartes** d'échelles différentes. Des témoignages d'habitants seront les bienvenus. Il pourra s'agir d'interviews des adultes que côtoient les élèves ou des élèves eux-mêmes. La séance peut être l'occasion d'utiliser les témoignages du **document 7** et des paysages (une vue aérienne pour comprendre comment une gare TGV peut être un hub connecté à d'autres modes de transports rapides ; une photo prise au niveau du sol comme le **document 4** pour décrire une gare TGV). Une carte permettra d'identifier à l'échelle régionale les réseaux TER et LGV entre Paris et la ville où se situe l'école des élèves. Le **document 5** (le réseau européen LGV) peut être mobilisé ou remplacé par une carte à l'échelle nationale pour suivre le tracé complet d'un déplacement entre la ville où habitent les élèves et Paris. Le **document 6** peut être abordé en fin de séance pour initier les élèves à la lecture d'une carte par anamorphose, en réinvestissant les connaissances acquises précédemment.

[Description de la séance 1]

1. Accroche

Le professeur pourra proposer une photographie de la gare TGV la plus proche de l'école des élèves. Ce document d'accroche permettra de revenir sur les mobilités quotidiennes (vues lors d'une séquence précédente), puis d'introduire la notion de déplacements plus lointains, ainsi que le préconise le programme **(document 1)**.

2. Déroulement de la séance

Le professeur propose d'abord un **temps d'échange** avec la classe pour faire le diagnostic de ce qui est connu et analyser le document d'accroche, puis faire émerger la problématique de la séance et ses idées directrices, avant de rédiger une introduction.
Le professeur organise ensuite un **travail en groupes** : certains élèves travaillent sur le réseau TER, qui permet d'éventuels déplacements lointains et surtout des déplacements quotidiens, d'autres sur la ligne à grande vitesse la plus proche de l'école, destinée aux déplacements lointains, qui sont parfois réguliers pour des personnes qui se rendent à Paris dans le cadre de leur activité professionnelle. La question posée peut-être : quel train prendre pour aller à Paris ?
La **mise en commun** peut ensuite être favorisée par un **tableau de synthèse** qui distingue les deux réseaux, les types de déplacements, leur durée, les conditions de transport, les gares qui se situent sur le parcours, par exemple. Le tableau est complété au fur et à mesure des propositions faites par chacun des deux groupes.

COMPOSANTE ENSEIGNEMENT MORAL ET CIVIQUE

4 Le **document 9** rappelle tout d'abord que l'un des axes de l'enseignement moral et civique au cycle 3 est la **culture civique**, qui s'articule en quatre domaines : la culture de la sensibilité, la culture de la règle et du droit, la culture du jugement et la culture de l'engagement. En rédigeant une proposition de loi dans le cadre de l'opération « Le Parlement des enfants » **(document 10)**, les élèves ont été initiés à chacun de ces domaines.
Le tableau suivant récapitule les quatre domaines de la culture civique et leur apprentissage par la rédaction de la proposition de loi visant à diminuer les problèmes de pollution, d'accessibilité et de coût des transports.

Document 9 : la culture civique est composée de quatre domaines		Document 10 : la rédaction de la loi permet l'initiation à chacun des domaines
La culture de la sensibilité	Il s'agit d'apprendre à *« exprimer ce que l'on ressent »*, *« comprendre ce que ressentent les autres »* et *« se mettre à la place de l'autre »*.	Les élèves apprennent à concevoir les enjeux collectivement : *« notre vie »*, *« nous »*, *« nos proches »*. Ils s'informent sur les inégalités, prennent en considération les problématiques subies par les habitants de *« certaines zones en France ou à l'étranger »*, les difficultés *« de certains enfants pour aller à l'école »*, les problèmes des *« gens les plus pauvres »*. Ils réfléchissent aux moyens *« d'aider les populations les plus pauvres »*.
La culture de la règle et du droit	Il s'agit d'apprendre le respect des règles communes et de découvrir ce qu'est la loi.	Les élèves s'initient aux règles de rédaction d'une loi, qui est composée de plusieurs articles. Ils comprennent que la loi vise la régulation de situations sociales dont le législateur fait préalablement un diagnostic.
La culture du jugement	Il s'agit d'apprendre à exercer son esprit critique, à s'informer de manière éclairée.	Pour rédiger leur loi, les élèves cherchent d'abord des informations précises qui leur permettent de faire un diagnostic de la situation étudiée. Ils citent ainsi de multiples données statistiques dans le préambule de la loi intitulé « exposé des motifs ».
La culture de l'engagement	Il s'agit d'apprendre le sens de la prise d'initiative, la responsabilité individuelle, l'action collective, pour soi-même, les autres, la nation et le respect de l'environnement.	En s'engageant dans ce projet, les élèves apprennent que l'engagement collectif et individuel peut avoir un impact sur la vie quotidienne des citoyens et améliorer leurs conditions de vie. Leur travail de recherche leur permet de prendre la mesure des défis à relever à cause de la pollution et des problèmes d'accessibilité des transports. Ils réfléchissent collectivement à la recherche de solutions et parviennent à proposer des réponses qui leur permettent de se projeter vers l'avenir.

5 Dans le cadre d'une participation au Parlement des enfants, le projet présenté vise l'initiation des élèves de CM2 au débat démocratique et à l'engagement citoyen par un travail sur la gestion des déchets dans leur quartier et plus largement dans leur commune. Ce projet, qui doit aboutir à la rédaction d'une proposition de loi, permet de réinvestir les connaissances acquises en géographie dans le thème « mieux habiter » (sous-thème : « recycler »).

CONSEIL

Nous conseillons de privilégier des projets qui peuvent être mis en lien avec les thèmes des programmes d'histoire ou de géographie.

MÉTHODE

Pour valider votre projet, nous conseillons d'opter pour une démarche qui prend appui sur les quatre composantes de la culture civique ciblées au cycle 3.

La culture civique est composée de quatre domaines	Les principales étapes du projet pour une proposition de loi
La culture de la sensibilité Apprendre à exprimer ce que l'on ressent, comprendre ce que ressentent les autres et se mettre à la place de l'autre	Les élèves partagent d'abord le diagnostic de la gestion des déchets dans leur quartier et dans leur commune. Ont-ils le sentiment que leur quartier est bien entretenu ? Que la gestion des déchets est efficace ? Considèrent-ils à l'inverse que leur espace de vie est pollué et dégradé par les déchets ?
La culture de la règle et du droit Apprendre le respect des règles communes et découvrir ce qu'est la loi	Les élèves apprennent à rédiger une loi, en respectant les normes de rédaction de celle-ci, qui est composée de plusieurs articles. Ils définissent le territoire d'application de leur proposition de loi : pour le quartier, la commune ou un territoire plus vaste ? Ils s'informent des contraintes éventuelles imposées par les modalités de travail du Parlement des enfants. Ils choisissent les priorités qui vont fonder leur loi : sensibiliser les habitants, proposer des solutions pour réduire les déchets, imposer des aménagements pour améliorer la collecte, imposer des conditions pour favoriser le recyclage, par exemple.
La culture du jugement Apprendre à exercer son esprit critique et à s'informer de manière éclairée	Pour rédiger leur loi et s'assurer qu'elle apporte des réponses à de véritables défis, les élèves cherchent des informations précises qui leur permettent de faire un diagnostic de la situation étudiée. Ils s'informent donc sur l'état réel de la gestion des déchets dans ces territoires du quotidien, sur les politiques déjà mises en œuvre, les réussites, les difficultés persistantes, les projets envisagés pour mieux collecter, entreposer ou recycler les déchets, afin de définir les objectifs et les points forts de leur future loi.
La culture de l'engagement Apprendre le sens de la prise d'initiative, la responsabilité individuelle, l'action collective, pour soi-même, les autres, la nation et le respect de l'environnement	En s'engageant dans ce projet, les élèves comprennent à nouveau que leur engagement collectif et individuel peut avoir un impact sur leur vie quotidienne et améliorer leurs conditions de vie. Ils ont réfléchi collectivement à la recherche de solutions et parviennent à proposer des réponses qui leur permettent de se projeter vers l'avenir. Ce projet étant lié à celui de géographie, ils s'initient également à la géographie prospective (démarche qui repose sur un diagnostic initial d'une situation présente, afin de caractériser les dynamiques territoriales en jeu, pour ensuite envisager les différentes évolutions possibles, les futurs les plus souhaitables pour les territoires et leurs habitants, en rendant autant que possible les habitants acteurs de leur territoire).

SUJET 4 : Géographie / Histoire

Sujet type

3 heures

→ Corrigés p. 196

COMPOSANTE GÉOGRAPHIE – 13 points

1 Présentez et analysez les documents 1 à 7 du dossier documentaire dans une synthèse problématisée et argumentée. Cette synthèse fera état des principaux enjeux scientifiques et didactiques soulevés par les documents et précisera notamment ce que recouvre la notion « Se déplacer au quotidien » dans le champ scientifique et son application dans le champ scolaire.

2 Élaborez une séquence d'apprentissage progressive et cohérente portant sur le thème 1 du programme de géographie de CM2.
La présentation de cette séquence précisera notamment les compétences travaillées, les objectifs de chaque séance et les documents ou types de documents mobilisés. Ceux-ci pourront être choisis dans le dossier documentaire ou provenir d'autres sources.

COMPOSANTE HISTOIRE – 7 points

3 Quels objectifs scientifiques, relatifs au thème 3 du programme d'histoire de CM2, les documents 8 et 9 permettent-ils de travailler ?

4 Vous décidez d'exploiter le document 9 en classe. Quels choix opérez-vous pour conduire cette exploitation ?

SOMMAIRE DU DOSSIER DOCUMENTAIRE

1. Extrait du programme d'enseignement du cycle de consolidation (cycle 3), *Bulletin officiel de l'Éducation nationale*, n° 31 du 30 juillet 2020.

2. Extrait du document d'accompagnement du programme d'enseignement du cycle de consolidation (cycle 3), *Bulletin officiel de l'Éducation nationale*, n° 31 du 30 juillet 2020.

3. Se déplacer au quotidien dans les aires urbaines. D'après la fiche d'analyse de l'Observatoire des territoires, *Se déplacer au quotidien : enjeux spatiaux, enjeux sociaux*, 2019, p. 36.

4. Vue aérienne de Montpellier.

5. La circulation automobile à Montpellier : l'inextricable défi de la Métropole. D'après « Circulation à Montpellier : “de pire en pire chaque année”, l'inextricable défi de la Métropole face aux bouchons », *Midi Libre*, le 11 décembre 2021.

6. Le tramway dans le centre-ville de Montpellier.

7. Extrait du manuel *Histoire-Géographie CM2*, coll. « Citadelle », Hachette Éducation, 2017, p. 90-91.

8. Extrait du programme d'enseignement du cycle de consolidation (cycle 3), *Bulletin officiel de l'Éducation nationale*, n° 31 du 30 juillet 2020.

9. Témoignage de Lucien Gissinger, soldat de la Première Guerre mondiale, dans *Carnets de Verdun*, anthologie présentée par Laurent Loiseau et Géraud Bénech, Librio, 2014, p. 19 à 22.

DOSSIER DOCUMENTAIRE

Document 1 **Extrait du programme d'enseignement du cycle de consolidation (cycle 3),** ***Bulletin officiel de l'Éducation nationale*, n° 31 du 30 juillet 2020.**

Géographie

La notion d'habiter est centrale au cycle 3 ; elle permet aux élèves de mieux cerner et s'approprier l'objectif et les méthodes de l'enseignement de géographie. En géographie, habiter ne se réduit pas à résider, avoir son domicile quelque part. S'intéresser à l'habiter consiste à observer les façons dont les humains organisent et pratiquent leurs espaces de vie, à toutes les échelles. Ainsi, l'étude des « modes d'habiter » doit faire entrer simplement les élèves, à partir de cas très concrets, dans le raisonnement géographique par la découverte, l'analyse et la compréhension des relations dynamiques que les individus-habitants et les sociétés entretiennent à différentes échelles avec les territoires et les lieux qu'ils pratiquent, conçoivent, organisent, représentent.

Les élèves découvrent ainsi que pratiquer un lieu, pour une personne, c'est en avoir l'usage et y accomplir des actes du quotidien comme le travail, les achats, les loisirs… Il faut pour cela pouvoir y accéder, le parcourir, en connaître les fonctions, le partager avec d'autres. Les apprentissages commencent par une investigation des lieux de vie du quotidien et de proximité ; sont ensuite abordés d'autres échelles et d'autres « milieux » sociaux et culturels ; enfin, la dernière année du cycle s'ouvre à l'analyse de la diversité des « habiter » dans le monde.

Classe de CM2

Repères annuels de programmation	Démarches et contenus d'enseignement
Thème 1 – Se déplacer	
– Se déplacer au quotidien en France. – Se déplacer au quotidien dans un autre lieu du monde. – Se déplacer de ville en ville, en France, en Europe et dans le monde. – Déplacement et développement durable.	Les thèmes traités en CM1 ont introduit l'importance des déplacements. En s'appuyant sur les exemples de mobilité déjà abordés et en proposant de nouvelles situations, on étudie les modes et réseaux de transport utilisés par les habitants dans leur quotidien ou dans des déplacements plus lointains. L'élève découvre aussi les aménagements liés aux infrastructures de communication. On étudie différents types de mobilités et on dégage des enjeux de nouvelles formes de mobilités. On étudie les déplacements dans le cadre du développement durable : la lutte contre la pollution, le recyclage, les moyens de transport.

Document 2 Extrait du document d'accompagnement du programme d'enseignement du cycle de consolidation (cycle 3), *Bulletin officiel de l'Éducation nationale*, n° 31 du 30 juillet 2020.

Thème 1 – Se déplacer

Quels sont les points forts du thème pour l'enseignant ?

Problématiques

• Quels sont les motifs, les modes et les contraintes de déplacements pour les individus, au quotidien et dans le hors-quotidien ?

• Quels aménagements sont liés aux déplacements ?

Le fait de se déplacer s'intègre dans le thème plus large des **mobilités**. L'ensemble des déplacements sur un axe est un **flux** ; il peut être quantifié. Les **mobilités quotidiennes** répondent aux besoins les plus élémentaires : faire les courses, aller au travail, accéder aux loisirs. Ces mobilités sont souvent répétitives ; on parle de mobilités pendulaires. [...]

Comment mettre en œuvre le thème en classe ?

Pour aborder ce thème, la **démarche inductive** peut être privilégiée et conduite à partir de cas concrets de déplacements, par lesquels l'enseignant mobilise le vocabulaire et met en œuvre le raisonnement géographique pour traiter des **deux thématiques principales** :

• se déplacer au quotidien, en France et dans un autre lieu du monde ;

• se déplacer de ville en ville, en France, en Europe et dans le monde.

Principales étapes de mise en œuvre

• Une entrée concrète par une étude de cas

Les déplacements quotidiens se prêtent particulièrement à des approches concrètes, par des études de cas, ou des exemples. Selon une démarche comparative, la première étude est choisie en France, la seconde dans un autre lieu du monde. Les études des déplacements quotidiens peuvent ainsi être comparées et permettre d'aborder les inégalités dans le monde. [...]

• Partir des expériences personnelles des élèves

L'étude des déplacements se poursuit à d'autres échelles spatiales, en France, en Europe et dans le monde. L'étude peut s'organiser très concrètement à partir des expériences de déplacements des élèves (hors déplacements quotidiens). En faisant identifier par les élèves les déplacements qu'ils ont pu effectuer et les lieux fréquentés à différents moments de leur vie (vacances, visites familiales, rencontres sportives, événements particuliers...), on élabore des **cartes de parcours**, ou schémas qui mettent en rapport le proche et le lointain, et des déplacements à différentes échelles. Si l'on ne souhaite pas personnaliser le parcours, il est possible de retracer un déplacement d'une personne fictive ou d'une célébrité.

Document 3 **Se déplacer au quotidien dans les aires urbaines. D'après la fiche d'analyse de l'Observatoire des territoires, *Se déplacer au quotidien : enjeux spatiaux, enjeux sociaux*, 2019, p. 36.**

Partout, y compris au centre de la plupart des aires urbaines, la dépendance automobile est prégnante et elle l'est d'autant plus que l'aire urbaine est petite. Pourtant, les réserves de report modal vers les modes actifs (marche, vélo) sont importantes dans ces espaces : près de 45 % des déplacements en voiture des résidents de communes centre pourraient théoriquement être réalisés à vélo.

Les espaces périurbains constituent quant à eux les espaces de la grande dépendance automobile avec près de 8 déplacements sur 10 réalisés en voiture ou deux-roues motorisé et une proportion de déplacements contraints plus élevée qu'ailleurs. L'incidence environnementale de ce mode de déplacement quotidien apparaît avec d'autant plus de force que les espaces périurbains sont également ceux dont la population augmente le plus rapidement (près de deux fois plus vite que dans l'ensemble de la France). Mais les enjeux sont également sociaux, puisque les dynamiques résidentielles récentes – segmentation sociale accrue des espaces et report des catégories populaires vers les espaces périurbains et ruraux – accentuent la vulnérabilité énergétique des ménages les moins dotés en capital économique et font courir le risque d'une spécialisation sociale des comportements de mobilité quotidienne.

Au-delà de la distinction entre espaces centraux et espaces périurbains, la taille des aires urbaines est un facteur important de différenciation des comportements de mobilité quotidienne. Dans les très grosses aires urbaines, les habitants doivent composer avec des temps de déplacement plus longs qu'ailleurs, en particulier dans l'aire urbaine de Paris, où les résidents consacrent en moyenne 20 minutes de plus à se déplacer que l'ensemble de la population. Dans les aires urbaines de plus petite taille, les « immobiles » sont plus nombreux, les temps de déplacement sont plus courts mais les distances franchies sont également les plus longues, témoignant du rôle central de l'automobile dans ces espaces. De fait, loin de toutes fonctionner sur le mode des vases communicants entre communes périurbaines et communes-centres, les aires urbaines, en particulier les plus petites, voient une partie parfois importante de leur population quitter leur aire urbaine de résidence dans la journée ; c'est en particulier le cas dans les aires urbaines situées dans l'aire d'influence de très grosses aires urbaines ou à proximité de frontières, occasionnant des déplacements quotidiens de longue portée pour les résidents de ces espaces.

La réussite des politiques d'aménagement du territoire en matière de mobilités quotidiennes tient sans doute dès lors dans leur capacité à prendre en compte de façon simultanée le fonctionnement parfois complexe des territoires et les besoins spécifiques des populations qui y résident, en fonction de leur profil social, démographique et professionnel.

Document 4 **Vue aérienne de Montpellier.**

1 **Vue aérienne de Montpellier**
A : centre historique ; B : quartier périphérique ; C : communes périurbaines.
Le rayon moyen entre le centre et la limite extérieure de l'aire urbaine est d'environ 15 km.

Source : manuel *Histoire-Géographie 3*ᵉ, Hachette Éducation, 2012, p. 246.

Document 5 **La circulation automobile à Montpellier : l'inextricable défi de la Métropole. D'après « Circulation à Montpellier : "de pire en pire chaque année", l'inextricable défi de la Métropole face aux bouchons », *Midi Libre*, le 11 décembre 2021.**

Quel moyen de déplacement et quel trajet ? Ces questions, des milliers de Montpelliérains et d'habitants de la Métropole se les posent régulièrement. Il faut dire qu'en termes de mobilité, la septième ville de France est à un carrefour quotidiennement embouteillé. « 6 000 nouvelles voitures dans l'aire urbaine chaque année, ce n'est plus possible. D'autant que dans la Métropole, 57 % des automobilistes effectuent un trajet de moins de 3 km et 40 % de moins de 1 km. » Le constat est de Michaël Delafosse, maire et président de la Métropole, élu en juin 2020. À cette date, la ville était en voie de saturation et la pollution y augmentait chaque année. Il était dangereux de vouloir la traverser à vélo ou en trottinette, et de s'aventurer à pied sur certains axes. « Et c'est de pire en pire chaque année. »

Les automobilistes qui habitent à l'extérieur de Montpellier et viennent y travailler chaque jour doivent se résoudre à affronter les bouchons. Selon d'où ils viennent et où ils se rendent, leur temps de parcours peut s'allonger de 20 à 50 minutes. […] Les embouteillages ont peu à peu gagné l'intérieur de la ville. À commencer par les axes les plus empruntés, c'est-à-dire les boulevards et avenues. La circulation y est devenue très difficile pour les automobilistes et dangereuse pour les cyclistes. De nombreuses voitures et deux-roues motorisés empruntent en effet la voie de droite, réservée aux bus, vélos, véhicules d'urgence et taxis. […]

Un milliard d'euros va être investi. La partie la plus visible, c'est la création de pistes cyclables ou mixtes (vélo + bus) sur de nombreux axes majeurs de la ville. Pour faire de Montpellier une « ville apaisée », la vitesse a aussi été limitée à 30km/h dans la majorité des rues depuis le 1ᵉʳ août. En septembre 2020, Montpellier a été la première métropole française à instaurer la gratuité des transports en commun le week-end, pour tous les habitants. […] Le chantier le plus coûteux (440 M€), et de loin, c'est la construction de la ligne 5 de tramway, qui desservira le nord et l'ouest de la ville. Elle aurait dû être mise en service en 2017, elle le sera en 2025. [...] En 2024 est par ailleurs prévue l'arrivée des premiers bus à haut niveau de service. Quatre lignes de bus express, qui auront des voies réservées et déclencheront les feux tricolores, traverseront la Métropole.

Document 6 **Le tramway dans le centre-ville de Montpellier.**

4 | Le tramway dans le centre-ville

Source : manuel *Histoire-Géographie 3*e, Hachette Éducation, 2012, p. 246.

Document 7 Extrait du manuel *Histoire-Géographie CM2*, coll. « Citadelle », Hachette Éducation, 2017, p. 90-91.

1• Se déplacer sur de petits trajets

Dans leur vie quotidienne, les hommes et les femmes se déplacent pour leurs activités : travailler, aller à l'école, faire des achats, se promener. Pour leurs petits trajets, ils utilisent des moyens de transport variés : des transports individuels (la marche à pied, le vélo, la voiture...) ou des transports en commun* (le bus, le tramway, le métro...).
En France, comme dans le reste du monde, ces déplacements sont à l'origine de nombreuses difficultés : augmentation de la pollution, encombrement des voies de circulation...

Doc. 1 Des déplacements parfois difficiles

Des embouteillages sur le quai de Bercy, à Paris.

1. Quels moyens de transport sont utilisés sur cette photographie ?
2. Quel problème observes-tu ?
3. À ton avis, pourquoi y a-t-il ce problème ?

Doc. 2 Des circulations douces*

Tramway, piétons et vélos, place de la République à Strasbourg (Bas-Rhin).

4 Cite un moyen de transport individuel et un moyen de transport en commun.

5 Présente les avantages et les inconvénients de ces deux moyens de transport.

6 Et toi, quels moyens de transport utilises-tu pour tes petits trajets ?

*Lexique

une circulation douce : un mode de déplacement qui ne pollue pas ou qui pollue peu.

un transport en commun : un véhicule qui transporte beaucoup de personnes en même temps.

Document 8 Extrait du programme d'enseignement du cycle de consolidation (cycle 3), *Bulletin officiel de l'Éducation nationale*, n° 31 du 30 juillet 2020.

Histoire – Classe de CM2

Repères annuels de programmation	Démarches et contenus d'enseignement
Thème 3 – La France, des guerres mondiales à l'Union européenne	
– Deux guerres mondiales au vingtième siècle. – La construction européenne.	À partir des traces de la Grande Guerre et de la Seconde Guerre mondiale dans l'environnement des élèves (lieux de mémoire et du souvenir, paysages montrant les reconstructions, dates de commémoration), on présente l'ampleur des deux conflits en les situant dans leurs contextes européen et mondial. On évoque la Résistance, la France combattante et la collaboration. On aborde le génocide des Juifs ainsi que les persécutions à l'encontre d'autres populations. L'élève découvre que des pays européens, autrefois en guerre les uns contre les autres, sont aujourd'hui rassemblés au sein de l'Union européenne.

Document 9 Témoignage de Lucien Gissinger, soldat de la Première Guerre mondiale, dans *Carnets de Verdun*, anthologie présentée par Laurent Loiseau et Géraud Bénech, Librio, 2014, p. 19 à 22.

27 février 1916 – On attend le ravitaillement pour partir. Déception. Pour apaiser les estomacs affamés, chaque homme reçoit un petit morceau de viande et un quart de café. En 48 heures, nous n'avons perçu que deux demi-repas.

29 février 1916 – Le ravitaillement est presque nul, les hommes souffrent de faim et du manque de sommeil ; [...] Je ramasse un morceau de viande gelé au pied d'un chêne. [...]

1er mars 1916 – La nuit a été assez tranquille, malgré cela on ne dort guère car il ne fait pas chaud coucher à la belle étoile, aucun abri ne nous protège des intempéries. Le ravitaillement est toujours insuffisant.

3 mars 1916 – Après une heure d'attente, on change de place ; nous allons occuper un bois plus à droite. Ce bois est terriblement mutilé par les obus allemands, des arbres plusieurs fois centenaires sont sectionnés par le milieu, d'autres ont leurs branches hachées par les éclats de mitraille. Nous rencontrons une trentaine de cadavres de chevaux, des corps humains. [...] Partout le sol est labouré, défoncé par des entonnoirs immenses, et par-dessus cela une odeur indéfinissable de gaz asphyxiant et de pourriture.
[...] Il y a 300 mètres à parcourir en terrain découvert avant d'arriver aux tranchées boches. Leurs mitrailleuses crachent, les balles sifflent, les obus éclatent derrière nous en tir de barrage. De temps en temps, un des nôtres tombe en gémissant. [...] Nous continuons d'avancer, et entrons prudemment dans les ruines, l'ennemi a fui.

CORRIGÉ DU SUJET 4

ATTENTION

Dans la proposition de corrigé qui suit, les éléments en bleu apparaissent pour vous guider dans l'élaboration de votre travail. Mais ces indications ne doivent pas figurer sur votre copie !

COMPOSANTE GÉOGRAPHIE

1 [Présentation problématisée des documents]

Le corpus documentaire proposé nous invite à une réflexion sur la notion « habiter », en particulier sur l'une de ses composantes qui constitue l'un des thèmes du programme de géographie du CM2 : « Se déplacer ». Plus précisément, il s'agit de comprendre **comment les populations qui habitent les aires urbaines s'y déplacent au quotidien**, et comment leurs **mobilités** sont abordées par le programme du CM2.

CONSEIL

La présentation problématisée des documents peut conduire à la rédaction d'une problématique scientifique à laquelle les documents permettent de répondre. La transposition didactique permettra ensuite au candidat d'adapter la problématique de la séquence construite pour les élèves (en tenant compte notamment du programme et de la maturation cognitive des élèves).

Le **document 3** soulève quelques-uns des enjeux scientifiques de cette étude. Les **documents 1 et 2** précisent les attendus du programme à propos de ce premier thème de géographie de CM2 (« Se déplacer ») et proposent des pistes de mise en œuvre avec les élèves. Les **documents 4 à 7** sont des outils pour enseigner les mobilités quotidiennes des habitants des aires urbaines, en réponse à la question qui constitue la problématique de la séquence ou de la séance : comment les populations qui habitent en ville se déplacent-elles quotidiennement ?

[Les enjeux scientifiques et didactiques du corpus documentaire]

Le **document 1** rappelle que les mobilités sont une composante de la notion « habiter ». En effet, pour le géographe, les populations n'habitent pas un lieu seulement lorsqu'elles y résident. Habiter un lieu revient aussi à le pratiquer, y travailler, y faire ses achats, s'y divertir, le partager avec d'autres habitants et s'y déplacer. Le **document 2** confirme que les déplacements quotidiens des habitants constituent des mobilités qui sont révélatrices des modes de vie des populations qui habitent leur territoire, s'y déplacent pour faire leurs courses, aller au travail, accéder aux loisirs.

Le **document 3** contribue à la compréhension de ces **mobilités quotidiennes**, particulièrement fortes au sein des aires urbaines qui rassemblent une très large majorité de la population du territoire national (plus de 80 % des Français habitent une aire urbaine). Leur ampleur croissante est étroitement liée au phénomène de **périurbanisation**, qui se caractérise par l'étalement des espaces urbanisés sur les campagnes, dont la ville de Montpellier est un exemple **(document 4)**. Les espaces périurbains ont initialement et prioritairement une vocation résidentielle. Les habitants continuant de travailler en majorité dans les agglomérations (centre-ville et banlieue), les déplacements quotidiens domicile-travail se sont multipliés selon un axe périphérie-centre, créant des flux quotidiens massifs, pour lesquels les habitants utilisent en priorité la voiture.

Ces déplacements se font en empruntant des autoroutes et des voies rapides, dont les réseaux se sont densifiés, créant de nombreux embouteillages le matin vers le centre-ville et le soir vers les territoires périurbains. Les **documents 5 et 7** rendent compte de cette circulation automobile de plus en plus dense. Les habitants des espaces périurbains restent également sous une forte dépendance du centre-ville pour les activités culturelles, de loisirs ou pour des démarches administratives qui exigent de se rendre dans une mairie ou une préfecture.

Le phénomène le plus récent est la **différenciation des mobilités** au sein des aires urbaines et entre les aires urbaines, évoquée dans le **document 3**. En effet, la périurbanisation se caractérise désormais par la polynucléarisation des espaces périurbains, qui sont le cadre de développement de zones commerciales et d'activités qui occupent des espaces jusqu'alors laissés libres au milieu des zones résidentielles. Ces zones sont ainsi devenues de nouveaux pôles pour les habitants de toute l'aire urbaine, qui s'y déplacent au quotidien, non seulement pour faire leurs courses ou y exercer leurs loisirs, mais aussi pour y travailler. Les déplacements domicile-travail entre le centre-ville et les espaces périurbains ne sont plus les seules mobilités domicile-travail quotidiennes.

Ces déplacements de plus en plus nombreux et sur des distances de plus en plus longues conduisent les pouvoirs publics à vouloir freiner l'étalement des aires urbaines pour réduire la circulation automobile. Les **documents 6 et 7** montrent ainsi la revalorisation des centres-villes et la promotion des modes de déplacement en commun qui se substituent à l'utilisation de la voiture : en complément des bus, les pouvoirs publics des grandes aires urbaines récréent un réseau de tramways électriques et multiplient les pistes cyclables.

[Application dans le champ scolaire]

En observant comment les habitants se déplacent au sein des aires urbaines, les élèves découvrent une géographie humaine qui place les acteurs au cœur de l'étude des dynamiques des territoires du programme de géographie du cycle 3. Ils étudient les différents modes de transport, puis les réseaux et les aménagements liés à ces infrastructures de communication indispensables aux usagers.

Les élèves s'initient au changement d'échelle et découvrent la diversité du monde et des modes de vie. En effet, après avoir analysé comment les habitants se déplacent au quotidien en France, ils étudieront les mobilités quotidiennes ailleurs dans le monde, puis celles entre les villes, en France, en Europe et dans le monde. Ainsi, l'étude des modes de déplacement contribue à l'analyse comparative des niveaux de développement entre les pays.

MÉTHODE

Pour traiter l'application de la question dans le champ scolaire, on identifie clairement la partie du programme à laquelle est rattaché le dossier documentaire. Les contenus d'enseignement de ce dossier documentaire sont ceux des programmes du cycle 3.

CONSEIL

Les conseils de mises en œuvre au cycle 3 doivent tenir compte du niveau de maturation cognitive des élèves. Ici, le recours aux expériences vécues par les élèves pourra être privilégié pour entrer dans l'étude du thème. Le professeur peut ainsi les faire réfléchir sur leurs propres modes de vie, leurs façons de s'approprier leur quartier. Cette étude de leur espace vécu sera un préalable efficace avant d'analyser un territoire plus lointain ou inconnu.

REMARQUE

Des liens sont possibles avec l'EMC. Ici, le **document 3** évoque les questions d'aménagement des territoires qui doivent favoriser leur développement durable. Il y a matière à contribuer à la formation citoyenne des élèves. Le programme officiel **(document 1)** incite à l'analyse des enjeux liés à la lutte contre la pollution, le recyclage et les moyens de transport.

2

MÉTHODE

- La question de la production d'une séquence ou d'une séance est celle qui pèse le plus dans le barème car elle permet au jury d'apprécier votre posture professionnelle. Il faut donc veiller à la soigner tout particulièrement.
- Pour valoriser la structure de la séquence proposée, il est utile de commencer par préciser les fondements qui sous-tendent la démarche géographique mise en œuvre.

[Les fondements qui sous-tendent la démarche géographique mise en œuvre]

Le thème « Se déplacer » est une composante de la notion « habiter ». Rappelons tout d'abord qu'étudier les « modes d'habiter » **(document 1)** permet de rompre avec une approche abstraite et désincarnée qui a longtemps caractérisé l'enseignement de la géographie. Ce concept contribue ainsi à la **réhabilitation des paysages** dans l'enseignement de la géographie. Lorsqu'il se focalisait sur l'analyse de l'organisation de l'espace, cet enseignement privilégiait le recours aux cartes et aux croquis, ce qui pouvait être très abstrait pour de jeunes élèves. Les paysages sont désormais revalorisés car ils sont considérés comme permettant de plonger au cœur du territoire où vivent quotidiennement les habitants. Les photographies prises au niveau du sol comme dans les **documents 6 et 7** sont à privilégier. Le recours à ces paysages est d'autant plus pertinent que la séquence est fondée sur la démarche d'étude de cas, qui repose sur l'analyse préalable de territoires à l'échelle locale.

L'**étude de cas** est en effet désormais privilégiée comme démarche d'enseignement de la géographie, puisque c'est par son intermédiaire que le professeur doit faire comprendre à ses élèves les notions ou les concepts géographiques qui sont au programme. Elle est explicitement préconisée dans le programme et les documents d'accompagnement **(documents 1 et 2)**.

Cette démarche inductive est **multiscalaire** (elle est fondée sur le changement d'échelle). Elle repose sur l'étude concrète de territoires à grande échelle (échelles locale ou régionale, par exemple), qui sont ensuite contextualisés et replacés à plus petites échelles (échelle nationale, par exemple). L'étude de cas doit permettre d'échapper à la tentation encyclopédiste. Il ne s'agit pas de vouloir tout transmettre à propos du territoire étudié mais davantage de définir les enjeux majeurs, qui sont ensuite mis en perspective à plus petite échelle pour répondre à des problématiques plus globales.

RAPPEL

Le recours à la grande échelle permet l'étude des territoires locaux ou régionaux. La petite échelle concerne les territoires nationaux, continentaux, les planisphères.

[Présentation de la séquence]

MÉTHODE

La présentation de la séquence doit préciser notamment les prérequis, les compétences travaillées, les connaissances visées et les documents mobilisés, avant de décrire les différentes séances qui structurent la séquence.

Titre de la séquence	**Se déplacer au quotidien en France**
Prérequis	Les élèves ont travaillé en CM1 sur la découverte de leur espace de vie ; ils ont abordé le thème « Se loger, travailler, se cultiver, avoir des loisirs en France » qui leur a permis d'appréhender la notion « habiter ». Ils vont pouvoir, avec l'aide de leur professeur, réinvestir cette notion et l'enrichir avec l'étude des mobilités et des modes de déplacements.

Prérequis	Pour aborder les mobilités au sein des aires urbaines, il sera préalablement utile de rappeler ce que sont ces territoires, comment sont organisés leurs espaces, quelles sont les caractéristiques principales de la périurbanisation.
Compétences travaillées	• Cette séquence permet d'initier les élèves au travail de localisation et de repérage dans l'espace. Elle peut être l'occasion de s'exercer à la lecture de paysages (compétence « comprendre un document ») en exploitant ceux du corpus, de les initier au langage cartographique et à la construction de croquis de paysages simples (compétence « pratiquer différents langages »). • L'usage d'outils de géolocalisation pourrait être l'occasion de travailler la compétence « s'informer dans le monde du numérique ». • La compétence « coopérer et mutualiser » sera envisagée en cas de travail en groupes.
Connaissances visées	Cette séquence permet de comprendre comment les habitants se déplacent à plusieurs échelles, selon des modalités très variées. Elle laisse donc une place essentielle aux acteurs tout en introduisant les notions d'aménagement du territoire, d'infrastructures et de développement durable.
Documents mobilisés	Les paysages seront privilégiés. Ils seront efficacement associés à des cartes ou des plans des espaces étudiés, afin de faire apparaître notamment les infrastructures de transport mises à disposition des usagers. Des témoignages d'habitants seront les bienvenus. Il pourra s'agir d'interviews des adultes que côtoient les élèves.

[Description des séances]

Séance 1 – Phase de découverte : Comment nous déplaçons-nous dans notre quartier et dans notre ville pour nos activités quotidiennes ?	• Le professeur réactive d'abord les acquis de l'année précédente, propose un temps d'échange avec les élèves qui permet de faire le diagnostic de ce qui est connu. • À partir des représentations des élèves, il fait ensuite émerger les enjeux et les objectifs de la séquence consacrée aux déplacements quotidiens. Les élèves peuvent être invités à lire et comprendre divers paysages (qui sont des documents d'accroche), par exemple ceux du **document 7**, pour faire émerger la problématique de la séquence, ses idées directrices avant de rédiger une introduction. • Le professeur organise ensuite un travail en groupes sur les mobilités quotidiennes des élèves, au cours d'une journée type de semaine et/ou de week-end. Ils comprennent ainsi, à partir de cartes et de paysages de leurs espaces proches, la diversité des modes de déplacement, des distances parcourues, des motifs de déplacement et des lieux ainsi mis en relation par eux-mêmes et leur famille.

Séance 2 – Phase de réinvestissement : Comment se déplacent les habitants des grandes villes pour leurs activités quotidiennes ?	La première étude de cas centrée sur l'espace proche des élèves est complétée par une étude de cas plus lointaine, qui analyse les déplacements des habitants d'une autre aire urbaine de France, afin de confirmer l'ampleur et la diversité des mobilités quotidiennes. Les élèves pourront par exemple être amenés à exploiter les **documents 4 à 6** sur l'aire urbaine de Montpellier. Si un travail en groupes est envisagé, il est possible de proposer des documents relatifs à différents types de communes (aire urbaine métropolitaine, ville moyenne, petite ville, commune rurale).
Séance 3 – Mise en perspective et synthèse : Comment les habitants du pays se déplacent-ils pour leurs activités quotidiennes ?	Cette séance permet de relever des points communs et des différences dans les déplacements quotidiens selon les communes, ou de construire un croquis de synthèse sur les mobilités au sein d'une aire urbaine. Si un travail en groupes a été mis en œuvre lors de la séance précédente, cette mise en commun sera l'occasion d'une mutualisation des informations prélevées par chacun des groupes. La trace écrite sera ainsi une production construite progressivement par les élèves.
Séance 4 – Révision et préparation de l'évaluation sommative	• Après un temps de révision en groupes, les élèves réfléchissent aux notions et au vocabulaire à connaître pour l'évaluation finale. Le professeur régule ces travaux en groupes et en profite pour aider les élèves qui n'auraient pas compris certains points de la séquence. • Les élèves et le professeur se mettent ensuite d'accord sur les questions à retenir pour l'évaluation sommative. Celle-ci est proposée une semaine plus tard.

COMPOSANTE HISTOIRE

3 [Les documents sélectionnés répondent à la nécessité d'initier les élèves à l'étude des traces du passé.]

Le **document 8** conseille la découverte par les élèves des lieux de mémoire et du souvenir, des paysages marqués par les guerres mondiales, l'apprentissage des dates de commémoration et la compréhension de leur signification. Le programme a donc ici une forte ambition patrimoniale, qui s'inscrit dans une volonté d'initier les élèves à une **connaissance par « traces »**. L'enseignement de l'histoire à l'école primaire vise la confrontation des élèves aux traces du passé et la compréhension du fait que nos sociétés contemporaines sont héritières de longues mutations, dont l'environnement des élèves et le patrimoine laissé par les femmes et les hommes du passé sont le témoignage.

Le **document 9** compte parmi ceux qui sont désormais privilégiés pour aborder la Première Guerre mondiale. Il s'agit du **témoignage d'un poilu**, c'est-à-dire un texte dont l'auteur est contemporain et acteur direct de la période étudiée. Ceux qui témoignent peuvent être des personnages illustres comme des inconnus. Cet auteur est un inconnu, un simple citoyen et non une illustre figure historique, mais il représente tout un groupe social. La valorisation de ce type de document s'inscrit dans un mouvement plus vaste de développement de la « micro-histoire », qui se caractérise par des études dans des cadres chronologiques ou géographiques restreints. Les « micro-historiens » s'intéressent aux individus, aux acteurs anonymes, à leurs journaux de bord, à leur correspondance privée. Il en est ainsi des *Carnets de Verdun* comme des *Paroles de poilus*.

[Le document sélectionné permet de faire émerger les notions et les idées directrices qui structurent la séquence.]

Ces évolutions se sont accompagnées du **retour d'une histoire politique**, qui est reconsidérée dès lors qu'elle n'est plus une simple succession de repères chronologiques. Ainsi, à propos de la Première Guerre mondiale, il ne s'agit pas de reconstituer avec les élèves toute la chronologie des batailles, mais de faire comprendre la **brutalisation de cette guerre devenue totale**, dont furent victimes les soldats comme les civils.

Ainsi, le **document 9** permet d'expliquer tant la mobilisation de nombreux hommes qui n'étaient pas des militaires de métier que leurs souffrances liées aux **difficultés de leur vie quotidienne** (pénurie alimentaire, froid, intempéries, manque de sommeil, omniprésence de la mort) sur le champ de bataille, en particulier durant la guerre de position (dans les tranchées), et la **violence des combats** de cette guerre, devenue industrielle avec l'émergence d'armes nouvelles fabriquées en grandes quantités (usines d'armement à l'arrière des fronts) et de plus en plus meurtrières (mitraillettes, obus, gaz asphyxiants).

4 Le **document 9** est exploitable dans le cadre de l'étude de la Première Guerre mondiale, qui constitue le premier sujet d'étude du thème 3 de la classe de CM2, consacré aux deux guerres mondiales du XXe siècle **(document 8)**.

> **CONSEIL**
>
> Le **document 8** permet de situer le **document 9** dans le programme d'histoire de l'école primaire.

L'objectif n'est pas une analyse détaillée de chacune des guerres. Le thème vise la compréhension du processus qui a permis à des États européens deux fois en guerre, de mener un projet de construction qui les rassemble désormais au sein de l'Union européenne.

[L'exploitation du document débute par l'explicitation des enjeux et des objectifs du travail envisagé avec les élèves.]

Le **document 9** est l'occasion d'aborder l'étude de la guerre dans les tranchées, au cours d'une bataille, celle de Verdun en 1916, qui caractérise la violence des combats et la lourdeur du bilan humain et matériel de la Grande Guerre. L'industrialisation de la guerre et les souffrances physiques et morales des poilus sont ainsi explicitées, après une première séance qui aura permis de situer et de localiser les fronts de cette Première Guerre mondiale, et avant une séance consacrée à la mobilisation des civils (guerre totale).

Cette étude est l'occasion de mobiliser les compétences « comprendre un document », « se repérer dans le temps » et « raisonner, justifier une démarche et les choix effectués », en particulier avec une initiation à la présentation de ce document.

[La présentation de l'activité conduit à évoquer les différents rôles du professeur, les activités réalisées par les élèves, les traces écrites possibles, les prolongements envisageables, les modalités d'évaluation.]

Le professeur distribue le texte du **document 9** à chaque élève. Après un temps de lecture individuelle, puis une lecture collective, il explique comment présenter ce document. Il s'agira pour les élèves de répondre à des questions simples : quand ce texte a-t-il été écrit ? Où a-t-il été rédigé ? Par qui ?

Chaque élève essaie ensuite d'y répondre à l'écrit, avec l'aide du professeur qui circule dans la classe et apporte individuellement les remédiations nécessaires. La correction en commun est suivie d'un moment de réflexion sur la portée et l'intérêt de ce témoignage. La **présentation d'un document** n'est pas une activité formelle mais contribue à la compréhension de ce qui est raconté :

le narrateur est un acteur de la guerre, un soldat, qui décrit ce qu'il est en train de vivre et de subir sur le champ de bataille. Ainsi, les élèves comprennent que l'épisode historique qu'ils étudient est raconté par une personne qui est en train de le vivre.

Un second exercice permet d'initier les élèves à la lecture et à la compréhension d'un texte, en particulier au **prélèvement d'informations** et à la **classification des informations** prélevées. Le professeur peut proposer aux élèves de relire le document avec des feutres de couleurs différentes pour souligner, d'une part, les informations qui relèvent de la **violence des combats** et, d'autre part, celles qui concernent les **difficultés de la vie quotidienne des poilus**. Ce travail permettra ensuite aux élèves de compléter un tableau à deux colonnes sur les souffrances des soldats, qui constituera la trace écrite finale dans le cahier des élèves.

Ce travail pourra être réinvesti pour l'étude de témoignages de civils qui furent nombreux à raconter la dégradation de leur vie quotidienne pendant la Grande Guerre.

SUJET 5 : Histoire / Géographie

Sujet type

3 heures

→ Corrigés p. 213

COMPOSANTE HISTOIRE – 13 points

1 Présentez et analysez les documents 1 à 9 du dossier documentaire dans une synthèse problématisée et argumentée. Cette synthèse fera état des principaux enjeux historiques soulevés par la question de la Révolution française et en précisera les objectifs notionnels pour les élèves.

2 Élaborez une séquence d'apprentissage progressive et cohérente portant sur le thème 3 du programme d'histoire de CM1. La présentation de cette séquence précisera notamment les compétences travaillées, les objectifs d'apprentissage de chaque séance et les documents ou types de documents mobilisés. Ceux-ci pourront être choisis dans le dossier documentaire ou provenir d'autres sources.

COMPOSANTE GÉOGRAPHIE – 7 points

3 Présentez et analysez les documents 10 à 12 du dossier documentaire dans une synthèse problématisée et argumentée. Cette synthèse précisera notamment comment la satisfaction des besoins alimentaires met en relation le lieu où l'on habite et des espaces du monde entier.

4 Vous décidez d'exploiter le document 12 en classe : quels choix opérez-vous pour conduire cette exploitation ?

SOMMAIRE DU DOSSIER DOCUMENTAIRE

1. Extraits du programme d'enseignement du cycle de consolidation (cycle 3), *Bulletin officiel de l'Éducation nationale*, n° 31 du 30 juillet 2020, et des ressources d'accompagnement du programme d'histoire et géographie au cycle 3, *Thème 3 : Le temps de la Révolution et de l'Empire*.

2. La Révolution, un tournant majeur dans l'histoire de France, extrait de : Jean-Clément Martin, *Nouvelle Histoire de la Révolution française*, Éditions Perrin, 2019, p. 11-16.

3. Extraits des *Cahiers de doléances* de Saône-et-Loire, printemps 1789, archives départementales de Saône-et-Loire.

4. La France des trois ordres en 1789 : *A faut esperer q'eu se jeu la finira bentot*, gravure, 1789, British Museum.

5. *La Prise de la Bastille*, peinture anonyme, 1789-1791, musée de la Révolution française.

6. Jean-Jacques-François Le Barbier, *La Déclaration des droits de l'homme et du citoyen. La Monarchie, tenant les chaînes brisées de la Tyrannie, et le génie de la Nation, tenant le sceptre du Pouvoir, entourent le préambule de la déclaration*, huile sur bois, vers 1789, musée Carnavalet.

7. Le retour de Varennes : *Retour de la famille royale à Paris, le 25 juin 1791*, gravure, musée Carnavalet.

8. Extraits du *Manifeste du duc de Brunswick*, 25 juillet 1792.

9. Les faits reprochés à Louis XVI lors de son procès à la fin 1792 : le *Rapport sur les crimes imputés à Louis Capet* est présenté aux représentants du peuple le 10 décembre 1792 et énonce 33 chefs d'accusation contre Louis Capet.

10. Extrait du programme d'enseignement du cycle de consolidation (cycle 3), *Bulletin officiel de l'Éducation nationale*, n° 31 du 30 juillet 2020.

11. Une usine de fabrication d'huile de palme et ses plantations, en Malaisie.

12. Les espaces de production et de consommation du Nutella dans le monde.

DOSSIER DOCUMENTAIRE

Document 1 **Extraits du programme d'enseignement du cycle de consolidation (cycle 3), *Bulletin officiel de l'Éducation nationale*, n° 31 du 30 juillet 2020, et des ressources d'accompagnement du programme d'histoire et géographie au cycle 3, *Thème 3 : Le temps de la Révolution et de l'Empire*.**

Histoire – Classe de CM1

Repères annuels de programmation	Démarches et contenus d'enseignement
Thème 3 – Le temps de la Révolution et de l'Empire	
– De l'année 1789 à l'exécution du roi : Louis XVI, la Révolution, la Nation. – Napoléon Bonaparte, du général à l'Empereur, de la Révolution à l'Empire.	La Révolution française marque une rupture fondamentale dans l'ordre monarchique établi et on présente bien Louis XVI comme le dernier roi de l'Ancien Régime. On apportera aux élèves quelques grandes explications des origines économiques, sociales, intellectuelles et politiques de la Révolution. Cette première approche de la période révolutionnaire doit permettre aux élèves de comprendre quelques éléments essentiels du changement et d'en repérer quelques étapes clés (année 1789, abolition de la royauté, proclamation de la première République et exécution du roi). Napoléon Bonaparte, général dans les armées républicaines, prend le pouvoir par la force et est proclamé empereur des Français en 1804, mais il conserve certains des acquis révolutionnaires.

Thème 3 – Le temps de la Révolution et de l'Empire

Pourquoi enseigner le thème « Le temps de la Révolution et de l'Empire » en classe de CM1 ?

L'intitulé du thème montre qu'il s'agit avant tout d'évoquer une époque, un « temps ». Le programme indique qu'il s'agit d'une « rupture fondamentale ». La période évoquée va de 1789 au premier Empire, qui conserve « certains des acquis révolutionnaires ». Ce « temps de la Révolution et de l'Empire », court, s'oppose au long « temps des rois » évoqué précédemment.

Ce thème a bien évidemment de fortes connexions avec l'enseignement moral et civique, qui met en avant « les principes de la démocratie représentative en France et en Europe », mais aussi les « valeurs et symboles de la République française », et l'on sait à quel point la référence à 1789 est importante pour notre République.

Plus généralement, dans la construction des repères temporels qui est une des priorités du cycle 3 en histoire, il est important de souligner que la période révolutionnaire ouvre une nouvelle période de l'histoire : l'histoire contemporaine.

Ressources d'accompagnement du programme d'histoire et géographie au cycle 3, *Thème 3 : Le temps de la Révolution et de l'Empire.*

Document 2 **La Révolution, un tournant majeur dans l'histoire de France, extrait de : Jean-Clément Martin, *Nouvelle Histoire de la Révolution française*, Éditions Perrin, 2019, p. 11-16.**

Même si la France continue de se dire patrie des droits de l'homme, elle se réclame moins de son héritage révolutionnaire qu'elle ne le fit jusqu'au milieu du XXe siècle. Cependant, son hymne national, qui revendique de faire couler le sang de ses ennemis dans les sillons, est toujours chanté dans les stades du monde entier et les débats sont toujours aussi vifs autour de figures emblématiques – Marie-Antoinette, Robespierre, Corday ou Marat – ainsi qu'autour d'épisodes célèbres comme la Terreur ou la guerre de Vendée. Le pays s'inquiète pourtant de l'effritement des valeurs nationales liées à la Révolution et cultive la nostalgie d'une prise de la Bastille ou d'une nuit du 4 août qui tourneraient bien.

La force de cet imaginaire est telle que l'année zéro des temps modernes français est toujours identifiée à 1789. Tous se rejoignent sur ce point, qu'ils regrettent la monarchie idéalisée, qu'ils voient 1789 ou 1793 comme la première marche vers le totalitarisme, ou bien au contraire qu'ils demeurent convaincus que 1789 jette les bases d'une ère nouvelle pour l'humanité, qu'ils puisent plus simplement dans les rebondissements des événements révolutionnaires des enseignements pour aujourd'hui. […]

À l'image d'une ville fortifiée, composée de quartiers éventuellement rivaux, l'histoire de la Révolution campe sur une montagne de papiers et de livres, émergeant des étendues sans limites et sans fond des dépôts d'archives […].

À l'évidence, nul ne pensait provoquer le bouleversement qui s'imposa après 1791-1792 et nombreux furent ceux qui après avoir applaudi à 1789 condamnèrent 1793. Deux lectures s'affrontent régulièrement. Il est toujours possible de penser, d'un côté, que les enchaînements étaient inéluctables, que c'est la faute à Rousseau, à l'idéalisme des Lumières, ou à des hommes pervers. Lorsque d'un autre côté, le cours de la Révolution est loué jusqu'en 1794, la rupture de Thermidor est régulièrement imputée à la trahison des idéaux, à la corruption des esprits et de la société. […]

C'est le processus d'invention révolutionnaire lui-même qui est à examiner pour ce qu'il se donne : une inventivité politique, économique, sociale, religieuse, culturelle, qui commence sous l'effet des expériences européennes et américaines dans les années 1785-1787 et qui est accompagnée, en permanence, par les contre-courants provoqués en retour. La Révolution est dans cet optique une création et une affirmation ininterrompue d'expériences, créant une attente à jamais insatisfaite et une angoisse de l'échec.

Document 3 **Extraits des *Cahiers de doléances* de Saône-et-Loire, printemps 1789, archives départementales de Saône-et-Loire.**

« Le nombre de tant de différents tribunaux présente une multitude d'inconvénients et sont autant de charges pour la nation. Il faut demander la suppression des justices seigneuriales, des prévôts, châtelins, cour des aides, gabelles, et de toutes autres juridictions d'exception et accorder aux bailliages et présidiaux la connoissance de toutes actions en premières instances, saut l'appel à la cour. Le bailliage n'est-il pas le siège naturel de tous les hommes ? Pourquoi donc laisser subsister tant de différentes juridictions qui ne servent qu'à multiplier les frais, les degrés et les abus ? »

Cahier de doléances d'Anost, bailliage d'Autun, op. cit.

« De tous les biens le plus précieux est sans contredit celui de la liberté. Si la propriété doit être respectée, à plus forte raison la personne, d'où s'ensuit qu'il faut solliciter le suppression des lettres de cachet et que tout homme arrêté soit renvoyé par devant son juge naturel pour y être jugé suivant la loi. »

Cahier de doléances d'Anost, bailliage d'Autun, op. cit.

« Que tous criminels ayent les mêmes moyens de défendre leur libertés, leur honneur et leur vies, que ceux que la loy accorde à chaque cytoyen pour la défense de ses propriétés. »

Cahier de doléances de Curtil-sous-Burnand, bailliage de Mâcon, op. cit.

« Que le fardeau des impots et charges publiques soient allegés, en le faisant supporter, indistinctement, sans exemption, ny privilege et en proportions des facultés et propriété de tous les sujets de votre majesté, ce qui ne peut être qu'en changeant l'organisation des Etats de la Province de Bourgogne de manière que le tier état aye egalité de représentants et de suffrages, aux deux ordres de la noblesse et du clergé réunis. »

Cahier de doléances de Villeneuve-les-Seurre, bailliage de Chalon
(Cahiers de doléances de la région verdunoise, *op. cit.*).

Document 4 La France des trois ordres en 1789 : *A faut esperer q'eu se jeu la finira bentot*, gravure, 1789, British Museum.

Document 5 *La Prise de la Bastille*, peinture anonyme, 1789-1791, musée de la Révolution française.

Document 6 Jean-Jacques-François Le Barbier, *La Déclaration des droits de l'homme et du citoyen. La Monarchie, tenant les chaînes brisées de la Tyrannie, et le génie de la Nation, tenant le sceptre du Pouvoir, entourent le préambule de la déclaration,* huile sur bois, vers 1789, musée Carnavalet.

Document 7 Le retour de Varennes : *Retour de la famille royale à Paris, le 25 juin 1791,* gravure, musée Carnavalet.

Notice sous la gravure : « Comme on craignait que dans cette affluence il n'arrive quelques malheurs, on avait défendu la circulation des voitures. Le roi et la famille royale sont rentrés dans la capitale par les nouveaux boulevards extérieurs, les Champs-Élysées et les Tuileries. Le peuple gardait un profond silence, mais chaque citoyen abjurait pour jamais la servitude. Aucun citoyen n'a cru devoir ôter son chapeau. »

Document 8 **Extraits du *Manifeste du duc de Brunswick*, 25 juillet 1792.**

Trois mois plus tôt, le gouvernement français, avec l'accord de Louis XVI, a déclaré la guerre aux Autrichiens, lesquels se sont rapprochés des Prussiens en vue d'envahir la France. Le duc de Brunswick commande l'invasion de la France en 1792. Alors qu'il rédige ce manifeste menaçant les révolutionnaires, il marche sur Paris, après s'être emparé de Longwy et de Verdun.

« Après avoir supprimé arbitrairement les droits et possessions des princes allemands en Alsace et en Lorraine, troublé et renversé dans l'intérieur le bon ordre et le gouvernement légitime, exercé contre la personne sacrée du roi et contre son auguste famille des attentats et des violences qui se sont encore perpétués et renouvelés de jour en jour, ceux qui ont usurpé les rênes de l'administration ont enfin comblé la mesure en faisant déclarer une guerre injuste à sa majesté l'empereur [...]. À ces grands intérêts se joint encore un but également important, et qui tient à cœur aux deux souverains, c'est de faire cesser l'anarchie dans l'intérieur de la France, d'arrêter les attaques portées au trône et à l'autel, de rétablir le pouvoir légal, de rendre au roi la sûreté et la liberté dont il est privé, et de le mettre en état d'exercer l'autorité légitime qui lui est due.

[...] Sa majesté, l'Empereur et Sa Majesté le Roi de Prusse les appellent et les invitent à retourner sans délai aux voies de la raison et de la justice, de l'ordre et de la paix. C'est dans ces vues que moi, soussigné, général commandant en chef des deux armées, déclare : [...] La ville de Paris et tous ses habitants sans distinction seront tenus de se soumettre sur le champ et sans délai au roi, de mettre ce prince en pleine et entière liberté, et de lui assurer, ainsi qu'à toutes les personnes royales, l'inviolabilité et le respect auxquels le droit de la nature et des gens oblige les sujets envers les souverains ; leurs majesté impériale et royale rendant personnellement responsables de tous les événements, sur leur tête, pour être jugés militairement, sans espoir de pardon, tous les membres de l'Assemblée nationale, du département, du district, de la municipalité et de la Garde nationale de Paris, les juges de paix tous autres qu'il appartiendra, déclarant en outre, leurs dites majestés, sur leur foi et parole d'empereur et de roi, que si le château des Tuileries est forcé ou insulté, que s'il est fait la moindre violence, le moindre outrage à leurs Majestés, le roi, la reine et la famille royale, s'il n'est pas pourvu immédiatement à leur sûreté, à leur conservation et à leur liberté, elles en tireront une vengeance exemplaire et à jamais mémorable, en livrant la ville de Paris à une exécution militaire et à une subversion totale, et les révoltés coupables d'attentats aux supplices qu'ils auront mérités. [...] »

https://gallica.bnf.fr/ark:/12148/btv1b6948324w/f1.item#

Document 9 **Les faits reprochés à Louis XVI lors de son procès à la fin 1792 : le *Rapport sur les crimes imputés à Louis Capet* est présenté aux représentants du peuple le 10 décembre 1792 et énonce 33 chefs d'accusation contre Louis Capet[1].**

– Tentative de dissolution de la toute nouvelle Assemblée nationale constituante le 20 juin 1789

– Envois de troupes pour contrer les émeutiers lors de la pris de la Bastille le 14 juillet 1789

– Refus de contresigner l'abolition des privilèges votée le 4 août et la *Déclaration des Droits de l'Homme et du Citoyen* le 26

– Ordre de réprimer dans le sang la mutinerie de la garnison de Nancy

– Fuite à Varennes le 21 juin 1791 et massacre du peuple demandant la fin de la monarchie réuni au Champs-de-Mars le 17 juillet

– Acceptation tacite par le silence de la convention de Pillnitz d'août 1791 prévoyant le retour de la monarchie absolue en France par intervention militaire des autres puissances européennes

– Refus de combattre plusieurs révoltes contre-révolutionnaires dans certaines villes du sud de la France

– Nomination d'un général royaliste à la tête de l'armée du Midi

– Acceptation tacite par le silence et intelligence avec l'armée d'émigrés postée à Coblentz et destinée à marcher sur Paris

– Négligences volontaires pour la sûreté de l'État par un manque béant d'hommes aux frontières malgré le risque élevé d'invasion

– Ordres multiples destinés à désorganiser l'armée française

– Double jeu diplomatique auprès des puissances européennes et alliances secrètes avec elles

– Retard de deux jours cruciaux pour contrer le franchissement de la frontière française par l'armée prussienne

– Trahison de certains officiers français nommés par le roi

– Préservation et consolidation de la Garde constitutionnelle chargée de défendre le palais des Tuileries

– Conservation des bataillons suisses de cette même Garde contre l'avis de l'Assemblée

– Tentatives de corruption des députés de l'Assemblée législative

– Revue le matin du 10 août 1792 de la Garde suisse qui allait tirer sur le peuple plus tard dans la journée[2]

– Ordres de tirer sur le peuple et d'avoir fait « couler le sang des Français »

1. Louis XVI fut guillotiné sur la place de la Révolution à Paris (actuelle place de la Concorde) le 21 janvier 1793.
2. Louis XVI est arrêté le 10 août lors de la prise des Tuileries par les insurgés parisiens.

http://www.justice.gouv.fr/histoire-et-patrimoine-10050/proces-historiques-10411/le-proces-de-louis-xvi-22604.html

Document 10 Extrait du programme d'enseignement du cycle de consolidation (cycle 3), *Bulletin officiel de l'Éducation nationale*, n° 31 du 30 juillet 2020.

Géographie – Classe de CM1

Repères annuels de programmation	Démarches et contenus d'enseignement
Thème 3 – Consommer en France	
– Satisfaire les besoins en énergie, en eau. – Satisfaire les besoins alimentaires.	Consommer renvoie à un autre acte quotidien accompli dans le lieu habité afin de satisfaire des besoins individuels et collectifs. L'étude permet d'envisager d'autres usages de ce lieu, d'en continuer l'exploration des fonctions et des réseaux et de faire intervenir d'autres acteurs. Satisfaire les besoins en énergie, en eau et en produits alimentaires soulève des problèmes géographiques liés à la question des ressources et de leur gestion : production, approvisionnement, distribution, exploitation sont envisagés à partir de cas simples qui permettent de repérer la géographie souvent complexe de la trajectoire d'un produit lorsqu'il arrive chez le consommateur. Les deux sous-thèmes sont l'occasion, à partir d'études de cas, d'aborder des enjeux liés au développement durable des territoires.

Document 11 Une usine de fabrication d'huile de palme et ses plantations, en Malaisie.

Dans la composition d'un pot de Nutella, l'huile de palme constitue 20 % du total (auxquels s'ajoutent les 50 % de sucre, 13 % de noisettes, 7,4 % de cacao, 6,6 % de lait écrémé et divers éléments). Les palmiers, visibles à l'arrière-plan sur la photographie, sont plantés sur une portion de forêt équatoriale.

Document 12 Les espaces de production et de consommation du Nutella dans le monde.

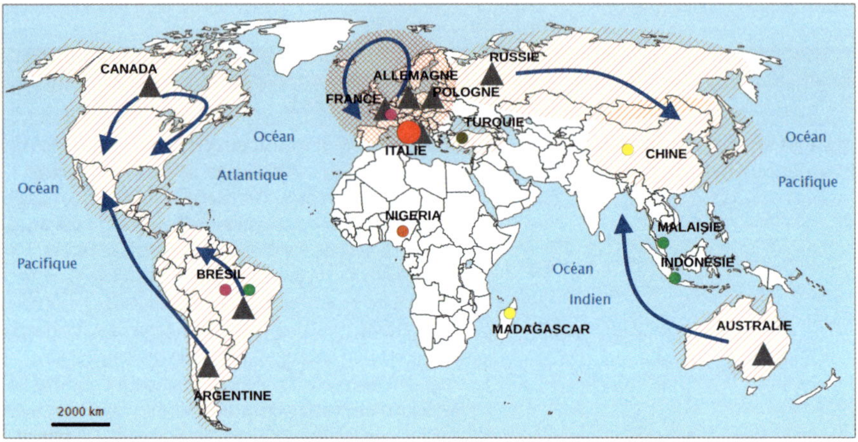

Une production mondialisée

- Siège social de l'entreprise (Alba, Italie)

Principaux pays fournisseurs de matières premières
- Cacao
- Sucre
- Noisettes
- Huile de palme
- Vanille

- Principales usines de production

Une consommation qui se mondialise

- Principaux pays consommateurs
- Marchés récents de consommation
- Principaux flux commerciaux de distribution du Nutella dans le monde

 Sources : Sébastien Miraudat, *Mapping global value chains*, rapport pour l'OCDE, décembre 2012 ; Yann Bouvier, yann-bouvier.jimdo.com, 2018.

CORRIGÉ DU SUJET 5

ATTENTION

Dans la proposition de corrigé qui suit, les éléments en bleu apparaissent pour vous guider dans l'élaboration de votre travail. Mais ces indications ne doivent pas figurer sur votre copie !

COMPOSANTE HISTOIRE

1

MÉTHODE

- L'analyse s'appuie toujours sur les documents du corpus. Des connaissances annexes peuvent être valorisées quand elles permettent de mieux saisir les enjeux du sujet.
- L'**analyse des enjeux historiques** s'appuie principalement sur le **document 2**, qui est le document scientifique de référence du corpus. Son croisement avec les autres documents permet d'illustrer ces différents enjeux.
- L'**analyse des objectifs notionnels** s'appuie principalement sur le **document 1**, qui est le document de référence du professeur des écoles. Son croisement avec les autres documents permet de préciser les savoirs qui pourraient être mobilisés par les élèves.

[Introduction]

MÉTHODE

L'analyse du corpus documentaire débute par une courte introduction pour définir la notion centrale du sujet.

La Révolution est l'événement fondateur de l'époque contemporaine française, voire européenne. Tout au long de la décennie 1789-1799, les acteurs de la période transforment durablement et profondément le pays : ses institutions, ses frontières, sa société, son économie. L'ordre de l'Ancien Régime, établi depuis des siècles en France, s'effondre. Cette rupture fondamentale dans l'histoire de France fait de la Révolution un objet historique exceptionnel. En réécriture constante du XIXe siècle à nos jours, son histoire s'appuie sur des sources innombrables. Le programme d'histoire de CM1 s'arrêtant pour ce sous-thème à l'exécution de Louis XVI, la réflexion historique et notionnelle qui suit ne porte que sur la période 1789-1793. Elle s'appuie sur neuf documents : un extrait du *BOEN* de 2020 et du document d'accompagnement **(document 1)** ; un extrait d'un ouvrage historique sur la question **(document 2)** ; des extraits des cahiers de doléances tirés des archives départementales de Saône-et-Loire **(document 3)** ; quatre documents iconographiques : deux gravures **(documents 4 et 7)** et deux peintures **(documents 5 et 6)** ; deux textes : le *Manifeste du Duc de Brunswick* **(document 8)** et quelques points du *Rapport sur les crimes imputés à Louis Capet* **(document 9)**.

[Enjeux historiques]

MÉTHODE

Après l'introduction, l'analyse se poursuit par une présentation organisée du corpus documentaire en suivant un déroulé chronologique.

Certains **enjeux historiques** de la Révolution française sont soulevés par des historiens comme Jean-Clément Martin, grand spécialiste de l'événement, dans le **document 2**. Dans l'introduction de son dernier ouvrage de référence sur le sujet, l'auteur évoque d'abord la question de son **héritage**. Notre système républicain actuel se fonde en effet en très grande partie sur les principes de 1789. Certains éléments présents dans la *Déclaration des droits de l'homme et du* *citoyen* **(document 6)** sont ainsi caractéristiques des symboles de notre République : le bonnet phrygien, l'allégorie de la Liberté (ou de la Nation selon les interprétations) tenant dans sa main le sceptre de la souveraineté, les faisceaux se terminant par une pique et symbolisant l'union des citoyens français, etc. Les articles qui y sont présentés le 26 août 1789 sont d'ailleurs les fondements de notre « patrie des droits de l'homme ».

L'autre enjeu soulevé par le **document 2** est la très importante **densité des traces** laissées par la Révolution française dans les archives, la littérature ou encore le patrimoine. Les cahiers de doléances **(document 3)** rédigés dans la Saône-et-Loire au printemps 1789 sous l'impulsion de la convocation des États Généraux par Louis XVI, s'ajoutent aux innombrables doléances disponibles dans pratiquement toutes les archives départementales de France. Ces documents sources, caractéristiques de la Révolution française, suscitent de nombreux espoirs parmi la population du tiers état et expriment ici le souci d'égalité face à l'impôt et la condamnation des droits seigneuriaux. L'iconographie est également très présente dans la période révolutionnaire comme le suggère le grand nombre de gravures réalisées à l'époque, qui dressent notamment un regard très critique sur la société d'ordre **(document 4)** ou les errements du roi Louis XVI **(document 7)**.

Le **bouleversement** qui s'impose entre 1789 et 1793 est un autre enjeu historique majeur de la période. La prise de la Bastille **(document 5)**, symbole des pouvoirs arbitraires du roi qui pouvait y emprisonner quiconque avec une simple lettre de cachet, ou la déchéance de Louis XVI lors de son procès **(document 9)**, convaincu de traîtrise et de négligence par les représentants du peuple, sont des événements qui marquent la rupture fondamentale avec la période de l'Ancien Régime.

[Objectifs notionnels]

Cette *« rupture fondamentale dans l'ordre monarchique »* est au cœur du programme d'histoire de CM1 **(document 1)**. Le premier objectif notionnel est d'en **comprendre les origines** *« économiques, sociales, intellectuelles et politiques »*. Si les causes de la Révolution française sont nombreuses et sujettes à de nombreux débats, le professeur peut en retenir quelques-unes. Intellectuelles d'abord, grâce à l'influence des Lumières, qui condamnent l'absolutisme royal, revendiquent la protection des libertés et refusent l'arbitraire. Les philosophes comme Montesquieu, Voltaire ou Rousseau reprennent ce message qui traverse la société française durant tout le XVIIIe siècle et fragilisent le modèle de l'Ancien Régime. Les cahiers de doléances **(document 3)**, à travers leurs protestations rédigées quelques mois avant l'été 1789, permettent quant à eux d'appréhender les causes politiques, sociales et économiques de la Révolution : contestation des privilèges seigneuriaux, respect de la propriété de chaque citoyen, allègement des impôts et des charges publiques, diminution du prix du pain, etc.

La **compréhension des éléments essentiels de ce changement** constitue le deuxième objectif notionnel du sous-thème. La fin de la société d'ordres, qui repose notamment sur les privilèges de la noblesse et du clergé, en est d'ailleurs l'une des principales clés de compréhension. Le **document 4** caricature cette situation vécue par le tiers état, représenté ici par un paysan écrasé par les taxes des nobles et des hommes d'Église. L'abolition des droits seigneuriaux et des privilèges lors de la nuit du 4 août, complétée par la *Déclaration des droits de l'homme et du citoyen* **(document 6)** rédigée quelques jours plus tard, proclament un monde fondé sur les droits individuels : *« les hommes naissent et demeurent libres et égaux en droits »* (article 1). L'affirmation de la souveraineté de la Nation (article 3) et la séparation des pouvoirs (article 16) sont les autres grands changements apportés par l'été 1789.

Les événements politiques subis par Louis XVI ou provoqués par son action mettent en lumière les étapes clés des changements opérés de 1789 à 1793. D'abord, la fuite de Varenne en juin 1791 (**document 7**) rompt la confiance entre le peuple et son roi. Ce dernier, repéré alors qu'il tentait de s'enfuir du royaume, est déménagé vers le palais des Tuileries, à Paris, devant une foule silencieuse qui ne se prosterne plus. L'année 1792 entérine cette rupture avec les Français et marque la fin de la monarchie constitutionnelle. Alors que la France est en guerre contre les monarchies européennes, le *Manifeste du duc de Brunswick* (**document 8**) contribue à mettre le feu aux poudres en menaçant les Français de représailles s'ils s'attaquent au roi. Les sans-culottes envahissent le palais des Tuileries le 10 août 1792 et emprisonnent Louis XVI et sa famille : la royauté est abolie et la République proclamée le mois suivant. Le procès du roi à l'automne 1792 (**document 9**) et son exécution au début de l'année 1793 entérinent ce changement de régime politique.

2

MÉTHODE

- L'élaboration d'une séquence d'apprentissage progressive et cohérente ne s'apparente pas à la construction d'une fiche de préparation ou d'un tableau synthétique. Dans votre présentation, le déroulé chronologique de la séquence doit être incarné. Le rôle joué par le professeur est indiqué dans les différents moments clés des séances, tout en précisant ce que sont censés faire les élèves lors des tâches proposées.
- N'oubliez pas de mentionner les documents mobilisés, en expliquant comment le professeur les exploite. Vous pouvez également proposer des documents qui ne figurent pas dans le corpus.
- Veillez à aérer votre présentation, de façon à ce que les correcteurs puissent apprécier visuellement les différents temps d'apprentissage de votre séquence.

REMARQUE

Il ne s'agit pas ici d'élaborer une séance d'enseignement moral et civique (EMC). La séquence doit se concentrer sur le programme d'histoire, même si le candidat peut évoquer des prolongements.

[Développement de la séquence]

1. Objectifs et compétences

La séquence d'apprentissage intitulée « De l'année 1789 à l'exécution du roi : Louis XVI, la Révolution, la Nation », prend appui sur le premier sous-thème du thème 3 d'histoire de CM1 (**document 1**). Elle est construite autour de cinq séances, évaluation comprise.

MÉTHODE

L'élaboration de la séquence débute par la présentation de ses objectifs d'apprentissage, à partir des objectifs notionnels établis en amont, puis des compétences mobilisées.

Objectifs d'apprentissage :

– comprendre quelques causes de la Révolution française ;
– comprendre les éléments essentiels de la rupture dans l'ordre monarchique de l'Ancien Régime ;
– comprendre le rôle joué par Louis XVI de 1789 à 1793 ;
– repérer les différentes étapes clés de ce changement, de 1789 à janvier 1793.

Compétences travaillées :

– « se repérer dans le temps » (toutes les séances) ;
– « coopérer et mutualiser » (séance 2) ;
– « comprendre un document » (toutes les séances) ;
– « pratiquer différents langages : s'exprimer à l'oral » (séance 4).

2. Séances

Séance 1 – Le mécontentement du peuple sous l'Ancien Régime (45 minutes)

La séance débute par une réactivation des **prérequis** du thème précédent (« Le temps des rois »), en s'appuyant sur un **document d'accroche** : le **document 4**. Dans un échange à partir de l'analyse de la caricature, le professeur fait émerger et définir les notions d'ordres (les vêtements permettent de distinguer la noblesse, le clergé et le tiers état), de monarchie absolue et d'Ancien Régime. Les élèves comprennent ainsi le poids porté par le tiers état et le mécontentement que le peuple peut ressentir.

Après ce court temps dialogué de 5 minutes, les élèves recopient dans leur cahier la **problématique** notée au tableau : « Quelles sont les raisons du mécontentement du peuple avant la Révolution ? »

Le professeur répartit ensuite les élèves en binômes et distribue à chacun le **document 3**, composé de quatre doléances, accompagné d'un petit lexique. Les dictionnaires sont également disponibles dans la classe en cas de besoin et le professeur demande aux élèves de chercher la définition de *doléance* (réclamation, plainte). La **consigne de la tâche** est indiquée sur le document distribué : « À partir des documents, indiquez les raisons du mécontentement du peuple. » Répartis en binômes pour s'entraider et émettre ensemble des hypothèses, les élèves ont 25 minutes pour élaborer une réponse dans leur cahier.

Lors de la mise en commun, qui dure 10 minutes, certains binômes sont interrogés et lisent leurs hypothèses. Le professeur en note quelques-unes au tableau. Ces notes constituent la trace écrite finale, que les élèves recopient dans leur cahier pendant le reste de la séance.

Une fois la trace écrite recopiée, le professeur introduit la frise chronologique de la séquence, que les élèves collent dans leur cahier. Après avoir demandé la date des doléances étudiées, le professeur pointe sur la frise de la classe l'année 1789, que les élèves repèrent également dans leur cahier.

Séance 2 – 1789, une année de rupture avec l'Ancien Régime (45 minutes)

Pendant un court temps d'échange avec les élèves (5 minutes), le professeur introduit la séance **en réactivant** les raisons du mécontentement des Français en 1789 et la notion d'Ancien Régime. Il peut également faire le récit du début de l'année 1789, au cours duquel le bilan des doléances est fait lors des États Généraux de mai 1789, qui ne donnent lieu à aucun changement.

Le professeur fait ensuite noter la **problématique** au tableau : « Quels sont les grands changements de l'année 1789 ? » Pour répondre directement à cette question, les élèves sont répartis en groupes de quatre et un corpus de cinq documents leur est distribué :

– le tableau de David représentant le serment du Jeu de Paume du 17 juin 1789, accompagné d'une notice explicative (le tiers état se constitue Assemblée nationale) ;
– le tableau *La Prise de la Bastille* **(document 5)** ;
– le témoignage d'un garde suisse, spectateur de la prise de la Bastille, qui fait le récit du 14 juillet et précise les motivations des révolutionnaires ;
– une caricature d'août 1789 montrant le peuple en train de détruire les symboles seigneuriaux (pour évoquer la nuit du 4 août et l'abolition des privilèges) ;
– la *Déclaration des droits de l'homme et du citoyen* **(document 6)**.

Ce travail en groupes hétérogènes de 30 minutes permet de gérer la diversité des besoins des élèves. Ces derniers doivent également coopérer et mutualiser pour recouper les informations et répondre à la problématique du jour. Le professeur peut leur laisser le choix de répondre selon la forme qu'ils souhaitent (affiche, frise chronologique, schéma, texte). Dans la répartition des tâches, les groupes déterminent un rapporteur qui contribue à la **mise en commun** des idées lors de la restitution des réponses.

Puis, pendant 10 minutes, le professeur organise au tableau la **trace écrite finale** lors de l'**institutionnalisation** des savoirs. Il s'appuie également sur les élèves pour repérer les moments clés de 1789 et les indiquer sur la frise chronologique de la classe et des cahiers : le serment du Jeu de Paume (juin 1789), la prise de la Bastille (juillet 1789), l'abolition des privilèges et la *Déclaration des droits de l'homme et du citoyen* (août 1789).

Séance 3 – Une nouvelle conception de la Nation (40 minutes)

Au début de la séance, le professeur **réactive** lors d'un temps d'oral collectif les étapes clés de 1789 qui ont conduit à la chute de l'Ancien Régime, tout en s'appuyant sur la frise chronologique de la classe. Après avoir défini le terme *nation*, il note ensuite au tableau la **problématique** de la séance : « Quels sont les nouveaux droits et symboles de la citoyenneté ? »

Le professeur distribue quatre documents à chaque élève :

– le tableau *La Prise de la Bastille* **(document 5)** que les élèves ont déjà exploité ;

– le tableau représentant la fête de la Fédération du 14 juillet 1790, réalisé en 1792 par Charles Thévenin, qui montre une nouvelle image de la Nation, représentée par la communion entre les dizaines de milliers de citoyens venus de la France entière défiler sur le Champs-de-Mars, le clergé, qui célèbre une messe au centre du tableau, et Louis XVI, qui prête serment à la Constitution et s'engage à respecter la loi ;

– un extrait du *Père Duchesne* de 1793, journal de Jacques-René Hébert, qui donne une description du sans-culotte, révolutionnaire parisien par excellence ;

– une gravure montrant un sans-culotte vêtu en bleu, blanc et rouge, coiffé d'un bonnet phrygien et tenant à la main une pique.

Un questionnement guidé sur les documents est proposé à chaque élève pour faire émerger les nouveaux droits des Français après 1789, les conséquences de la chute de l'Ancien Régime et les différences avec la monarchie absolue. La **correction** des questions et l'**institutionnalisation de la trace écrite finale** permettent de montrer qu'après 1789, la Nation affirme sa souveraineté face au roi, dans une symbolique révolutionnaire qui est toujours présente aujourd'hui dans notre République.

Séance 4 – La chute de la monarchie (45 minutes)

Au début de la séance, le professeur **réactive** brièvement auprès des élèves la notion de monarchie et fait rappeler les différents **repères clés de la frise chronologique**. En montrant la gravure *La Décapitation de Louis XVI* (gravure anonyme conservée au musée Carnavalet), qui a lieu le 21 janvier 1793, le professeur fait noter la **problématique** : « Pourquoi les Français abolissent-ils la royauté pendant la Révolution ? »

Le professeur répartit à nouveau les élèves par quatre dans des groupes hétérogènes et leur distribue les documents suivants :

– la gravure montrant le retour de Varennes **(document 7)** ;

– des extraits du *Manifeste du duc de Brunswick* (le **document 8**, que le professeur aura raccourci) ;

– des extraits des faits reprochés à Louis XVI lors de son procès (le **document 9**, réduit également) ;

– le tableau de la prise du palais des Tuileries, le 10 août 1792, peint par Jacques Bertaux en 1793.

Le professeur donne ensuite la consigne suivante : « Vous avez 25 minutes pour préparer vos idées en vue du procès de Louis XVI. Trois groupes adoptent le point de vue du roi pour le défendre et trois autres groupes adoptent le point de vue des révolutionnaires pour accuser Louis XVI de trahison. » Le professeur insiste sur le fait que les élèves doivent exploiter les documents mis à leur disposition pour établir leurs arguments. Pendant l'activité, il passe dans les groupes pour aider les élèves et leur rappeler ce critère.

À l'issue de ce travail de préparation, chaque groupe désigne un ou deux rapporteurs, qui viennent devant la classe « rejouer » une version du procès de 1792, le professeur répartissant les temps de parole. Les rapporteurs s'expriment à l'oral pour défendre ou pour accuser Louis XVI, en essayant de reprendre les arguments élaborés dans leur groupe.
Après ce débat de 10 minutes, le professeur reformule la problématique du début de la séance et demande aux élèves d'apporter des éléments de réponse, en s'appuyant sur le travail effectué en groupes et sur le débat. La **trace écrite finale** est ainsi construite à partir de cet oral collectif de 5 minutes.

Séance 5 – Construction de l'évaluation (40 minutes)
À partir des groupes déjà constitués au cours de la séquence, les élèves réfléchissent à ce qu'ils doivent connaître de la séquence : ils reprennent leurs exercices, les traces écrites et se posent des questions. Cet exercice est utile au professeur, qui peut revenir sur certains points qui apparaissent comme difficilement maîtrisés ou compris par les élèves. Avec leur professeur, ces derniers se mettent ensuite d'accord sur les questions (et éventuellement les réponses) qui seront posées lors de l'**évaluation sommative**, donnée une semaine plus tard.
En cette fin d'année de CM1, la connaissance des questions de l'évaluation vise à la désacraliser et à encourager les élèves à apprendre leurs leçons. Le professeur pourra, s'il le souhaite, ajuster l'évaluation en rajoutant d'autres questions « bonus ».

COMPOSANTE GÉOGRAPHIE

3

MÉTHODE

- La présentation des documents se fait à partir de l'extrait du programme (**document 10**), qui contient les objectifs notionnels et soulève les enjeux didactiques.
- Avant d'analyser les documents et de mettre en lumière les enjeux notionnels, il convient de reprendre la consigne et de la problématiser.

ATTENTION

Votre réponse peut s'appuyer sur des connaissances personnelles, mais elles doivent toujours être rattachées au sujet et aux documents.

[Présentation des documents]

Le dossier documentaire de la composante géographie contient trois documents :
– un extrait du *Bulletin officiel de l'Éducation nationale* du 30 juillet 2020 présentant le thème 3 de géographie de CM1 **(document 10)** ;
– une photographie de paysage avec une usine de fabrication d'huile de palme dans une forêt équatoriale de Malaisie **(document 11)** ;
– une carte des espaces de production et de consommation du Nutella à l'échelle mondiale **(document 12)**.
Les documents invitent donc plutôt à traiter le second sous-thème du thème 3 : « Satisfaire les besoins alimentaires ».

[Problématisation du sujet]

La manière dont les hommes et les femmes consomment dans un espace donné éclaire leurs « modes d'habiter » et donne des indications sur le niveau de développement de cet espace. Les habitants des pays du Nord ont ainsi une consommation riche en calories, quand celle des pays plus pauvres est très peu calorique, moins variée mais plus locale. Les pratiques quotidiennes de consommation des habitants sur leur territoire sont donc intéressantes à questionner en géographie et peuvent se replacer à différentes échelles, notamment grâce à la mise en relation de l'espace de consommation avec l'espace de fabrication du produit consommé. Les produits consommés quotidiennement par les Français, et notamment par les élèves, comme la pâte à tartiner, sont fabriqués à partir de matières premières produites à différents endroits du globe. En s'appuyant sur les **documents 10, 11 et 12**, il s'agira donc de répondre à la question suivante : **comment la satisfaction des besoins alimentaires, comme ceux des élèves, met-elle en relation le lieu où on habite avec des espaces du monde entier ?**

[Réponse à la problématique à partir de l'analyse des documents]

L'extrait du programme de géographie **(document 10)** définit la consommation comme *« un acte du quotidien »* visant à satisfaire les besoins des habitants. Consommer constitue donc un **mode d'habiter** qui éclaire les pratiques quotidiennes des habitants d'un espace donné. Cette dimension de l'habiter n'est cependant pas mise en exergue dans les **documents 11 et 12** du corpus. Ces derniers concourent plutôt à mettre en lumière une autre question centrale du thème : repérer la trajectoire d'un produit jusqu'au consommateur.

Ce parcours peut se résumer aux étapes clés suivantes : l'**approvisionnement** en matières premières, leur **exploitation**, leur transfert vers les lieux de **production**, puis leur **distribution** jusqu'au lieu de **consommation**. Dans le cas du Nutella, le **document 12** permet de localiser et de différencier les espaces de production des matières premières et les espaces de consommation. Les principaux espaces de production se situent parfois près des zones où sont exploitées les matières premières (comme le sucre et l'huile de palme au Brésil ou le sucre en Europe). Ces matières premières, comme l'huile de palme, peuvent d'ailleurs être directement traitées sur place, dans des usines de production secondaires, comme le suggère le **document 11**. Sur la photographie, on distingue au premier plan une usine de fabrication d'huile de palme, tandis que les plantations de palmiers sont exploitées au second plan et semblent gagner de l'espace sur la forêt équatoriale environnante.

Si les marchés de consommation sont répartis dans le monde entier, ils sont essentiellement concentrés en Europe, où la fabrication des pots de Nutella est souvent finalisée. Le **document 12** permet en effet de localiser un grand nombre d'usines de production en Europe. Cet éloignement entre les espaces de production et les espaces d'exploitation des ressources, mais aussi entre les espaces de consommation et les espaces de production, génèrent de longs transports pour distribuer les marchandises et les produits. Cette mise en relation des espaces génère des **flux** et des émissions de dioxyde de carbone (CO_2). La satisfaction des besoins alimentaires impacte donc l'environnement et soulève la question des modes de consommation de notre société, ainsi que celle du **développement durable**. Satisfaire les besoins des habitants et respecter une dynamique de développement durable demeure toutefois possible, en privilégiant la consommation de produits locaux et de saison. La distribution des produits locaux repose en effet sur des circuits de distribution très courts, tandis que la consommation de produits de saison évite d'aller en chercher à l'autre bout du monde le reste de l'année.

4

MÉTHODE

- La **carte** est un outil indispensable pour le géographe. Elle permet de localiser des éléments précis mais donne aussi des informations sur un sujet donné. En classe, elle peut être exploitée de nombreuses façons par le professeur pour localiser, étudier l'organisation d'un territoire, représenter des dynamiques spatiales et des flux, etc.
- Lire une carte ou un croquis étant déjà une tâche complexe pour l'élève, sa lecture méthodologique peut également constituer un type d'exploitation. Le professeur peut alors travailler sur la légende, les figurés, les éléments de localisation et les notions qui sont exprimées sur la carte, à partir de simples prélèvements d'informations.
- Quel que soit son choix d'exploitation, il faut veiller à adapter la proposition à l'âge des élèves et aux recommandations du programme. En cas de légendes difficiles ou de localisations complexes, des modifications peuvent être proposées.

1. Présentation du document à exploiter (nature et objet)

Le **document 12** est une **carte** (planisphère) répondant à la problématique soulevée précédemment (« Comment la satisfaction des besoins alimentaires, comme ceux des élèves, met-elle en relation le lieu où on habite avec des espaces du monde entier ? »), en mettant en lien à l'échelle mondiale les espaces de production et les espaces de consommation du Nutella. La légende permet de comprendre qu'il s'agit ici d'un produit mondialisé.

2. Adaptation du document

Avant de distribuer la carte à sa classe, le professeur veille à ce que l'ensemble de la nomenclature et de la légende soit compréhensible. Quelques modifications peuvent être apportées à la légende du **document 12** car la notion de mondialisation est complexe pour les élèves. Ainsi, l'expression *« Une production mondialisée »* peut être changée en *« Des matières premières présentes dans le monde entier »* et *« Une consommation qui se mondialise »* par *« Un produit consommé partout dans le monde »*. Le professeur fera également attention à ce que la notion de flux soit comprise par tous (terme utilisé en géographie pour désigner un mouvement de biens, de données immatérielles ou d'humains).

3. Exploitation du document

REMARQUE

L'exploitation de la carte qui est proposée ici est guidée pour permettre de travailler la méthodologie de l'analyse du croquis avec les élèves.

Dans une **démarche inductive**, on peut considérer que les élèves ont déjà travaillé lors de la séance précédente sur un espace de production du Nutella, notamment à partir du **document 11**. Lors de la trace écrite finale, le professeur et les élèves ont élaboré un schéma représentant le parcours type d'un produit : approvisionnement → production → distribution → consommation.

RAPPEL

La **démarche inductive** permet d'aborder une question à partir d'une situation précise et ancrée dans un territoire ; elle met en évidence quelques enjeux spécifiques à partir d'une **étude de cas**. Celle-ci évite alors un enseignement uniquement conceptuel de la géographie, conduisant le plus souvent à une géographie générale, passant en revue les espaces sans les étudier véritablement. Dans l'usage de la classe, la **mise en perspective** succède le plus souvent à l'étude de cas et repose la problématique à différentes échelles, notamment à l'échelle mondiale.

Le **document 12** est exploité pendant la séance suivante, qui vise à **mettre en perspective** l'étude du cas de la production du Nutella à l'échelle mondiale, et à réinvestir les différentes étapes du parcours d'un produit.

3.1. Travail méthodologique sur la carte

Le professeur organise d'abord un premier temps de **travail méthodologique sur la carte** à travers un **questionnement progressif** :
– Quel est le titre de la carte ? *(pour comprendre l'objectif principal)*
– Quelle est l'échelle représentée ? *(échelle mondiale, appelée aussi petite échelle)*
– Par quel figuré de couleur le siège social de l'entreprise est-il représenté ? Dans quel pays se situe-t-il ?
– Par quels figurés sont représentés les flux commerciaux ? Pourquoi d'après toi ?
– Quel continent ne possède aucune usine de production ?
– Par quelle couleur sont représentés les principaux pays consommateurs ? Dans quel continent se situent-ils principalement ?

En fonction du degré d'autonomie de ses élèves, le professeur peut guider ce questionnement dans un oral collectif ou le soumettre individuellement à l'écrit.

Cette tâche vise à mobiliser la compétence « pratiquer différents langages en géographie » et notamment celui d'une production graphique, afin de faire utiliser par les élèves un lexique géographique approprié et les entraîner à la lecture de cartes. Cette méthodologie permet d'étudier les grands repères spatiaux du programme du cycle 3 (continents, océans, points cardinaux, etc.), mais aussi de repréciser les fonctions d'une carte, la lecture des figurés de sa légende et la compréhension de son message géographique.

3.2. Étude du message géographique de la carte

Le **message géographique** de la carte est étudié dans un second temps, ce qui permet d'introduire les **enjeux liés au développement durable**.

Dans un oral collectif, le professeur fait reformuler les informations données par la carte. Celle-ci montre que pour produire ses pots de Nutella, l'entreprise doit s'approvisionner en matières premières dans le monde entier et transporter ces produits vers des usines de fabrication qui sont parfois très éloignées. De plus, les flux présents sur la carte témoignent d'une commercialisation du produit à l'échelle internationale.

Dans un oral collectif (ou individuellement à l'écrit à travers une question), le professeur fait ensuite réfléchir les élèves sur les moyens utilisés pour déplacer les matières premières vers les usines et les pots de Nutella vers les espaces de distribution. Cette diversité des lieux de production et leur éloignement permet de faire le lien avec les enjeux du développement durable : l'importation de ces produits est polluante et coûte beaucoup d'énergie. En privilégiant l'achat de produit locaux, le consommateur réduit son **empreinte carbone** car les trajets de distribution sont plus courts.

Sciences et technologie

Descriptif de l'épreuve et conseils de méthode 224

SUJET 1 France métropolitaine, 2022 226
Corrigé 238

SUJET 2 Antilles, 2022 247
Corrigé 258

SUJET 3 Polynésie, 2022 265
Corrigé 279

SUJET 4 Créteil-Versailles, 2022 287
Corrigé 297

SUJET 5 Sujet type 304
Corrigé 313

Descriptif de l'épreuve et conseils de méthode

Descriptif de l'épreuve

▶ L'épreuve est constituée de **trois parties organisées autour d'un thème commun** et propose une **vingtaine de questions** s'appuyant sur de **nombreux documents.**
▶ L'épreuve consiste en **la conception et/ou l'analyse d'une ou plusieurs séquences ou séances d'enseignement** à l'école primaire (cycles 1 à 3), y compris dans leur dimension expérimentale. Elle peut comporter des questions visant à vérifier vos connaissances disciplinaires.
▶ L'épreuve est notée sur 20. Une note globale égale ou inférieure à 5 est éliminatoire.
▶ Durée : trois heures ; coefficient 1.

Programme de l'épreuve

Vous pouvez être interrogé(e) sur les programmes des cycles 1, 2 et 3, mais vous devez avoir acquis un degré de connaissances disciplinaires et didactiques d'un niveau de fin de cycle 4 (classe de 3e).

Aptitudes évaluées chez les candidats

▶ **La maîtrise disciplinaire en lien avec les contenus :** c'est la première compétence professionnelle du métier de professeur des écoles. Vous devez connaître la discipline, en situer les repères fondamentaux et les enjeux épistémologiques et didactiques.
▶ **La capacité à appliquer cette maîtrise disciplinaire à la construction et l'analyse de démarches d'apprentissage :** cela revient à réfléchir aux enjeux didactiques de la discipline, c'est-à-dire proposer des situations d'apprentissage à même de transformer le savoir scientifique en un savoir scolaire accessible pour les élèves.

Se préparer au concours tout au long de l'année

Comment analyser un texte scientifique/didactique ou pédagogique ?

▶ Il faut se faire une idée rapide du domaine abordé par le texte :
– soit il correspond à des connaissances particulières du thème général du dossier ;
– soit c'est un texte pédagogique ou didactique qui s'adresse à l'enseignant.
Les **références, date, auteur, titre de l'ouvrage** doivent permettre de préciser ce premier point.
▶ La **consigne** vous guidera. Elle permettra de comprendre la fonction de l'analyse et orientera le statut du document soit vers les connaissances, soit vers la didactique ou la pédagogie.
▶ Faire un **résumé** du document avec ses mots-clés pour mieux l'appréhender et comprendre ce dont il traite.
▶ **Confronter ce résumé à ses connaissances :** Qu'est-ce que je peux en déduire et expliquer grâce à mes connaissances ?
▶ Si le texte permet d'expliquer, d'éclaircir un point notionnel, le statut du document permet de savoir si cette analyse est destinée à l'enseignant ou à l'élève.

▶ Lorsque le texte est de nature didactique ou pédagogique, vous pouvez être amené à réinvestir ces aspects analysés dans l'activité demandée par la suite ou en faire une transposition didactique pour une utilisation en classe.

Comment analyser un tableau et/ou un graphique ?

▶ Il s'agit de **repérer** les indications qui permettent de comprendre ce que traduit un tableau, un graphique : Qu'est-ce qui est étudié ? Et qu'est-ce qu'on fait varier qui se répercute sur l'objet d'étude ? La réponse à ces deux questions est généralement donnée par la lecture du **titre du document.**

▶ **Décrire** le plus objectivement possible comment varie ce qui est étudié. Pour un graphique, décrire le tracé (3 possibilités : augmente, diminue, reste constant) et noter les points remarquables.

▶ **Interpréter**, c'est-à-dire expliquer à l'aide de vos connaissances les évolutions observées, donner du sens à ce qui vient d'être décrit.

▶ Cette analyse doit aussi vous permettre de dire à quelle question (ou problème) ce tableau ou ce graphique permet d'apporter une réponse. Cela sera utile pour la construction d'une activité pédagogique si elle est demandée.

> **REMARQUE**
>
> La construction et la lecture de tableau sont des compétences du domaine « communiquer en langages scientifiques » (domaine 1 du socle commun de connaissances et de compétences). Leur présence dans le dossier peut impliquer une utilisation dans une situation d'apprentissage.

Comment analyser une photographie ?

▶ Tout d'abord, comme pour les autres documents, il faut **déterminer le statut de la photographie** :
– soit elle vise à susciter la curiosité, la motivation, le questionnement des élèves de la classe ; on parle alors de **« document d'appel »** et elle devient support de questions de didactique/pédagogie ;
– soit elle permet de s'informer ; dans ce cas, elle sera utilisée comme **document d'investigation** (prise d'information, traitement avec des questions de connaissances ou de didactique/pédagogie).
C'est essentiellement ce second cas qui peut faire l'objet d'une analyse.

▶ Il faut bien noter toutes les informations de la **légende** de la photographie et les mettre en relation avec l'ensemble du thème du dossier. Pourquoi cette photographie a-t-elle été prise ? Qu'est-ce que le photographe a voulu montrer ?

▶ La consigne dans le sujet devrait permettre d'orienter l'analyse.

Comment analyser des productions d'élèves

▶ Lorsqu'un document correspond au recueil des **conceptions initiales** (texte ou dessin), il convient de les analyser. Cette analyse vise à faire émerger les **obstacles** qui devront être pris en compte dans la construction d'une démarche d'apprentissage.

▶ L'analyse se fait en listant les **points positifs** (réussites) et **négatifs** (erreurs) par rapport à la question posée, sans ajouter d'avis ou d'interprétations personnelles. Le plus souvent, on fait deux colonnes pour cette description.

▶ Puis, on regarde les **points négatifs** par rapport aux savoirs qui seront visés dans la séquence. Certains seront un frein, un blocage à l'apprentissage s'ils sont ignorés, ce sont les **obstacles**. Il y aura aussi des **points positifs sur lesquels l'enseignant pourra s'appuyer** dans son activité pédagogique.

SUJET 1

France métropolitaine, 2022

3 heures

→ Corrigés p. 238

Préserver les océans de la pollution plastique

Introduction

De tous les déchets présents dans l'océan, les déchets plastiques sont de plus en plus nombreux. Chaque année, huit millions de tonnes de déchets plastiques arrivent de l'intérieur des terres vers l'océan. Le plastique se dégrade extrêmement lentement dans l'environnement et se fragmente en petites particules[1]. Les chercheurs se mobilisent afin d'étudier le devenir des plastiques en milieu aquatique : il s'agit notamment de comprendre quels sont les impacts de l'accumulation des plastiques dans le milieu aquatique sur les êtres vivants et d'identifier des solutions face à cette pollution[2].

1. D'après « La pollution plastique et l'Océan » https://fr.oceancampus.eu/cours/GHa/la-pollution-plastique-et-locean
2. D'après le dossier de presse des rencontres du Groupement de Recherche « Polymères et Océans » (2021). « Pollution plastique : du constat aux solutions, la recherche mobilisée » (CNRS/Ifremer/Anses). https://www.cnrs.fr/pollution-plastique-du-constat-aux-solutions-la-recherche-mobilisee

En s'appuyant sur les programmes d'enseignement des sciences et technologie à l'école primaire, ce sujet propose d'aborder les problématiques suivantes :

Quelles caractéristiques possèdent les plastiques ? Que deviennent les déchets plastiques ingérés par les animaux marins ? Comment récupérer les déchets plastiques dans l'océan à l'aide d'une solution robotisée innovante ?

- Le sujet comporte des questions de nature didactique ou pédagogique, repérées par un astérisque (*).
- Le jury tiendra compte dans la notation de l'épreuve de la maîtrise de la langue française du candidat.
- Les parties et sous-parties sont largement indépendantes.
- Le barème des différentes parties est donné à titre indicatif.

SOMMAIRE

Partie 1 – 8 points Les caractéristiques des plastiques

A. Préparation des activités expérimentales des élèves
B. Mise en œuvre de protocoles expérimentaux

Partie 2 – 6 points La tortue marine, une espèce menacée par les déchets plastiques

A. L'appareil digestif de la tortue
B. Représentations initiales des élèves sur l'appareil digestif humain
C. Les mécanismes de la digestion

Partie 3 – 6 points Une solution robotisée innovante pour la collecte de déchets marins

A. Étude de la structure du robot : fonctions et composants
B. Étude du comportement du robot

PARTIE 1 – Les caractéristiques des plastiques

Arrivés dans l'océan, les déchets plastiques se déplacent en suivant les courants marins. Certains vont couler dans les profondeurs, d'autres vont continuer leur déplacement à travers les océans pendant des dizaines, voire des centaines d'années. Une partie des déchets restant à la surface ou à moyenne profondeur vont se regrouper dans ce que l'on appelle de manière imagée des « continents de plastiques ».

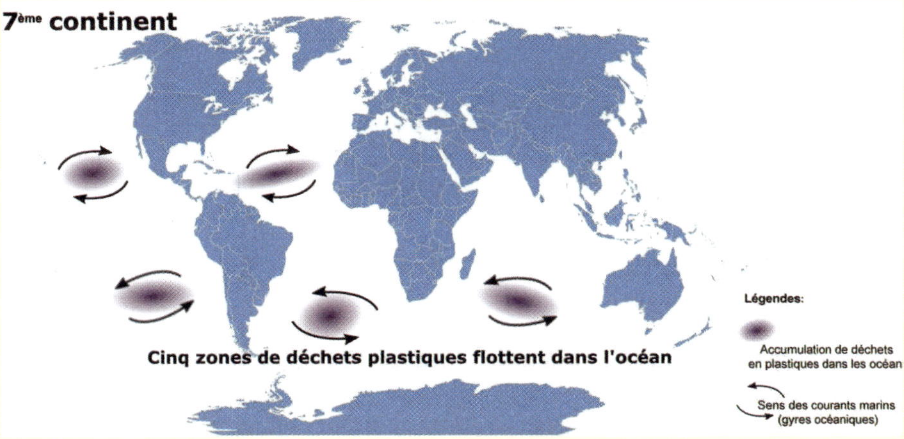

Carte représentant les zones d'accumulation de déchets plastiques dans les océans.

Cette partie propose une mise en œuvre d'activités expérimentales scientifiques en classe : la fabrication d'une solution d'eau salée et un test de flottaison. Les documents qui suivent sont mis à disposition du candidat qui devra les exploiter pour formuler ses réponses aux questions posées.

Concentrations en masse de sels des mers et des océans

L'eau de mer est dite « salée » parce qu'elle contient des substances dissoutes, nommées « sels ».
80 % de ces sels sont le chlorure de sodium (sel de cuisine).
Les mers et océans du globe n'ont pas la même salinité.

Mers et océans	Concentration en masse* de sels ($g.L^{-1}$)
Mer Baltique	7,0
Océan Antarctique	34,7
Océan Pacifique	35,0
Océan Indien	36,5
Mer Rouge	39,7
Mer Morte	275,0

* On appelle concentration en masse de sels, la masse de sels contenus dans un litre d'eau de mer.

Document 1 Tableau représentant les concentrations en sels des mers et océans. (Source : https://www.futura-sciences.com/planete/dossiers/developpement-durable-eau-elle-encore-bleue-618/page/11/)

Substances	Masse volumique (kg.m^{-3} ou g.L^{-1})
Polypropylène (PP)	900
Polyéthylène (PE)	930
Polyéthylène Téréphtalate (PET)	1 380
Polystyrène (PS)	1 040
Polychlorure de vinyle (PVC)	1 380
Eau de la mer Morte	1 240
Eau douce	1 000

Document 2 Tableau représentant les masses volumiques de différentes substances. (Source : https://oceans.taraexpeditions.org/rp/dossier-pedagogique-eco-responsabilite-gestion-des-dechets/)

A. Préparation des activités expérimentales des élèves

1 À partir du **document 1**, calculer la masse de sel à peser pour fabriquer 50 mL d'une solution d'eau de salinité comparable à celle de l'eau de la mer Morte.

B. Mise en œuvre de protocoles expérimentaux

On propose à des élèves de CM2 un protocole pour qu'ils préparent 50 mL d'eau d'une salinité comparable à celle de la mer Morte.

2* Préciser le matériel à mettre à disposition des élèves et indiquer les différentes étapes de ce protocole. Les élèves réalisent le protocole.

3 Donner le nom de la transformation physico-chimique qui intervient lors de la mise en solution aqueuse du sel. Identifier le soluté et le solvant.

4 Indiquer si l'eau salée est un mélange ou un corps pur en justifiant.

Lorsque l'on interroge les élèves de CM2 sur les plastiques, la majorité d'entre eux indique que les objets en plastique flottent et ne coulent pas. On propose aux élèves de tester cette idée. Des échantillons de cinq matières plastiques (PP, PE, PET, PS et PVC) sont disponibles en classe dans cinq bacs différents.
Les consignes données aux élèves sont les suivantes :
– Sélectionner deux matières plastiques de votre choix.
– Utiliser le matériel à disposition pour réaliser l'expérience de flottaison de ces échantillons :
  • dans l'eau douce ;
  • dans l'eau salée.
Les élèves réalisent l'expérience de flottaison.
Voici un exemple de trace écrite construite collectivement après les tests et avant la phase de validation.

Groupe	Polypropylène PP		Polyéthylène PE		Polyéthylène Téréphtalate PET		Polystyrène PS		Polychlorure de vinyle PVC	
	Eau Douce	Eau Mer Morte	Eau Douce	Eau Mer Morte	Eau Douce	Eau Mer Morte	Eau Douce	Eau Mer Morte	Eau Douce	Eau Mer Morte
1	flotte	flotte					flotte	coule		
2					coule	coule			coule	coule
3			flotte	flotte			coule	flotte		
4	flotte	flotte					coule	flotte		
5			flotte	flotte			flotte	flotte		
6	flotte	flotte	flotte	flotte						
7			flotte	flotte					coule	coule
8	flotte	flotte							coule	coule
9							coule	coule	coule	coule
10	flotte	flotte	flotte	flotte						
Résultat										

Document 3 Tableau de recueil des résultats d'expériences des élèves.

5* En s'appuyant sur les données du **document 2**, montrer comment on peut rendre compte des expériences de flottaison au travers de deux schémas légendés.

6* Identifier dans le tableau **deux points de vigilance** nécessaires à l'interprétation des résultats. Justifier.

7* Préciser ce qui peut être mis en œuvre dans la classe pour apporter une conclusion définitive à l'expérience.

Pour comprendre le déplacement des plastiques dans les océans, les élèves de CM2 étudient les facteurs à l'origine des courants marins. Ils prennent appui sur un corpus documentaire qui leur permet de proposer la concentration en masse de sel comme un des paramètres qui influencerait le déplacement des masses d'eau.
Dans ce cadre, l'enseignant propose une modélisation à partir d'un montage (voir **document 4**).
Les élèves effectuent le protocole suivant :
– Mettre de l'eau salée colorée en vert dans la bouteille de gauche.
– Mettre de l'eau douce colorée en rouge dans la bouteille de droite.
– Enlever les pinces se situant sur les pailles entre les deux bouteilles.

8 En s'appuyant sur les données du **document 2**, proposer le schéma légendé du résultat attendu dans les deux bouteilles une fois que les pinces sont retirées. Indiquer sur le schéma par des flèches le mouvement de l'eau salée et le mouvement de l'eau douce.

Document 4 Photographie du montage modélisant un type de circulation océanique.
Deux bouteilles ont été percées à deux hauteurs distinctes, puis reliées l'une à l'autre avec des pailles en position horizontale. Les pailles sont pincées en leur milieu pour éviter les échanges prématurés entre les contenus.
(Source : Image extraite de la vidéo « Bouteilles et océanographie », http://interstices.info/circulation-oceanique ©Inria)

9 Justifier scientifiquement le déplacement des masses d'eaux colorées lorsque le montage du **document 4** fonctionne.

10* Proposer une expérience, réalisable en classe de CM2, permettant de différencier l'eau douce de l'eau salée.

11 En conclusion, expliquer en cinq lignes maximum la présence de « continents de plastiques » situés dans les océans.

PARTIE 2 – La tortue marine, une espèce menacée par les déchets plastiques

Chaque année, huit millions de tonnes de déchets plastiques arrivent de l'intérieur des terres vers l'océan, impactant fortement la vie marine. En France, 85 % des tortues marines ont ingéré des déchets plastiques issus de notre consommation courante. C'est le constat alarmant que dressent les chercheurs du projet européen INDICIT (« *INDICator Impact Turtles* »). On s'intéresse au devenir des plastiques ingérés par la tortue. Pour cela, on étudie comment s'effectue la digestion chez les êtres vivants, dont l'Homme.

Document 5 Photographie montrant la quantité et la diversité des débris plastiques ingérés, retirés de l'intestin d'une jeune tortue (présentée dans l'encart).
(D'après : Emily M. Duncan et collaborateurs, Science Reports, 2019)[3]

3. Emily M. Duncan et al, Diet-related selectivity of macroplastic ingestion in green turtles (Chelonia mydas) in the eastern Mediterranean, Scientific Reports (2019). DOI: 10.1038/s41598-019-48086-4

A. L'appareil digestif de la tortue

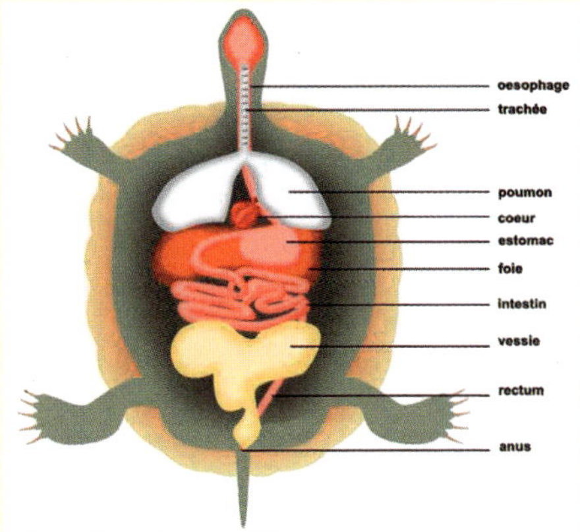

Document 6 Schéma simplifié des organes internes de la tortue.
Source : wikimédia CC BY-SA 3.0).

⑫ À partir du schéma ci-dessus (**Document 6**), identifier les organes appartenant au tube digestif de la tortue et préciser leurs rôles dans la digestion.

B. Représentations initiales des élèves sur l'appareil digestif humain.

Trois représentations initiales d'élèves de CM1 sur le devenir des aliments dans l'organisme sont fournies ci-après (**document 7**).

Production 1

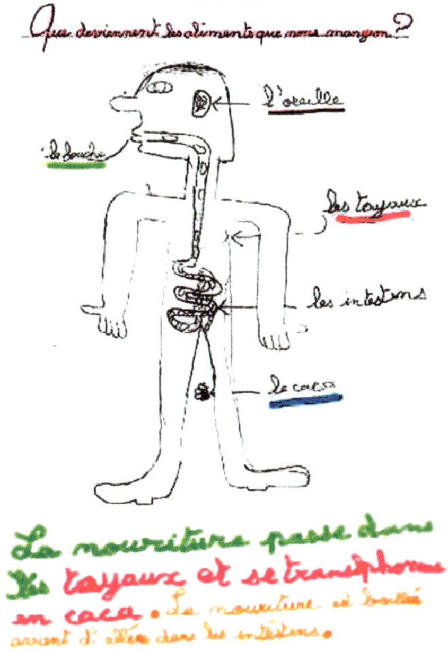

Production 2

Retranscription à l'identique du texte manuscrit :
Titre : « Que deviennent les aliments que nous mangeons ? »
Légendes du dessin, de haut en bas :
« l'oreille » ; « la bouche » ; « les tuyaux » ;
« les intestins » ; « le caca »
Texte sous le dessin : « La nourriture passe dans les tuyaux et se transphorme en caca. La nourriture est broillée avant d'allé dans les intestins ».

Production 3

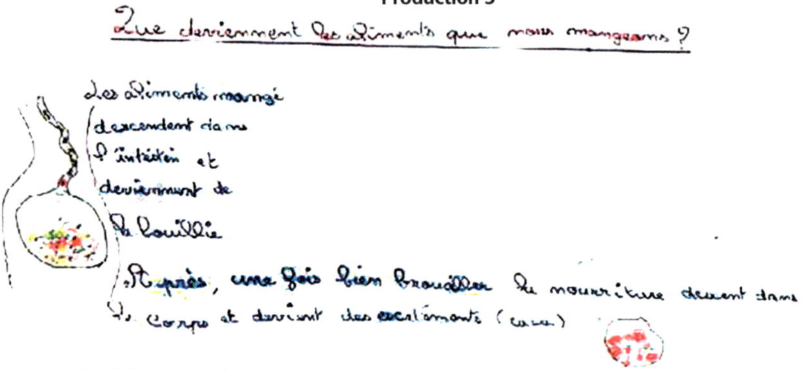

Retranscription à l'identique du texte manuscrit :
Titre : « Que deviennent les aliments que nous mangeons ? »
Texte à côté du dessin : « Les aliments mangé descendent dans l'intestin et deviennent de la bouillie. Après, une fois bien brouailler la nourriture descent dans le corps et devient des excréments (caca) ».

Document 7 **Représentations initiales de trois élèves sur le thème de la digestion de l'Homme. (D'après « Des conceptions initiales au savoir scientifique : le cas de la digestion » (2012-13). Mémoire de master MEEF de Stéphanie Boudet, Université de Nantes)**

13* Confronter et analyser ces représentations afin d'identifier au moins trois obstacles à la compréhension du phénomène de digestion chez l'Homme.

14* En partant des obstacles identifiés à la question précédente, proposer une activité à mettre en place pour amener les élèves à acquérir une compréhension du phénomène de la digestion chez l'Homme.

C. Les mécanismes digestifs

Les travaux de Réaumur sur la digestion.

Au XVIIe siècle, les scientifiques s'interrogent sur le mécanisme de la digestion. Une des théories de l'époque est celle de Giovanni BORELLI (1608-1672) pour qui la digestion serait un phénomène purement mécanique : les aliments seraient simplement broyés dans le tube digestif. Réaumur (1683-1757) ne croit pas à cette théorie. Il étudie la digestion sur des rapaces qui sont des oiseaux dont la particularité est de rejeter sous forme de pelote les parties de leurs proies qu'ils ne digèrent pas (plumes, os, poils…). Voici le récit d'une de ses expériences :

« Je plaçai dans un gros tube en fer blanc ouvert aux deux bouts, un morceau de viande. Le tube ainsi garni fut donné à une buse pour son premier déjeuner. Ce ne fut que le lendemain que je trouvai le tube qu'elle venait de rendre : il avait toute sa rondeur, on ne découvrait sur sa surface extérieure aucune trace de frottements. Le morceau de viande avait été réduit peut-être au quart de son premier volume ; ce qui en restait était couvert par une espèce de bouillie venue probablement de celles de ses parties qui avaient été dissoutes. »

Document 8 Extrait de « Observations sur la digestion des oiseaux » de René-Antoine Ferchault de Réaumur (1752).

15* Expliquer l'intérêt de proposer aux élèves des documents historiques tels que celui présenté ci-dessus.

16* Indiquer la trace écrite que peut construire une classe de CM2 suite à l'exploitation de l'expérience de Réaumur.

Les chercheurs du projet européen INDICIT (« *INDICator Impact Turtles* ») étudient la présence de plastique dans l'appareil digestif des tortues. « *Emballages de gâteaux, bâtons de sucette, cotons tiges, bouchons, bouteilles de sauce salade, sacs poubelle, morceaux de gobelets…* » Autant d'objets jetables que Gaëlle Darmon, chercheuse au Centre d'écologie fonctionnelle et évolutive (CEFE) ne s'attendait pas à trouver quasi-systématiquement dans l'appareil digestif des tortues.

« Si les morts directes par occlusion ou perforation intestinale ne s'observent que dans 1 ou 2 % des cas, l'ingestion de plastique a d'autres conséquences graves sur la santé », constate la chercheuse. Les plastiques contenus dans leur tube digestif ne subissent aucune dégradation et ne sont pas évacués. Ils s'accumulent dans le tube digestif et empêchent notamment les tortues de s'alimenter et de se déplacer normalement. « On a vu des tortues qui flottaient et qui n'arrivaient plus à plonger à cause des plastiques qui font des bulles d'air. »

Document 9 Extrait modifié de l'article « Le plastique et la tortue », publié le 2 juillet 2019 sur le site web de l'Université de Montpellier. (https://www.umontpellier.fr/articles/le-plastique-et-la-tortue)

17* Suite à la lecture du **document 9** et des autres documents précédemment utilisés, écrire une synthèse de cinq lignes maximum à élaborer avec les élèves expliquant en quoi la tortue marine est une espèce menacée par les déchets plastiques.

PARTIE 3 – Une solution robotisée innovante pour la collecte de déchets marins

La réduction de la pollution marine liée aux plastiques est complexe, car ces déchets plastiques se détériorent avec le soleil, l'eau, le sel et finissent par couler. Les déchets encore en surface deviennent, de plus, friables lorsqu'on les récolte. Ils pourraient finir ensuite dans nos assiettes par l'intermédiaire des poissons qui les ont ingérés.

Afin d'enrayer ce processus, le robot *Geneseas* a été inventé pour collecter les déchets avant qu'ils ne coulent. Les déchets collectés peuvent être très variés : du plastique (bouteilles, emballages), des mégots de cigarettes, du verre (bouteilles en verre), du métal (canettes remplies d'air), ou des déchets organiques (poissons morts, bois flottant, algues…).

Grâce à l'utilisation d'une application installée sur un téléphone mobile multifonction (« smartphone »), l'utilisateur détermine la zone à nettoyer. Il est informé par le robot lorsque le panier de remplissage est plein.

Document 10 Photographie du petit robot *Geneseas*, collectant les déchets à la surface de l'eau, dans le port de La Rochelle.
(Source : https://plastics-themag.com/Recyclamer-the-aquatic-vacuum)

A. Étude de la structure du robot : fonctions et composants

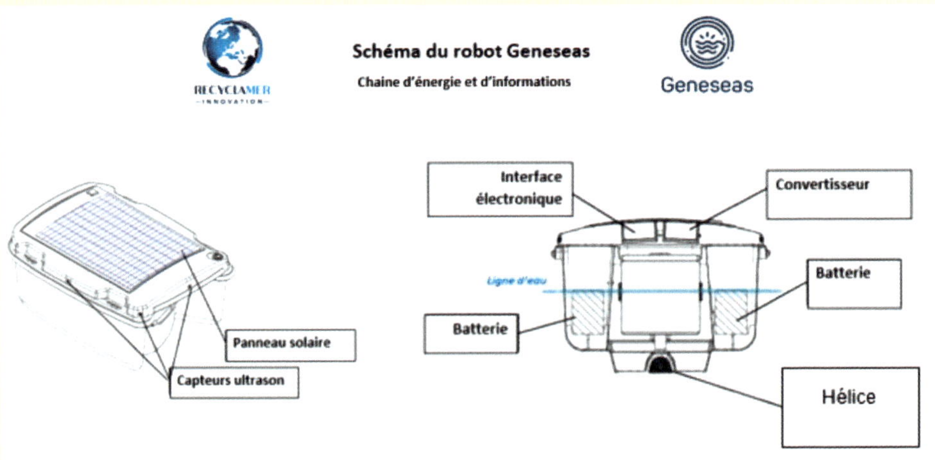

Document 11 Description du robot *Geneseas*. (d'après https://www.recyclamer-innovation.com)

18 Indiquer avec un verbe à l'infinitif les fonctions 1 et 2 présentées dans le diagramme des cas d'utilisation du robot (**document 12**).

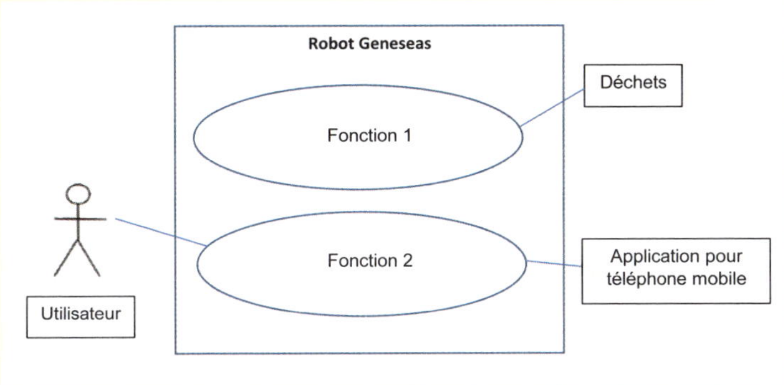

Document 12 Diagramme de fonctionnement du robot.

19 Donner les fonctions techniques de l'hélice et de la batterie.

Voici une maquette de bateau **(document 13)**. L'enseignant propose à ses élèves de cycle 3 d'améliorer le fonctionnement du bateau pour qu'il puisse avancer plus vite. Des élèves formulent l'hypothèse d'agir sur les pales (nombre, taille, forme).

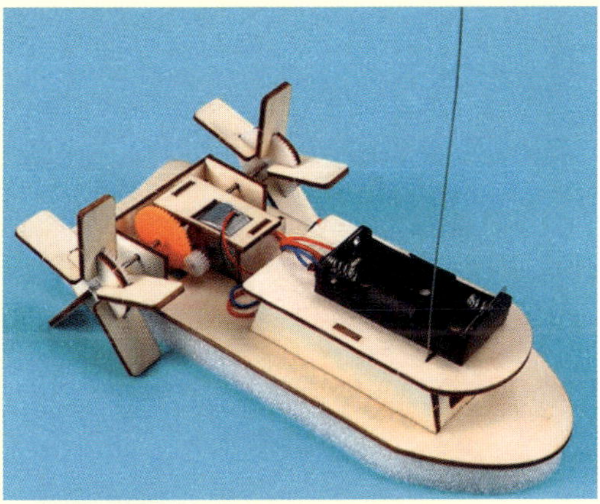

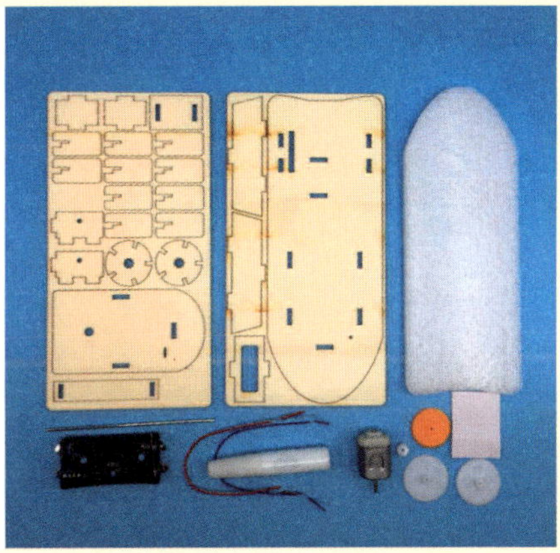

Document 13 Kit de montage d'un petit bateau en bois pour enfants de l'école primaire. (Source : http://www.grandado.fr)

20* Détailler la mise en œuvre pédagogique en classe d'une expérience permettant de montrer le lien entre le nombre de pales et la valeur de la vitesse du bateau.
Préciser deux points de vigilance techniques à respecter pour que l'expérience soit valable scientifiquement.

B. Étude du comportement du robot

Grâce à l'application installée sur le téléphone mobile multifonction de l'utilisateur, des points GPS (« Géo-positionnement par satellite ») sont déterminés pour former une zone à nettoyer. Le robot se dirige alors automatiquement vers cette zone pour accomplir un cycle de nettoyage. Lorsque le panier est rempli de déchets, l'opérateur peut reprendre la main sur le robot pour le faire revenir au point de départ, où il pourra retirer et vider le panier.

L'appareil est programmé avec l'algorithme suivant pour éviter les obstacles. À l'aide du capteur ultrason, le robot détecte la distance à l'obstacle.

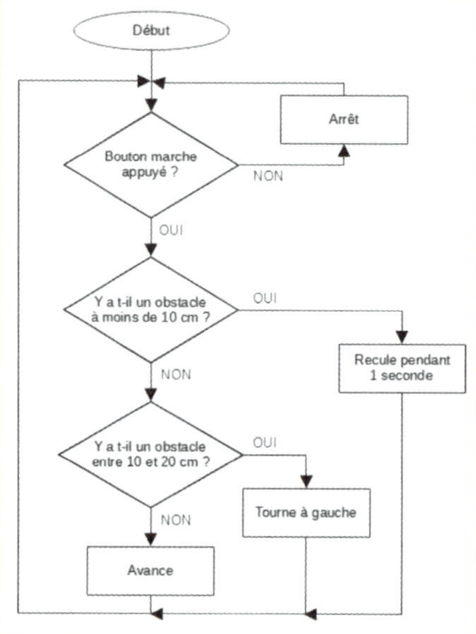

Document 14 Algorithme de fonctionnement du robot.

21 Décrire le comportement du robot face à un obstacle situé à 15 cm.

22 Décrire le comportement du robot face à un obstacle situé à 5 cm.

Un enseignant de CP décide de faire travailler ses élèves en utilisant des « souris robots » programmables et un « labyrinthe » de 5 × 5 cases.

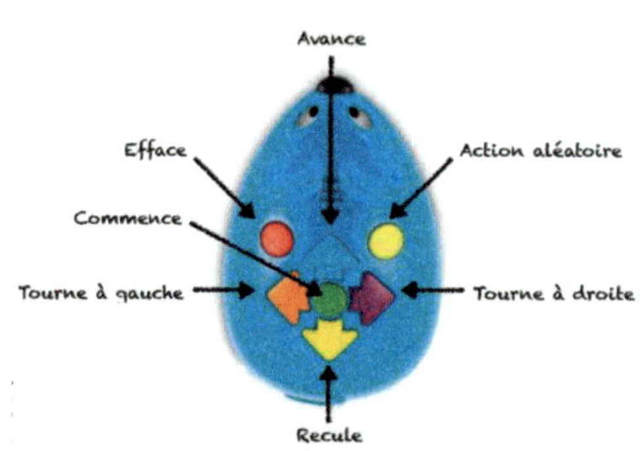

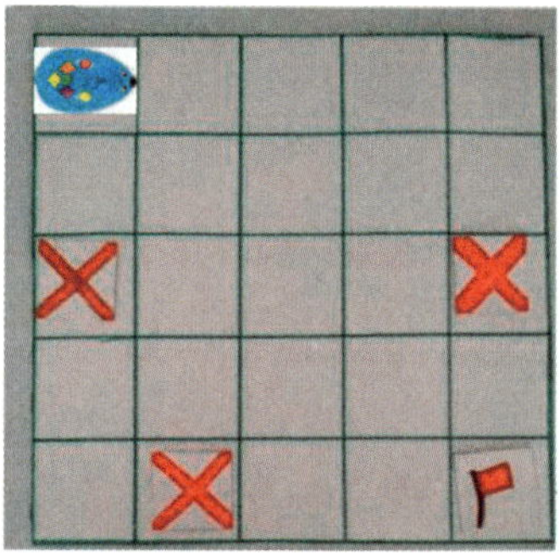

Document 15 Présentation de la « souris robot » et du labyrinthe mis à disposition des élèves. (Source : https://www.learningresources.com)

23* Proposer et décrire une activité d'apprentissage préalable à l'utilisation des robots.

Lors de la séance de programmation, la consigne suivante a été donnée aux élèves : *« Le robot part de la case en haut à gauche et doit arriver en bas à droite en évitant les cases marquées d'une croix ».*

Observer les quatre exemples de travaux d'élèves ci-dessous :

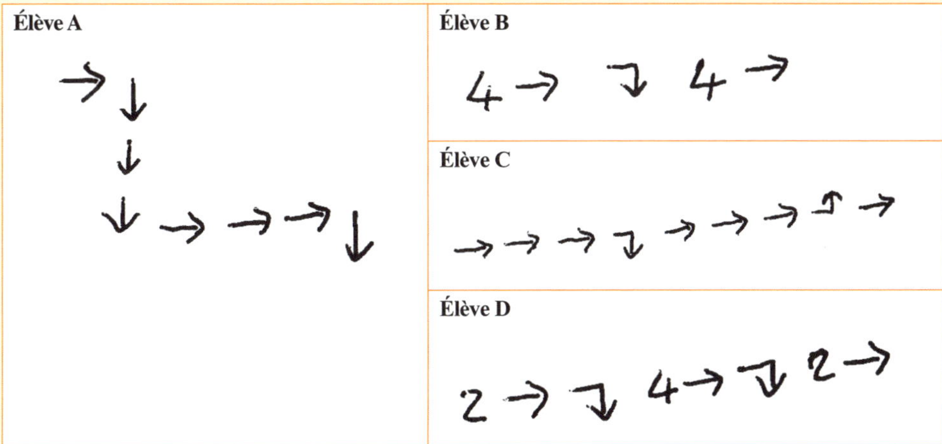

Document 16 Réponses d'élèves sur le trajet de la « souris robot ».

24* Analyser les réponses proposées par les élèves en cherchant à expliciter leurs réussites et en émettant des hypothèses sur leurs erreurs.

Ne disposant que d'un nombre limité de robots, l'enseignant décide de confier à certains élèves un objet qui symbolisera le robot. Il dispose des objets suivants :

Jeton	Cube	Personnage (jouet)	Voiture (jouet)

Document 17 Images d'objets à disposition des élèves. (Source : *Pixabay*, images libres de droit)

25* Choisir un ou plusieurs objets parmi les quatre proposés et justifier ce ou ces choix.

CORRIGÉ DU SUJET 1

PARTIE 1 – Les caractéristiques des plastiques

A. Préparation des activités expérimentales des élèves

CONSEIL

Différencier les grandeurs (concentration massique, masse et volume) et les unités (grammes, litres, g/L ou $g.L^{-1}$).

1 **Phase 1 : Prise d'information dans le tableau (document 1)** concernant la concentration en masse de sels de la mer morte : $C_m = 275\ g.L^{-1}$ (ou g/L).
Phase 2 : Relation entre la concentration massique ($C_m = 275\ g.L^{-1}$), les **données** (V = 50 mL) et la **grandeur recherchée** (m : masse de sel en g).
L'expression littérale de la concentration massique est : $C_m = m/V$ (m : masse de sels en grammes, V : volume de la solution en litres et C_m : concentration massique en g/L ou $g.L^{-1}$).
Phase 3 : Application(s) numérique(s)
Connaissant la concentration massique ($275\ g.L^{-1}$) et le volume de la solution (50 mL ou 0,05 L), il est possible de déterminer la masse de sels $C_m = m/V$ (équivalant à $m = C_m \times V$).
$m = 275 \times 0,05$
$m = 13,75$
m = 13,75 g
Phase 4 : Phrase réponse
La masse de sel à peser pour fabriquer 50 mL d'une solution d'eau de salinité comparable à celle de la mer Morte est de 13,75 g.

B. Mise en œuvre de protocoles expérimentaux

2 **Matériel**
– Balance numérique simple
– Bécher ou récipient gradué
– Coupelle
– Agitateur en verre (ou en bois)
– Sel

Protocole expérimental
A – Allumer la balance
B – Poser la coupelle sur la balance
C – Faire la tare
D – Peser le sel (masse de 13,75 g)
E – Peser le bécher contenant l'eau (volume de 50 mL)
F – Dissoudre le sel dans l'eau

RAPPEL

Le protocole d'expérimentation regroupe la description des conditions et du déroulement d'une expérience.

3

RAPPEL

On ne peut pas dissoudre autant de sel que l'on veut dans un liquide donné. Lorsque l'on ne peut plus dissoudre de sel, c'est la saturation (ou solution saturée).

La transformation physico-chimique qui intervient lors de la mise en solution aqueuse du sel est une **dissolution. Le soluté est le sel et le solvant est l'eau.**

4 L'eau salée est obtenue en mélangeant du sel et de l'eau donc c'est un **mélange** (deux espèces chimiques différentes). Un corps pur contient une seule espèce chimique (par exemple : eau distillée).
D'autre part, le sel va se dissoudre (il ne disparaît pas). Il n'est plus possible de distinguer l'eau et le sel, c'est un **mélange homogène**.

5

MÉTHODE

Dans un premier temps, il est possible de repérer sur le **document 2** les masses volumiques des plastiques inférieures à la masse volumique de l'eau douce (ces plastiques vont flotter en eau douce). Puis, les masses volumiques des plastiques inférieures à la masse volumique de l'eau de la mer Morte et supérieures à la masse volumique de l'eau douce (ces plastiques vont couler en eau douce et flotter sur l'eau de la mer Morte).

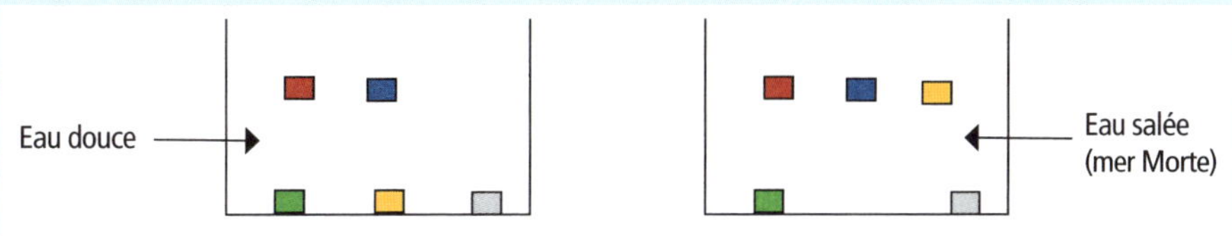

PP (polypropylène) ■ : la masse volumique du PP est inférieure à la masse volumique de l'eau douce et de la mer Morte, donc le PP flotte.
PE (polyéthylène) ■ : la masse volumique du PE est inférieure à la masse volumique de l'eau douce et de la mer Morte, donc le PE flotte.
PET (polyéthylène téréphtalate) ■ : la masse volumique du PET est supérieure à la masse volumique de l'eau douce et de la mer Morte, donc le PET coule.
PS (polystyrène) ■ : la masse volumique du PS est inférieure à la masse volumique de l'eau de la mer Morte et supérieure à celle de l'eau douce, donc le PS flotte dans l'eau de la mer Morte et coule dans l'eau douce.
PVC (polychlorure de vinyle) ■ : la masse volumique du PVC est supérieure à la masse volumique de l'eau douce et de la mer Morte, donc le PVC coule.

6 Le polystyrène (PS) a une masse volumique voisine de celle de l'eau, donc il est nécessaire d'attendre pour voir le PS couler dans l'eau douce.
D'autre part, il est possible que les élèves inversent les observations faites dans l'eau douce et l'eau de la mer Morte.

7 Des plastiques peuvent avoir une masse volumique très proche de la masse volumique du liquide.
Pour savoir si un matériau flotte (par exemple : le polystyrène), il faut le pousser au fond du récipient pour voir s'il remonte.

8

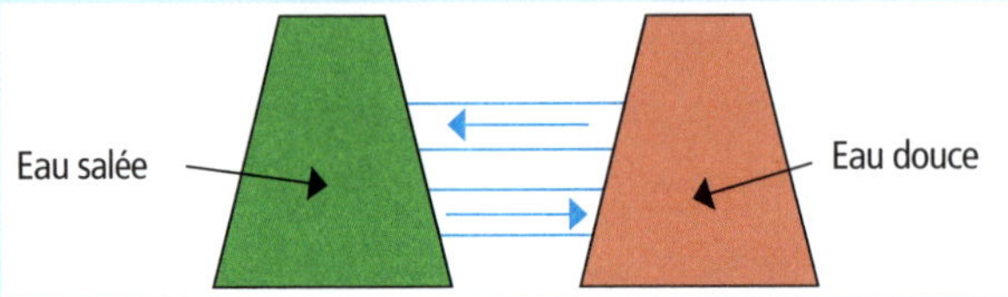

Ou

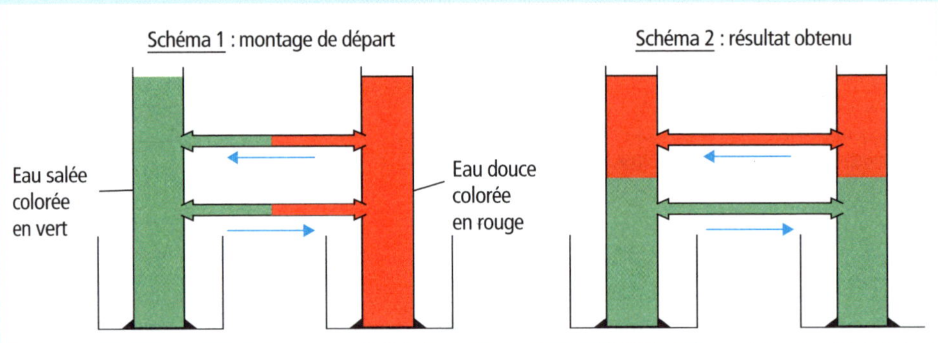

9 L'osmose est le mouvement de l'eau qui passe d'un liquide moins concentré vers un liquide plus concentré. La différence de concentration en sel crée une pression qui permet aux molécules d'eau de se déplacer.

Dans la paille supérieure, l'eau douce ayant une masse volumique moins élevée passe vers la solution salée de masse volumique plus élevée. Dans la paille inférieure, c'est l'inverse, le liquide va dans l'autre sens, c'est-à-dire de la bouteille à gauche vers la bouteille à droite. Il y a donc formation d'un courant (circulation d'eau).

10 On compare la masse de 50 mL d'eau douce et de 50 mL d'eau salée. Pour un même volume, la masse d'eau salée est supérieure à la masse d'eau douce.

REMARQUE

L'eau douce est incolore. Concernant l'eau salée, le sel n'est plus visible mais il n'a pas disparu. La présence de sel augmente la masse de l'eau douce.

MÉTHODE

Il est aussi possible de comparer l'évaporation de l'eau douce et de l'eau salée. Dans le cas de l'eau salée, quand l'eau s'est évaporée, il reste le sel.

11 Au cours du temps, des déchets plastiques ayant une masse volumique inférieure à la masse volumique de l'eau salée des océans flottent à la surface de l'eau de mer. Les courants marins entraînent ces déchets et permettent leur accumulation en un lieu précis. Ces déchets, en très grandes quantités, restent en contact les uns des autres et constituent une énorme surface appelée le « continent plastique ».

PARTIE 2 – La tortue marine, une espèce menacée par les déchets plastiques

A. L'appareil digestif de la tortue

12 Les organes appartenant au tube digestif sont les suivants :

Bouche (non représentée sur le **document 6**) : les aliments sont broyés (transformation mécanique) et subissent une transformation chimique grâce à des enzymes. Ces aliments ingérés deviennent alors le bol alimentaire.

Œsophage : le bol alimentaire y progresse grâce à la construction des muscles présents dans cet organe.

Estomac : les muscles procèdent au brassage du bol alimentaire et assurent sa progression. Il y a également une transformation chimique grâce aux enzymes. Les produits obtenus constituent le chyme.

Intestin : le chyme subit une transformation mécanique et chimique. Les aliments ingérés devenus des nutriments sont absorbés et passent dans le sang : c'est l'absorption intestinale.

Rectum et anus : les matières non absorbées dans le sang s'accumulent dans le rectum et sont évacuées par l'anus sous forme de selles.

ATTENTION

Il ne faut pas citer le **foie** ni le **pancréas** qui font partie de l'appareil digestif mais pas du tube digestif.

B. Représentations initiales des élèves sur l'appareil digestif humain

13

MÉTHODE

- Repérer les réussites et erreurs des élèves et les noter dans un tableau.
- Identifier les obstacles épistémologiques sous-jacents.
- Veiller à traduire les conceptions en analyse et à ne pas rester descriptif (« L'élève a écrit que les aliments passent dans ...puis... »)

RAPPEL

Obstacles de compréhension des élèves sur le concept de digestion

- Une seule entrée pour les aliments liquides (eau) et solides (pain) puis ce trajet commun se divise en deux trajets distincts :

– un pour les liquides qui donneront des urines ;

– le second pour les solides qui donneront des excréments (transformation des aliments solides).

- La digestion des aliments est perçue uniquement comme une transformation mécanique et non chimique (action des enzymes).
- Les enfants ne pensent pas que les nutriments passent ensuite dans le sang.

Élève	Réussites	Erreurs
Production 1	• La bouche, l'œsophage et les intestins sont représentés et font partie du tube digestif. • L'élève connaît la transformation mécanique subie par les aliments • Le tube digestif est un tube continu de la bouche à l'anus.	• Les aliments sont transformés en excréments. • Les aliments ingérés traversent des « tuyaux » (méconnaissance de l'estomac, de l'œsophage/ Intestin grêle et gros intestin) • Les aliments transitent par les oreilles.
Production 2	• Présence des organes du tube digestif : bouche, œsophage, anus. • Le tube digestif est un tube continu de la bouche à l'anus. • L'élève représente deux orifices : l'orifice uro-génital et l'anus. • Accumulation des excréments dans une poche qui pourrait correspondre au rectum. • Existence de la vessie même si elle ne fait pas partie de l'appareil digestif. • Positionnement de l'orifice uro-génital et de l'anus correct.	• La séparation entre aliments liquides et solides s'opère dans une « poche » qui pourrait correspondre à l'estomac. • Les aliments liquides deviennent les urines. • Les aliments solides sont transformés en excréments sans passage dans le sang des nutriments. • La vessie fait partie de l'appareil digestif. • Les autres organes du tube digestif ne sont pas représentés.
Production 3	• Les aliments subissent une transformation mécanique dans l'intestin. • Présence d'un tube qui correspondrait à l'œsophage.	• Le tube digestif est considéré comme une poche dans laquelle s'accumulent les aliments broyés. • Absence des organes impliqués dans la digestion. • Les aliments sont transformés en excréments. • Absence d'absorption intestinale. • Les aliments passent dans le corps une fois broyés.

Obstacles repérés :

– Tube digestif considéré comme un vase clos.
– Les aliments ne font que transiter dans le tube digestif : ils sont ingérés et sont rejetés sous forme d'excréments.
– Absence de passage des nutriments dans le sang.
– Deux voies de sortie différentes pour les liquides et les solides.

14 Une **progression** doit être envisagée afin d'amener les élèves à faire évoluer leurs conceptions :
1. **Présentation d'une vidéo** montrant le trajet des aliments dans le tube digestif puis **faire colorier** sur une silhouette le trajet des aliments.
2. **Observation de radiographies** montrant les différents organes appartenant au tube digestif et **identification des organes** avec **positionnement** sur la silhouette utilisée.
3. Photographies ou illustrations montrant les différents organes du tube digestif d'un lapin disséqué (bouche, œsophage, estomac, intestin grêle et gros intestin) avec le contenu (carottes, herbe) prélevé dans une coupelle et comparaison de l'aspect des matières observées (couleur, texture…).
4. **Observation d'un modèle anatomique humain** et placement des différents organes.

C. Les mécanismes digestifs

15 L'histoire des sciences éclaire les élèves sur les conceptions existant au cours des périodes de l'histoire (lien intéressant à établir avec le programme d'histoire aux cycles 3 et 4 sur les découvertes et personnages qui ont marqué leur époque) et qui persistent encore aujourd'hui. De plus,

les élèves sont amenés à comprendre comment les scientifiques procèdent : ils observent, émettent des hypothèses, expérimentent et en tirent des conclusions ; ils s'appuient aussi sur les recherches de la communauté scientifique. Ainsi, les connaissances scientifiques évoluent.

16

ATTENTION

Il est bien précisé qu'il faut prendre appui sur le document historique fourni (**document 8**).

	Giovanni BORELLI (1608-1672)	René Antoine FERCHAULT De Réaumur (1683-1757)
Ce qu'il constate…		Le morceau de viande qui a été ingéré par la buse a été transformé en bouillie : il a été dissous. Le tube avalé par la buse n'a pas été abîmé.
Pour lui, la digestion est …	**La digestion est mécanique :** dans le tube digestif, les aliments sont broyés.	**La digestion est chimique :** dans le tube digestif, les aliments subissent l'action de produits chimiques qui sont responsables de la transformation des aliments.

Depuis, les connaissances scientifiques ont évolué : on sait que les aliments subissent différentes transformations au cours de leur trajet dans le tube digestif. **La transformation est mécanique et chimique.**

17 Les déchets plastiques produits par l'être humain ne sont pas tous recyclés. Certains se retrouvent ainsi dans les mers et océans sous forme de débris et de microplastiques. En effet, ces déchets ne sont pas biodégradables et peuvent flotter à la surface de l'eau pendant des dizaines, voire des centaines d'années. Circulant ainsi, ces déchets sont ingérés par les tortues marines et s'accumulent dans leur tube digestif, provoquant occlusions et perforations intestinales, ou perturbant leurs déplacements.

PARTIE 3 – Une solution robotisée innovante pour la collecte de déchets marins

A. Étude de la structure du robot : fonctions et composants

18

RAPPEL

La fonction d'usage d'un objet technique est le service rendu par l'objet pour répondre au besoin initial d'un utilisateur. On peut identifier la fonction d'usage dans la réponse à la question : « À quoi sert cet objet technique ? » La fonction d'usage est explicitée par un verbe d'action à l'infinitif accompagné d'un complément et d'informations concernant les conditions d'utilisation.

MÉTHODE

- Pour identifier les fonctions du robot, il est possible de relever dans le texte d'introduction ce qui répond à la question : « À quoi sert-il ? » : *« le robot Geneseas a été inventé **pour collecter les déchets** » et « l'utilisateur détermine la zone à nettoyer. Il est informé par le robot ».*
- Il est essentiel de distinguer les fonctions d'usage et les solutions techniques.
« Grâce à l'utilisation d'une application installée sur un téléphone mobile multifonction ("smartphone") » est une solution technique.

La **fonction 1** du robot est de **capter** (ou collecter) les déchets solides flottants comme les plastiques.
La **fonction 2** du robot est de **communiquer sur** sa position et **sur le niveau de remplissage du panier**.

19

MÉTHODE

- La fonction technique est le rôle des éléments constitutifs de l'objet. Pour répondre, il est nécessaire de se poser la question : « Que doit faire l'objet pour accomplir la fonction d'usage ? »
- Il est possible de distinguer la solution technique liée à la réalisation concrète de l'objet qui répond à la question : « Comment est constitué l'objet ? »
- Il est nécessaire de connaître quelques exemples de sources d'énergie (batterie…) et quelques fonctions techniques d'éléments d'un objet technique (hélice...).

La fonction technique de l'**hélice est de mettre en mouvement le robot**.
La **batterie est la source d'énergie** qui permet d'assurer l'autonomie du robot.

20

MÉTHODE

L'expérience proposée consiste à tester la validité d'une hypothèse (l'augmentation du nombre de pâles des 2 roues entraîne une augmentation de la vitesse du bateau), en reproduisant le phénomène et en ne faisant varier qu'un seul paramètre. Le paramètre que l'on fait varier figure dans l'hypothèse. Le résultat de l'expérience permet de valider ou non l'hypothèse.

Proposition de mise en œuvre pédagogique
L'observation de la maquette du bateau (**document 13**) peut permettre de formuler une question concernant la propulsion du bateau et d'arriver à évoquer le nombre de pâles des 2 roues.
Problème posé : Quelle expérience peut-on faire pour montrer le lien entre le nombre de pâles et la vitesse du bateau ?
Formulation d'hypothèses : Les élèves sont amenés à formuler des hypothèses.
Par exemple, plus on augmente le nombre de pâles plus le bateau va vite.
Activités expérimentales
Un groupe d'élèves construit la maquette avec deux pâles, un autre avec trois pâles et ainsi jusqu'à cinq pâles.
Ensuite, la vitesse du bateau sera mesurée sur une même distance, à l'aide d'un chronomètre (on fera plusieurs mesures pour vérifier la reproductibilité du phénomène). Les résultats seront catégorisés dans un tableau.
Conclusion : L'augmentation du nombre de pâles de la roue entraîne une augmentation de la vitesse du bateau.
Les **points de vigilance** concernent la **variation d'un seul paramètre** (le nombre de pâles) et les **conditions identiques** de l'expérimentation (distance parcourue…).

B – Étude du comportement du robot

21 **Face à un obstacle situé à 15 cm,** le robot **tourne à gauche puis, uniquement s'il n'y a pas d'obstacle entre 10 et 20 cm dans sa nouvelle direction, il avance et reprend son itinéraire.**

22 Face à un obstacle situé à 5 cm, le robot recule une seconde et la boucle reprend du début.

23 Une séance préalable est organisée dans la cour de récréation avec des quadrillages de 5 × 5 (ou des tracés à la craie, mais plus difficiles et longs à réaliser) avec des dalles carrées pour jeux extérieurs. Les élèves travaillent en binôme. Ils ont pour consigne de parcourir un trajet jusqu'à la case d'arrivée (matérialisée par un plot ou une marque au sol). Un des élèves réalise le trajet pendant que son binôme trace sur sa fiche le trajet parcouru. Ils changent ensuite de rôle. Un départ et un point d'arrivée sont indiqués sur la fiche. Les élèves doivent trouver un chemin pour arriver jusqu'à l'arrivée en se déplaçant de case en case. Ensuite, on peut concevoir de réaliser le trajet uniquement en avançant (sans reculer…), en allant à gauche…

> **ATTENTION**
> Il faut veiller, pour des soucis évidents d'orientation et de repérage dans l'espace, à bien positionner la fiche représentant le modèle réduit du parcours tracé au sol (fiche posée au sol par l'enseignant orientée de la même façon que le trajet à parcourir).

En classe, les élèves proposent des codages possibles (flèches, traits, utilisation des cases du quadrillage), ce qui permet à l'enseignant d'introduire le fléchage. D'où un nouveau codage.
Une seconde séance est envisagée de nouveau à l'extérieur mais cette fois-ci, les élèves doivent utiliser le nouveau codage (coder / décoder un parcours).

24

MÉTHODE

- Résoudre l'exercice permet de mieux comprendre les productions des élèves.
- Noter les réussites et émettre des hypothèses sur les procédures.

RAPPEL

Erreurs fréquentes des élèves
- Confusion droite / gauche.
- Erreurs dans le sens d'orientation des flèches.
- Erreurs liées au dénombrement des cases (il arrive que les élèves comptent la case de départ pour se déplacer, comme dans un jeu de plateau avec dé).
- Difficulté à se situer par rapport à un objet ou une personne, notamment lors des changements de direction.
- Difficultés à savoir situer des objets sur un plan ou un quadrillage.

	Réussites	Erreurs
Élève A	• L'élève a codé le parcours du robot. • L'élève évite les obstacles.	• L'élève n'utilise pas les flèches pour tourner. • L'élève ne repositionne pas son robot avant d'avancer. • Les 2e, 5e et 7e flèches indiquent qu'il faut tourner et avancer en même temps.
Élève B	• L'élève a su coder un parcours. Les consignes sont comprises (point de départ et d'arrivée). • L'élève utilise un double codage (nombres de déplacements à effectuer et flèches), ce qui est plus rapide à écrire.	• L'élève n'évite pas l'obstacle.
Élève C	• Le parcours est codé. • L'élève a compris la consigne et évite tous les obstacles. • L'élève utilise les flèches pour tourner et positionner son robot dans le sens voulu pour pouvoir se déplacer de nouveau.	Il manque une flèche pour avancer d'une case (3 flèches au lieu de 4), ce qui lui aurait permis d'atteindre la case d'arrivée.

	Réussites	Erreurs
Élève D	• Le parcours est codé. L'élève D utilise le même type de codage que l'élève B. • L'élève évite les obstacles. • L'élève a compris le rôle des différentes flèches (avancer, tourner).	La dernière flèche qui permet de tourner est orientée vers la droite alors qu'elle aurait dû être tournée vers la gauche. Sans cette erreur, le parcours aurait été correct.

Hypothèses

Élève A : l'élève n'a pas compris le rôle des flèches permettant au robot de tourner.

Élève B : l'élève a oublié la consigne relative aux obstacles qui devaient être évités (surcharge cognitive). L'enseignant peut lui faire relire la consigne.

Élève C : l'élève a peut-être oublié une flèche pour coder son parcours. Pour cela, il lui faudrait s'auto-évaluer.

Élève D : Erreur d'inattention ou liée au changement de direction vers la gauche (sait tourner à droite en revanche).

25 Deux objets présentent un intérêt majeur dans ce type de situation : le personnage (de face et de dos) et la voiture (avant et arrière du véhicule). Ayant un sens de déplacement et une latéralisation, ils présentent l'avantage de pouvoir aider l'élève à les positionner correctement sur le quadrillage (pour que la poupée avance, elle doit être placée face au trajet ; pour que la voiture avance, l'enfant doit la placer à bon escient sur la case).

SUJET 2

Antilles, 2022

3 heures

→ Corrigés p. 258

La pollution plastique des océans

Introduction

Les océans, qui couvrent plus de 70 % de la surface terrestre, sont l'un des principaux réservoirs de la biodiversité dans le monde. Ils abritent plus de 250 000 espèces connues ainsi que beaucoup d'autres qui restent à découvrir[1]. Une partie de cette biodiversité représente des ressources indispensables aux êtres humains. La pêche est une source de nourriture importante au niveau planétaire : en 2017, la consommation de poissons et de crustacés représentait pour certains pays d'Asie ou d'Afrique, tels que le Cambodge ou le Ghana, plus de 50 % de l'apport en protéines animales[2].

Micro-plastiques flottants.

Source : Galgani Francois (2010). Ifremer[4]

20 millions de tonnes de déchets issus des continents terminent dans les océans chaque année. Parmi eux, 8 à 18 millions de tonnes sont des plastiques non biodégradables : ils ne disparaissent pas dans la nature, ils s'accumulent à la surface ou au fond des océans, peuvent se fragmenter en micro-plastiques[3 - 4]. Ces déchets constituent des facteurs de risque pour l'environnement et la santé humaine.

Pour la fondation TARA Océan[5], « le constat des scientifiques sur la pollution plastique est aujourd'hui incontestable. L'urgence à agir est bien posée ». Les solutions pour lutter contre cette pollution plastique semblent nombreuses et doivent se compléter.

1. D'après le programme *Census of Marine Life : http://www.coml.org.*
2. D'après *http://www.fao.org/fishery/topic/16603/en.*
3. D'après « *Pourquoi le nombre de microplastiques à la surface des océans a-t-il été multiplié par 5 ?* » (site de l'ifremer consulté le 29/12/21).
4. Source : *https://image.ifremer.fr/data/00566/67809/#24817. Licence Ouverte/Open License.*
5. D'après *Le Livre Bleu de Tara : aux sources de la pollution plastique* (2019).

En s'appuyant sur le programme d'enseignement des sciences et technologie à l'école primaire, ce sujet propose d'aborder la problématique suivante :

« Quelles sont les conséquences de la présence de plastiques dans les océans et comment lutter contre cette pollution ? »

- Le sujet comporte des questions de nature didactique ou pédagogique, repérées par un astérisque (*).
- Le jury tiendra compte dans la notation de l'épreuve de la maîtrise de la langue française du candidat.
- Les parties et sous parties sont largement indépendantes.
- Le barème des différentes parties est donné à titre indicatif.

SOMMAIRE

Partie 1 – 7 points L'océan, un milieu de vie à la biodiversité florissante et aux réseaux trophiques denses

A. Les liens de parenté entre des espèces marines

B. La biodiversité marine menacée : impacts des rejets de plastiques sur les réseaux trophiques océaniques

Partie 2 – 7 points AGIR : Un catamaran pour nettoyer l'océan

A. La collecte et la valorisation des déchets plastiques à bord du *Manta*

B. Les autres modes de production d'énergie électrique à bord du *Manta*

Partie 3 – 6 points Prévenir la pollution plastique

A. Apprendre à trier des déchets

B. L'analyse d'un conteneur de tri automatique des déchets

PARTIE 1 – L'océan, un milieu de vie à la biodiversité florissante et aux réseaux trophiques denses

A. Les liens de parenté entre des espèces marines

Pour montrer la grande richesse de la biodiversité marine, les relations entre des espèces marines sont étudiées dans une classe de CM2, en réalisant la classification phylogénétique de quelques-unes d'entre elles :

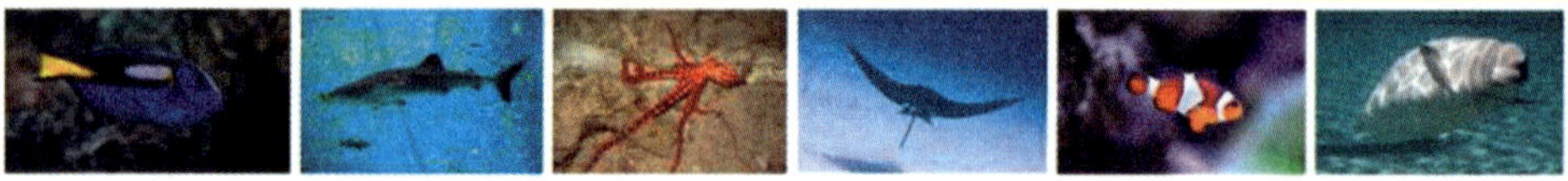

Poisson-chirurgien *Paracanthurus hepatus* — Requin-baleine *Rhincodon typus* — Poulpe tacheté *Callistoctopus macropus* — Raie léopard *Aetobatus narinari* — Poisson-clown *Amphiprion percula* — Béluga *Delphinapterus leucas*

Document 1 Quelques espèces marines. (manuel « SVT cycle 4 », lelivrescolaire.fr, 2017)

Espèce / Caractères	Poulpe tacheté	Poisson-chirurgien	Requin-baleine	Raie léopard	Poisson-clown	Béluga
Yeux et/ou bouche	Présence	Présence	Présence	Présence	Présence	Présence
Vertèbres		Présence	Présence	Présence	Présence	Présence
Mamelles						Présence
Squelette cartilagineux			Présence	Présence		
Squelette osseux		Présence			Présence	Présence
Nageoire caudale symétrique		Présence			Présence	
Tentacules	Présence					

Document 2 Comparaison de quelques espèces (modifié d'après le manuel « SVT cycle 4 », lelivrescolaire.fr, 2017).

Une case vide signifie que le caractère est absent chez l'être vivant étudié.

1 À l'aide du **document 2**, identifier la (ou les) espèce(s) ayant un lien de parenté le plus proche avec le Béluga et indiquer les caractères partagés par ces espèces.

2 À l'aide du **document 2** et de vos connaissances, réaliser un schéma pour classer en groupes emboîtés les espèces du **document 1**.

3* Préciser les informations nécessaires à apporter aux élèves pour la compréhension du **document 2**.

B. La biodiversité marine menacée : impacts des rejets de plastiques sur les réseaux trophiques océaniques

La vie dans les océans est organisée en de très nombreux écosystèmes, par exemple les récifs coralliens, les fonds marins, les fosses abyssales, les milieux côtiers. Les différentes espèces peuplant ces écosystèmes marins sont en relation les unes avec les autres, notamment pour leur nutrition.

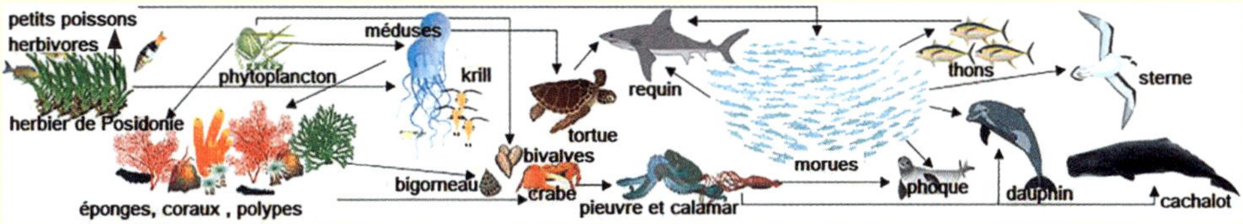

Document 3 Illustration d'un réseau trophique générique marin. Les flèches indiquent la relation trophique de la proie vers le prédateur. (D'après www.milieumarinfrance.fr)

4 En vous appuyant sur le réseau trophique présenté dans le **document 3**, écrire une chaîne alimentaire comportant au moins trois maillons.

5 Expliciter les termes de **producteurs primaires** utilisés pour désigner tous les premiers maillons des chaînes alimentaires, en quatre lignes maximum.

6 Dans un contexte de surpêche, si la population des morues venait à diminuer significativement, indiquer les conséquences sur le réseau trophique.

Lors d'une activité sur la construction d'une chaîne alimentaire, un élève de CE2 a schématisé la chaîne suivante :

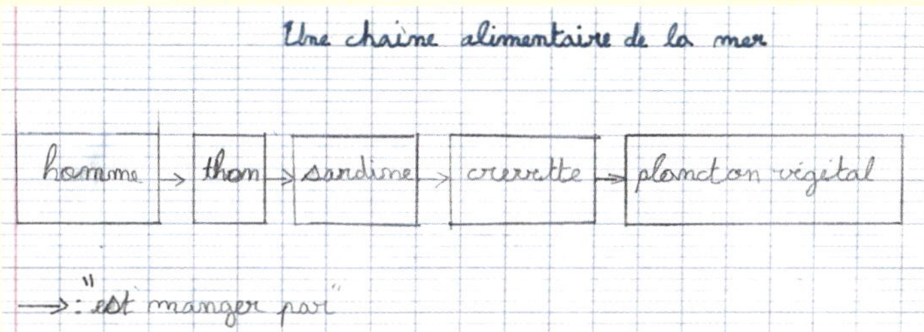

Document 4 Schéma d'une chaîne alimentaire d'un élève de CE2.

7* Reproduire la chaîne alimentaire ci-dessus **(document 4)** en y apportant les corrections nécessaires et donner une explication à l'erreur de l'élève au niveau de la schématisation de la chaîne alimentaire.

Un professeur de CM2 souhaite construire une séance pour viser l'objectif : « Comprendre le cheminement de la matière plastique dans le réseau alimentaire marin ».

Animaux étudiés	Aliments consommés	Régime alimentaire
Le thon	Hareng, crevettes, petits poissons	Carnivore
L'huître	Phytoplancton	Herbivore (filtreur)
L'étoile de mer	Huîtres, moules, petits poissons	Carnivore
La raie	Crevettes, harengs	Carnivore
Le hareng	Phytoplancton et zooplancton	Omnivore
La crevette grise	Moules, algues	Omnivore
La mouette	Etoile de mer, hareng	Carnivore

Document 5 **Tableau comparant les aliments consommés et les régimes alimentaires de quelques êtres vivants marins.**

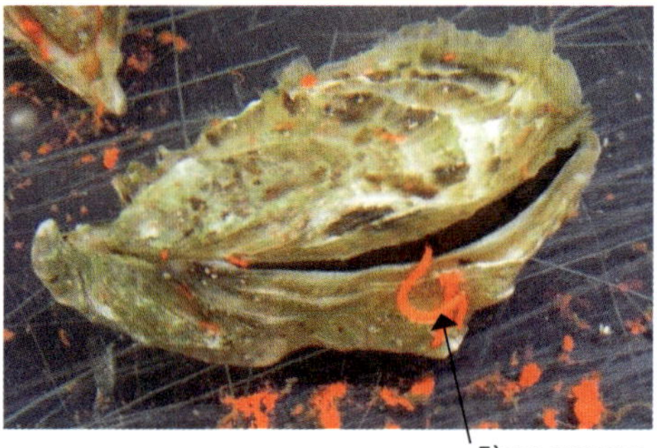

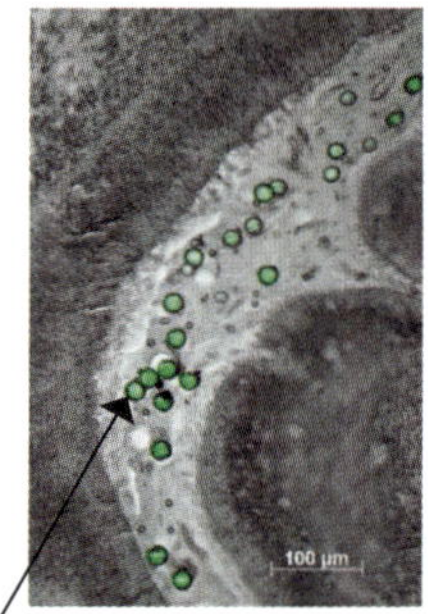

Document 6 **Photographie d'une huître exposée expérimentalement à de grandes quantités de micro-plastiques oranges** (*Source : © C.Lambert/CNRS*[6]) **et photographie prise au microscope du tube digestif d'une huître exposée expérimentalement à des microbilles de plastiques fluorescentes** (*Source : Arnaud Huvet © IFREMER*[7]).

6. D'après « Un atelier scolaire qui montre l'impact des microplastiques sur les organismes marins » publié sur le site du projet : https://preventingplasticpollution.com du laboratoire LEMAR (IFREMER/CNRS), consultation en juillet 2021.
7. D'après « Que se passe-t-il quand les huîtres avalent des micro-plastiques ? » d'Arnaud Huvet, publié dans la revue The Conversation (24 juin 2020).

Des micro-plastiques (de taille inférieure à 5 mm ou 1 mm) [...] nombreux ont été trouvés dans les tractus digestifs d'un nombre croissant d'animaux se nourrissant en filtrant l'eau tels que des vers arénicoles, les moules, huîtres et certains escargots aquatiques, des crustacés (crabes, crevettes, langoustines, etc.) mais aussi des poissons, des oiseaux, et des mammifères marins, montrant que tout le réseau trophique est concerné, ainsi donc qu'une partie de la chaîne alimentaire humaine, ce qui a soulevé de sérieuses inquiétudes chez les scientifiques, pêcheurs, associations environnementales et de nombreux citoyens. [...]

Document 7 **D'après https://fr.wikipedia.org/wiki/Microplastique (consultation en juillet 2021).**

8* Expliquer comment utiliser les supports pédagogiques présentés ci-dessus **(documents 5 à 7)** pour atteindre l'objectif de la séance.

PARTIE 2 – AGIR : Un catamaran pour nettoyer l'océan

Pour lutter contre la pollution plastique, le navigateur français Yvan Bourgnon a lancé un projet de construction d'un immense catamaran nettoyeur des mers : le *Manta*.

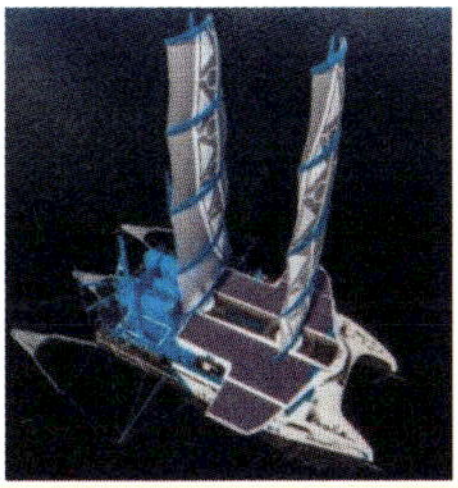

Il s'agit d'un bateau-usine unique en son genre qui aura pour mission de collecter, traiter et valoriser les déchets plastiques dans les zones de forte concentration que sont les embouchures des grands fleuves, les estuaires et le long des côtes. Il sera une vitrine de solutions technologiques innovantes pour la gestion et la valorisation des déchets et de production d'énergie électrique.

(D'après https://www.theseacleaners.org/fr/manta-innovation/)

A. La collecte et la valorisation des déchets plastiques à bord du *Manta*

Le *Manta* sera équipé de différents systèmes de collecte des déchets qui récupéreront des macroplastiques qui seront valorisés mais également des micro-plastiques et des nano-plastiques. Dans certaines zones d'action du *Manta*, la pollution plastique forme un mélange hétérogène d'eau de mer et de l'ensemble de ces plastiques auxquels peuvent s'ajouter des déchets organiques.
Un enseignant met en place une démarche scientifique avec des élèves d'une classe de CM1. L'objectif est de trouver une solution pour nettoyer l'eau de mer d'un maximum de déchets. Les élèves proposent un protocole de nettoyage qu'ils mettent en œuvre.
Voici la synthèse réalisée par un élève :

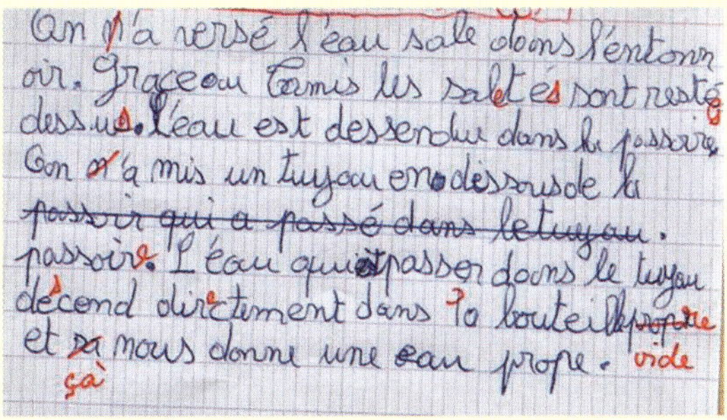

« On a versé l'eau sale dans l'entonnoir. Grâce au tamis, les saletés sont restées dessus. L'eau est descendue dans la passoire. On a mis un tuyau en dessous de la passoire. L'eau qui est passée dans le tuyau descend directement dans la bouteille vide et ça nous donne une eau propre. »

Document 8 Trace écrite d'un élève à l'issue de l'expérience et sa retranscription (après corrections orthographiques).

9 Questionner scientifiquement la dernière partie de la trace écrite de l'élève : « et ça nous donne une eau propre ».

L'expérience proposée par ce groupe d'élèves est assimilable à une filtration.

10* Proposer un schéma légendé d'une filtration.

11 Expliquer la différence entre un mélange homogène et un mélange hétérogène.

12* Proposer une expérience complémentaire respectant les consignes de sécurité qui montre qu'une filtration ne permet pas de séparer les éléments dissous dans l'eau.

Le *Manta* comporte deux petites embarcations qui sont capables de récolter les nano-plastiques et les hydrocarbures de surface tels que le pétrole.

Miscible avec	Eau	Huile d'olive	Pétrole	Eau de mer
Eau	X			X
Huile d'olive		X	X	
Pétrole		X	X	
Eau de mer	X			X

Masse volumique en kg.m^{-3}			
Eau	Eau de mer	Huile d'olive	Pétrole
1 000	1 030	920	800

Document 9 Données physico-chimiques de quelques produits (modifié d'après Wikipédia).

13 À l'aide des données du **document 9**, expliquer pourquoi le pétrole flotte à la surface de l'eau de mer.

Une fois collectés puis triés, 95 % des plastiques seront envoyés vers une unité de valorisation énergétique. Cette unité convertira les déchets collectés en énergie électrique par un procédé de pyrolyse.
« *Les plastiques seront fondus à haute température et le gaz ainsi généré permettra de chauffer un fluide qui lui-même alimentera un turbo-alternateur en vue de produire de l'électricité* », décrit Yvan Bourgnon. La pyrolyse permet de dégrader les plastiques sans combustion contrairement à un incinérateur classique, et donc en limitant l'émission de CO_2 ou autre gaz polluant. Les combustions sont des transformations chimiques.

14 Expliquer la différence entre une transformation chimique et une transformation physique. Citer un exemple pour chacune, autre que celui de la combustion (les équations chimiques ne sont pas attendues).

B. Les autres modes de production d'énergie électrique à bord du *Manta*

Le *Manta* possédera une autonomie énergétique telle qu'il pourra fonctionner 75 % du temps sans utiliser d'énergie fossile. Pour cela, en plus de l'unité de valorisation énergétique, il sera doté d'un ensemble d'équipements de production d'énergie.

15 À partir de l'**annexe 1**, lister les procédés de production d'énergie électrique autre que l'unité de valorisation. Pour chacun d'entre eux, préciser les sources et les formes d'énergie mises en jeu.

L'énergie électrique produite par les éoliennes est notamment utilisée pour faire fonctionner des lampes DEL (diodes électroluminescentes) pour l'éclairage à bord du bateau via des batteries.

Voici une chaîne d'énergie simplifiée de ce système :

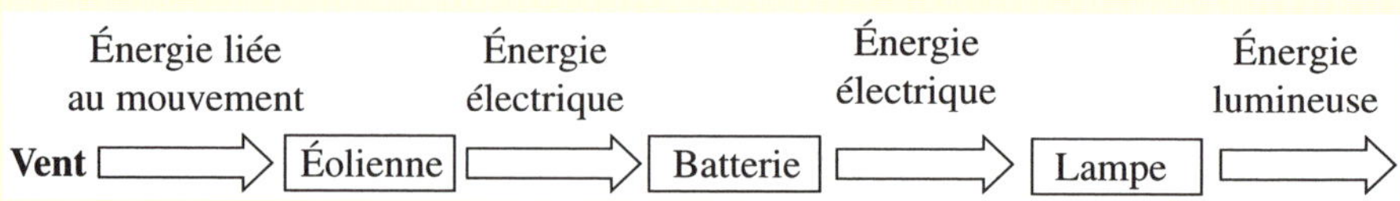

Document 10 Chaine d'énergie du *Manta*.

Un enseignant d'une classe de CM1 souhaite faire compléter par les élèves le **document 11**, dans lequel la chaîne d'énergie est indiquée de manière partielle. Les notions de chaîne d'énergie, conversion et stockage d'énergie ont déjà été abordées.

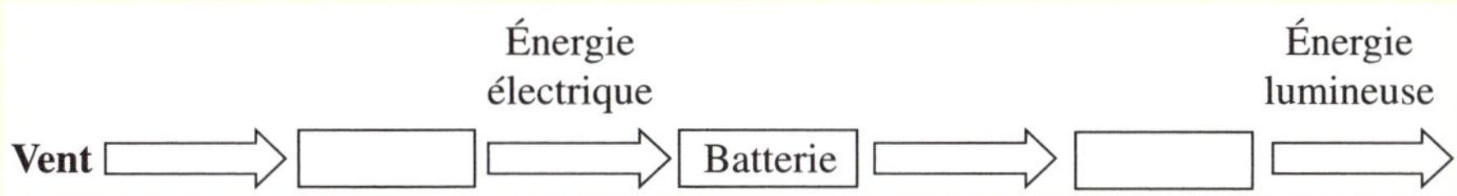

Document 11 Chaine d'énergie du *Manta* à compléter.

16* Rédiger un texte contenant les informations nécessaires sur lesquelles les élèves s'appuieront pour compléter le **document 11**. Les notions de conversion et de stockage d'énergie devront apparaître.

PARTIE 3 – Prévenir la pollution plastique

D'après la fondation TARA[8], trois leviers permettent de prévenir la pollution par les plastiques flottant en mer : agir sur la production, sur la consommation et sur la gestion des déchets en fin de vie des objets contenant des matières plastiques.

8. 2019 - Livre Bleu de Tara : aux sources de la pollution plastique.

A. Apprendre à trier des déchets

Pour les questions suivantes, vous vous appuierez sur les programmes du cycle 1 fournis en **annexe 2**.

Une séance de tri des déchets est menée par l'enseignant dans sa classe de grande section maternelle en visant le domaine « explorer la matière ».

Après une phase de travail par groupe, les élèves ont proposé des tris divers et variés avec des critères très différents.

17* Indiquer au moins trois critères de tri de ces déchets que pourraient proposer des élèves de cycle 1.

18* Proposer une activité manipulatoire à mener avec des élèves de cycle 1 permettant de définir quelques propriétés d'un objet en carton.

Exemple d'une activité de tri des déchets en maternelle.

(*Source* : http://eco-ecolede volstroff.blogspot.com)

B. L'analyse d'un conteneur de tri automatique des déchets

Dans les gares ou certaines entreprises, différentes poubelles de tri sélectif sont situées près des distributeurs de boissons. Même si chacune se dédie à un type de déchet en particulier, cette méthode de tri reste peu efficace, car elle exige un réflexe de la part de l'utilisateur que tout le monde ne possède pas[9]. Des ingénieurs ont créé un conteneur automatisé capable de reconnaître, trier et compresser les déchets correspondants aux emballages de boissons. Ce conteneur comporte trois bacs, consacrés aux cannettes en aluminium, aux gobelets en carton et aux bouteilles en plastique (Polytéréphtalate d'éthylène, PET) reliés par un centre de tri automatisé.

9. D'après https://technplay.com/r3d3-poubelle-connectee-tri-selectif-103549/ consulté en juillet 2021.

Document 12 Présentation du conteneur de tri automatisé. (Source : https://www.green-creative.com)

Pour optimiser la collecte des déchets, un témoin lumineux avertit l'utilisateur du niveau de remplissage de chaque bac selon le principe de fonctionnement suivant :
– Lorsque le niveau de remplissage est en dessous du niveau bas (15 cm), le témoin lumineux s'allume en vert. La collecte d'un nouveau déchet est possible.
– Lorsque le niveau de remplissage est supérieur ou égal au niveau bas ET inférieur au niveau haut (80 cm), le témoin lumineux s'allume en orange, et un cycle de compression des déchets est lancé, à chaque nouveau déchet introduit dans le bac.
– Lorsque le niveau de remplissage est au-dessus du niveau haut, le témoin s'allume en rouge. Plus aucune opération n'est possible tant que le bac concerné n'est pas vidé.

Trois solutions de détection du niveau de remplissage d'un bac sont présentées ci-après. Chacune peut être raccordée à une entrée de la carte électronique qui fait fonctionner le robot.

Capteur de force	Capteur à ultrasons	Détecteur photo-électrique

Mesurer une force (entre 0,2 et 20 N) appliquée mécaniquement sur la pastille du capteur.	Mesurer une distance, grâce à des ondes ultrasonores.	Détecter la présence ou l'absence d'un objet grâce à la lumière infrarouge.

Document 13 Présentation de capteurs (Source : *Les Technoïdes associés – 76*).

19 Indiquer, en le justifiant, le choix d'un capteur adapté à la fonction technique « détecter le niveau de remplissage d'un bac » parmi ceux indiqués dans le **document 13**.

20 Préciser, à l'aide d'un schéma, l'emplacement du capteur sur le conteneur de tri.

Un enseignant envisage de proposer à des élèves de CM2 de réaliser une maquette permettant d'allumer le témoin lumineux selon le taux de remplissage. Pour cela, il a à sa disposition une carte électronique programmable et un capteur à ultrasons. La carte comporte 25 diodes électroluminescentes (DELs). Il choisit de remplacer le témoin lumineux par la matrice DEL de la carte (**document 14**). Ainsi, dans le programme conçu par l'enseignant (**document 15**), le témoin vert est remplacé par aucune DEL allumée, le témoin orange par un symbole d'encoche « ✔ » et le témoin rouge par un symbole de croix « × ».

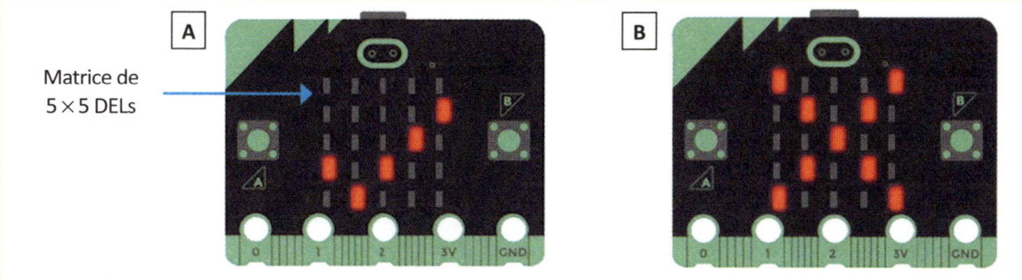

Document 14 Présentation de la carte électronique. Exemples d'affichages de la matrice DEL de la carte symbolisant une encoche « ✔ » (A) ou une croix « × » (B).

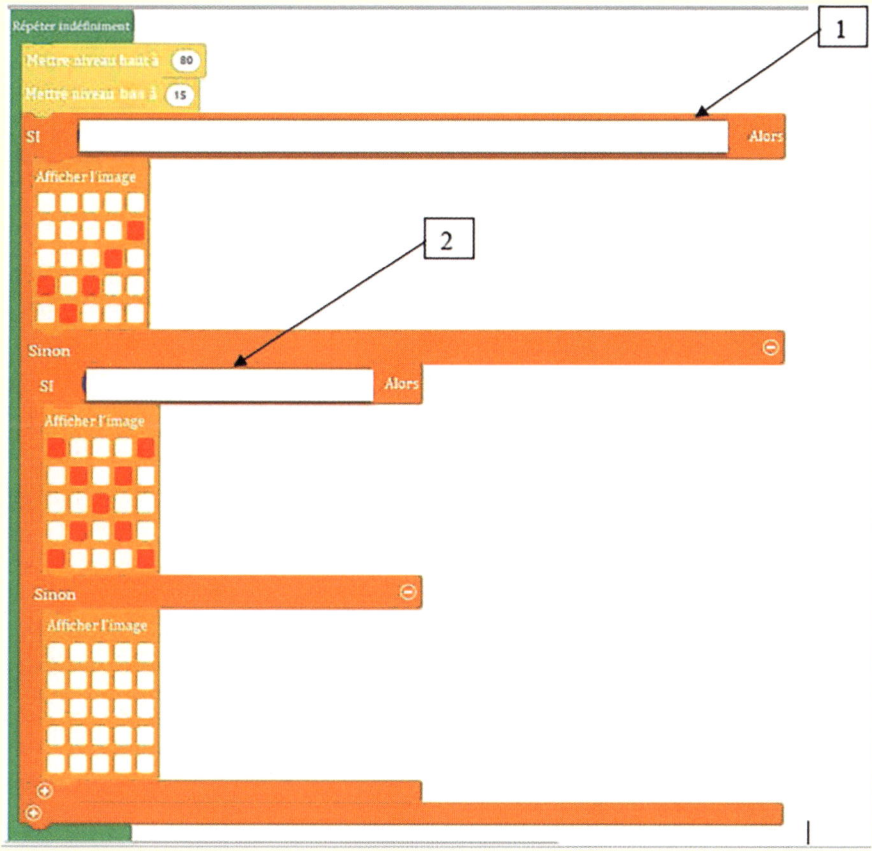

Document 15 Programme n°1. (Source https://fr.vittascience.com/)

21 Déterminer les conditions 1 et 2 du programme n°1 présenté dans le **document 15.**

Pour travailler ce programme avec les élèves de CM2, il leur demande de réaliser, **dans un premier temps, uniquement le programme permettant d'alerter quand le niveau haut est atteint.** Les élèves doivent uniquement paramétrer l'affichage. La condition « capteur à ultrasons supérieur à 80 cm » est fournie.

Voici trois programmes différents réalisés par des élèves :

Programme A :

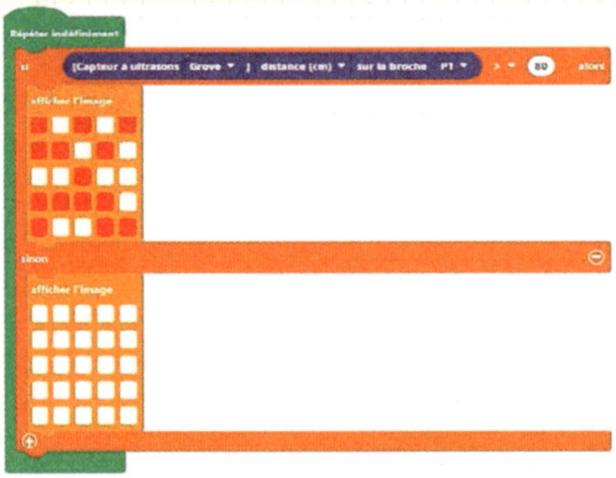

Programme C :

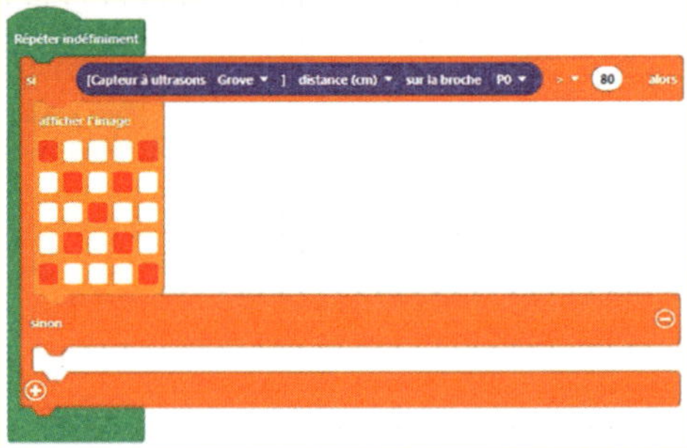

Programme B :

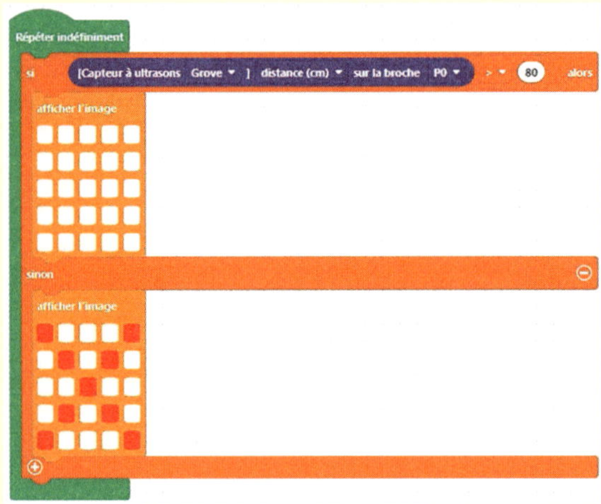

Document 16 3 Programmes construits par les élèves (Source https://fr.vittascience.com/). La condition « capteur à ultrasons supérieur à 80 cm » est fournie et indiquée dans le bandeau violet.

22* Pour chacun des trois programmes du **document 16**, identifier les erreurs commises par l'élève et proposer une activité à mettre en place pour amener l'élève à comprendre et à corriger son erreur.

ANNEXE 1 : Description du Manta en huit points

Deux éoliennes situées sur le Pont 3 à l'arrière du bateau produisent 100 kW d'électricité.

Les voiles et les gréements sont le mode de propulsion privilégié du Manta. Le Manta peut ainsi fonctionner 75% du temps de manière autonome, sans utiliser d'énergie fossile.

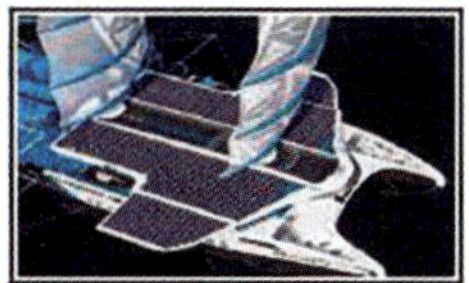

500m² de panneaux solaires photovoltaïques installés à la proue du Manta. Ils produisent environ 100 kWc d'électricité.

Deux petites embarcations : Mobula 8 et 10. Elles sont capables de collecter aussi bien les macrodéchets flottants à des fins de dépollution que les micro-déchets à des fins scientifiques, ou encore les hydrocarbures.

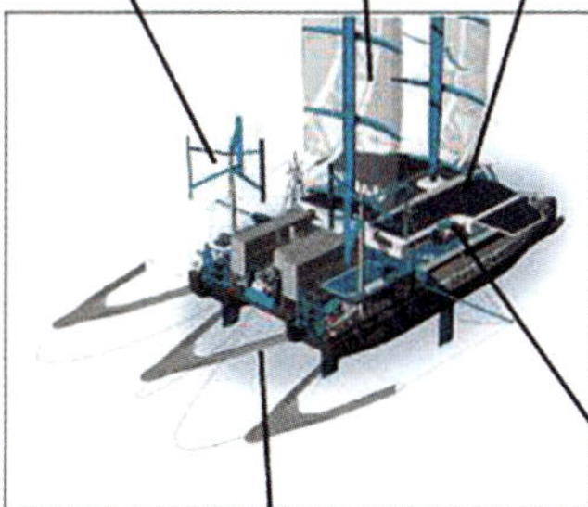

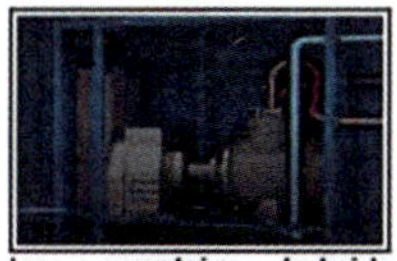

La propulsion hybride combine des gréements, qui soutiennent les voiles, et des groupes de propulsion à hélices entraînés par des moteurs électriques.

Deux hydro-générateurs, situés sous le bateau, produisent 100 kW au moyen d'une hélice mue par l'avance du bateau sous propulsion à voiles.

Systèmes de Collecte de Surface permettant de ramasser les déchets en surface. Ils sont utilisés de préférence la nuit dans les zones côtières où le trafic maritime est plus faible et le chalutage de surface autorisé.

L'unité de valorisation énergétique des déchets apporte 100 kW au mix énergétique. Par cette combinaison unique de sources d'énergie renouvelable marinisées, on peut dire que le Manta est propulsé par le vent, le soleil, la mer… et le plastique.

(D'après https://www.theseacleaners.org/fr/manta-innovation).

Note : Le **gréement** d'un navire à voile (« rig » ou « rigging » en anglais) est l'ensemble des pièces fixes et mobiles d'un navire permettant la propulsion et manœuvre d'un bateau par la force du vent. Il est constitué de l'ensemble des espars (mâts, vergues, bômes, tangons, etc.), cordages (manœuvres courantes : drisses, écoutes, etc. et manœuvres dormantes : étais, haubans, etc.) servant à régler, établir et manœuvrer la voilure. *(Source : Wikipédia)*

ANNEXE 2 : Extraits du programme du cycle 1 *(D'après le bulletin officiel n°25 du 24 juin 2021).*

Explorer la matière

Une première appréhension du concept de matière est favorisée par l'action directe sur les matériaux **dès la petite section**. Les enfants s'exercent régulièrement à des actions variées (transvaser, malaxer, mélanger, transporter, modeler, tailler, couper, morceler, assembler, transformer). **Tout au long du cycle**, ils découvrent les effets de leurs actions et ils utilisent quelques matières ou matériaux naturels (l'eau, le bois, la terre, le sable, l'air, etc.) ou fabriqués par l'homme (le papier, le carton, la semoule, le tissu, etc.).

Les activités qui conduisent à des mélanges, des dissolutions, des transformations mécaniques ou sous l'effet de la chaleur ou du froid permettent progressivement d'approcher quelques propriétés de ces matières et matériaux, quelques aspects de leurs transformations possibles. Elles sont l'occasion de discussions entre enfants et avec l'enseignant, et permettent de classer, désigner et définir leurs qualités en acquérant le vocabulaire approprié.

Utiliser, fabriquer, manipuler des objets

L'utilisation d'instruments, d'objets variés, d'outils conduit les enfants à développer une série d'habiletés, à manipuler et à découvrir leurs usages. **De la petite à la grande section**, les enfants apprennent à relier une action ou le choix d'un outil à l'effet qu'ils veulent obtenir : coller, enfiler, assembler, actionner, boutonner, découper, équilibrer, tenir un outil scripteur, plier, utiliser un gabarit, manipuler une souris d'ordinateur, agir sur une tablette numérique, etc. Toutes ces actions se complexifient au long du cycle. Pour atteindre l'objectif qui leur est fixé ou celui qu'ils se donnent, les enfants apprennent à intégrer progressivement la chronologie des tâches requises et à ordonner une suite d'actions ; **en grande section**, ils sont capables d'utiliser un mode d'emploi ou une fiche de construction illustrés.

Les montages et démontages dans le cadre des jeux de construction et de la réalisation de maquettes, la fabrication d'objets contribuent à une première découverte du monde technique.

Les utilisations multiples d'instruments et d'objets sont l'occasion de constater des phénomènes physiques, notamment en utilisant des instruments d'optique simples (les loupes notamment) ou en agissant avec des ressorts, des aimants, des poulies, des engrenages, des plans inclinés, etc. Les enfants ont besoin d'agir de nombreuses fois pour constater des régularités qui sont les manifestations des phénomènes physiques qu'ils étudieront beaucoup plus tard (la gravité, l'attraction entre deux pôles aimantés, les effets de la lumière, etc.).

CORRIGÉ DU SUJET 2

PARTIE 1 – L'océan, un milieu de vie à la biodiversité florissante et aux réseaux trophiques denses

A. Les liens de parenté entre des espèces marines

1 Le **poisson-chirurgien** et le **poisson-clown** sont les espèces ayant un lien de parenté le plus proche avec le Béluga. Ces 3 espèces partagent les caractères suivants : **yeux et/ou bouche**, **squelette osseux**, **vertèbres**.

2

MÉTHODE

- Regrouper les animaux en fonction du caractère le plus souvent partagé : 6 partagent 1 caractère (yeux et/ou bouche).
- Passer au caractère suivant : 5 partagent 1 caractère (vertèbres) et, dans ce groupe, 3 partagent le squelette osseux et 2 partagent le squelette cartilagineux.
- Continuer selon le même principe.

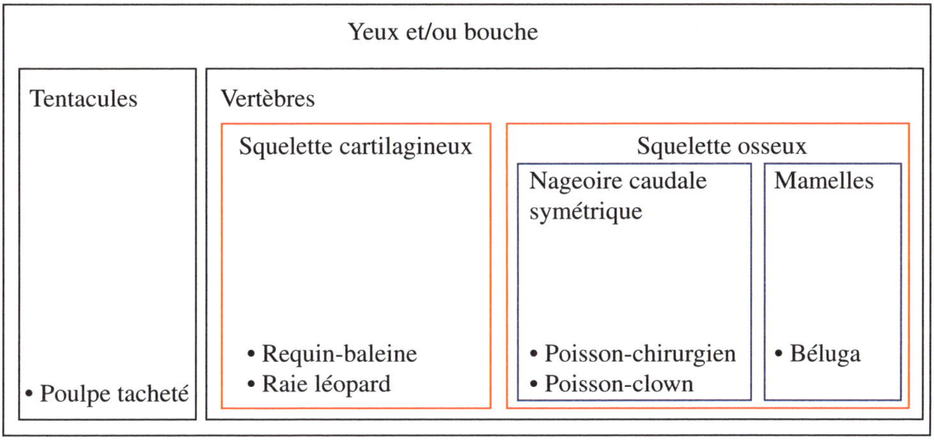

3 Pour la compréhension du **document 2**, il faut expliquer aux élèves ce que sont une **espèce** et un **caractère**.
Une espèce est un groupe d'êtres vivants qui se ressemblent sur de nombreux points, pouvant se reproduire entre eux et dont les descendants aussi peuvent se reproduire entre eux.
Un caractère est un trait distinctif qui sert à décrire une espèce comme, par exemple, la présence de nageoires, de squelette osseux…

B. La biodiversité marine menacée : impacts des rejets de plastiques sur les réseaux trophiques océaniques

4 Phytoplancton → méduses → tortue → requin
Ou bien :
Herbier de Posidonie → petits poissons herbivores → morues → dauphin
(→ Signifie « est mangé par »)

5 Les **producteurs primaires** sont des êtres vivants qui **produisent leur matière organique** en utilisant l'**énergie solaire** ; c'est la photosynthèse. Tous les autres êtres vivants utilisent l'énergie chimique produite par la dégradation de la matière organique. Les producteurs primaires sont donc **au départ de toutes les chaînes alimentaires**, ce qui justifie la qualification de « primaire ».

6 Sur le **document 3**, on voit que les morues sont les aliments exclusifs pour les thons et les sternes et qu'elles constituent une partie de l'alimentation pour les dauphins, les phoques et les requins.
Si la population de morues diminue très fortement, l'impact sera une **baisse très importante de la population de thons et de sternes** et une **diminution moins importante pour les espèces**, comme les dauphins, les phoques ou les requins, **dont l'alimentation n'est pas exclusivement constituée de morues**.

7 Plancton végétal → crevette → sardine → thon → homme
(→ Signifie « est mangé par »)
L'élève n'a pas correctement compris la signification de la flèche qu'il a utilisée avec la signification de « mange » au lieu de « est mangé par ».

8 Activité 1 : Comment les êtres vivants sont-ils reliés sur le plan alimentaire ?
Construire les chaînes alimentaires et le réseau trophique à partir du tableau (**document 5**).
– Producteurs primaires : phytoplancton, algues
– Herbivore : huître
– Omnivores : hareng, crevette
– Carnivores : thon, étoile de mer, raie, mouette
Insister sur le transfert de matière d'un maillon à l'autre.
Activité 2 : Quelles informations nous sont données par le document 6 ?
Dans le corps des animaux herbivores, ainsi que dans les fèces, on trouve des microparticules de plastique.
Activité 3 : Comment expliquer que le plastique se retrouve chez tous les animaux ?
Travail sur le petit texte du **document 7** qui explique que l'on trouve des traces de plastique chez d'autres animaux. Les élèves doivent construire le trajet de ces particules en utilisant le réseau trophique précédent. On pourra y rajouter l'homme.

PARTIE 2 – AGIR : un catamaran pour nettoyer l'océan

A. La collecte et la valorisation des déchets plastiques à bord du *Manta*

9 L'expression « eau propre » peut recouvrir plusieurs significations. Les élèves peuvent confondre des eaux propre, potable, limpide, transparente, pure. Il est essentiel de sensibiliser les élèves aux critères de potabilité de l'eau. Une eau propre n'est pas forcément potable. Le langage utilisé par les élèves relève plus du langage courant que du langage scientifique. Par exemple, une eau limpide est une eau transparente et elle est définie par son aspect et non par sa composition chimique.
En général, l'eau est qualifiée pas des qualités subjectives (liées aux sens : vue, odorat, goût…) et non par des critères scientifiques (teneurs limites de certaines substances).
La qualité de l'eau doit faire référence à des qualités chimiques et microbiologiques.

10

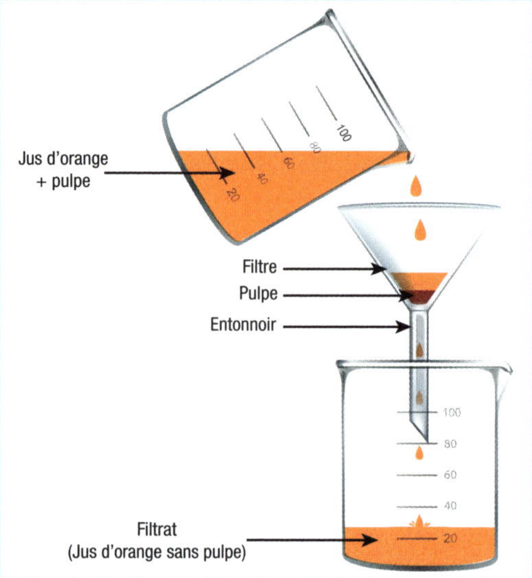

11 Un mélange est constitué de différents corps.
Le **mélange homogène**, après agitation, **ne permet pas de distinguer au repos les différentes substances** mises en jeu. L'eau peut former des mélanges homogènes avec d'autres liquides (sirop, alcool…), avec des solides (sel, sucre…) et avec des gaz (dioxygène…).
Le **mélange hétérogène**, après agitation, **permet de distinguer au repos les différentes substances** mises en jeu. L'eau peut former un mélange hétérogène avec d'autres liquides (huile…), avec des solides (sable…) et avec des gaz (dioxyde de carbone).

12 Une expérience complémentaire consiste en une filtration d'eau salée. La solution filtrée récupérée (filtrat) est exposée au Soleil. L'eau s'évapore et le sel se dépose à nouveau au fond du récipient (c'est le phénomène de saturation, le sel ne va plus se dissoudre dans un volume d'eau trop faible).

CONSEIL

Certains élèves pensent que la filtration permet de séparer tous les constituants d'un mélange (couleur / colorant, gaz / bulles…). Il est nécessaire de mettre en évidence que le filtre classique retient les particules solides d'un mélange hétérogène.

13 D'après le premier tableau du **document 9**, l'eau et le pétrole ne sont pas miscibles ; c'est un mélange hétérogène de deux liquides. D'autre part, le pétrole a une masse volumique inférieure à celle de l'eau salée (deuxième tableau), donc le pétrole va flotter à la surface de l'eau de mer.

MÉTHODE

Dans un premier temps, on repère, sur le premier tableau du **document 9**, les liquides non miscibles avec l'eau comme le pétrole (mélange hétérogène de liquides). Puis, sur le deuxième tableau, on relève la masse volumique du pétrole et on la compare avec la masse volumique de l'eau de mer. On constate que la masse volumique du pétrole est inférieure à celle de l'eau de mer et on en déduit la flottabilité du pétrole.

14 Une **transformation physique est le passage d'un corps d'une forme physique à une autre sans modification de la nature des molécules**. Par exemple, l'eau à l'état solide (molécules d'eau) peut passer à l'état liquide (conservation des molécules d'eau) lors de la fusion. L'agencement des molécules est modifié (la température varie, ainsi que le volume).
Une transformation chimique est une transformation de la matière. Les espèces chimiques initiales (réactifs chimiques) sont différentes des espèces chimiques finales (les produits ne sont pas identiques aux réactifs).
Par exemple lors de l'oxydation du glucose, les réactifs sont le glucose et le dioxygène, les produits sont le dioxyde de carbone et l'eau (avec production d'énergie). Lors de cette transformation chimique, il y a réorganisation des atomes des molécules : il y a conservation des atomes mais pas des molécules.

B. Les autres modes de production d'énergie électrique à bord du *Manta*

15 Les procédés de production d'énergie électrique consistent en des transformations énergétiques (conversions d'énergie). Ces procédés sont liés à des convertisseurs d'énergie (éolienne, panneaux photovoltaïques…).

Objets techniques	Sources d'énergie	Formes d'énergie	
		Initiales	Après transformation
Éolienne	Le vent (air en mouvement)	Énergie mécanique ou énergie cinétique ou énergie de mouvement	Énergie électrique
Panneaux solaires photovoltaïques	Le soleil	Énergie lumineuse ou rayonnement du soleil (transfert d'énergie) ou énergie nucléaire du soleil	Énergie électrique
Hydro-générateurs	Eau	Énergie mécanique ou énergie cinétique ou énergie de mouvement	Énergie électrique

16 Une chaîne d'énergie commence par une source d'énergie utilisée (par exemple, ici : le vent). Les flèches représentent les différentes formes d'énergie mises en jeu (énergie liée au mouvement, énergie électrique, énergie lumineuse).
Les encadrés représentent les convertisseurs d'énergie (par exemple : éolienne et lampe) qui transforment une forme d'énergie en une autre.
En revanche, la batterie n'est pas un convertisseur mais un élément permettant de stocker de l'énergie électrique sous forme chimique et de restituer cette énergie sous forme électrique, quand cela est nécessaire.

PARTIE 3 – Prévenir la pollution plastique

A. Apprendre à trier des déchets

17 **Les élèves de cycle 1 pourront proposer un tri en fonction de la forme, de l'usage ou de la matière des objets trouvés dans les déchets :**
– les bouteilles qui ont contenu un liquide (bouteilles en verre ou plastique) ;
– les emballages vides (goûter, galettes, biscuits) ;
– les papiers (utilisés, découpés) ;
– les pots vides (confitures, yaourts, petits pots pour bébé) ;
– les boîtes de conserve vides.

18 **Activité : Réalisation de maisons ou cabanes en carton pour les animaux d'une histoire ou d'un album lu en classe.**
L'enseignant apporte en classe différentes boîtes en carton (par exemple : les cartons fins des paquets de biscottes, de céréales jusqu'aux gros cartons épais).
Pour la réalisation de ces maisons miniatures, les propriétés des cartons seront abordées :
– l'**aspect** et la **masse** sont importants pour le choix en fonction de la maison à réaliser : lisses, ondulés, épais, fins, légers ;
– l'**épaisseur** et la **rigidité seront testées** lorsqu'il faudra les couper et les plier pour faire les ouvertures des maisons ;
– la **résistance à l'eau** sera approchée lorsqu'ils seront peints et décorés avec de la peinture à l'eau ;
– possibilité d'êtres **collés entre eux** avec de la colle ordinaire qu'il y a dans la classe.

La comparaison avec les feuilles de papier d'usage courant sera menée chaque fois que cela est possible pour faire émerger les similitudes et les différences entre carton et papier.

B. L'analyse d'un conteneur de tri automatique des déchets

19

RAPPEL

Un capteur permet l'acquisition d'une grandeur physique (force, distance, température…) qu'il transforme en un signal analogique ou un signal numérique.

Un signal analogique est un signal continu dans le temps ; il est aussi continu en amplitude (il peut prendre toutes les valeurs) alors que le signal numérique est codé sous la forme de nombres entiers.

Il existe différents capteurs :
– Le capteur de force : la fonction est explicité sur le **document 13**. Il permet de détecter une force entre 0,2 N et 20 N (N : Newton, unité de mesure d'une force). Le point d'application de la force s'exerce sur une pastille. Il va détecter un poids de déchets (et ainsi une masse de déchets par la relation $m = \frac{P}{g}$, avec m (masse), P (poids) et g (intensité de gravitation). Le poids mesuré ne va pas donner directement d'indication sur le volume (un objet de petite dimension peut avoir une masse élevée alors qu'un objet volumineux peut avoir une masse très faible).
– Le capteur à ultrasons émet des sons (ondes ultrasonores) qui se réfléchissent dès qu'elles rencontrent un objet. Il est possible d'en déduire la distance entre le capteur et l'objet .
– Le capteur photoélectrique détecte la présence d'un objet.

Le capteur le plus efficace pour détecter le remplissage d'une poubelle est le **capteur à ultrasons** puisqu'il permet de **détecter une distance**, donc le niveau de remplissage d'une poubelle.
Le capteur de force n'est pas adapté à la situation car il ne peut pas détecter un niveau (ou un volume d'objets de poids différents).
Le détecteur photoélectrique pourrait déterminer un niveau de remplissage dès qu'un objet rompt le faisceau à condition de le placer horizontalement à 80 cm du fond du conteneur.

20 Le capteur orienté vers le fond du conteneur peut déterminer la distance entre le couvercle et le fond. Ainsi, lorsque le conteneur va se remplir, la distance va diminuer.

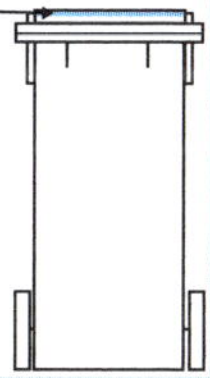

21

CONSEIL

Il est nécessaire de prélever les informations essentielles concernant les niveaux de remplissage de la poubelle et le codage associé :
– Lorsque le niveau de remplissage est en dessous du niveau bas (15 cm), le témoin lumineux s'allume en vert. La collecte d'un nouveau déchet est possible.
– Lorsque le niveau de remplissage est supérieur ou égal au niveau bas ET inférieur au niveau haut (80 cm), le témoin lumineux s'allume en orange.
– Lorsque le niveau de remplissage est au-dessus du niveau haut, le témoin s'allume en rouge.

Lors de la mise en œuvre en classe, une matrice DEL non allumée remplace le témoin lumineux vert. Un signal en ✔ de la matrice DEL remplace le témoin orange et un signal X remplace le témoin rouge.

La condition 1 : Si distance (en cm) ≥ 15 et distance (en cm) < 80 Alors
La condition 2 : Si distance (en cm) ≥80 Alors

ATTENTION

Il est essentiel de noter que les élèves doivent uniquement paramétrer l'affichage. La condition « capteur à ultrasons superieure à 80 cm » est fournie.

22 **Programme A**

Erreur : Le programme A montre un affichage qui ne respecte pas le signal en X demandé lorsque le conteneur est rempli. L'action après « sinon » dans le contrôle conditionnel respecte l'affichage « carrés blancs ».

Conseils : Le programme est conçu par l'enseignant pour que la matrice DEL affiche X. Il convient de choisir l'affichage qui correspond à la consigne (l'erreur vient du choix de l'affichage).

Activité à mettre en place : L'élève doit être amené à distinguer les matrices DEL. Celle qui correspond à l'information « le conteneur est rempli » est la matrice DEL, symbole d'une croix. Le programme doit afficher une croix. Concernant la programmation, le script doit afficher la condition (niveau supérieur à 80 cm) et l'affichage correspondant à cette condition est la croix.

Programme B

Erreur : Le programme B montre un affichage inversé. L'affichage « carrés blancs » va s'afficher lorsque le conteneur est rempli (dépasse le niveau 80 cm), donc il ne correspond pas à l'affichage souhaité d'une croix. Par ailleurs, Pour un niveau inférieur à 80 cm, l'affichage de la croix va s'afficher alors que le conteneur ne sera pas rempli.

Conseils : Il suffit d'inverser les affichages. Concernant la condition « si le niveau de remplissage du conteneur est supérieur à 80 cm », l'affichage de la croix permet d'informer que le conteneur est rempli. Sinon, si le niveau est inférieure à 80 cm, le programme continue et il est possible de continuer à remplir le conteneur.

Activité à mettre en place : Il est possible de revoir ce qu'est une condition. Une instruction conditionnelle est une instruction qui a besoin d'une condition pour se réaliser et elle est identifiable par les mots « Si » et « Alors ».

Les « carrés blancs » ne correspondent pas à l'information (signaux « croix » pour arrêter le remplissage). En appliquant le programme B, le conteneur continuera à être rempli puisqu'il n'y a pas de condition.

Concernant la programmation, le script doit afficher la condition (« niveau supérieur à 80 cm ») et l'affichage correspondant à cette condition (croix) pour informer lorsque le conteneur est rempli. Le programme ne fait que de l'affichage en fonction de la condition. L'affichage « carrés blancs » n'est pas une condition.

Programme C

Erreur : Le programme C montre un affichage qui respecte le signal X pour avertir du remplissage du conteneur, mais il manque l'affichage des « carrés blancs » dans le contrôle conditionnel.

Conseils : Il est nécessaire de renseigner l'affichage « sinon » (carrés blanc) pour permettre de ne pas avertir tant que le niveau du conteneur est inférieur à 80 cm.

Activité à mettre en place : Il est possible de revoir ce qu'est une condition. Une instruction conditionnelle est une instruction qui a besoin d'une condition pour se réaliser et elle est identifiable par les mots « Si » et « Alors ».

En appliquant le programme C, il y a bien une condition, c'est l'affichage lié à cette condition qui est manquant.

Concernant la programmation, le script doit afficher la condition (niveau supérieur à 80 cm) et l'affichage correspondant à cette condition (croix) pour informer que le conteneur est rempli.

En appliquant le programme C, lorsque le capteur va détecter un niveau inférieur à 80 cm, la croix va s'afficher, alors qu'elle ne devrait s'afficher que pour un niveau supérieur à 80 cm.

SUJET 3

Polynésie, 2022

3 heures

→ Corrigés p. 279

Exploration spatiale et habitabilité des planètes

Introduction

« La Terre est le berceau de l'humanité, mais on ne vit pas dans un berceau pour toujours ».

Konstantin Tsiolkovski (physicien russe, 1857-1935)

De tout temps, l'Homme a observé les étoiles, se demandant s'il était seul dans l'univers et si d'autres ailleurs existent. Les mythes, la science-fiction et l'imaginaire permettent d'envisager l'inconnu de cette immensité qui le défie dans les domaines des connaissances scientifiques et des technologies. Au fur et à mesure des découvertes et des prouesses techniques, l'Homme a réussi à s'échapper de la planète pour, aujourd'hui, explorer l'espace.

En s'appuyant sur les programmes d'enseignement des sciences et technologie à l'école primaire, ce sujet propose d'aborder la problématique suivante : comment envisager l'exploration de l'univers en vol habité vers une planète habitable ? Les connaissances construites par les élèves au travers des activités envisagées doivent leur permettre de comprendre les défis associés à l'exploration spatiale.

- Le sujet comporte des questions de nature didactique ou pédagogique, repérées par un astérisque (*).
- Le jury tiendra compte dans la notation de l'épreuve de la maîtrise de la langue française du candidat.
- Les parties et sous parties sont largement indépendantes.
- Le barème des différentes parties est donné à titre indicatif.

SOMMAIRE

Partie 1 – 9 points   Envisager un voyage extraterrestre

A. Avant de partir... Quelles sont les conditions de vie terrestre ?

B. Quitter la planète Terre

Partie 2 – 7 points   Survivre sur une autre planète

A. L'atmosphère martienne

B. Se déplacer sur Mars

Partie 3 – 4 points   Les solutions pour maintenir la planète Terre habitable

A. L'effet de serre

B. Préserver la biodiversité

PARTIE 1 – Envisager un voyage extraterrestre

A. Avant de partir... Quelles sont les conditions de vie terrestre ?

Dans l'état actuel des connaissances, la Terre est la seule planète du système solaire abritant la vie. Cette présence de vie est tributaire de la réunion de nombreuses conditions. L'étude de ses caractéristiques comparées à celles d'autres planètes du système solaire permettent de comprendre les conditions propices à la vie. Ces mêmes caractéristiques peuvent être recherchées dans d'autres systèmes, sur d'autres planètes susceptibles d'abriter d'éventuelles formes de vie.

1 Donner une définition du système solaire.

	Mercure	Vénus	Terre	Mars	Jupiter	Saturne	Uranus	Neptune
Diamètre (km)	4 878	12 104	12 756	6 794	142 800	120 000	51 120	49 528
Distance au Soleil (millions de km)	58	108	150	228	778	1 427	2 870	4 497
Température moyenne (°C)	167	477	15	–40	–110	–180	–221	–230
Composition en surface	roches	roches	roches	roches	gaz	gaz	gaz et glace	gaz et glace
Composition interne	roches	roches	roches	roches	roches et glace	roches et glace	roches et glace	roches et glace
Présence d'eau liquide	non	non	oui	non	non	non	non	non

Document 1 Tableau de quelques caractéristiques des planètes du système solaire. (D'après le manuel « SVT cycle 4 », lelivrescolaire.fr, 2017)

Cette nouvelle planète, Kepler-1649 *c*, de taille comparable à la Terre [...] est située à 12 millions de kilomètres de son étoile et parcourt son orbite en 19,5 jours. Son étoile hôte étant petite et froide, Kepler-1649 *c* reçoit l'équivalent de 75 % du flux lumineux reçu par la Terre. Elle est ainsi située dans la zone habitable de son système stellaire, là où une planète rocheuse pourrait présenter de l'eau liquide.

Document 2 Extrait de l'article « Découverte de l'exoplanète la plus ressemblante à la Terre », d'Adrien Coffinet, publié le 28/04/2020 sur le site Futura. (https://www.futura-sciences.com)

2 Grâce à la comparaison des caractéristiques des planètes du système solaire **(document 1)** et de certaines informations présentes dans le **document 2**, indiquer deux conditions propices à la vie sur une planète.

Document 3 Exemple de maquette du système solaire pour le cycle 3. (Ressource du site « Partenaires Scientifiques pour la Classe » de l'Académie de Marseille consulté en septembre 2021 : https://www.pedagogie.ac-aix-marseille.fr/jcms/c_10591277/fr/la-terre-dans-le-systeme-solaire)

3* Le **document 3** présente une maquette du système solaire réalisée en classe. Identifier deux représentations erronées que cette maquette pourrait induire chez les élèves.

4* Proposer une utilisation possible, en cycle 3, d'une maquette du système solaire dans une séance en précisant les objectifs (connaissances et compétences attendues, en s'appuyant sur l'extrait du programme de cycle 3 donné en **annexe 1**).

L'astronaute Thomas Pesquet a séjourné durant 6 mois (du 23 avril au 8 novembre 2021) dans la station spatiale internationale. Il y avait déjà séjourné une première fois entre novembre 2016 et juin 2017. Sa médiatisation a attisé la curiosité des élèves. L'un d'entre eux interroge son professeur sur le fait « qu'il semble voler » ; un autre élève répond « il n'y a plus la gravitation ». L'enseignant cherche à expliquer ce phénomène physique en utilisant le **document 4**.

5* Pour des élèves de cycle 3, identifier un intérêt et une limite pédagogiques du **document 4**.

Document 4 Effet de la gravitation sur les êtres humains. (Source : Physique-chimie Nathan 2017)

En 2016, Thomas Pesquet avait décollé à bord d'une fusée Soyouz pour son premier séjour dans la station spatiale internationale.

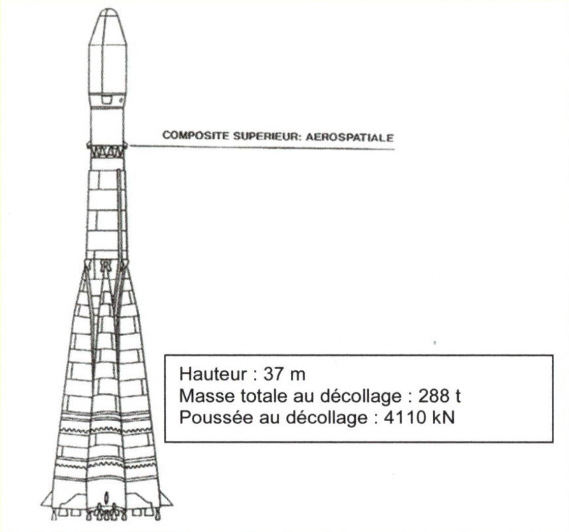

Document 5 Illustration d'un lanceur Soyouz. (Source : http://www.capcomespace.net/)

❻ Faire l'inventaire des forces qui s'exercent sur le lanceur Soyouz avant le décollage (on négligera l'action de l'air). Déterminer le sens, la direction et la valeur des forces qui modélisent ces actions.

❼ Calculer le poids de la fusée au décollage.
On considère la valeur de l'intensité de pesanteur sur Terre : g = 10 N/kg.

B. Quitter la planète Terre

Avant son départ, Thomas Pesquet a pratiqué de multiples entraînements, notamment sur les organes de sécurité de la fusée. En effet, des pannes ou des incidents peuvent se produire à bord de la station spatiale et il est indispensable d'y être préparé : par exemple, en 1997, les cosmonautes de la station orbitale russe Mir avaient eu à faire face, à un début d'incendie.

Un enseignant envisage de proposer à des élèves de CM2 de réaliser une maquette électronique simplifiée d'un système de détection des incendies.
❽ Indiquer à quel besoin répond ce système. Citer les fonctions que doit remplir ce système de détection pour répondre au besoin identifié en s'appuyant sur le schéma ci-dessous :

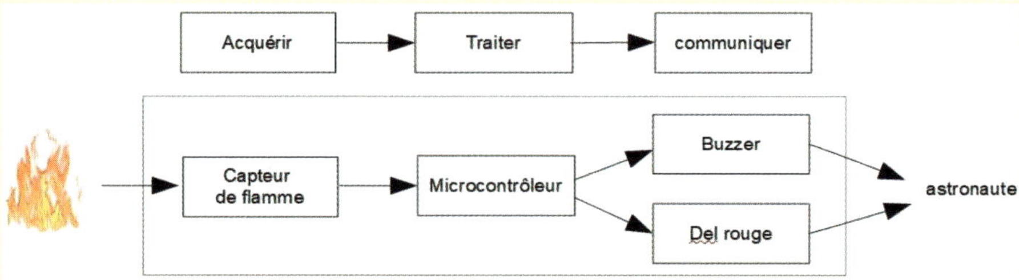

Pour réaliser cette maquette, 3 modules sont utilisés : un avertisseur sonore (« buzzer »), une diode électroluminescente (DEL) rouge et un capteur de flamme. Ils sont reliés à un microcontrôleur (**document 6** ci-dessous).

Détecteur de flamme 	Détecteur basé sur un capteur permettant la détection d'une flamme ou de toutes autres sources lumineuses comprises entre 760 et 110nm. Sensibilité réglable via un potentiomètre.
DEL Rouge 	Ce module DEL rouge 5 mm permet d'allumer une DEL à partir d'un microcontrôleur
Buzzer 	Ce module est un « buzzer » qui est commandé via une sortie numérique d'un microcontrôleur

Document 6 Photographies et caractéristiques des 3 modules. (d'après le site https://www.gotronic.fr/)

9 * Proposer un texte de 4 à 5 lignes, destiné à des élèves de CM2, qui explique le fonctionnement de la maquette et qui répond à l'attendu de fin de cycle 3 suivant : *Décrire le fonctionnement d'objets techniques, leurs fonctions et leurs constitutions.*

Le logigramme ci-après **(document 7)** représente le fonctionnement attendu du système.

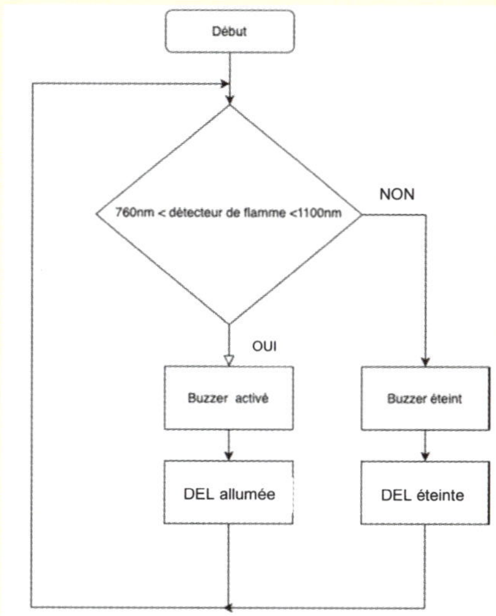

Document 7 Logigramme réalisé depuis https://app.diagrams.net.

10 D'après le **document 7**, indiquer ce qui se passe quand le détecteur de flamme mesure 860 nm.
Un enseignant demande à ses élèves de CM2 de programmer le système avec un logiciel libre. La condition est déjà complétée et les élèves ont uniquement intégré les actions.
Voici le résultat attendu :

Programme réalisé depuis https://fr.vittascience.com/.

Voici le résultat des deux élèves :

Programme A :

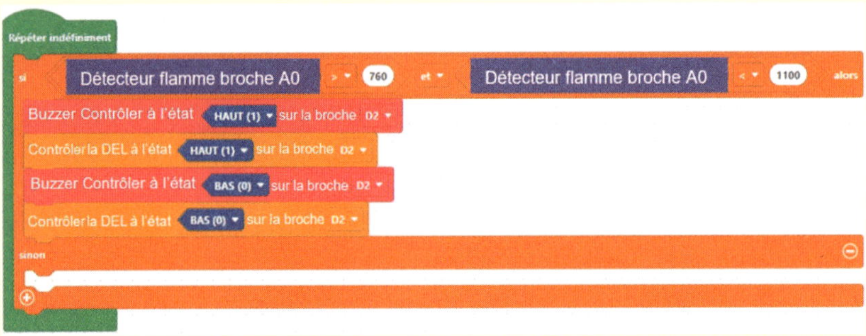

Programme B :

Document 8 Programmes réalisés depuis https://fr.vittascience.com/.

11 * Pour chacun des deux programmes (**document 8**), identifier l'erreur commise par l'élève et proposer une activité à mettre en place pour amener l'élève à comprendre et à corriger son erreur.

Partie 2 – Survivre sur une autre planète

A. L'atmosphère martienne

La Terre comme Mars sont des planètes possédant une atmosphère.

Gaz	Terre	Mars
CO_2	0,035 %	95,97 %
Ar	0,93 %	1,93 %
N_2	78 %	1,89 %
O_2	20,6 %	0,146 %
CO	0,2 *ppm**	557 *ppm*
H_2O	0,4 %	0,03 %
O_3	300 *Dobson***	0,01-5 *Dobson*

**ppm* : nombre de molécules par millions de molécules ; ***Dobson* : unité de mesure de l'ozone atmosphérique (O_3).

Document 9 Tableau comparatif de la composition des atmosphères terrestre et martienne. (Source : mars.aeronomie.be)

La couche d'ozone est une couche de gaz naturel située dans la haute atmosphère, qui protège les êtres humains et tous les organismes vivants contre les rayonnements ultraviolets (UV) nocifs provenant du soleil.

Bien que l'ozone soit présent en faibles concentrations dans l'atmosphère, la plus grande partie (environ 90 %) se trouve dans la stratosphère, où il forme une couche de 10 à 50 km au-dessus de la surface de la Terre. La couche d'ozone filtre l'essentiel des rayons UV nocifs du soleil. Elle est donc essentielle à la vie sur Terre. Le seuil critique du taux d'ozone se situe en dessous de 200 Dobson.

Document 10 Définition et description de la couche d'ozone. (Source : ec.europa.eu)

12* Proposer une activité simple pour prouver la matérialité de l'air au cycle 2.

13* Proposer une activité pour mettre en évidence la compressibilité de l'air au cycle 2.

14* Expliquer l'intérêt de proposer des manipulations aux élèves.

15 À partir de vos connaissances et des **documents 9 et 10**, justifier l'utilisation d'un scaphandre pour des spationautes sur Mars.

Les spationautes ont besoin de respirer et l'idée serait d'utiliser des plantes à des fins de nutrition et de production de gaz.

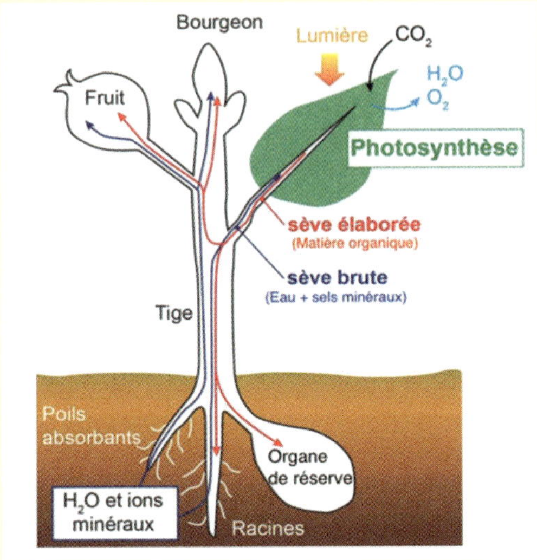

Document 11 Schéma de l'organisation fonctionnelle d'une plante à fleurs. (source © Réseau Canopé 2015)

16 Proposer, à partir du **document 11**, en quatre à cinq lignes, une explication du processus de la photosynthèse.

Pour mettre en évidence ce processus au niveau d'un végétal, le montage expérimental du **document 12** a été réalisé : il vise à tester, chez des végétaux chlorophylliens, le lien entre lumière et production de dioxygène.

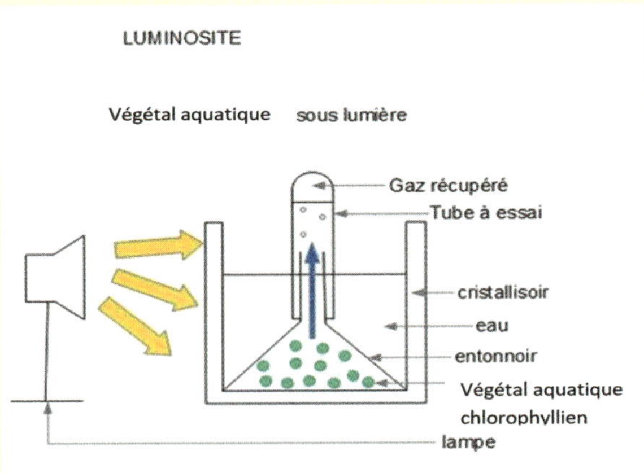

Document 12 Schéma du montage expérimental. (Reproduit à partir d'un article « Expériences sur la photosynthèse » publié le 14 août 2002 sur le site https://planet-vie.ens.fr)

17 Schématiser le montage témoin de cette expérience.

Lors de l'exploration de Mars par le robot *Perseverance* en 2021, l'instrument MOXIE (« *Mars Oxygen in-Situ Resource Utilization Experiment* ») a produit pour la première fois du dioxygène sur Mars. Après avoir été puisé et comprimé, le dioxyde de carbone de l'atmosphère martienne est chauffé à 800°C et est transformé en dioxygène et monoxyde de carbone (CO).

18 Choisir parmi les équations des réactions chimiques suivantes, celle qui modélise la formation du dioxygène dans le MOXIE. Justifier ce choix.

$CO_2 \rightarrow CO + O_2$

$2\ CO_2 \rightarrow 2\ CO + O_2$

$2\ CO_2 \rightarrow 2\ CO + 2\ O$

B. Se déplacer sur Mars

Depuis l'été 2012, le robot *Curiosity* arpente la surface de Mars **(Document 13)**. À son bord, l'instrument *ChemCam* est capable d'analyser à distance un grand nombre d'échantillons du sol martien, avec une précision spatiale inédite... Les analyses des résultats de l'instrument *ChemCam* révèlent une grande diversité chimique des grains du sol martien, mais surtout le fait que les grains les plus riches en fer et magnésium sont hydratés[1].

1. D'après le dossier Objectif Mars sur le site RFI Savoirs (https://savoirs.rfi.fr/fr/comprendre- enrichir/sciences/pourquoi-se-poser-sur-mars consulté en juillet 2021)

Document 13 L'instrument *ChemCam* de *Mars Curiosity* au travail pour analyser la composition du sol martien. (Source : NASA/JPL-Caltech)

Les robots martiens possèdent des roues au design bien spécifique. Elles leur permettent de ne pas s'enfoncer ou s'enliser dans le sol, principalement sablonneux. La surface de contact des roues avec le sol est l'élément le plus important puisqu'elle est directement liée à la pression que la roue va exercer.

Un enseignant du cycle 3 souhaite proposer à ses élèves une expérimentation mettant en évidence l'importance de la largeur de ces roues. Il dispose de véhicules du modèle ci-dessous et de lots de trois roues de diamètre identique avec des épaisseurs différentes (3 mm, 7 mm et 12 mm) **(Document 14)**.

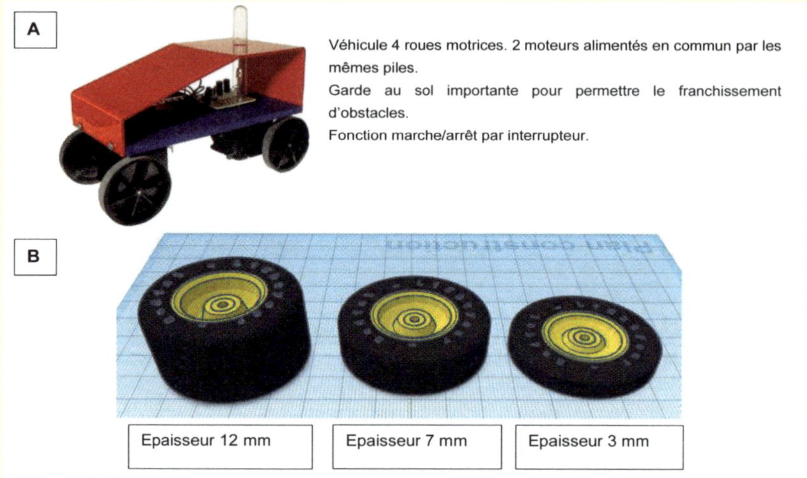

Document 14 Photographie et quelques caractéristiques du véhicule. (source : https://www.a4.fr consulté en septembre 2021) et Modélisation du lot de roues à partir de https://www.tinkercad.com/.

⑲ * Proposer une démarche pédagogique pour démontrer l'importance de la surface de contact des roues avec le sol. À cette fin, six véhicules sont disponibles dans la classe. Préciser le matériel complémentaire à mobiliser, si nécessaire, pour cette activité.

Partie 3 – Les solutions pour maintenir la planète Terre habitable

Si la perspective de trouver un « ailleurs » habitable constitue pour les scientifiques un défi, il faut, dans le même temps, préserver les conditions de vie sur Terre et prendre en considération les impacts de l'Homme au niveau global, notamment au niveau du réchauffement climatique.

A. L'effet de serre

Document 15 Les principaux gaz à effet de serre. (Source : site https://www.ecologie.gouv.fr/changement-climatique-causes-effets-et-enjeux, consulté en septembre 2021)

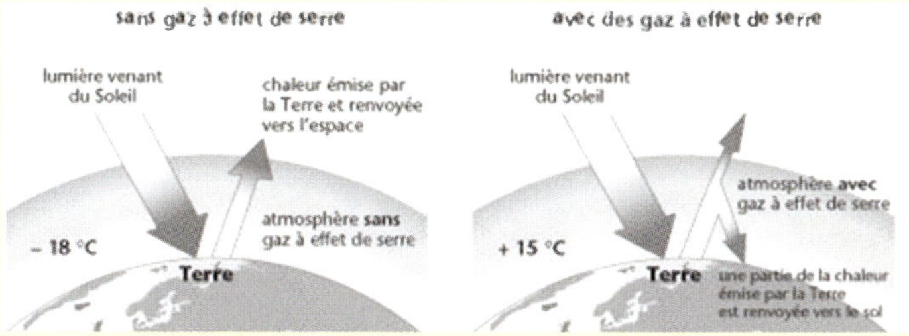

Document 16 Représentation schématique de l'effet de serre. (Source : Projet thématique « Le climat, ma planète... et moi ! » de la Fondation La Main à la pâte)

20 À partir des **documents 15 et 16**, décrire le phénomène d'effet de serre.

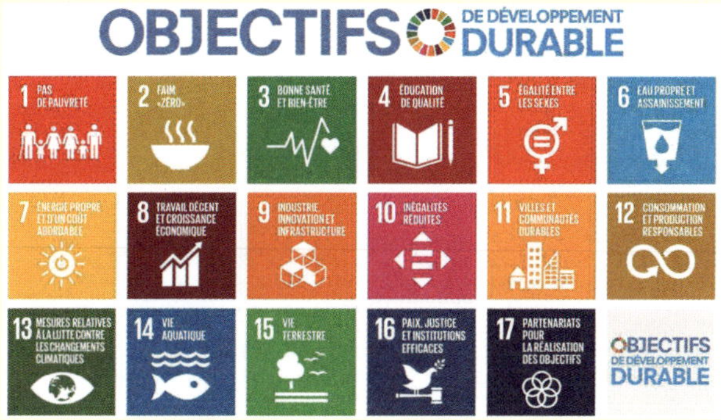

Document 17 Les 17 objectifs de développement durable. (Source : https://www.agenda-2030.fr)

21* À partir des **documents 15, 16 et 17** et des programmes de sciences et technologie en **annexe 1**, choisir un objectif de développement durable et citer, dans ce cadre, deux solutions locales au réchauffement climatique qui pourraient être étudiées avec des élèves de cycle 3.

B. Préserver la biodiversité

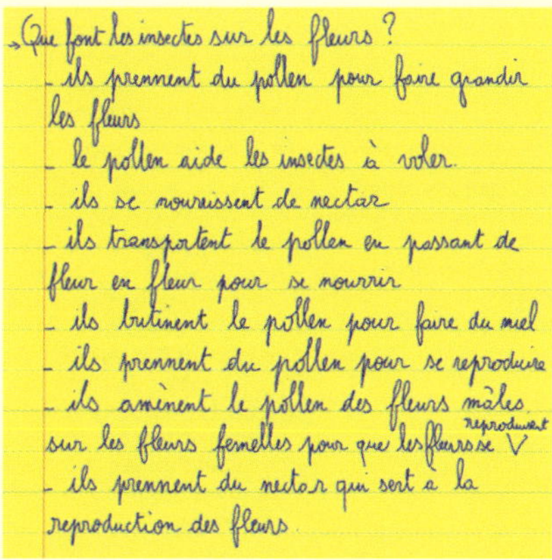

Document 18 Relevé de propositions d'élèves de CM2.

22 *Indiquer à quelle étape de la démarche scientifique correspond le **document 18**.

23 *Proposer une activité à des élèves de cycle 3, en exploitant le **document 18**, dans le but d'étudier le rôle des insectes dans la pollinisation.

ANNEXE 1 : Extrait du programme de Sciences et technologie du cycle 3 en vigueur à la rentrée 2020

Par rapport à la version en vigueur à la rentrée 2019, les ajouts et modifications sont en vert, les suppressions sont en rouge et barrées.

Matériaux et objets techniques

Attendus de fin de cycle
- Identifier les principales évolutions du besoin et des objets.
- Décrire le fonctionnement d'objets techniques, leurs fonctions et leurs constitutions.
- Identifier les principales familles de matériaux.
- Concevoir et produire tout ou partie d'un objet technique en équipe pour traduire une solution technologique répondant à un besoin.
- Repérer et comprendre la communication et la gestion de l'information.

Connaissances et compétences associées	Exemples de situations, d'activités et de ressources pour l'élève
Identifier les principales évolutions du besoin et des objets	
Repérer les évolutions d'un objet dans différents contextes (historique, économique, culturel). - L'évolution technologique (innovation, invention, principe technique). - L'évolution des besoins.	A partir d'un objet donné, les élèves situent ses principales évolutions dans le temps en termes de principe de fonctionnement, de forme, de matériaux, d'énergie, d'impact environnemental, de coût, d'esthétique.
Décrire le fonctionnement d'objets techniques, leurs fonctions et leurs constitutions	
- Besoin, fonction d'usage et d'estime. - Fonction technique, solutions techniques. - Représentation du fonctionnement d'un objet technique. - Comparaison de solutions techniques : constitutions, fonctions, organes.	Les élèves décrivent un objet dans son contexte. Ils sont amenés à identifier des fonctions assurées par un objet technique puis à décrire graphiquement à l'aide de croquis à main levée ou de schémas, le fonctionnement observé des éléments constituant une fonction technique. Les pièces, les constituants, les sous-ensembles sont inventoriés par les élèves. Les différentes parties sont isolées par observation en fonctionnement. Leur rôle respectif est mis en évidence.
Identifier les principales familles de matériaux	
- Familles de matériaux (distinction des matériaux selon les relations entre formes, fonctions et procédés). - Caractéristiques et propriétés (aptitude au façonnage, valorisation). - Impact environnemental.	Du point de vue technologique, la notion de matériau est à mettre en relation avec la forme de l'objet, son usage et ses fonctions et les procédés de mise en forme. Il justifie le choix d'une famille de matériaux pour réaliser une pièce de l'objet en fonction des contraintes identifiées. À partir de la diversité des familles de matériaux, de leurs caractéristiques physico-chimiques, et de leurs impacts sur l'environnement, les élèves exercent un esprit critique dans des choix lors de l'analyse et de la production d'objets techniques.

Concevoir et produire tout ou partie d'un objet technique en équipe pour traduire une solution technologique répondant à un besoin	
- Notion de contrainte. - Recherche d'idées (schémas, croquis, etc.). - Modélisation du réel (maquette, modèles géométrique et numérique), représentation en conception assistée par ordinateur.	En groupe, les élèves sont amenés à résoudre un problème technique, imaginer et réaliser des solutions techniques en effectuant des choix de matériaux et des moyens de réalisation dans le respect de contraintes notamment environnementales (réduire la consommation d'énergie, utiliser des matériaux recyclables, etc.).
- Processus, planning, protocoles, procédés de réalisation (outils, machines). - Choix de matériaux. - Maquette, prototype. - Vérification et contrôles (dimensions, fonctionnement).	Les élèves traduisent leur solution par une réalisation matérielle (maquette ou prototype). Ils utilisent des moyens de prototypage, de réalisation, de modélisation. Cette solution peut être modélisée virtuellement à travers des applications programmables permettant de visualiser un comportement. Ils collectent l'information, la mettent en commun, réalisent une production unique.
Repérer et comprendre la communication et la gestion de l'information	
- Environnement numérique de travail. - Le stockage des données, notions d'algorithmes, les objets programmables. - Usage des moyens numériques dans un réseau. - Usage de logiciels usuels.	Les élèves apprennent à connaître l'organisation d'un environnement numérique. Ils décrivent un système technique par ses composants et leurs relations. Les élèves découvrent l'algorithme en utilisant des logiciels d'applications visuelles et ludiques. Ils exploitent les moyens informatiques en pratiquant le travail collaboratif. Ils sont sensibilisés à la relation entre les usages d'outils numériques, leur consommation énergétique et les dangers pour la santé de leur usage intensif. Les élèves maîtrisent le fonctionnement de logiciels usuels et s'approprient leur fonctionnement.

La planète Terre. Les êtres vivants dans leur environnement

Attendus de fin de cycle
- Situer la Terre dans le système solaire et caractériser les conditions de la vie terrestre.
- Identifier des enjeux liés à l'environnement.

Connaissances et compétence associées	Exemples de situations, d'activités et de ressources pour l'élève
Situer la Terre dans le système solaire et caractériser les conditions de la vie terrestre	
Situer la Terre dans le système solaire. Caractériser les conditions de vie sur Terre (atmosphère, température, présence d'eau liquide). - Le Soleil, les planètes. - Position de la Terre dans le système solaire. - Histoire de la Terre et développement de la vie. Décrire les mouvements de la Terre (rotation sur elle-même et alternance jour-nuit, autour du Soleil et cycle des saisons). - Les mouvements de la Terre sur elle-même et autour du Soleil. - Représentations géométriques de l'espace et des astres (cercle, sphère).	Travailler à partir de l'observation et de démarches scientifiques variées (modélisation, expérimentation, etc.). Faire - quand c'est possible - quelques observations astronomiques directes (les constellations, éclipses, observation de Vénus et Jupiter, etc.). Découvrir l'évolution des connaissances sur la Terre et les objets célestes depuis l'Antiquité (notamment sur la forme de la Terre et sa position dans l'Univers) jusqu'à nos jours (cf. l'exploration spatiale du système solaire).

Identifier les composantes biologiques et géologiques d'un paysage. - Paysages, géologie locale, interactions avec l'environnement et le peuplement. Relier certains phénomènes naturels (tempêtes, inondations, tremblements de terre) à des risques pour les populations. - Phénomènes géologiques traduisant activité interne de la Terre (volcanisme, tremblements de terre, etc.). - Phénomènes traduisant l'activité externe de la Terre : phénomènes météorologiques et climatiques ; événements extrêmes (tempêtes, cyclones, inondations et sécheresses, etc.).	Travailler avec l'aide de documents d'actualité (bulletins et cartes météorologiques). Réaliser des mesures en lien avec la météo (thermomètres, hygromètres, baromètres, etc.). Réaliser une station météorologique, une serre (sensibilisation à l'effet de serre au cœur du changement climatique, analogue lointain de l'effet thermique d'une serre). Exploiter les outils de suivi et de mesures que sont les capteurs (thermomètres, baromètres, etc.). Commenter un sismogramme. Étudier un risque naturel local (risque d'inondation, de glissement de terrain, de tremblement de terre, etc.). Mener des démarches permettant d'exploiter des exemples proches de l'école, à partir d'études de terrain et en lien avec l'éducation au développement durable.
Identifier des enjeux liés à l'environnement	
Répartition des êtres vivants et peuplement des milieux Décrire un milieu de vie dans ses diverses composantes. - Notion d'écosystème. - Interactions des organismes vivants entre eux et avec leur environnement. Relier le peuplement d'un milieu et les conditions de vie. - Modification du peuplement en fonction des conditions physico-chimiques du milieu et des saisons. - ~~Écosystèmes (milieu de vie avec ses caractéristiques et son peuplement) ;~~ Conséquences de la modification d'un facteur physique ou biologique sur l'écosystème. - La biodiversité, un réseau dynamique. Identifier la nature des interactions entre les êtres vivants et leur importance dans le peuplement des milieux. Identifier quelques impacts humains dans un environnement (comportements, aménagements, impacts de certaines technologies...). - Aménagements de l'espace par les humains et contraintes naturelles ; impacts technologiques positifs et négatifs sur l'environnement.	Travailler à partir de l'environnement proche : observations et analyses de données recueillies lors de sorties, recherches documentaires. Répertorier les êtres vivants dans la cour de récréation ou dans l'environnement proche ; réaliser des mesures et des constats tout au long de l'année pour étudier les peuplements : comparer la répartition des êtres vivants dans des milieux d'expositions différentes, au cours des saisons, etc. Observer et décrire le peuplement d'un sol ; suivre son évolution au cours des saisons. Décrire l'impact d'espèces invasives sur la biodiversité. Permettre aux élèves de s'impliquer dans des actions et des projets concrets en lien avec des thématiques liées à l'éducation au développement durable (création d'un espace vert, tri des déchets, etc.). Permettre aux élèves de découvrir la notion d'engagement individuel et/ou collectif, notamment dans le cadre d'un travail partenarial, et en lien avec l'enseignement moral et civique.
Suivre et décrire le devenir de quelques matériaux de l'environnement proche. Relier les besoins de l'être humain, l'exploitation des ressources naturelles et les impacts à prévoir et gérer (risques, rejets, valorisations, épuisement des stocks). - Exploitation raisonnée et utilisation des ressources (eau, pétrole, charbon, minerais, biodiversité, sols, bois, roches à des fins de construction, etc.).	Travailler à travers des recherches documentaires et d'une ou deux enquêtes de terrain. Prévoir de travailler à différentes échelles de temps et d'espace, en poursuivant l'éducation au développement durable.

CORRIGÉ DU SUJET 3

PARTIE 1 – Envisager un voyage extraterrestre.

A. Avant de partir... Quelles sont les conditions de vie terrestre ?

1 Le système solaire est composé d'une étoile, le **Soleil**, placée au centre, et de **huit planètes** tournant autour de ce Soleil, dans un même sens. Les orbites des planètes sont quasiment dans un même plan, appelé **plan de l'écliptique**. Dans l'ordre croissant des distances au Soleil, on trouve Mercure, Vénus, la Terre, Mars, Jupiter, Saturne, Uranus et Neptune. Toutes les planètes sont en rotation sur elles-mêmes.

2

MÉTHODE

L'étude des principales caractéristiques des planètes (**document 1**) permet d'identifier deux conditions favorables à la vie sur Terre : la température moyenne d'environ 15 °C et la présence d'eau liquide. Par comparaison, la température sur Mars et Vénus, situées à des distances du Soleil de même ordre de grandeur, n'est pas adaptée à la présence d'eau liquide (eau à l'état de gaz ou de solide).

Le **document 2** indique que la planète Kepler-1649 *c* est à une distance de son étoile comparable à celle de la Terre par rapport au Soleil et qu'elle reçoit 75 % du flux lumineux reçu par la Terre. Des caractéristiques de Kepler-1649 *c* sont proches de celles de la Terre et pourraient présenter une présence d'eau à l'état liquide.

L'eau est indispensable à la présence de vie, mais elle doit être à l'état liquide. La planète Kepler-1649 *c* présentant des caractéristiques semblables à celles de la Terre, il est possible d'envisager une présence d'eau liquide et une température adaptée à la vie.
Les deux conditions indispensables pour une présence de la vie sont donc la **présence d'eau liquide et une température moyenne proche de celle de la Terre (15 °C)**.

3 **La première représentation erronée est celle des dimensions des planètes et du Soleil** qui ne rend pas compte du fait que le Soleil est beaucoup plus gros que les planètes (le diamètre du Soleil est environ cent fois plus grand que celui de la Terre).
La deuxième représentation erronée est la couleur bleue de trois planètes. La couleur bleue de la Terre évoque la présence réelle des océans et de l'eau à l'état liquide, alors que les deux autres planètes n'ont pas d'eau à l'état liquide.
La troisième représentation erronée est la distance semblable entre les planètes et le non-respect de la proportionnalité des distances des planètes par rapport au Soleil. La représentation du système solaire en respectant une échelle montre des distances différentes entre les planètes. Les distances permettent de mettre en évidence la proximité des planètes rocheuses.

REMARQUES

En observant la maquette, les distances entre les planètes et le Soleil semblent proportionnelles (les distances entre les planètes paraissent semblables). D'autre part, la dimension du Soleil apparaît identique à celle de la cinquième planète (ordre par rapport au Soleil) : Jupiter.

Une autre remarque concerne les couleurs des planètes : trois sont représentées de couleur bleue.

4

MÉTHODE

• Dans un premier temps, dans le programme du cycle 3 de sciences, il est nécessaire de repérer le thème en lien avec la séance à construire :

La planète Terre. Les êtres vivants dans leur environnement.

• Dans un deuxième temps, on repère les attendus de fin de cycle (AFC) :

Situer la Terre dans le système solaire et caractériser les conditions de la vie terrestre.

• Dans un troisième temps, on identifie les connaissances et compétences associées :

Situer la Terre dans le système solaire :

– Le Soleil, les planètes ;

– Position de la Terre dans le système solaire.

• Le canevas d'une séance peut s'articuler au niveau de différentes phases :

Questionnement, investigation, structuration des connaissances et entraînement.

Exemple de fiche de préparation de séance

Cycle : 3	Classe : CM1	Période : 2	Effectif : 26/7

Domaine disciplinaire : Sciences - Astronomie	
Séquence : Le système solaire	**Place de la séance :** 1/5 : découverte
Objectif de la séance : Découvrir les planètes et les situer dans le système solaire	
Ce qui est attendu des élèves Attendu de fin de cycle : Situer la Terre dans le système solaire Connaissances et compétences associées : **Le Soleil, les planètes ; Position de la Terre dans le système solaire**	
Sécurité affective / épanouissement : rappel des règles du travail en groupe	**Respect d'autrui :** parler à tour de rôle sans s'interrompre ; écouter les idées des autres ; travail de groupe : s'écouter ; s'exprimer dans le respect de chacun
Matériel : flashcards des planètes ; étiquettes noms des planètes ; système solaire plastifié ; fiche planètes x26/x7 ; cahier de Sciences	
Dispositif : Collectif oral et groupes	
Type d'activité : découverte, échanges et discussion en collectif + petite trace écrite dans le cahier de Sciences	

Déroulement possible de la séance

• Phase 1 : Recueil des conceptions initiales des élèves à propos du système solaire.
Les élèves sont amenés à dessiner le système solaire et à écrire une description rapide de leur production.

• Phase 2 : Questionnement.
À partir du recueil et de la maquette du système solaire, les élèves s'interrogent à propos du système solaire et des planètes qui le composent.

→ Comment est située la Terre dans le système solaire ?

• Phase 3 : Investigation.

En utilisant la maquette, les élèves pourront repérer la position de la Terre dans le système solaire. Ils pourront répondre à des questions concernant la couleur des planètes, les dimensions, les distances par rapport au Soleil, les trajectoires des planètes (et la position du Soleil).

• Phase 4 : Structuration des connaissances.

Le Soleil est au centre d'un système composé de huit planètes, en révolution autour de lui. Les orbites de ces planètes sont dans un même plan (plan de l'écliptique). Dans l'ordre croissant des distances par rapport au Soleil, on trouve : Mercure, Vénus, la Terre, Mars, Jupiter, Saturne, Uranus et Neptune. La Terre, planète bleue, indique la présence d'eau à l'état liquide (à la différence de Neptune et Uranus, planètes représentées en bleu alors que l'eau est à l'état solide).

• Prolongements possibles :

– Élaboration de cartes d'identité des planètes pour construire une maquette respectant les dimensions et les distances (échelles différentes).

– Construction d'une maquette mettant en évidence les planètes proches du Soleil, petites, solides et d'autres planètes éloignées, géantes et gazeuses.

5 Un intérêt du **document 4** est de traiter la verticale du lieu. Concernant les quatre positions d'un bonhomme à la surface de la Terre, le point le plus haut du bonhomme est toujours le point le plus éloigné du centre de la Terre.

Une limite pédagogique est liée à l'échelle de la Terre, la hauteur du bonhomme n'a aucun sens par rapport à la dimension de la Terre.

6 **Inventaire des forces**

Avant le décollage, le système est à l'équilibre dans un référentiel terrestre : $\vec{P} + \vec{R} = \vec{0}$.

Réaction :

– Sens : vers le haut ;

– Direction : verticale ;

– R = P.

Poids du lanceur :

– Sens : vers le bas ;

– Direction : verticale ;

– P = m × g (m = masse du lanceur).

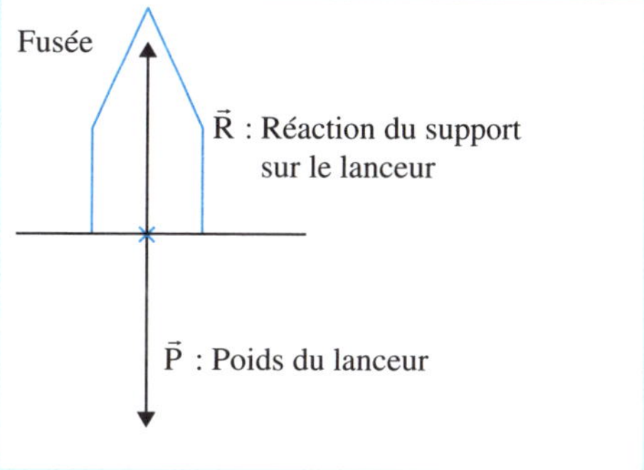

7 Données : la masse de la fusée est : m = 288 t = 288 000 kg.

L'intensité de pesanteur de la Terre est : g = 10 N/kg.

L'expression littérale du poids de la fusée est : P = m × g.

Application numérique : $P = 288\ 000 \times 10 = 2\ 880\ 000 = 2{,}88 \cdot 10^6$.

Le poids de la fusée au décollage est : $\mathbf{2{,}88 \cdot 10^6}$ **N**.

B. Quitter la planète Terre

8 Le système répond au **besoin de la détection d'incendie**.

Les **fonctions** remplies par le système sont :

– **Acquérir** : capteur de flamme. La fonction est de mettre en forme des

> **RAPPEL**
>
> La fonction d'usage d'un objet technique est le service rendu par l'objet pour répondre au besoin initial d'un utilisateur. On peut identifier la fonction d'usage par la réponse à la question : « À quoi sert cet objet technique ? ». La fonction d'usage est explicitée par un verbe d'action à l'infinitif accompagné d'un complément et d'informations concernant les conditions d'utilisation.

informations (mesures de grandeurs physiques). Ce capteur de flamme est utilisé pour détecter une source d'incendie. Ce capteur est sensible au rayonnement infrarouge souvent qualifié de rayonnement thermique (détecteur basé sur un capteur).
– **Traiter** : microcontrôleur (rassemblant un microprocesseur, des mémoires et des périphériques de communication). Le microcontrôleur traite les données issues de capteurs et envoie des réponses adaptées.
– **Communiquer** : Buzzer et Del rouge. Lors d'un incendie, le buzzer a pour fonction d'avertir. Il est connecté à la sortie numérique du microcontrôleur et émet un son en cas d'incident.
La Del rouge a la même fonction que le buzzer. Elle est reliée à la sortie numérique du microcontrôleur et un rayonnement est produit en cas de problème.

9 Un incendie peut se déclarer en divers lieux (station spatiale, fusée…), donc il est nécessaire de pouvoir détecter rapidement cet incident et cette détection correspond à un besoin. Pour répondre à ce besoin, l'objet technique (détecteur d'incendie) remplit des fonctions d'usage sous la forme d'une chaîne. Le capteur de flamme permet d'acquérir les informations. Le microcontrôleur traite l'information et la communication est assurée par des avertisseurs (buzzer, Del).

10 Dans le losange du logigramme, la condition est « la source lumineuse est comprise entre 760 nm et 1 100 nm ». Si la source lumineuse n'est pas comprise dans cet intervalle, cela correspond à « non » et le buzzer reste alors désactivé (la DEL reste éteinte). Si la source est comprise dans l'intervalle]760 nm ; 1 100 nm[, c'est-à-dire qu'il y a détection d'une flamme, alors le buzzer est activé et la DEL allumée.
Pour un rayonnement de 860 nm, donc compris dans l'intervalle]760 nm ; 1 100 nm[, la condition est vérifiée et le buzzer va alors s'activer (la DEL va s'allumer) et permettre d'avertir d'une détection de flamme.

RAPPEL

Un algorithme est un langage textuel composé d'instructions organisées dans un ordre précis permettant de résoudre un problème. Le logigramme (**document 7**) représentant l'algorithme se lit du haut vers le bas.

CONSEIL

Repérer la condition qui figure dans le losange du logigramme.

11 **Programme A**
La condition concernant l'intervalle de la source lumineuse est exacte (entre 760 nm et 1 100 nm), cependant les instructions à suivre ne sont pas différenciées selon que la source respecte ou ne respecte pas l'intervalle. L'étape « sinon » n'est pas complétée, donc l'instruction 2 (la source n'est pas comprise dans l'intervalle et le buzzer n'est pas activée) ne fonctionne pas.
Conseil à l'élève : L'élève doit être amené à comprendre qu'il y a deux instructions différentes complémentaires. « Si (condition : source appartient à l'intervalle) alors (instruction 1 : le buzzer est activé et la DEL allumée), sinon (instruction 2 : le buzzer est inactif et la DEL éteinte) ».

Programme B
La condition concernant l'intervalle de la source lumineuse est exacte (entre 760 nm et 1 100 nm), cependant les instructions à suivre ne sont pas différenciées selon que la source respecte ou ne respecte pas l'intervalle.
« Si (condition : source appartient à l'intervalle) alors (instruction 1 : le buzzer est activé et la DEL allumée), sinon (instruction 2 : le buzzer est activé et la DEL allumée) ».
Le buzzer est toujours activé et la DEL allumée (position « haut ») que la source soit dans l'intervalle ou non.

Conseil à l'élève : Les instructions sont bien programmées mais l'activation du buzzer est permanente. Le buzzer doit être en position « bas » lorsque la condition n'est pas respectée.

PARTIE 2 – Survivre sur une autre planète

A. L'atmosphère martienne

12 L'activité la plus simple est d'emprisonner de l'air dans un sac et de constater qu'en appuyant dessus, il y a quelque chose qui résiste à l'intérieur.
Une autre activité consiste à enfoncer une bouteille en plastique (bouchon vissé) sans fond sur un bateau qui flotte (voir schéma ci-contre).
L'air emprisonné dans la bouteille empêche l'eau de pénétrer et le bateau se retrouve au fond du récipient rempli d'eau.
Lors d'une autre phase, il est possible d'ouvrir le bouchon de la bouteille. L'eau prend la place de l'air qui s'échappe et le bateau remonte.

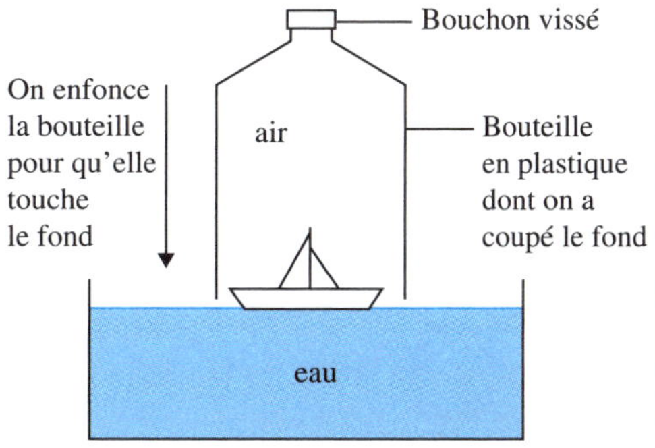

13 Au cycle 2, il est possible d'utiliser une pompe à vélo pour montrer qu'en bouchant l'extrémité, le piston peut être déplacé jusqu'à une limite. L'air est compressé dans la pompe.
Il est possible d'utiliser une seringue (sans aiguille) pour mettre en évidence la compressibilité de l'air en bouchant l'extrémité.

RAPPELS

- L'air emprisonné dans un contenant peut être comprimé. Si on compresse le contenant, le volume de l'air diminue, le gaz est compressible.
- À l'inverse, si on décompresse le contenant, le volume d'air augmente. On dit que le gaz est expansible.
- L'air est représenté par des particules (modèle particulaire). Les particules peuvent se rapprocher et prendre moins de place. Le gaz est alors comprimé.

14 En manipulant les objets, les élèves comprennent les phénomènes qui les entourent. Les manipulations permettent de concrétiser une situation avant d'intégrer des notions plus abstraites. Manipuler permet aussi de mémoriser des procédures.

15 Le scaphandre doit fournir du dioxygène (en quantité très faible sur Mars) et évacuer le dioxyde de carbone expiré. Il doit assurer une protection thermique et atténuer les rayonnements cosmiques. D'après le **document 10**, une couche d'ozone est essentielle pour filtrer les rayons UV nocifs. La planète Mars est peu protégée par l'ozone atmosphérique, donc le scaphandre permet une protection contre les rayons UV.

16 Au niveau des feuilles arrive la sève brute (eau et ions minéraux) et du dioxyde de carbone est absorbé. Grâce à l'énergie lumineuse captée par la chlorophylle, se produit une réaction appelée photosynthèse : le dioxyde de carbone, l'eau et ions minéraux vont donner de la matière organique et un gaz, le dioxygène. La matière organique ainsi formée va circuler dans la plante sous forme de sève élaborée et servir à nourrir toutes les parties de la plante.

17 Le montage proposé vise à tester, chez des végétaux chlorophylliens, le lien entre lumière et production de dioxygène. Dans le montage témoin, la lampe sera éteinte, le tube à essai sera rempli d'eau comme au début de l'expérience présentée dans le **document 12** pour recueillir éventuellement du gaz.
En comparant le montage témoin avec le montage dans lequel il y a la lumière, on pourra voir que le gaz est produit uniquement en présence de lumière.

Végétal aquatique à l'obscutité

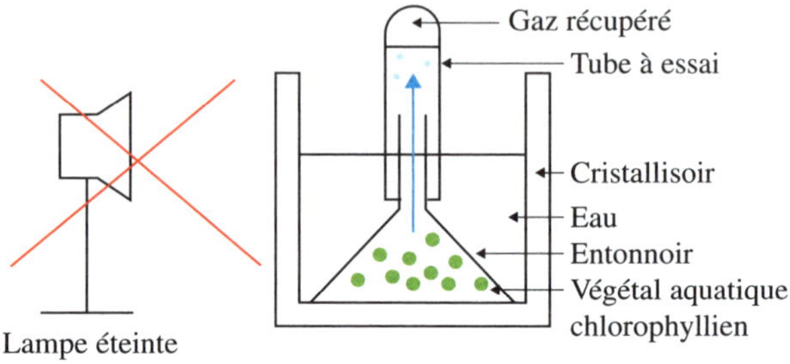

18 L'équation qui modélise la formation du dioxygène dans le MOXIE est la deuxième :

$$2\ CO_2 \rightarrow 2\ CO + O_2.$$

La première équation ($CO_2 \rightarrow CO + O_2$) n'est pas correcte car elle n'est pas équilibrée au niveau du nombre d'atomes d'oxygène.
La troisième équation ($2\ CO_2 \rightarrow 2\ CO + 2\ O$) est équilibrée mais deux atomes d'oxygène donnent un gaz, le dioxygène de formule O_2.

B. Se déplacer sur Mars

19

RAPPEL

L'adhérence d'une roue augmente lorsque la surface de contact du pneu avec le sol augmente. Pour augmenter cette surface, il est possible de choisir des pneus larges et d'adapter la pression. La force pressante dépend de la quantité de l'air contenu dans le pneu, elle est transmise au sol par contact.

CONSEIL

Il est nécessaire de prélever les informations essentielles liées à la surface du sol sur Mars : « le sol, principalement sablonneux ». D'autre part, la surface des roues est liée à la pression exercée par les pneus.

Le matériel disponible est : six voitures, lots de trois roues, du sable.

Proposition de démarche pédagogique

À partir de l'observation du **document 13**, les élèves sont amenés à se questionner sur le déplacement des robots martiens.

a) Questionnement possible : Comment faciliter le déplacement de véhicules sur du sable ?

b) Investigation possible : Les élèves évoquent des solutions et sont guidés en proposant le matériel mentionné ci-dessus.

REMARQUES

- L'adhérence des roues est liée à leur largeur (la pression de l'air est négligeable lors de cette activité).
- Le diamètre des roues est identique, donc la circonférence des roues est une constante et la seule variable est l'épaisseur des pneus.

Choix du montage des véhicules

Il est possible de faire six groupes correspondant à six voitures. Deux groupes effectuent le montage avec des roues d'épaisseur de 3 mm, deux autres avec des roues d'épaisseur de 7 mm et les deux derniers avec les roues de 12 mm.

Il est essentiel de vérifier la reproductibilité du phénomène en doublant les manipulations.

Mesures à effectuer

Les élèves sont amenés à s'interroger sur les mesures de grandeurs possibles pour évaluer les déplacements des véhicules. La mesure d'une durée pour parcourir une distance fixée devrait émerger. Le milieu sablonneux est identique pour chaque mesure.

Le matériel supplémentaire nécessaire concerne l'utilisation de six chronomètres pour effectuer les mesures de durées.

c) Interprétation : Les roues de 12 mm d'épaisseur ayant une adhérence plus importante par rapport aux autres roues vont permettre aux véhicules (de même motorisation) de se déplacer plus rapidement.

PARTIE 3 – Les solutions pour maintenir la planète Terre habitable

RAPPELS

- Le dioxyde de carbone (CO_2) et l'eau sont des gaz à effet de serre (GES) naturellement présents dans l'air.
- L'augmentation de l'effet de serre depuis le XIXe siècle (révolution industrielle) est une conséquence des émissions d'autres gaz à effet de serre induits par les activités humaines.
- Avec la surabondance de gaz à effet de serre, ce phénomène initialement naturel tend à transformer la planète Terre en étuve.

A. L'effet de serre

20 La planète Terre reçoit en permanence de l'énergie provenant du Soleil (énergie solaire). Une partie de cette énergie est absorbée par l'atmosphère et par la Terre (la partie absorbée par la planète Terre occasionne le réchauffement de la surface terrestre). La chaleur emmagasinée est ensuite restituée vers l'atmosphère.

Depuis l'atmosphère, il se forme une barrière naturelle due aux gaz à effet de serre empêchant la chaleur **(document 16)** d'être rejetée dans l'espace. L'effet de serre est causé par des gaz **(document 15)** dont l'eau (vapeur d'eau), le dioxyde de carbone (CO_2), le méthane (CH_4), les oxydes d'azote, l'ozone et les hydrocarbures.

Sans ce phénomène, la température de la planète atteindrait les températures moyennes de –18 °C au lieu des actuels 15 °C. Cet effet de serre permet ainsi de maintenir la planète Terre à une température stable et vivable. Il est donc vital et essentiel pour les conditions de vie sur Terre.

Depuis le XIXe siècle, avec la révolution industrielle, les GES ont fortement augmenté en raison des activités humaines, ce qui perturbe le phénomène naturel et est à l'origine du réchauffement climatique.

21 L'objectif visé serait d'amener les élèves à pouvoir exercer des **actions citoyennes locales contribuant aux objectifs de l'Éducation au Développement Durable**. Hormis l'organisation du tri des déchets à l'école et de leur ramassage régulier dans la cour (et dans le quartier), on peut travailler avec eux sur leur devenir lorsqu'ils sont rejetés dans la nature (temps de dégradation, impact sur la faune et la flore notamment avec l'étude des déchets plastiques et le 7e continent).

RAPPEL

Depuis le début de l'ère industrielle, l'exploitation croissante des combustibles fossiles et du gaz naturel entraîne des émissions supplémentaires de GES qui renforcent cet effet. Ces émissions participent en conséquence au réchauffement climatique.

Pour compléter cette démarche, l'enseignant peut proposer un travail sur la réduction des gaz à effet de serre et donc celle du réchauffement climatique :

• Les moyens de transport (matériaux et objets techniques) : étude des fonctions techniques du vélo et de son impact environnemental. L'objectif serait d'amener les élèves à privilégier ce moyen de transport pour se déplacer dans la commune (lien avec l'ASSR) et à limiter les déplacements en voiture (à travailler avec les familles).

• Inscrire l'école / la classe dans des projets solidaires pour contribuer à réduire la faim dans le monde (construction de puits par exemple).

• Inscrire son école dans un label E3D *(les êtres vivants dans leur environnement)* avec entre autres la mise en place d'un poulailler par exemple pour contribuer à réduire les déchets (récupération des déchets de la restauration collective).

•Travail sur l'impact de la déforestation et l'élevage intensif sur les GES.

B. Préserver la biodiversité

22 Le **document 18** correspond à la mise en commun (phase collective) des hypothèses émises par les élèves sur le rôle des insectes pollinisateurs. Cette phase intervient après l'énoncé du problème (que font les insectes sur les fleurs ?) et une phase d'émission d'hypothèses individuelles (proposition de réponse au problème posé).

23 On supposera que les élèves ont déjà travaillé sur les organes de la fleur.

Les hypothèses émises par le groupe classe et répertoriées par l'enseignant doivent être validées ou réfutées après la mise en œuvre d'une modalité d'investigation.

L'enseignant peut proposer aux élèves un travail à partir du logiciel CERISE (https://www.svtcalvin.fr/tmp-perso/cerise9/index.html) qui permet de comprendre le rôle des différents organes de la fleur et le rôle des insectes pollinisateurs dans la transformation de la fleur en fruit (reproduction des plantes à fleurs). Ce logiciel gratuit propose des expériences virtuelles permettant aux élèves de travailler en autonomie et d'interpréter des expériences.

À l'issue de ce travail, l'enseignant envisagera une mise en commun des résultats suivie d'une trace écrite avec un retour sur les hypothèses émises.

SUJET 4

Créteil-Versailles, 2022

3 heures

→ Corrigés p. 297

De l'importance des paramètres physiques dans l'environnement

Introduction

Notre environnement est défini par un ensemble de paramètres physico-chimiques qui permettent de le caractériser de façon précise. Les activités humaines peuvent être à l'origine d'une variation de la valeur de ces paramètres.
La conception de montages expérimentaux et leur exploitation au sein d'une démarche scientifique peut permettre d'aboutir à une meilleure compréhension de l'influence de ces paramètres sur la répartition des êtres vivants.

En s'appuyant sur les programmes d'enseignement des sciences et technologie à l'école primaire, ce sujet propose d'aborder la problématique de l'influence des paramètres physiques sur les conditions liées de l'environnement, qu'elles soient proches ou éloignées.

- Le sujet comporte des questions de nature didactique ou pédagogique, repérées par un astérisque (*).
- Le jury tiendra compte dans la notation de l'épreuve de la maîtrise de la langue française du candidat.
- Les parties et sous parties sont largement indépendantes.
- Le barème des différentes parties est donné à titre indicatif.

SOMMAIRE

Partie 1 – 5,5 points **Les paramètres physiques dans notre environnement proche**

A. Deux animaux dans notre environnement proche

B. La répartition des animaux dans notre environnement

Partie 2 – 5,5 points **Améliorer la maquette d'un vivarium pour étudier la répartition des animaux**

Partie 3 – 9 points **Les paramètres physiques dans notre environnement éloigné**

PARTIE 1 – Les paramètres physiques dans notre environnement proche

A. Deux animaux dans notre environnement proche

Il suffit de se promener dans un parc ou dans un bois pour découvrir la présence de nombreux petits animaux. Il n'est pas rare de trouver des cloportes sous un tas de feuilles mortes ou des pyrrhocores sur l'écorce d'un arbre (**document 1**).

	Caractéristiques et milieu de vie
 Le Pyrrhocore (*Pyrrhocoris apterus*)	Souvent appelés « punaises rouges » ou « gendarmes », les pyrrhocores sont de petits animaux terrestres d'environ 10 mm de longueur. On les observe très souvent regroupés sur les troncs d'arbres ou dans des endroits exposés au soleil. Leur corps est constitué d'une tête avec une paire d'antennes, d'un thorax et d'un abdomen. Ils disposent de 3 paires de pattes. Ils se nourrissent essentiellement de graines de certains végétaux ainsi que de petits œufs ou d'animaux morts.
 Le cloporte rugueux (*Porcellio scaber*)	Les cloportes sont de petits animaux terrestres d'environ 15 mm de longueur, que l'on rencontre très souvent dans les morceaux de bois en décomposition, sous les pierres ou sous les tas de feuilles mortes. Leur corps est constitué de 3 parties : la tête avec deux paires d'antennes, le thorax portant 7 paires de pattes et l'abdomen. Ils s'alimentent de matière en décomposition et participent activement au recyclage de la matière organique dans le sol.

Document 1 Deux petits animaux de notre environnement proche. (Source : wikimedia.org ; consultation en juillet 2021)

1 À partir des informations contenues dans le **document 1**, citer 3 attributs pour chaque espèce animale présentée.

Voici un arbre phylogénétique simplifié de quelques arthropodes (**document 2**).

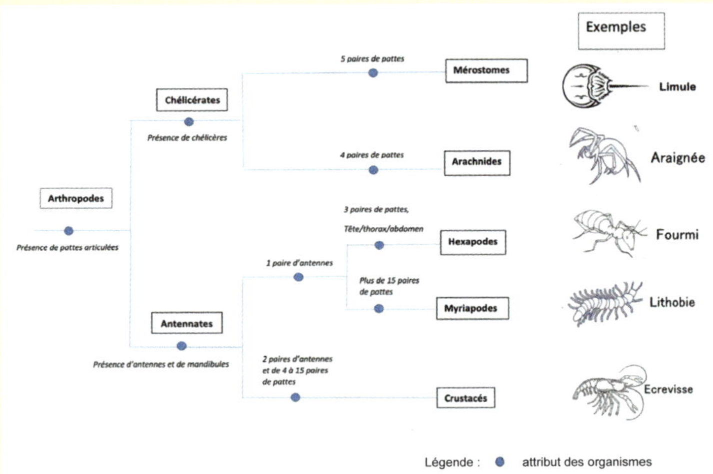

Document 2 Arbre phylogénétique simplifié de quelques arthropodes.

2 À partir du **document 2**, indiquer en expliquant, si les cloportes sont plus proches des écrevisses ou des pyrrhocores d'un point de vue phylogénétique.

3* Dans la partie « Découvrir le vivant » du programme de l'école maternelle, les élèves « identifient, nomment ou regroupent des animaux en fonction de leurs caractéristiques (…) ». Proposer une activité à réaliser en classe pour des élèves de grande section en lien avec une sortie au parc.

B. La répartition des animaux dans notre environnement

Afin d'essayer d'expliquer la répartition de ces animaux dans l'environnement, un montage expérimental a été réalisé (**document 3**). Il s'agit d'une boîte en bois avec trois compartiments A, B et C. Une source lumineuse (L) ne produisant pas de chaleur est placée au-dessus de la boîte. Des ouvertures dans les cloisons verticales constituent un passage d'un compartiment à l'autre. Un couvercle D placé sur les compartiments A et B permet d'empêcher ou de limiter le passage de la lumière.
On place dix animaux (cloportes ou pyrrhocores) dans le compartiment B à mi-distance des deux extrémités de la boîte. Quinze minutes plus tard, on compte le nombre d'individus présents dans chacun des compartiments.
Cette expérience est répétée dix fois, séparément, pour chaque espèce.

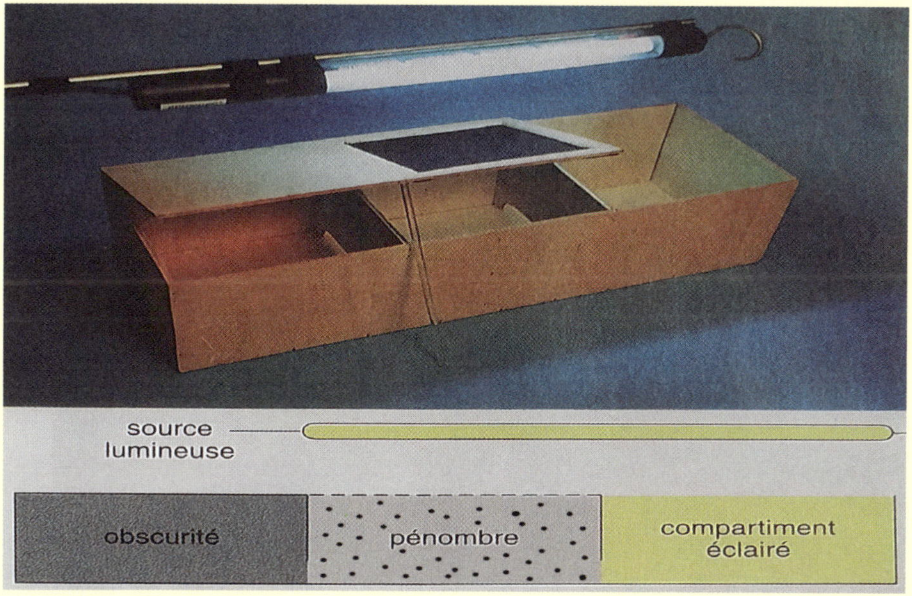

Document 3 Montage expérimental et schéma du montage. (D'après *Sciences de la Vie et de la Terre*, 6ème, Bordas, 1999)

4* Formuler une hypothèse testée par l'expérimentation présentée dans le **document 3**, que pourraient proposer des élèves de cycle 3.

5 Indiquer pourquoi la source lumineuse L ne doit pas produire de chaleur.

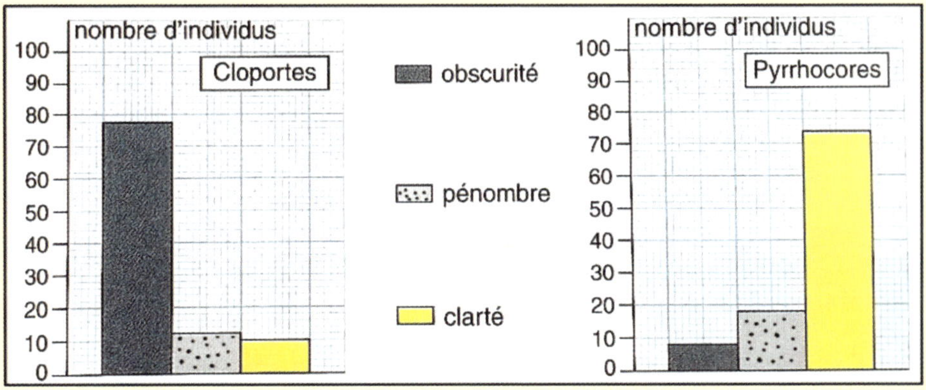

Document 4 Répartition des cloportes et des pyrrhocores en fonction de l'éclairement. (D'après *Sciences de la Vie et de la Terre*, 6ème, 1999, Bordas)

6 Décrire les résultats présentés dans le **document 4** (ci-dessus) ; les interpréter. Proposer une conclusion sur la répartition de chaque espèce animale.

Afin de tester la répartition des pyrrhocores en fonction de la présence d'eau, le montage ci-dessous (**document 5**) a été réalisé en classe avec des élèves de CM2.

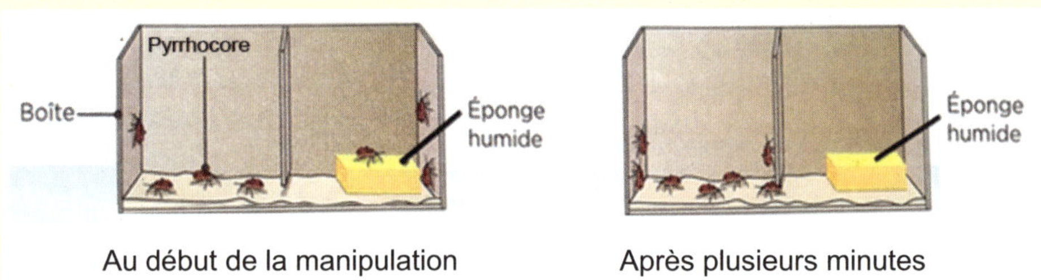

Document 5 Répartition des pyrrhocores en fonction de l'humidité. (*Sciences et technologies, cycle* 3, Nathan, modifié)

7 Cette expérience est répétée dix fois. Expliquer l'intérêt de renouveler une expérience plusieurs fois.

8 Préciser quel montage-témoin doit compléter l'expérience (**document 5**).

PARTIE 2 – Améliorer la maquette d'un vivarium pour étudier la répartition des animaux

Pour éviter la fuite des animaux à l'extérieur de la boîte et connaître leur déplacement pendant l'expérience, l'enseignant souhaite améliorer la maquette. Il place notamment un couvercle, un système d'éclairage et un système d'ouverture programmable pour chaque compartiment. Le **document 6** illustre l'organisation envisagée de la nouvelle maquette.

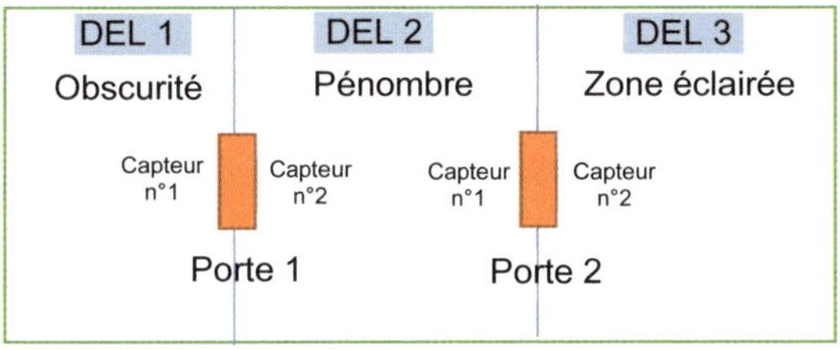

Le système d'éclairage est réalisé avec 3 diodes électroluminescentes (DELs). Chaque DEL possède 3 niveaux d'éclairage possibles :

- N0 pour l'obscurité ;
- N1 pour la pénombre ;
- N2 pour zone éclairée.

Document 6 Schéma de la maquette envisagée.

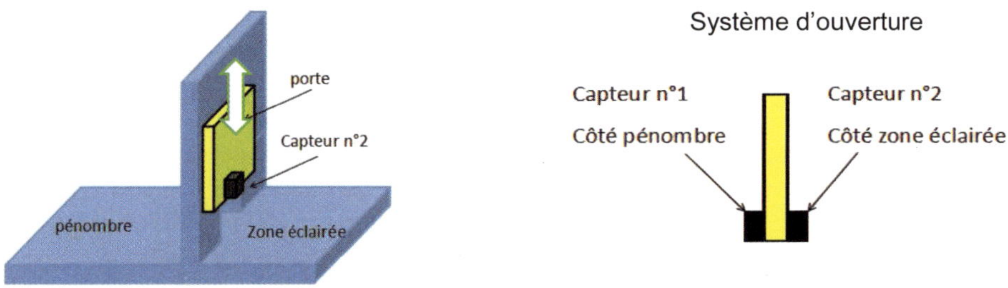

Document 7 Schéma du système d'ouverture programmable pour chaque compartiment.

Le mouvement d'ouverture et de fermeture programmable de chaque compartiment est illustré dans le **document 7**. Il permet grâce à un mouvement vertical de bloquer le passage des animaux à la fin de chaque expérience. Chaque mécanisme inclut un module de détection d'animaux composé de deux capteurs (un de chaque côté), ce qui permet de détecter le passage des animaux entre chaque compartiment.

Le **document 8** illustre l'organisation matérielle de la maquette envisagée :

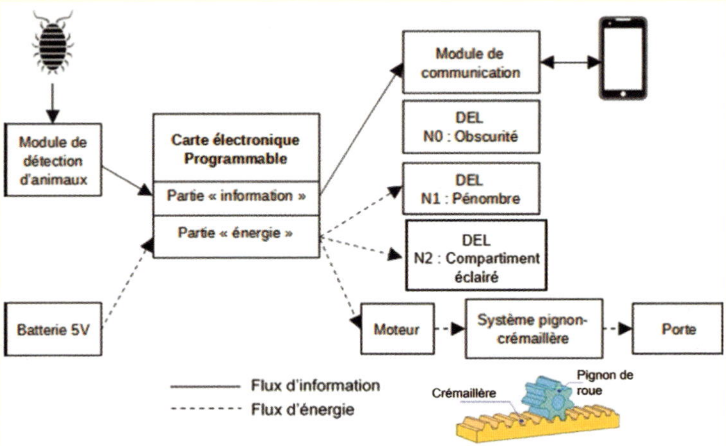

Document 8 Organisation matérielle de la maquette envisagée.

9 À l'aide du **document 8**, recopier et compléter le tableau ci-dessous.

Fonction technique	Solution technique
Alimenter le système	
	DELs
	Carte électronique programmable
Acquérir l'information du passage d'un animal	

10* Expliquer en quelques lignes le fonctionnement du mécanisme d'ouverture et de fermeture de la porte à des élèves de cycle 3. Préciser la fonction de chaque élément, la forme de l'énergie et la nature du mouvement.

On souhaite choisir le capteur qui correspond au module de détection des animaux. Afin d'éviter de perturber le comportement des animaux, on souhaite que ce capteur réalise une détection sans contact. Le **document 9** présente les capteurs envisagés.

Capteur infrarouge	Capteur de distance à ultrason	Capteur de fin de course
 *Source : https://www.gotronic.fr*	 *Source : https://www.gotronic.fr*	 *Source : https://www.rs-online.com*
Portée maximale : 4 m. Alimentation : 9 V.	Portée de détection : 3 cm à 4 m. Alimentation : 3,3 à 5 V.	Effort de déclenchement : 0,1 N. Portée de détection : contact. Alimentation : 3 à 12 V.

Document 9 Photographies et caractéristiques des capteurs envisagés pour réaliser le module de détection des animaux.

11 À l'aide des **documents 8 et 9**, identifier et justifier le capteur à utiliser, permettant la détection du passage des animaux sous les deux portes et répondant aux exigences.

On place un animal dans un compartiment avec la porte ouverte et les DELs en fonctionnement. On souhaite analyser les signaux fournis par les capteurs de détection des animaux illustrés sur le **document 10**.

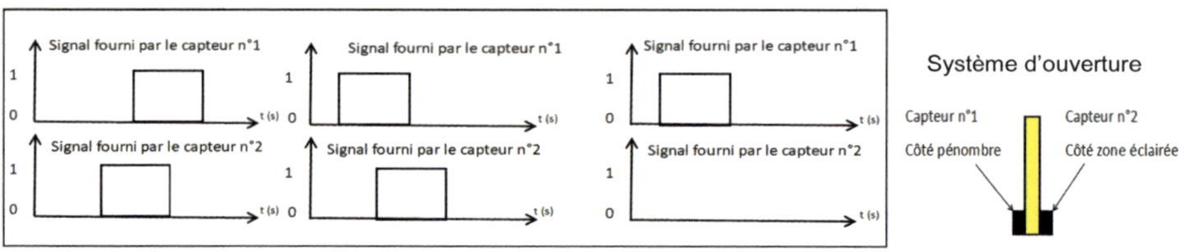

Situation A — Situation B — Situation C

Axe des abscisses : le temps
Axe des ordonnées : Signal (« 0 » : pas de signal détecté ; « 1 » : signal détecté)

Document 10 Chronogrammes de détection de passage d'animaux.

⓬ Pour chaque situation du **document 10**, préciser le sens de déplacement de l'animal. Indiquer l'intérêt de disposer de cette information.

Le professeur a fait travailler les élèves sur un programme permettant d'illustrer le fonctionnement de la maquette. Le programme attendu doit réaliser les actions suivantes :
– Alimenter DEL1 avec l'intensité lumineuse N0, DEL2 avec l'intensité lumineuse N1 et DEL3 avec l'intensité lumineuse N2 ;
– Alimenter le moteur (*servomoteur*) pendant une seconde pour obtenir un sens de rotation horaire. (Ouvrir porte) ;
– Attendre 900 secondes (soit 15 min) ;
– Alimenter le moteur pendant une seconde pour obtenir un sens de rotation anti-horaire. (Fermer porte).
L'élève a à sa disposition tous les blocs à l'écran. Il doit les remettre dans l'ordre pour exécuter le programme ci-dessus.
Le résultat produit par un élève est illustré sur le **document 11**.

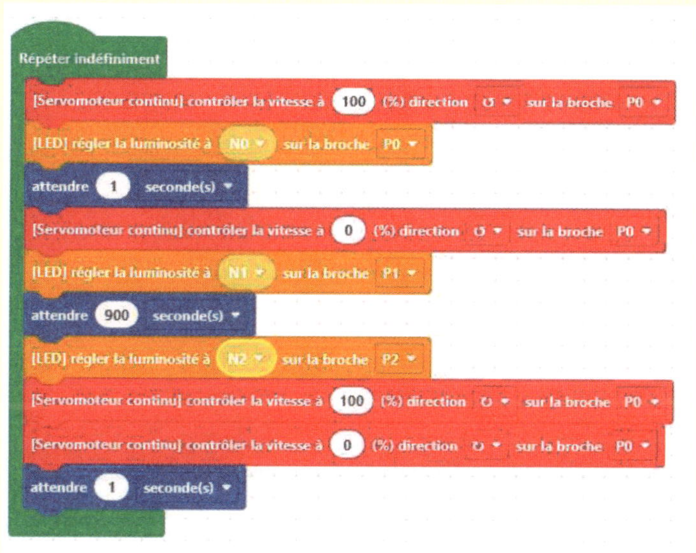

Document 11 Programme réalisé par un élève, depuis https://fr.vittascience.com/.

⓭* À partir du **document 11** et de la description du programme attendu, identifier les erreurs commises par l'élève et proposer une activité à mettre en place pour amener l'élève à comprendre et à corriger ses erreurs.

PARTIE 3 – Les paramètres physiques dans notre environnement éloigné

On dénombre huit planètes dans notre système solaire. Elles sont caractérisées par des paramètres physico-chimiques très différents.
De nombreux autres corps existent dans le système solaire. Entre Mars et Jupiter, est située une zone particulièrement dense en astres rocheux, de tailles très variées : la « ceinture »

d'astéroïdes. Elle s'étend de 2 à 3,5 u.a. du Soleil. De cette « ceinture » est issue la majorité des météorites trouvées sur la Terre, comme par exemple la météorite chondrite d'Ornans (Doubs), tombée le 11 juillet 1868 en France.

Données :

• Masse volumique de la météorite d'Ornans : 3,6 kg/dm^3 ;
• Masse volumique des chondrites généralement comprises entre 2,5 à 3,9 kg/dm^3 ;
• Masse de la météorite d'Ornans, après impact au sol : 6,0 kg ;
• 1 u.a. = 15 × 10^{10} m – Une unité astronomique (u.a.) correspond à la distance moyenne Terre-Soleil.

Planète	Distance moyenne au soleil (u.a.)	Masse volumique (kg/dm^3)	Température moyenne mesurée « en surface »	Composition moléculaire majoritaire de l'atmosphère
Mercure	0,4	5,4	167	
Vénus	0,7	5,2	464	CO_2, N_2
Terre	1	5,5	15	N_2, O_2
Mars	1,5	3,9	– 63	CO_2, N_2
Jupiter	5,2	1,3	–108	H_2, He
Saturne	9,5	0,7	–139	H_2, He
Uranus	19,2	1,3	–197	H_2, He
Neptune	30,1	1,6	–220	H_2, He

Document 12 Tableau de données sur les planètes du système solaire. (Données tirées de : « *À la recherche de l'eau dans l'univers* » de Thérèse Encrenaz (éd. Belin, 2004) et Florence Trouillet et Jean-Marc Vallée, dans *Ifé, dossiers thématiques,* (Consultation en juillet 2021))

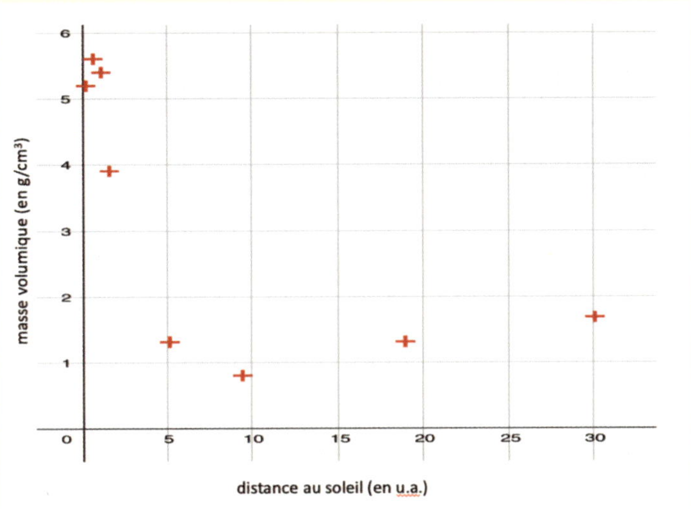

Document 13 Graphique représentant la masse volumique de chaque planète en fonction de sa distance au soleil, réalisé à partir du document 12.

14 Identifier les deux types de planètes du système solaire et préciser le nom des planètes dans chaque type.

15 Expliquer l'écart de masse volumique entre les deux familles de planètes.

16 Indiquer, en vous appuyant sur le **document 13**, s'il existe un lien entre la masse volumique des planètes et leur distance au Soleil.

17 Indiquer, en vous appuyant sur le **document 12**, s'il existe un lien entre la température moyenne mesurée « en surface » des planètes et leur distance au Soleil.

Les élèves de CM2 ont étudié un texte relatant la découverte de la météorite d'Ornans. L'enseignant propose une démarche scientifique pour savoir parmi différents échantillons solides, si l'un d'eux est une météorite. Les élèves disposent du matériel suivant : une éprouvette graduée de 250 mL, une bouteille contenant 1 L d'eau, une seringue, un entonnoir, une balance électronique et des échantillons. L'enseignant a pris soin de choisir des petits échantillons adaptés au matériel.

18* Rédiger un protocole expérimental à mettre en œuvre, pour tester si l'un des échantillons pourrait être une météorite de type chondrite.

19* Indiquer les précautions de manipulation à respecter pour effectuer des mesures précises à chaque étape.

L'enseignant évalue de manière formative un groupe d'élèves au cours de la manipulation décrite précédemment. Il utilise la grille d'évaluation critériée suivante :

Niveau de maîtrise / Critères	insuffisant	fragile	satisfaisant	très satisfaisant
Quantité de mesures	L'élève réalise au plus une mesure.	L'élève réalise quelques mesures.	L'élève réalise la plupart des mesures.	L'élève réalise toutes les mesures.
Qualité des mesures	L'élève fait des mesures imprécises.		L'élève fait des mesures avec précision.	

20* Définir une évaluation formative.

21* Préciser la compétence qu'évalue l'enseignant dans cette étape, en s'appuyant sur l'extrait du programme de cycle 3 donné en **annexe 1**.

22* Proposer et justifier une activité de remédiation pour un élève positionné sur le niveau de maîtrise « fragile ».

« *Dans les premiers âges de la Terre, le dioxyde de carbone présent en abondance dans l'atmosphère primitive a été dissous par l'eau des océans, participant notamment à la formation de « carbonates », comme par exemple le carbonate de calcium,* $CaCO_3$*. La régulation de l'abondance du dioxyde de carbone a permis une stabilisation de la température de l'atmosphère terrestre.* »

Extrait de « À la recherche de l'eau dans l'univers » de Thérèse Encrenaz (éd. Belin, 2004.)

La formation des carbonates peut se modéliser sous la forme de l'équation de réaction suivante :

$$CO_2 + CaSiO_3 \rightarrow SiO_2 + CaCO_3$$

23 Indiquer si la formation des carbonates est une transformation chimique ou physique. Justifier.

24 Expliquer comment la formation des carbonates a conduit à une diminution de la quantité de dioxyde de carbone, dans l'atmosphère terrestre.

Annexe 1 : Extrait du B.O. n° 31 du 30/07/2020 – Sciences et technologie cycle 3

Compétences travaillées	Domaines du socle
Pratiquer des démarches scientifiques et technologiques Proposer, avec l'aide du professeur, une démarche pour résoudre un problème ou répondre à une question de nature scientifique ou technologique : - formuler une question ou une problématique scientifique ou technologique simple ; - proposer une ou des hypothèses pour répondre à une question ou un problème ; - proposer des expériences simples pour tester une hypothèse ; - interpréter un résultat, en tirer une conclusion ; - formaliser une partie de sa recherche sous une forme écrite ou orale.	4
Concevoir, créer, réaliser - Identifier les évolutions des besoins et des objets techniques dans leur contexte. - Identifier les principales familles de matériaux. - Décrire le fonctionnement d'objets techniques, leurs fonctions et leurs composants. - Réaliser en équipe tout ou une partie d'un objet technique répondant à un besoin. - Repérer et comprendre la communication et la gestion de l'information.	4,5
S'approprier des outils et des méthodes - Choisir ou utiliser le matériel adapté pour mener une observation, effectuer une mesure, réaliser une expérience ou une production. - Faire le lien entre la mesure réalisée, les unités et l'outil utilisés. - Garder une trace écrite ou numérique des recherches, des observations et des expériences réalisées. - Organiser seul ou en groupe un espace de réalisation expérimentale. - Effectuer des recherches bibliographiques simples et ciblées. Extraire les informations pertinentes d'un document et les mettre en relation pour répondre à une question. - Utiliser les outils mathématiques adaptés.	2
Pratiquer des langages - Rendre compte des observations, expériences, hypothèses, conclusions en utilisant un vocabulaire précis. - Exploiter un document constitué de divers supports (texte, schéma, graphique, tableau, algorithme simple). - Utiliser différents modes de représentation formalisés (schéma, dessin, croquis, tableau, graphique, texte). - Expliquer un phénomène à l'oral et à l'écrit.	1

Mobiliser des outils numériques - Utiliser des outils numériques pour : o communiquer des résultats ; o traiter des données ; o simuler des phénomènes ; o représenter des objets techniques. - Identifier des sources d'informations fiables.	2
Adopter un comportement éthique et responsable - Relier des connaissances acquises en sciences et technologie à des questions de santé, de sécurité et d'environnement. - Mettre en œuvre une action responsable et citoyenne, individuellement ou collectivement, en et hors milieu scolaire, et en témoigner.	3, 5
Se situer dans l'espace et dans le temps - Replacer des évolutions scientifiques et technologiques dans un contexte historique, géographique, économique et culturel. - Se situer dans l'environnement et maîtriser les notions d'échelle.	5

CORRIGÉ DU SUJET 4

PARTIE 1 – Les paramètres physiques dans notre environnement proche

A. Deux animaux dans notre environnement proche

1 **Attributs du pyrrhocore :** corps en 3 parties, 1 paire d'antennes, 3 paires de pattes.
Attributs du cloporte : corps en 3 parties, 2 paires d'antennes, 7 paires de pattes.

ATTENTION
Utiliser uniquement les informations présentes dans le **document 1**.

2 En utilisant le **document 2**, on voit que les trois animaux sont des arthropodes, antennates. **Le cloporte est plus proche de l'écrevisse que du pyrrhocore** car il partage avec elle plus d'attributs : 2 paires d'antennes et un nombre de paires de pattes (7) compris entre 4 et 10 alors que le pyrrhocore n'a qu'une seule paire d'antennes et 3 paires de pattes.

MÉTHODE
Replacer le cloporte et le pyrrhocore dans l'arbre phylogénétique (**document 2**).

3 Activité proposée après avoir ramassé quelques animaux (escargots, fourmis, pyrrhocores, coccinelles, araignées).
Objectif : inciter à la verbalisation, à la description, au regroupement argumenté.
Consigne : « Vous allez mettre ensemble les animaux qui se ressemblent et vous me direz pourquoi vous les avez mis ensemble. »
On s'attend à 3 groupes : l'escargot ; les insectes colorés ; les araignées et les fourmis ensemble.
Introduire la nécessité de regarder et de compter les pattes (3 + 3 ou 4 + 4), ce qui permettra d'identifier les groupes des insectes et des araignées.

Les trois groupes faits (escargot ; insectes ; araignées), nous pouvons rajouter de nouveaux animaux pour les mettre dans les bons groupes (autres espèces d'escargots, d'insectes, d'araignée).

B. La répartition des animaux dans notre environnement

4 Le dispositif présenté dans le **document 3** permet de faire varier l'éclairement.
Hypothèse qui pourrait être testée avec ce dispositif : on suppose que les pyrrhocores préfèrent vivre dans un environnement bien éclairé.

5 La source lumineuse ne doit pas produire de chaleur car la variation de température correspondrait à un **autre paramètre du milieu** (plus ou moins chaud selon la proximité avec l'ampoule), ce qui **perturberait le résultat du test de l'hypothèse** précédente basée sur l'éclairement.

6 **Description des histogrammes du document 4 :** 78 % des cloportes se retrouvent dans le compartiment à l'obscurité et 74 % des pyrrhocores se trouvent dans le compartiment bien éclairé.
Interprétation : les cloportes se sont déplacés vers le compartiment obscur car ils recherchent l'obscurité au contraire des pyrrhocores qui se sont déplacés vers le compartiment éclairé car ils recherchent la lumière.
Conclusion : les cloportes recherchent un milieu non éclairé tandis que les pyrrhocores préfèrent un milieu bien éclairé.

7 Répéter dix fois l'expérience permet d'avoir des **résultats plus fiables** que si on ne la réalise qu'une seule fois ; un **traitement statistique** peut être réalisé.
Une expérience réalisée une seule fois permet de tester 10 animaux. Si on répète l'expérience 10 fois, ce seront 100 animaux qui seront testés, et on exprimera le résultat des 10 expériences en % que l'on pourra utiliser pour prévoir le comportement de ces animaux.

8 Dans cette expérience réalisée par les élèves, le facteur humidité est testé puisqu'il y a une éponge humide dans un compartiment. Pour une interprétation rigoureuse des résultats de ce test, une expérience témoin avec une éponge sèche aurait dû être faite.

PARTIE 2 – Améliorer la maquette d'un vivarium pour étudier la répartition des animaux

9

Fonction technique	Solution technique
Alimenter le système	**Batterie 5V**
Éclairer les compartiments de la maquette	DELs
Traiter les informations	Carte électronique programmable
Acquérir l'information du passage d'un animal	**Module de détection d'animaux**

10 Les fonctions remplies par le système sont :
– acquérir : module de détection des animaux ;
– traiter : carte électronique programmable ;
– communiquer : module de communication.
Les DELs sont reliées à la sortie numérique de la carte électronique et émettent un rayonnement pour avertir de la présence d'animaux.

RAPPEL

La fonction d'usage d'un objet technique est le service rendu par l'objet pour répondre au besoin initial d'un utilisateur. On peut identifier la fonction d'usage par la réponse à la question : « À quoi sert cet objet technique ? » La fonction d'usage est explicitée par un verbe d'action à l'infinitif accompagné d'un complément et d'informations concernant les conditions d'utilisation.

Le mécanisme d'ouverture et de fermeture de la porte est composé d'un **moteur** et d'un système **pignon-crémaillère**.

Fonction de chaque élément

La fonction du moteur est de mettre en mouvement le pignon qui a pour fonction de transmettre le mouvement de rotation. La fonction de la crémaillère est de transformer le mouvement de rotation en un mouvement de translation pour ouvrir et fermer la porte. La fonction de la porte est de permettre le passage d'un animal d'un compartiment à un autre.

Forme de l'énergie

La forme d'énergie reçue par le moteur est électrique. Ce convertisseur transforme l'énergie électrique en énergie mécanique (énergie cinétique de rotation) transmise au pignon. Cette énergie mécanique de rotation est transférée à la crémaillère sous forme d'énergie mécanique de translation (énergie cinétique de translation). La crémaillère étant solidaire de la porte, son énergie mécanique va être transmise à la porte. Le sens de rotation du moteur entraîne soit l'ouverture, soit la fermeture de la porte.

Nature du mouvement

Le moteur entraîne un mouvement de rotation et le pignon a aussi un mouvement de rotation (transmission d'un mouvement de même nature). Le système pignon-crémaillère permet la transformation d'un mouvement de rotation en un mouvement de translation. La porte étant solidaire de la crémaillère, elle a aussi un mouvement de translation vers le bas ou vers le haut.

11 Le **capteur à ultrasons** peut être utilisé pour détecter le passage d'un animal puisqu'il envoie un signal qui va être renvoyé par l'animal (donc la distance va varier au passage de l'animal).

Le capteur infrarouge peut être aussi utilisé pour détecter le passage d'un animal, cependant la batterie de 5 V n'est pas adaptée au capteur de 9 V.

En conclusion, il est **préférable de choisir le capteur à ultrasons**.

RAPPEL

- Un capteur permet l'acquisition d'une grandeur physique (force, distance, température…) qu'il transforme en un signal analogique ou un signal numérique.
- Un signal analogique est un signal continu dans le temps, alors que le signal numérique est codé sous la forme de nombres entiers.
- Il existe différents capteurs :
  – le capteur infrarouge est sensible au rayonnement infrarouge, souvent qualifié de rayonnement thermique ;
  – le capteur à ultrasons émet des sons (ondes ultrasonores) qui se réfléchissent dès qu'elles rencontrent un objet. Il est possible d'en déduire la distance entre le capteur et l'objet ;
  – le capteur de fin de course qui se déclenche par contact avec une intensité de la force supérieure à 0,1 N.

12 **Situation A :** le capteur 2, du côté de la zone éclairée, détecte le passage d'un animal (signal activé), et le capteur 1, du côté de la pénombre, détecte ensuite le passage de l'animal. **Donc l'animal se déplace de la zone éclairée à la pénombre.**

Situation B : le capteur 1, du côté de la pénombre, détecte le passage d'un animal (signal activé), et le capteur 2, du côté de la zone éclairée, détecte ensuite le passage de l'animal. **Donc l'animal se déplace de la pénombre à la zone éclairée.**

Situation C : seul le capteur 1 détecte la présence de l'animal. Le capteur 2 ne détecte rien. **L'animal reste dans la pénombre.**

Dans chaque situation, l'intérêt de disposer de cette information est de connaître le milieu de vie préféré de l'animal.

⑬ D'après le programme attendu :

Première phase : alimenter les DELs

La première phase débute par l'alimentation des DELs. Les trois DELs doivent être alimentés avec une intensité lumineuse définie :

– [LED] régler la luminosité à N0 sur la broche P0 ;
– [LED] régler la luminosité à N1 sur la broche P1 ;
– [LED] régler la luminosité à N2 sur la broche P2.

Erreur 1 : L'élève a mal organisé les instructions concernant l'alimentation des DELs et celles concernant l'action du moteur. Les trois instructions concernant l'alimentation des DELs doivent se suivre et les instructions concernant l'action du moteur doivent venir après ce premier bloc.

Deuxième phase : alimenter le moteur pour l'ouverture de la porte

Le moteur doit recevoir l'instruction d'être alimenté, pendant 1 seconde, dans le sens de rotation horaire.

On doit obtenir :

[Servomoteur continu] contrôler la vitesse à 100 % direction ↷ sur la broche P3
Attendre 1 seconde

Erreur 2 : L'élève a programmé l'ouverture de la porte dans le sens antihoraire au lieu du sens horaire et sur la broche P0 déjà occupée par le branchement de la LED, au lieu de la broche P3.

Troisième phase : arrêt du moteur pour bloquer la porte ouverte pendant 900 secondes

[servomoteur continu] contrôler la vitesse à 0 % direction ↶ sur la broche P0
Attendre 900 seconde(s)

Erreur 3 : L'élève a indiqué le sens de rotation alors que la porte doit être bloquée et il a fait le branchement sur la broche P0 au lieu de la broche P3.

Quatrième phase : le moteur doit être actionné pour fermer la porte

Le moteur doit recevoir l'instruction d'être alimenté, pendant 1 seconde, dans le sens de rotation antihoraire.

On doit obtenir :

[Servomoteur continu] contrôler la vitesse à 100 % direction ↶ sur la broche P3
Attendre 1 seconde

Erreur 4 : L'élève a programmé l'ouverture de la porte dans le sens horaire au lieu du sens antihoraire… il l'a programmé sur la mauvaise broche.

Pour aider l'élève à corriger ses erreurs, on peut insister sur les points suivants :

– les trois instructions concernant les LED sont consécutives et ne dépendent pas de l'ouverture ou de la fermeture des portes ;
– le branchement du servomoteur doit être sur une broche P3 différente des broches des LED ;
– l'ouverture de la porte correspond à une direction horaire et la fermeture à une direction antihoraire.

PARTIE 3 – Les paramètres physiques dans notre environnement éloigné

⑭ En mettant en parallèle les **documents 12 et 13**, on remarque que les quatre planètes les plus denses (masse volumique comprise entre 3,9 et 5,5 kg/dm^3) sont les plus proches du Soleil alors que quatre autres planètes, plus éloignées du Soleil sont moins denses. Sur le graphique [masse volumique = f (distance au Soleil)], le groupe des quatre planètes proches du Soleil constitue le groupe des planètes les plus denses.

Sur le tableau (**document 12**), on lit que **Mercure, Vénus, la Terre et Mars sont les planètes les plus denses**. On les qualifie de **solides (planètes telluriques)**. De la même façon, on lit que **Jupiter, Saturne, Uranus et Neptune sont les planètes les moins denses qualifiées de gazeuses.**

15 Concernant les planètes telluriques, il y a eu une migration des matériaux lourds vers le centre des planètes pour constituer les noyaux. Sous l'effet de la pression, le noyau est devenu solide. Les planètes sont de petites tailles et rocheuses (composées de fer, de silicates…). Leur masse volumique est élevée.
Les planètes gazeuses sont plus éloignées du Soleil, plus froides et ont pu conserver une atmosphère gazeuse composée de dihydrogène et d'hélium. Ces planètes sont géantes et gazeuses, donc leur masse volumique est faible.

16 D'après le graphique du **document 13**, on constate que les quatre planètes les plus denses (ayant une masse volumique plus élevée) sont les plus proches du Soleil et que les quatre planètes ayant une masse volumique plus faible sont les plus éloignées du Soleil.

17 La température de la surface d'une planète dépend en grande partie de sa distance au Soleil. D'après le **document 12**, on remarque que plus la distance au Soleil augmente, plus la température à la surface de la planète diminue. Plus la planète est proche du Soleil, plus elle absorbe de l'énergie solaire, donc plus sa température est élevée. Cependant, une planète sombre va absorber davantage d'énergie. En toute rigueur, il n'y a pas que la distance qui intervient mais aussi la fraction d'énergie réfléchie (non absorbée). En conclusion, la température moyenne d'une planète dépend de la distance au Soleil, mais aussi de sa fraction d'énergie absorbée (albédo).

18 Dans les données du **document 12**, les masses volumiques de la météorite d'Ornans et des chondrites sont précisées. Il est possible de déterminer la masse volumique de plusieurs échantillons et de la comparer avec celle des chondrites.

Matériel nécessaire :
1. échantillons de météorites de dimensions variées
2. une éprouvette graduée de capacité 250 ml
3. une bouteille d'eau de 1 L
4. une balance électronique
5. une seringue et un entonnoir

Protocole expérimental :
– Peser l'échantillon sur la balance numérique.
– Noter sa masse en gramme.
– Mettre un volume V (en mL) d'eau dans une éprouvette graduée à l'aide de la bouteille.
– Ajouter dans l'éprouvette l'échantillon de roche qui a été pesé.
– Noter le nouveau volume V'.
– Effectuer la différence entre le volume V' et le volume V pour obtenir le volume de l'échantillon.
Pour déterminer la masse volumique de l'échantillon, on fait le rapport entre la masse et le volume.
Cette masse volumique est ensuite comparée à la masse volumique des chondrites.
Les mesures seront renouvelées plusieurs fois pour vérifier la reproductibilité des valeurs obtenues.
En conclusion, si la masse volumique de l'échantillon est comprise entre 2,5 et 3,9 kg/dm^3, cet échantillon est peut-être une chondrite.

19 La précision des mesures de masse volumique est soumise à différents facteurs et il faut donc respecter les précautions de manipulation suivantes lors des différentes étapes :
– Mesure de la masse : effectuer la tare de la balance ; utiliser une balance de précision (pas une balance de Roberval).
– Mesure du volume : lire le volume correspondant au bas du ménisque lors de l'utilisation de l'éprouvette graduée ; utiliser une éprouvette graduée précise.
– Conditions de l'expérience : tenir compte du fait que la température influence le volume effectif prélevé.

RAPPELS

- **Ménisque :** surface concave ou convexe qui se forme à l'extrémité supérieure d'une colonne de liquide contenue dans un tube.
- Le volume d'un liquide augmente lorsque sa température augmente. Par exemple, le niveau des océans augmente lorsque la température de l'eau augmente car le volume de l'eau liquide augmente.

20 L'évaluation formative consiste en une mise en œuvre d'une situation avec des objectifs ciblés s'appuyant sur des critères de réussite adaptés.
En sciences, l'évaluation formative tient compte des conditions de l'apprentissage, des efforts de chaque élève, des compétences des élèves par rapport aux objectifs visés. L'évaluation des compétences est alors basée sur l'évolution de l'élève et sur des critères fixés. Cette évaluation évite les comparaisons entre les élèves et dépasse des normes identiques à tous les élèves.

21 D'après l'extrait du programme de cycle 3, l'élève doit être amené à s'approprier des outils et des méthodes et plus précisément à effectuer une mesure.
– Donner du sens au mot « mesure » : comme peser, chronométrer, repérer...
– Familiariser les élèves aux activités de mesure de masse, de volume, etc. en construisant des liens avec les instruments de mesure (balances pour les masses, éprouvettes graduées pour les volumes, etc.).
– S'approprier les méthodes de mesures pour déterminer une masse, un volume, etc.
– Différencier les grandeurs mesurées (masse, volume, etc.) et les unités utilisées (gramme, litre, etc.).

22 D'après le document proposant une grille d'évaluation critériée, l'élève réalise quelques mesures. Il est possible de le familiariser avec les mesures de masses à propos de la matière, par exemple.
En prenant des objets de même volume et de matériaux différents, il est possible de demander à l'élève : « Comment savoir objectivement qu'un objet est plus lourd qu'un autre ? »
L'élève ressentira alors la nécessité d'une vérification expérimentale, d'une « pesée » comparative en utilisant une balance. Concernant la qualité des mesures, il est possible de prendre des objets ayant déjà sur une étiquette notifiant la masse (boîte de 5 g par exemple) et de vérifier avec une balance l'exactitude de la mesure.

23

RAPPELS

- Une transformation physique est le passage d'un corps d'une forme physique à une autre sans modification de la nature des molécules. Par exemple, l'eau à l'état solide (molécules d'eau) peut passer à l'état liquide (conservation des molécules d'eau) lors de la fusion. L'agencement des molécules est modifié (la température varie, ainsi que le volume).
- Une transformation chimique est une transformation de la matière. Les espèces chimiques initiales (réactifs chimiques) sont différentes des espèces chimiques finales (les produits ne sont pas identiques aux réactifs).
Par exemple lors de l'oxydation du glucose, les réactifs sont le glucose et le dioxygène, les produits sont le dioxyde de carbone et l'eau (avec production d'énergie). Lors de cette transformation chimique, il y a réorganisation des atomes des molécules. Il y a conservation des atomes mais pas des molécules.

D'après l'équation de réaction donnée, la production de carbonates est issue de réactifs différents. Les deux réactifs sont différents des deux produits. Lors de la réaction, les espèces chimiques ne sont pas conservées (les molécules initiales et finales ne sont pas identiques). Il y a conservation des atomes mais pas des molécules, donc c'est une **réaction chimique**.

24 D'après la réaction chimique, on constate que le dioxyde de carbone est un réactif qui va être consommé pour former les produits. La molécule de dioxyde de carbone disparaît et ses atomes sont réorganisés pour former une nouvelle molécule. La quantité de dioxyde de carbone va donc diminuer dans l'atmosphère.

SUJET 5

Sujet type

3 heures

→ Corrigés p. 313

SOMMAIRE

Partie 1 – 5 points **Représentation du corps à l'école primaire**
A. Corps et dessin
B. Analyse de documents pédagogiques

Partie 2 – 7 points **Les mouvements corporels**

Partie 3 – 8 points **Mouvements, vitesse et énergie**

PARTIE 1 – Représentation du corps à l'école primaire

A. Corps et dessin

La représentation graphique du corps – le dessin du bonhomme

Le dessin du bonhomme renseigne sur le niveau d'intégration du schéma corporel, sur la façon dont l'enfant vit son corps, sur l'impression qu'il a de lui. Il est aussi le reflet de l'image de soi.

Ce niveau d'intégration peut s'analyser par :
– la construction du bonhomme ;
– sa position dans l'espace ;
– la richesse des détails ;
– le rapport des éléments les uns par rapport aux autres.

Utiliser « Le cahier du dessin du bonhomme » à l'école

À partir de la répétition d'un exercice réalisé régulièrement, tout au long des années d'école, mettre en place le cahier du bonhomme permet de disposer d'indicateurs de progrès intéressants. Le dessin du bonhomme est à la fois le reflet du schéma corporel et celui de l'image du corps de l'enfant. C'est une construction qui passe par l'imaginaire et résulte d'expériences émotionnelles, affectives, relationnelles établies avec l'entourage. L'enfant reconnaît sa propre image dans le miroir quand il prend conscience qu'il n'est pas là où il se voit, mais là où il se sent. Avec l'acquisition de cette image il découvre qu'il est visible pour lui mais aussi pour autrui.

Schéma corporel et image du corps ne sont pas des données innées mais construites, résultat de l'intégration des émotions, des relations vécues, des perceptions imaginaires projetées sur son propre corps. La médiation verbalisée est un facteur important des apprentissages de la connaissance du corps. Des activités en salle de motricité, des comptines avec des gestes permettent à l'enfant de relier des sensations internes à des représentations. Les troubles, les retards de l'élaboration du schéma auront des répercussions sur les apprentissages scolaires. Les troubles de l'image du corps auront des conséquences sur le comportement social et relationnel.

Dans le cahier du bonhomme de l'école, demander le dessin d'un adulte connu, maman, papa, la maîtresse… c'est charger l'exercice de valeurs affectives. C'est donc introduire un biais dans la tâche demandée, qui prendra un autre sens que celui de se dessiner « en bonhomme ».

Acédémie de Paris : https://pia.ac-paris.fr/portail/jcms/p1_676022/le-dessin-de-l-enfant

Document 1 Le dessin du bonhomme à l'école.

Nous proposons une description de l'évolution de la morphologie des bonshommes dessinés suivant deux dimensions : le « plus » (éléments figurés) et l'« autrement » (signifiants graphiques et types de bonshommes). Les données présentées sont extraites d'une collection de 120 dessins produits par des enfants de 4 à 9 ans.

TABLEAU 1. Évolution avec l'âge du nombre moyen d'éléments dessinés (écart type) ; du nombre de sujets qui dessine l'œil de façon « figurative » et des différents types de bonshommes (N = 20)

	4 ans	5 ans	6 ans	7 ans	8 ans	9 ans
Nombre moyen d'éléments	7,8 (1,9)	9,8 (2,2)	11,3 (1,9)	12,2 (1,5)	13,6 (2,3)	14 (2,4)
Œil figuratif	0	4	8	10	15	16
Types :						
Têtard et inter.	9	1	1	1	0	0
Conventionnel fil.	8	4	2	1	1	0
Conventionnel tube	2	11	10	7	6	2
Contour	1	4	7	11	13	18

La première ligne du tableau 1 montre que le nombre moyen d'éléments dessinés augmente entre 4 et 6 ans et s'amortit par la suite. Les premiers bonshommes reconnaissables ne sont parfois composés que de la tête, des yeux et des jambes. Les bras, la bouche, le nez, le tronc, puis les pieds, les doigts et les cheveux complètent les premiers dessins. À 7 ans, ces dix éléments sont généralement présents. Ce bonhomme stéréotypé est debout, de face, statique et mal proportionné. Viennent s'ajouter des éléments qui témoignent du souci de détail (cils, sourcils ou pupille...) et d'autres qui exigent un remaniement de la procédure (vêtements, cou...). Nous abordons plus loin les contraintes qui conditionnent le dessin de cette catégorie d'éléments.

Les signifiants graphiques sont, pour l'essentiel, le rond et le trait. Pris isolément, un trait peut aussi bien signifier jambe, bras, doigt ou cheveux et la forme rayonnante peut être exploitée pour dessiner de nombreuses parties […]. Dans ces dessins géométriques, c'est la signification du tout qui spécifie celle de chaque partie. Progressivement, l'enfant découvre des signifiants « figuratifs » possédant une signification univoque parce qu'ils ressemblent à ce qu'ils veulent figurer. La deuxième ligne du tableau montre que le dessin de l'œil « figuratif » devient dominant à 8 ans. Dans le même temps, les bras se prolongent par des mains articulant les doigts à la paume, la bouche différencie les deux lèvres, le nez donne lieu à un grand nombre de versions graphiques autour du triangle ou de l'arabesque, la chevelure intégrée dans le contour du visage remplace les cheveux en brosse...

Ce souci de figuration des détails s'accompagne d'une transformation de la morphologie du bonhomme [...]. Les bonshommes « cellule » (Luquet, 1920, p. 693), « protoplasme » (Ostherrieth & Cambier, 1976, p. 112) ou « rond » (Baldy, 2002, p. 70) et les bonshommes « énumérés » décrits par Goodenough (1926), Lurçat (1979) ou Thomas et Silk (1990) convergent vers un dessin que Luquet (1920, p. 686), après Levinstein, qualifie de « têtard » et dans lequel, si l'on s'en tient aux formes graphiques qui le composent, le tronc ne semble pas être figuré. Certains bonshommes « pseudo-têtards » (Luquet, 1920, p. 699) ou « intermédiaires » (Baldy, 2002, p. 72) témoignent des efforts de l'enfant pour intégrer le tracé du tronc entre la tête et les jambes. Cet obstacle franchi, le bonhomme conventionnel est d'abord « filiforme » lorsque chaque membre est figuré par un trait puis « tube » lorsque chaque membre est figuré par un double trait. Le bonhomme trouve son « unité organique » selon l'expression d'Osterrieth et Cambier (1976, p. 116) avec le bonhomme contour. Cette réorganisation traduit une évolution radicale du modèle interne et de la planification de l'exécution. Le bonhomme conventionnel est construit en additionnant les différentes parties avec une procédure planifiée localement alors que le bonhomme contour est construit en intégrant chaque partie dans un tout cohérent avec une procédure planifiée globalement (Mounoud, 1994). L'évolution présentée dans le tableau 1 montre que le bonhomme têtard (et intermédiaire) et le bonhomme conventionnel filiforme, dominants à 4 ans, sont rapidement remplacés par le bonhomme conventionnel « tube », caractéristique des enfants de 5 et 6 ans, qui à son tour, décroît progressivement. Le développement est bien caractérisé par l'augmentation régulière du bonhomme contour qui naît à 4 ans, devient dominant à 8 ans et s'impose définitivement par la suite.

Si le développement est harmonieux le « plus » et l'« autrement » s'épaulent mutuellement. Tour à tour, l'un contraint et ouvre des possibilités nouvelles à l'autre. L'ajout de détails conduit vite à une sorte de saturation si elle ne s'accompagne pas d'un changement de type de bonhomme qui, à son tour, appelle de nouvelles versions graphiques des éléments. Par exemple, le dessin des membres avec un double trait oblige l'enfant à expérimenter des solutions liant les membres et le tronc qui conduisent au « contour ». Ce dessin exige la mise au point de nouveaux signifiants graphiques et ouvre des possibilités d'évolution dans plusieurs directions : profil, actions et attitudes, vêtements, etc.

Le bonhomme est un dessin que l'enfant répète souvent ce qui lui permet d'acquérir une « habileté » au sens de Leplat (1988) c'est-à-dire « la possibilité d'exécuter une classe de tâches à un niveau d'efficacité élevé » (p. 140). Cette acquisition qui se déroule sur un temps long est toujours provisoire car, pour que le dessin évolue, l'habileté doit régulièrement se transformer. [...]

Source : www.cairn.info

Document 2 **Évolution du dessin du bonhomme chez l'enfant. D'après René Baldy, *Dessin et développement cognitif*, 2005.**

1 Indiquer à quel cycle le dessin du bonhomme peut être proposé. Justifier la réponse.

2 Citer deux comptines et un album de littérature de jeunesse permettant de travailler sur le schéma corporel.

Document 3 Dessin du bonhomme chez des élèves d'école primaire.

3 À partir des documents du corpus, caractériser chaque production d'élèves figurant dans le **document 3**.

B. Analyse de documents pédagogiques

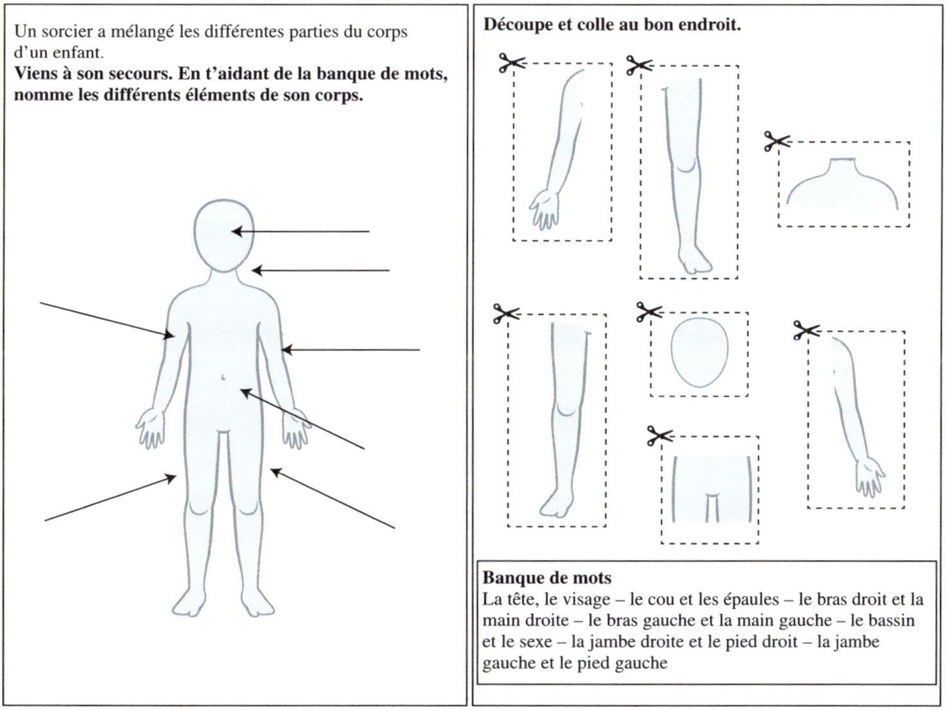

Un sorcier a mélangé les différentes parties du corps d'un enfant.
Viens à son secours. En t'aidant de la banque de mots, nomme les différents éléments de son corps.

Découpe et colle au bon endroit.

Banque de mots
La tête, le visage – le cou et les épaules – le bras droit et la main droite – le bras gauche et la main gauche – le bassin et le sexe – la jambe droite et le pied droit – la jambe gauche et le pied gauche

Document 4 Activités proposées par un manuel scolaire.

Découpe les images ci-dessous et écoute bien les consignes.

Les phrases suivantes ont été mélangées. Découpe-les et colle-les dans l'ordre sur l'autre feuille

Je vais au lycée.	J'apprends à lire, écrire et compter.
J'ai sept ans.	J'ai douze ans.
Je pèse 4 kg, je mesure 55 cm.	Je pèse 22 kg, je mesure 120 cm.
Je vais au collège.	J'ai un an.
J'ai 17 ans.	Je vais à l'école maternelle.
Je ne parle pas encore.	Je pèse 70 kg, je mesure 180 cm.
Je pèse 14 kg, je mesure 95 cm.	Je vais à l'école élémentaire.
Je dis mes premiers mots.	Je pèse 37 kg, je mesure 145 cm.
Je pèse 10 kg, je mesure 75 cm.	J'ai trois ans.
J'apprends une deuxième langue.	J'assemble mes premières phrases.
J'apprends à marcher.	Je peux déjà exercer un métier.
Je reste couché dans mon berceau.	J'ai un mois.

Colle les enfants et les phrases sur les ☺ aux bons endroits puis relie les • aux différents numéros par des lignes de couleurs différentes (une couleur par personnage).

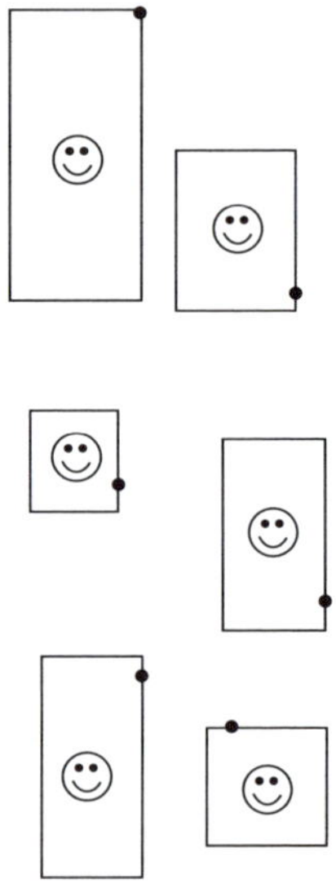

J'ai un mois.

Écris ici ton nom : ....

Ton âge : ....

Ton poids : ....

Ta taille : ....

Le nom de ton école : ....

Document 5 Activités proposées par un manuel scolaire.

4 Les activités proposées dans les **documents 4 et 5** sont-elles en adéquation avec les programmes officiels de cycle 2 ?

5 Analyser les consignes utilisées dans les **documents 4 et 5**.

6 Ces activités peuvent-elles être proposées à des élèves ? Justifier.

7 Identifier la notion en jeu dans ces documents et proposer une séance de découverte portant sur cette notion au cycle 2.

PARTIE 2 – Les mouvements corporels

Un enseignant de cycle 2 propose de travailler sur les mouvements corporels. Il dispose des documents présentés ci-dessous (**documents 6 à 11**).

FLEXION ET EXTENSION

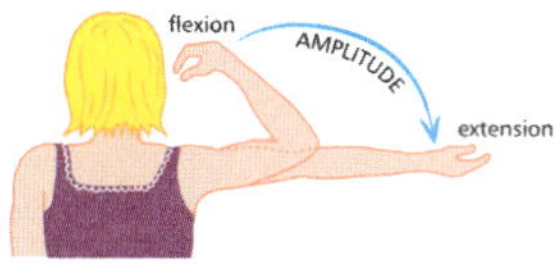

Chaque articulation permet un mouvement particulier. L'articulation du coude permet la **flexion** et l'**extension** du bras.

LEXIQUE

- **Articulation :** charnière entre deux os qui leur permet de bouger.
- **Extension :** mouvement d'un membre qui se tend.
- **Flexion :** mouvement d'un membre qui se plie.
- **Muscle :** organe du corps qui permet le mouvement en se contractant.
- **Os :** élément solide qui compose le squelette.
- **Tendon :** cordon qui attache le muscle à l'os.

Source : *Sciences expérimentales et technologie CE2*, Istra.

Document 6 Articulations et définitions.

Écris dans la bonne étiquette les noms des articulations : épaule, coude, poignet, bassin, colonne vertébrale, mâchoire, genou, cheville, doigts, orteils.

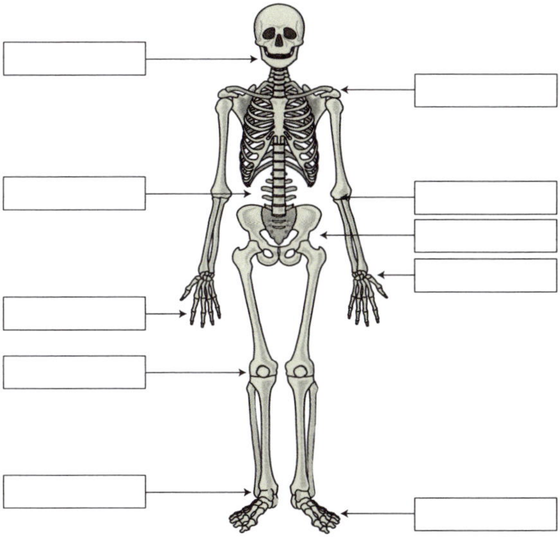

Document 7 Activité pédagogique sur les articulations du squelette.

Écris les noms des os ou des groupes d'os du squelette dans la bonne case : crâne, cage thoracique, bassin, os du bras, os de la jambe, colonne vertébrale.

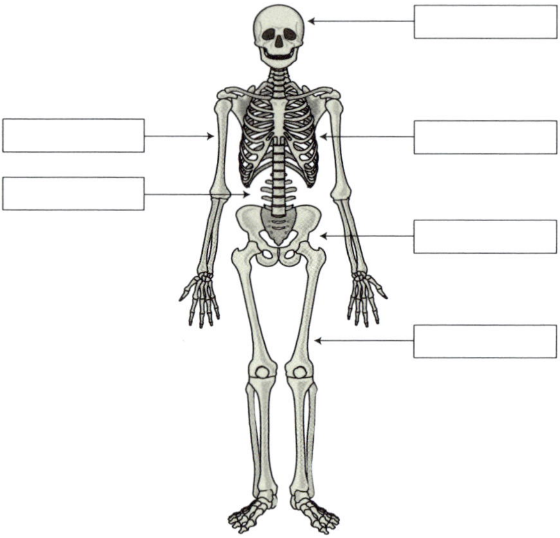

Document 8 Activité pédagogique sur les os du squelette.

La réparation des os

Après une fracture, les os se réparent en général tout seuls. Parfois, il faut les maintenir dans la bonne position en les immobilisant dans un plâtre.

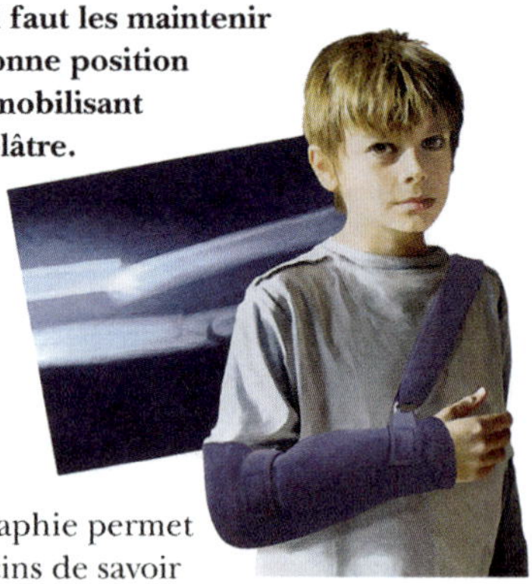

La radiographie permet aux médecins de savoir si un os est fracturé et de suivre sa guérison.

Pour éviter les fractures en cas de chute, un rembourrage est nécessaire pour protéger les os.

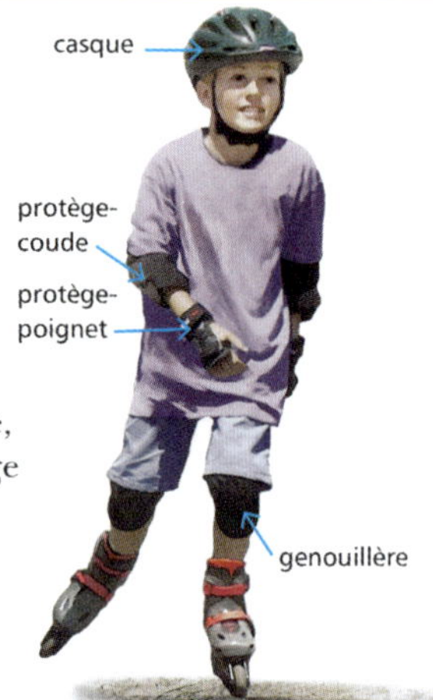

Barbara Taylor, ill. Nelly Zeitlin, *Le Corps humain*, © Éditions Nathan Jeunesse, 2008.

Source : *Sciences expérimentales et technologie CE2*, Istra

Document 9 Présentation de la réparation des os.

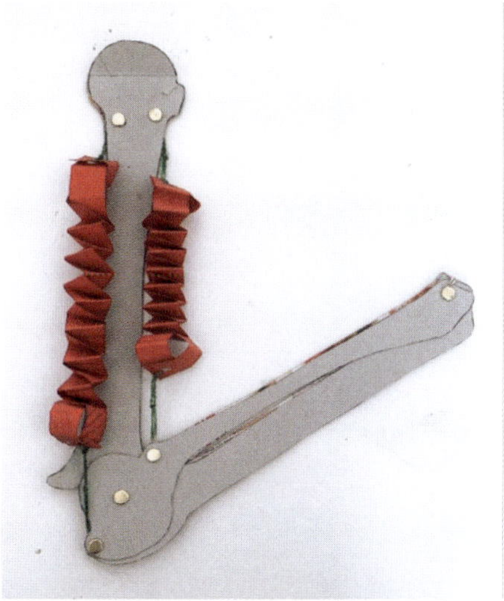

Source : http://blog.espe-bretagne.fr/prodm1vannes/decouvrir-la-modelisation-en-sciences-avec-un-bras-articule-en-ce2/

Document 10 Maquette de l'articulation du coude.

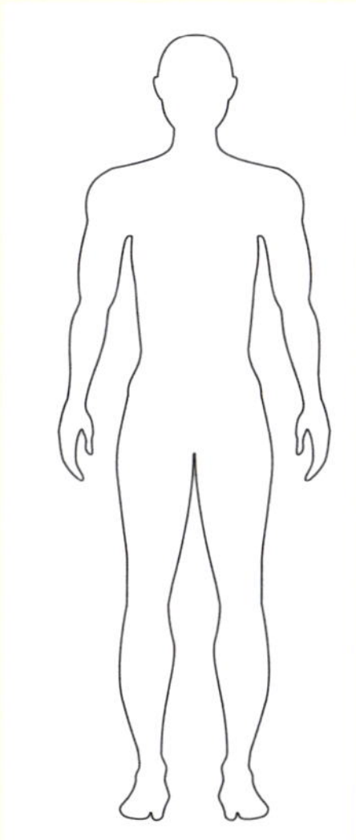

Document 11 Silhouette à compléter.

8 Proposer une mise en œuvre pédagogique en intégrant les supports fournis dans les **documents 6 à 11**. Préciser l'objectif visé, le problème posé, le déroulement proposé ainsi que les modalités de travail et la trace écrite.

PARTIE 3 – Mouvements, vitesse et énergie

On s'intéresse dans cette partie aux mouvements réalisés par les moyens de transport utilisés pour se déplacer.

9 Compléter le tableau ci-dessous.

	Vélo mécanique	Trottinette électrique	Voiture à essence
Énergie utilisée			
Élément de stockage de l'énergie			
Élément servant à distribuer l'énergie			
Transformation énergétique			
Éléments servant à transformer l'énergie			

10 Compléter le tableau suivant en indiquant la solution technique correspondant à chaque fonction technique.

Fonctions techniques	Solutions techniques
Se diriger (guidage)	
Ralentir / S'arrêter	
Être assis	
Se propulser	
Se maintenir en équilibre	

11 Réaliser un schéma montrant la circulation de l'énergie qui permet de faire avancer un vélo.

12 Compléter la chaîne d'énergie de la trottinette électrique en indiquant les noms des éléments dans les cases.

Stocke de l'énergie ……………………	→	Transforme l'énergie électrique en énergie mécanique ……………………	→	Transmet l'énergie ……………………	→	Reçoit l'énergie et met la trottinette en mouvement ……………………

13 Usain BOLT, un des meilleurs sprinters de l'histoire, est né en Jamaïque en 1986. Il a battu plusieurs records du monde, notamment aux championnats du monde d'athlétisme à Berlin en 2009, au 100 m (9,58 s) et 200 m (19,19 s). Calculer les vitesses de l'athlète en m/s puis en km/h (on considère que les vitesses sont constantes). Arrondir au 1/100 près par excès.

CORRIGÉ DU SUJET 5

PARTIE 1 – Représentation du corps à l'école primaire

A. Corps et dessin

1 Le dessin du bonhomme peut être proposé au cycle 1. D'après le BO, les élèves doivent apprendre à « identifier , désigner et nommer les différentes parties du corps ». La compétence attendue en fin de cycle est : « Situer et nommer les différentes parties du corps humain sur soi ou sur une représentation. »

2 **Comptines :** « Tête, épaule et genoux, pieds » ; « Savez-vous planter les choux ? » ; « Je cache mes yeux » ; « Bras en l'air ».
Albums : *La Promenade de Flaubert* (Antonin Louchard) ; *Il est où ?* (Christian Voltz) ; *Agathe* (Jean-Charles Sarrazin et Pascal Teulade).

3 De gauche à droite : Rond ; Bonhomme têtard (absence de tronc) ; Intermédiaire (existence d'un tronc entre les bras et les jambes) ; Contour (dessin des membres avec un double trait).

B. Analyse de documents pédagogiques

4 **Document 4 gauche :** oui car il amène les élèves à repérer les éléments de leurs corps puis à repérer les articulations.
Document 4 droite : non car l'activité ne relève pas des enseignements scientifiques.
Document 5 : non car les activités font appel à des connaissances qui ne sont pas à la portée des enfants de cet âge. Par contre, les élèves de cycle 2 pourraient mettre dans l'ordre chronologique les étapes de développement de l'être humain (observer et mesurer la croissance).

5 **Document 4 gauche :** la situation présentée avec un « sorcier qui a mélangé les différentes parties du corps » est inappropriée. Elle ajoute des informations inutiles par rapport à l'objectif visé. La consigne énoncée est trop longue. Une consigne simple du type « Écris sur les pointillés les noms des éléments du corps » serait suffisante.
Document 4 droite : la consigne est concise mais on ignore où les pièces du puzzle doivent être assemblées.
Document 5 gauche : les élèves doivent découper les images, ce qui est clair. On demande ensuite aux élèves « d'écouter les consignes » alors que d'autres consignes écrites apparaissent ensuite. L'ensemble est donc confus et nécessite une reformulation. Les élèves doivent ensuite découper les phrases et les « coller sur l'autre feuille » sans aucune autre indication (Comment les coller ? Quel est l'objectif visé par cette activité ?).
Document 5 droite : les élèves ont différentes tâches à réaliser (« colle les enfants, relie les…, une couleur par personnage ») et disposent de plus de multiples symboles qu'ils doivent pouvoir comprendre. Il existe un mélange entre symboles et énoncé d'une consigne qui ne font que générer des difficultés de compréhension sur ce qui est attendu.

6 Ces activités ne sont pas efficientes et présentent des consignes trop longues ; la démarche proposée ne répond pas aux instructions officielles.

Les flèches du **document 4** gauche renvoient à des articulations et parties du corps difficilement repérables (position des flèches). De plus, l'activité du **document 4 droite** n'est pas pertinente (il s'agit de reconstituer un puzzle de différentes pièces de forme rectangulaire ce qui ne correspond pas à la représentation du corps humain) et ne présente aucun intérêt pédagogique.
Les activités présentes dans le **document 5** mettent les élèves en difficulté en raison de la longueur des consignes et des tâches à réaliser. Par ailleurs, elles font appel à des connaissances qui ne sont pas à la portée des élèves de cycle 2 (masse et taille selon les âges, aptitudes motrices et langagières des nourrissons) et à des informations qui sont dépendantes des individus (apprentissage d'une seconde langue). On ne comprend pas à quoi servent les dernières consignes par rapport à l'objectif visé (écris ton nom, âge, poids, taille, nom de l'école).
Pour travailler sur la croissance, les élèves devraient pouvoir observer les changements de leur corps au cours de l'année avec mesure de la taille et repérage sur une toise de la croissance.

7 **Compétences (BO) :**
Attendus de fin de cycle :
– Connaître des caractéristiques du monde vivant, ses interactions, sa diversité.
– Reconnaître des comportements favorables à sa santé.
Connaissances et compétences associées (Reconnaître des comportements favorables à sa santé) :
Repérer les éléments permettant la réalisation d'un mouvement corporel.
Séance de découverte :
Phase 1 : présentation de l'objectif de la séance (collectivement)
Phase collective : « Vous allez apprendre à nommer et repérer les différentes parties de votre squelette puis vos articulations. Connaissez-vous quelques noms d'os et leur emplacement ? »
Phase 2 : recueil des conceptions initiales sur le squelette (phase individuelle)
Chaque élève dessine son squelette sur une silhouette.
Phase 3 : mise en commun collective (l'enseignant relève différentes productions)
– L'enseignant relève et présente différentes productions au tableau.
– Il questionne : « Comment peut-on vérifier que vos représentations sont justes et s'il manque des éléments ? »
– Propositions des élèves.
Phase 4 : investigation (par groupe ou collectivement selon les supports)
– Différents supports sont proposés si possible (sinon un seul support comme une vidéo).
– Élaboration de la trace écrite à partir d'un dessin de squelette à compléter avec les os les plus importants.
– Comparaison de la trace écrite avec les productions individuelles : ressemblances, différences.
À la suite de cette séance, il peut être envisagé de faire construire un squelette articulé présentant les noms des os étudiés au cours de la séance 1.

PARTIE 2 – Les mouvements corporels

8

Séance 1	
Objectif	Identifier les conceptions initiales sur le squelette
Problème posé	Quelles sont les différentes parties de notre squelette ?

Déroulement / modalité de travail	• Présentation de l'objectif de la séance : « nous allons comprendre les mouvements que le corps peut réaliser. Nous allons d'abord travailler sur le squelette. » *(Collectif)* • Échanges oraux autour de ce que les élèves connaissent sur le squelette. *(Collectif)* • Recueil des conceptions initiales : sur la **silhouette (document 11)**, dessiner les os. *(Individuel)* • Mise en commun des différentes conceptions et nom de quelques os. *(Collectif)* • Placer sur le **dessin du squelette (document 8)** les noms des os après échanges sur les noms. *(Individuel)*
Trace écrite	• **Document 8** • Court texte sur le nombre d'os dans le squelette.
Séance 2	
Objectif	Découvrir les articulations
Problème posé	À quels endroits peut-on plier ses membres ?
Déroulement / modalité de travail	• Rappel de la séance précédente • Énoncé du problème • Hypothèses • Observation directe en binôme (plier son bras, son genou…) • Mise en commun collective • **Dessin des articulations à compléter (document 7)**
Trace écrite	• Photographies prises pendant la séance. • **Document 7 complété**
Séances 3 et 4	
Objectif	Comprendre le fonctionnement des muscles du bras
Problème posé	Comment peut-on plier son bras ?
Déroulement / modalité de travail	• Rappel de la séance précédente • Énoncé de l'objectif de la séance et du problème posé • Recueil des hypothèses (dessin sur le cahier) • Confrontation des hypothèses • Présentation de radiographies montrant les articulations du bras et noms des articulations • Présentation d'une maquette montrant les différents mouvements des muscles **(document 10)** • Dissection d'une cuisse de poulet / grenouille montrant les articulations, les os et les muscles • Légender un dessin de cuisse de grenouille en indiquant les noms suivants : os, muscle, articulation

Trace écrite	• Dessin légendé complété par les élèves • Texte sur les articulations, muscles et os • Schéma avec les différents mouvements des muscles • **Document 6**
Séance 5	
Objectif	Consolider les connaissances sur le squelette et les articulations
Déroulement / modalité de travail	• Mots croisés utilisant le vocabulaire du squelette à compléter • Repérer sur des radiographies la partie du corps représentée
Trace écrite	**Document 9**
Séance 6	
Objectif	Évaluer les connaissances sur les mouvements corporels
Déroulement / modalité de travail	• Savoir nommer les différents os et articulations • Légender un dessin montrant l'articulation du bras • Savoir expliquer le fonctionnement des muscles du bras
Trace écrite	

PARTIE 3 – Mouvements, vitesse et énergie

9

	Vélo	Trottinette électrique	Voiture à essence
Énergie utilisée	mécanique	électrique	chimique
Élément de stockage de l'énergie	corps	batterie	réservoir
Élément servant à distribuer l'énergie	chaîne du vélo	poignée → accélérateur → câble	pédale d'accélération
Transformation énergétique	énergie musculaire → énergie mécanique	énergie électrique → énergie mécanique	énergie chimique → énergie mécanique
Éléments servant à transformer l'énergie	pédales du vélo	moteur	moteur

10

Fonctions techniques	Solutions techniques
Se diriger (guidage)	Guidon, fourche, roue avant
Ralentir / S'arrêter	Leviers de freins, câbles de freins, étriers de frein, patins, jantes (roues)
Être assis	Selle
Se propulser	Pédalier (pédales, manivelles, plateaux), chaîne, pignons, manettes de dérailleurs, câbles de vitesse, dérailleurs, roue arrière
Se maintenir en équilibre	Cadre et roues